Karl von Holtei

Erzählende Schriften

5. Band

Karl von Holtei

Erzählende Schriften
5. Band

ISBN/EAN: 9783744617048

Hergestellt in Europa, USA, Kanada, Australien, Japan

Cover: Foto ©ninafisch / pixelio.de

Weitere Bücher finden Sie auf **www.hansebooks.com**

Erzählende Schriften

von

Karl von Holtei.

Fünfter Band.

Kriminalgeschichten V.

Breslau,
Verlag von Eduard Trewendt.
1861.

Kriminalgeschichten

von

Karl von Holtei.

Fünfter Band.

Breslau,
Verlag von Eduard Trewendt.
1861.

I.

Frau Hart.

Erstes Kapitel.

Wir wissen unsere schlichte Schilderung vom Hauswesen der Frau Hart nicht passender einzuleiten als durch nachstehende Worte des Meisters Ch. Dickens, genannt Boz: Es war eines jener zum Entzücken unregelmäßigen Häuser, wo man, um aus einem Zimmer in's andere zu gelangen, Stufen auf- und abgeht; wo man immer wieder auf Zimmer stößt, wenn man schon glaubt, man habe alle hinter sich; wo sich eine Menge kleiner Vorhallen und Gänge befindet, und Kammern, die vergitterte Fenster haben, in welche üppiges Grün eindringt.

Rechnen wir dazu, daß jenes Haus, in welchem ein Theil unserer Erzählung spielt, gleichsam in die halb verfallenen Mauern der ehemaligen Festung Steinburg hineingeschoben, zwischen zwei mit Schießscharten versehene Thürme gebaut war, die man beide auch in bewohnbare Räume umgewandelt; daß der große fruchtbare Garten mit seinen vielen Obstbäumen edelster Gattung sich den ehemaligen Festungsgraben entlang, vor rauhen Lüften geschützt, wie ein Thal des friedlichen

Segens weit hinzog; daß an der gegen Mittag liegenden Grundmauer üppige Pfirsichspaliere grünten, deren Früchte weit und breit für die besten galten; daß in den Hecken und Baumkronen sanglustige Vögel, in den Ritzen der ausgebröckelten Mauersteine zahllose bunte Eidechsen, im Gesparre und unter den Simsen am Dache Tauben und Sperlinge nisteten; daß der Wirthschaftshof reich an Federvieh, der Kuhstall sauber und duftig, die ganze Besitzung endlich mit einer einzigen eisenbeschlagenem, dicken Thüre von Eichenholz geschlossen war, zu der ein langer, gewölbter, klosterartiger Gang führte; daß kein Geräusch, kein Lärm aus der Stadt in die heilige Stille eindrang, die über dem ganzen Wesen waltete: so können wir uns wohl heimisch fühlen im Eigenthume der Frau Ernestine Hart.

Sie ist die Wittwe des vor zwanzig Jahren verstorbenen Bürgermeisters von Steinburg, der ihr das Besitzthum, einen redlichen Namen und ein einziges Kind, einen Sohn, hinterlassen. Schulden haften nicht auf Haus und Garten. Aber anderes Vermögen ist auch nicht da. Sie lebt vom Ertrage ihres Gartens, den sie trefflich pflegt; erzieht Gemüse, erntet Obst, treibt einen Milchhandel und ist nicht mehr weit vom sechzigsten Lebensjahre entfernt, rüstig und fleißig zum Erstaunen. Sie hat keine anderen Dienstboten als eine einzige Magd, welche Ein- und Verkäufe besorgt, und mit welcher im Vereine sie selbst Haus, Hof, Stall und Garten bestellt. Nur im Frühjahr und Herbst werden Tagelöhner zu nothwendigen Umgrabungen gemiethet. Sie bewohnt ein Flurzimmer im Erdgeschoß, dessen Fenster auf den Hofraum gehen, von wo aus sie ihre Viehzucht übersieht. Das Gemach ist ausgestattet, wie es einer wohlhabenden, reinlichen Bäuerin zukommt, deren Tracht' auch die ihrige entsprechen würde, wäre nicht doch darin ein mehr städtischer Anstrich vorherrschend. Die Wände sind altersgrau; keines Malers Pinsel hat sie berührt. Desto seltsamer nehmen sich an denselben zahlreiche Zeichnungen und Steindrücke aus, die im wunderlichsten Gemisch durcheinander hängen, und von denen schwer zu begreifen ist, welche Beziehung sie zu Frau Hart haben könnten. Besonders jene Portraits, welche die unverkennbare Absicht verrathen, den Urbildern durch Schmeichelei Beifall abzugewinnen. Wie kommt Frau Hart zu diesen jungen oder jung sein wollenden Herrschaften? Wie kamen deren Abbilder zu ihr?

Das ganze übrige Haus ist unbewohnt. Die Zimmer, welche der verstorbene Bürgermeister inne gehabt, blieben seit seinem Tode unberührt; Nichts ist darin von der alten Stelle gerückt. Nur daß sie alljährlich zweimal gelüftet werden. Die sogenannten Putzstuben sind nicht betreten worden, seitdem man den seligen Herrn als Leiche hinaustrug.

Nur die eine freundliche Stube, welche Julius bezog, als er vor zwölf Jahren in die oberste Klasse des Gymnasiums eintrat, worin er sich auf seinen Abgang zur Akademie vorbereitete, nur diese bleibt unausgesetzt Gegenstand mütterlicher Sorgfalt. Dort stehen die besten Geräthschaften, dort liegen hübsche Decken und

Teppiche, dort gedeihen gut gehaltene ausländische Pflanzen und Gewächse auf eigens gedrechselten Blumengestellen, dort gönnt sich Frau Hart nach vollbrachtem Tagewerk eine Stunde der Erholung. Dann setzt sie sich in einen weichen „Faullenzer" (so benennt sie den Armstuhl) und denkt an ihren Sohn.

Julius ist ihr Stolz, ihre Lust, ihr Glück!

Er ist Künstler, schon frühzeitig regten sich im Knaben Neigung und Beruf. Die Mutter war diesen Trieben nicht gerade entgegen, doch stellte sie ihm die ausdrückliche Bedingung, er müsse erst seine Schulstudien so weit absolviren, daß er vollkommen befähigt sei, die Universität zu besuchen; habe er das Examen der Reife genügend abgelegt, dann wolle sie seinen Wünschen nicht hinderlich sein, und es stehe ihm frei, statt der gelehrten Hochschule die Kunstakademie zu erwählen. Julius hatte diese Bedingung erfüllt; er hatte Zeit gefunden, seine Uebungen und Vorbereitungen als Zeichner mit den Ansprüchen der Gymnasialprofessoren in Einklang zu bringen; er war mit Auszeichnung entlassen worden.

Und sodann hatte die Mutter zusammengerafft, was sie seit Jahren für ihn erspart, hatte ihn lächelnd mit guten Lehren entlassen, freundlich — aber ohne wehmüthige Abschiedsworte; mütterlich, ernst und mild — aber ohne Thränen. Als er weinte, schalt sie ihn ein kleines Kind. Als er fort war, schlich sie auf sein Zimmer und weinte bitterlich.

Er hatte rasche, ehrenvolle Fortschritte gemacht.

Jedesmal, wenn er aus der Residenz heimkam, brachte er Zeugnisse seines Fleißes, Prämien seines Talentes mit. Auch ein Stipendium entging ihm nicht zu einer Reise in's gelobte Land aller bildenden Künstler. Doch von dort aus datirte ein Wendepunkt im Gange seiner Entwickelung, seines Strebens. Er brachte die Ueberzeugung mit und sprach sie offen aus, daß er sich nicht befähigt halte, durch großartige Schöpfungen in die Reihen berühmter Meister zu bringen; daß aber ein Historienmaler zweiten und dritten Ranges, wie er deren so manche kennen gelernt, ihm auf keine Weise beneidenswerth erscheine. Die Mutter lobte diese Selbstkenntniß. Doch legte sie ihm die natürliche Frage vor: was nun? Auf dieses „Was nun?" antwortete Julius entsprechend: Ich besitze entschiedenes Geschick, Aehnlichkeiten aufzufassen und so wiederzugeben, daß ich auch die eitelsten Ansprüche zu befriedigen vermag. Die jüngst erfundene Steindruckerei ist noch großer Verfeinerung bedürftig und fähig; die Hand des Nachbildners verdirbt häufig, was der Künstler vorzeichnete. Ich bin entschlossen, mich dieser Fertigkeit zu widmen, sie mir im höchst möglichen Grade anzueignen, die Portraits, die man mir anvertraut, selbst auf Stein zu übertragen, den Druck selbst zu leiten und auf diese Weise eine Specialität in meinem Fache zu werden, deren Ruf siegreich wirkt und bedeutende Einkünfte verbürgt; denn sie gründet sich auf etwas Unsterbliches, auf die Eitelkeit des Menschengeschlechtes. Zu meinem Vorhaben ist Paris der geeignete Ort. Erst, wenn ich mir Etwas erworben habe und ein gemachter Mann geworden bin, will ich in's Vaterland als solcher zurückkehren.

Frau Hart hatte diesen auf Selbstkenntniß begründeten Entschluß recht verständig gefunden, wendete auch Nichts dawider ein, so lange der Besuch ihres Sohnes dauerte. Nachdem aber die „Hartburg" — so nannten scherzweise Steinburger Knaben jenes Haus — ihre männliche Bedeckung wieder verloren und die Mutter wieder Zeit und Raum hatte, in des Sohnes leergewordenem Zimmer bei stiller, einsamer Feierstunde an ihn zu denken, da schüttelte sie wohl bisweilen den Kopf murmelnd: ich hätte geglaubt, er wolle höher hinaus mit seiner Kunst, weil er schon als Junge so scharfen Anlauf genommen!? Na, er muß am Besten wissen, wie weit sein Athem ausreicht; das ist seine Sache. Aber, daß er auf's Geld so erpicht wäre, wußte ich nicht. Von seinem Vater hat er das nicht, und von mir noch weniger.

Nach und nach hatten sich diese kleinen Regungen mütterlichen Stolzes gelegt. Frau Hart machte sich mit dem Gedanken vertraut, statt eines berühmten Malers, von dem sie geträumt, einen das blanke Gold mit vollen Händen einstreichenden Portraitzeichner in ihrem Sohne zu erblicken. Er schrieb selten aus Paris; immer jedoch lautete einer dieser seltenen Briefe noch zufriedener, noch triumphirender, als der andere. Es gab, wie es schien, keinen gesuchteren und dabei allzeit fertigeren, schneller arbeitenden Zeichner, als „Monsieur 'Art"; er war in der Mode.

Sei es nun, daß späterhin andere Mitbewerber ihm die Gunst des Publikums streitig machten; sei es, daß er genug erworben zu haben wähnte; sei es, was wir vorzugsweise annehmen, daß die Sehnsucht zum Vaterlande ihn heimzog; — er hatte beschlossen, Paris aufzugeben. Von angestrengter Arbeit müde und überdrüssig, wollte er einige Monate bei seiner Mutter verleben, ehe er sein Atelier in der heimatlichen Residenz aufschlüge; wollte, wie er geschrieben: in der Hartburg seinen deutschen Herbst feiern, als ob er noch ein Knabe wäre, ein Steinburger Schuljunge.

Seitdem Frau Hart diesen letzten Brief empfangen, verging kein Tag, wo sie nicht den achtundzwanzigjährigen Knaben erwartet hätte. Bereitet für ihn und seine Bequemlichkeit hatte sie Alles mit eigenen Händen. Weder ihre Magd, noch irgend ein anderer Mensch wußte von der bevorstehenden Ankunft. Niemand merkte die geringste Aenderung in ihrem Benehmen, in der Führung ihrer Wirthschaft. Sie melkte ihre Kühe, ihre Ziegen, sie fütterte das Federvieh, sie jätete ihre Gartenbeete, sie pflückte ihr Frühobst, als ob es keine Postwagen gäbe und keine Söhne, die aus Paris eintreffen könnten nach vierjähriger Abwesenheit.

Nur der Lieblingskuh, „Bläſſel" genannt, schien sie Etwas vertraut zu haben; wenigstens behauptete die Magd bei einigen Kunden, denen sie Milch zu bringen pflegte: es gehe auf der Hartburg etwas Besonderes vor; die Frau habe der Bläſſel Allerlei in's Ohr zu sagen, und Bläſſel zeige sich sehr aufmerksam.

Bläſſel war eine ſelbſterzogene Zierde des kleinen zierlichen Stalles.. Sie hatte als blökendes Kalb das Licht der Welt erblickt an dem Tage, wo Julius vor vier Jahren abreiſte, und der hatte, ehe er in den Wagen ſtieg, ihr dieſen Namen ertheilt, ließ ſie auch regelmäßig grüßen und bat ſich Nachrichten von ihrem Gedeihen aus, welche Frau Hart mit groben feſten Schriftzügen ausführlich zu ſpenden nie verſäumte. Wir wagen zu verſichern, daß die Schilderung Bläſſel'ſcher Vorzüge gewöhnlich die Hälfte jener Briefe einnahm, die aus der Hartburg nach Paris adreſſirt wurden.

Ja, Bläſſel hatte gewiß vernommen, was die geſtrenge Frau mit freudiger Hoffnung erfüllte. Doch Bläſſel bewahrte das Geheimniß vor den beiden anderen Kühen, vor den neugierig meckernden Ziegen und vor der noch neugierigeren Magd. Da war es denn ſehr natürlich, daß Frau Hart, als jene eines Abends zur „Geſtrengen" in's Wohngemach ſtürzte, dunkelroth aus Ueberraſchung, und mehr ſtammelte als ſprach: „Gott verzeih' mir's, der junge Herr Graf ſteht draußen, und und ſeine Weiber ſitzen im Wagen," einen Todesſchreck bekam, in dem Wahne: Julius hätte aus Paris Begleitung von Damen gehabt; obwohl ſie ſich nicht enträthſeln konnte, wie er zu ſo früher Stunde in Steinburg eintreffen könne, außerdem er müſſe mit eigenen Pferden reiſen; denn daß die Magd, welche von einem Lithographen viel reden gehört, dieſen abkürzungsweiſe in einen Grafen umänderte, war eben nichts Neues. Doch hielt ſich die reſolute Frau nicht mit unnützen

Fragen auf, sondern ging der drohenden Gefahr muthig entgegen. Er war aber nicht der Erwartete. Ein junger Officier stand im gewölbten Gange und fragte nach Frau Bürgermeisterin Hart, die er anfänglich in so schlichter Hülle nicht anerkennen wollte. Erst nachdem es ihr durch einige derbe Versicherungen gelungen war, ihn zu überzeugen, zeigte er an, daß seine Mutter, Gräfin Leeringsheim auf Kahlfelda und Comtesse Prisca, seine Schwester, auf ihrer Durchreise die Frau Hart mit einem Besuche beehren wollten. Sie ging ihnen an die Kutsche entgegen.

Zweites Kapitel.

Der verstorbene Hart, bevor er den Bürgermeisterposten in Steinburg angenommen, war in einer kleinen Stadt unweit Kahlfelda einige Jahre hindurch Advokat gewesen und hatte als solcher dem nun gleichfalls hinübergegangenen Grafen Leeringsheim verschiedene ersprießliche Dienste geleistet. Kahlfelda nämlich war ein sogenanntes Kunkel- oder Weiber-Lehen, welches stets an die älteste Tochter vererbte und nur dann einem Sohne zufallen konnte, wenn keine weibliche Nachkommenschaft vorhanden war. Die Verfügungen des Stifters aber zeigten sich im Verlaufe der Zeit bestehenden Gesetzen gegenüber widersprechend und waren überhaupt

so unklar gefaßt, daß diese Stiftung ein rechtes Prozeß-
nest geworden war.

Nur durch Hart's Geschicklichkeit hatte Graf Leeringsheim seine Rechte wider die geltend gemachten Ansprüche einer Cousine behaupten können. Daher schrieb
sich die dankbare Anhänglichkeit, welche die gräfliche
Familie für das Haus des Bürgermeisters stets bewahrte.
Daher auch kam es, daß Julius, während er die Akademie besuchte, der um vier Jahre jüngeren Prisca
alljährlich, wenn Leeringsheim's den Winter in der
Residenz verlebten, Unterricht im Zeichnen gab und auch
sonst gern bei ihnen gesehen wurde.

Jetzt war Graf Gustav nach glücklich überstandener
Prüfung Officier geworden, hatte einige Wochen auf
Urlaub in Kahlfelda zugebracht und wurde von Mutter
und Schwester nach der Residenz begleitet, wo er durch
besondere Vergünstigung bei der Garde-Cavallerie eintreten sollte. Die Gräfin hatte einen kleinen Umweg
gemacht, Frau Hart nach langer Frist einmal wieder zu
sehen, hauptsächlich aber durch Prisca veranlaßt, welche
sich nach ihrem ehemaligen Lehrer zu erkundigen
wünschte; ein Wunsch, den Gustav eigentlich mißbilligte
und nur in so fern begreiflich fand, als sich an den Namen Julius Hart ein Pariser Renommée knüpfte.

Wie wir Frau Hart schon kennen, dürfen wir nicht
voraussetzen, daß die Ankunft der gräflich Leeringsheim-
schen ihr sonderliche Freude bereitet habe. Zu jeder
anderen Zeit wäre sie ziemlich gleichgiltig dabei geblieben. Heute, wo sie den Sohn erwartete, verdroß es sie,

gestört zu werden. Doch davon durften wohlmeinende Gäste Nichts merken. Vielmehr bat sie dieselben freundlich, ihr den Abend zu schenken und mit ihr vorlieb zu nehmen. Das konnte sie leicht sagen. Stand doch für Julius Alles bereit, was gut und theuer, was in Steinburg nur zu haben war. Anfänglich rümpfte Gustav sein zierliches Näschen wohl ein wenig über die spießbürgerliche, altväterische Einrichtung. Doch gab sich das, sobald der rohgearbeitete plumpe Tisch mit seinem Damastgespinnst bekleidet, reichlich besetzt, zu köstlichem Mahle einlud. Er that Speisen und Getränken jegliche Ehre an, deren ein Magen von einundzwanzig Jahren nur fähig ist, und schlang für drei, indessen Mama Leeringsheim mit Frau Hart über Kuhstall-Angelegenheiten sprach (denn die Gräfin führte ihre Wirthschaft gern) und Prisca, die Kerze zur Hand, Bild um Bild, Zeichnung um Zeichnung beleuchtete, ihres Lehrers Meisterschaft bewundernd. Sie wollte genau wissen, wann dieses, zu welcher Zeit jenes Blatt aus fernen Landen in Steinburg angelangt sei? wessen Portrait es vorstelle? ob es in den Kunsthandel gekommen? und that so viele Fragen, daß die beiden Mütter in ihrem Zwiegespräch häufig gestört und fast stutzig wurden.

Sollte man doch vermuthen, Prisca, Du wollest auch Portraitzeichnerin werden, sagte die Gräfin.

Frau Hart meinte: Ich kann über die wenigsten dieser Gesichter Auskunft geben, denn ich habe nie darnach gefragt, wem sie etwa gehören; für mich haben sie nur Werth, weil er sie gemacht, und weil er ihnen seinen

Wohlstand verdankt. Uebrigens kann die Comtesse heute noch Aufschluß erhalten über all' und jedes, denn ich erwarte meinen Sohn.

Die Magd, welche sich bei so hoher Gesellschaft nicht in's Zimmer gewagt, sondern vor der Thür harrend in die Hände der Frau geliefert hatte, was sie aus dem Keller und Speisegewölbe bringen müssen, that bei dieser gleichgiltig hingeworfenen Aeußerung einen lauten Schrei; Prisca wendete sich von der Wand dem Tische zu: Ihn selbst? Die alte Gräfin wiederholte: Erwarte meinen Sohn? und Graf Gustav ließ auf einen Augenblick Gebiß und Zunge ohne andere Beschäftigung, um fragen zu können: aus Paris?

Erwarte meinen Sohn, ihn selbst, aus Paris, bekräftigte Frau Hart.

Wenn jetzund Einer aus Paris kommt, so rechnen wir's ihm eben nicht mehr an; es ist nichts Besonderes dabei; alle Leute sind in Paris gewesen; vor dreißig, vierzig Jahren war es immer noch eine Reise; eine wochenlange Reise auf Postwagen, Diligencen, Landstraßen. Wer aus Paris kam, wurde noch angehört, sobald er davon erzählte; und gar, wer sich dort heimisch gemacht, sich acclimatisirt, gleichsam französirt und den Parisern Geld abgenommen, anstatt das seinige an sie zu verschwenden, der war ein weißer Sperling.

Freuen Sie sich denn nicht, Frau Bürgermeisterin, nach so langer Trennung ihn wieder zu sehen?

Gewiß freue ich mich, Comtesse Prisca; ich bin seine Mutter, und er ist mein einziger Sohn.

Aber Sie zeigen Nichts von Ungeduld, empfingen uns so ruhig!

Die wahre Freude ist ruhig!

Wir mußten Ihnen lästig sein; unsere Gegenwart stört diese Ruhe!

Er ist ja noch nicht da. Erst nach Mitternacht langt die Personenpost hier an.

Ah! das ist Schade. Ich hätte ihn so gerne gesehen!

Wenn Sie ihn erwarten wollen . . . . ?

Du bist nicht klug, Prisca, fiel die Mutter ein, da sie zu bemerken glaubte, daß ihre Comtesse Tochter nicht abgeneigt sei, den Vorschlag der Frau Hart zu billigen; Du bist nicht klug; wir haben der guten Bürgermeisterin lange genug aufgelegen, und Gustav hat ihrem Sohne die besten Bissen fortgenascht. Es ist Zeit, in unseren Gasthof zu gehen. Aber sprechen Sie aufrichtig, liebe Frau, befürchten Sie nicht, Ihren Sohn zum Schaden für sein Seelenheil umgewandelt zu finden?

Wie so, Frau Gräfin?

Ich meine in religiöser Beziehung. Paris gilt seit der Kaiserzeit für eine Wüstenei des Unglaubens, und die einseitigen Bestrebungen der Restauration kämpfen um so vergeblicher dagegen an, als sie falsche Wege einschlagen. Ein gläubiger Lutheraner muß dort verrathen und verkauft sein.

Das ist, sollt' ich denken, derjenige niemals, der sich nicht selbst verräth und verkauft aus Schwäche. Der Starke ist sich genug und bedarf keiner Stütze, als die er in sich fühlt.

So halten Sie sich nicht zur Kirche, Frau Bürgermeisterin?

Ich gehe meinen Weg, Frau Gräfin; jeder Mensch muß wissen, was ihm frommt.

So sind Sie wohl gar — schrecklich! — eine Rationalistin!

Wenn Sie darunter eine abgesagte Feindin des in die Mode gekommenen Pietismus verstehen, muß ich mir die Benennung gefallen lassen.

Und Ihr Sohn...?

Ist ein Mann von achtundzwanzig Jahren, der mütterlichen Obhut längst entwachsen und selbstständig in jeder Beziehung.

Julius ist ein Künstler, rief Prisca aus; die Künstler neigten sich gern zur Frömmigkeit.

Dann malen sie Madonnen mein Kind, Heiligenbilder; treten wohl gar über...

Mein Sohn muß wissen, was er für das Rechte hält, und was er als solches erkennt, mag er auch thun.

Auch wenn es der Unglaube wäre, Frau Bürgermeisterin?

Gustav sprang auf: Der Wein war sehr gut, doch die Conversation wird bedenklich. Möchten wir nicht...?

Comtesse Prisca schaute unwillig darein; sie hätte gern die Ankunft des Sohnes vom Hause abgewartet. Doch geradezu sagen wollte sie das nicht, nahm es aber ihrem Bruder übel, daß er es nicht selbst merkte. So viel Einsicht, murmelte sie, müßte der dumme Junge doch haben! — Glücklicherweise vernahm er Nichts von dieser beleidigenden Aeußerung schwesterlichen Unwillens. Hätt' er sie vernommen, wahrscheinlich würd' er nicht minder getrieben und zum Aufbruch gedrängt haben, als jetzt, wo ihm daran lag, den religiösen Streitfragen auszuweichen, die ihn stets beängstigten. Er reichte Tücher und Hüte zu, bot seiner Mutter den Arm, klirrte mit den Sporen und ließ sogar den Säbel klappern, wahrscheinlich um anzudeuten, daß er Willens sei, mit dieser seiner Waffe den Faden des Gespräches durchzuschneiden, wenn derselbe noch ferner in dieser Weise fortgesponnen werden sollte. Daß Graf Gustav die Mutter völlig beherrschte, und daß er die Schwester bei jener in den Schatten gestellt habe, wußte jeder Mensch in Leeringsheim. Auch Frau Hart hatte diese Bevorzugung während des kurzen Aufenthaltes gräflicher Familie entschieden wahrgenommen und sich keinesweges darüber verwundert. Sie fand es vollkommen erklärlich, daß einer Mutter ihr Sohn lieber sei, als eine Tochter; ja, sie hatte ihrem Julius, da er noch ein Knabe war, oft gesagt: Ich betrachte es als ein wahres Glück, daß mein einziges Kind nicht weiblichen Geschlechtes ist; ich wüßte nicht, was ich damit anfangen sollte, wenn es ein Mädchen wäre, wie sie jetzt gewöhnlich zu sein pflegen!? Bei Frau Hart entsprang diese fast unmütterlich klingende Aeußerung wohl nur aus der Besorgniß, es werde ihr in der strengen, abgeschlossenen Eigenthümlichkeit ihrer mütterlichen Art und Weise an zärtlicher Milde, an welcher Hingebung fehlen, deren eine Tochter bedürfe. Bei der Gräfin dagegen entsprang die Zurücksetzung

Prisca's aus Eitelkeit, aus irdischer, oberflächlicher, einer Frommen wenig anständigen Eitelkeit: Die Comtesse war ihr nicht „brillant" genug; — und das versprach Gustav zu werden. Auch hatte sie schon zweimal Schulden für ihn bezahlt. Er beherrschte sie gewissermaßen.

Deshalb fügte sie sich auch jetzt und empfahl sich bei Frau Hart mit recht herzlichem Danke für so liebevolle Aufnahme. Prisca wendete sich im Gehen noch einmal um, einen warmen Gruß für ihren „theuren Lehrer Julius" zurücklassend.

Drittes Kapitel.

Die gräfliche Familie der Leeringsheim auf Kahlfelda lag schon im besten Schlummer, so sanft und bequem, wie die Schlafanstalten des einzigen und darum vorzüglichsten Gasthauses in Steinburg gestatten mochten, als Julius Hart auf der Hartburg seinen Einzug hielt. Ein oder zwei Stündchen verplauderte er noch mit seiner Mutter (vielmehr bei ihr, denn sie ließ ihn ohne Unterbrechung erzählen und begnügte sich, ihn schweigend zu betrachten), deshalb verschlief er den ersten Morgen in Steinburg, wie wenn er noch in Paris wäre, und als er dann erfuhr, daß seine liebe Schülerin sammt Mutter und Bruder gestern bei seiner Mutter gewesen, daß sie die vergangene Nacht im „blauen Bär" geschlafen — da war es zu spät, sie dort aufzusuchen, und er hatte das Nachsehen. Er zeigte sich verdrüßlich darüber und nicht ganz frei von Argwohn, daß man ihm die Anwesenheit der Kahlfelder Herrschaft gestern Abend absichtlich vorenthalten, wogegen Frau Hart keine Einwendung machte, noch weniger sich darüber entschuldigte.

Was haben wir mit den Leuten zu schaffen? In das Gewand dieser Frage kleidete sie ihre Erwiederung auf ihres Sohnes Beschwerden.

Ich, antwortete Julius, ich sehr viel, beste Mutter. Diese Leute, die heuer ihrem jungen Lieutenant zur Ehre und Liebe frühzeitiger nach der Residenz aufbrechen, als in anderen Jahren, können und sollen mir dort förderlich sein. Sie haben vielfache Verbindung: der Einfluß der Gräfin reicht bis an die nächsten Umgebungen der Majestäten. Ich aber bin nicht in's Vaterland zurückgekehrt, habe Paris nicht verlassen, meine dortigen Bekanntschaften und Protectionen nicht abgebrochen, um dort wieder anzuknüpfen. Ich will in der Heimath bleiben, in der deutschen; will eine Anstellung, eine Auszeichnung, einen ehrenvollen Platz unter meinen Landsleuten; will nicht bis in mein hohes Alter Portraitmacher bleiben!

Wärst Du es doch nicht geworden, Julius!

Ich verdanke meiner Kunst ein hübsches Vermögen, Mutter!

Doch wie mühsam und beschwerlich erworben!

Im Gegentheil: wie leicht! Zwei kurze Sitzungen...

Von dem Fleiße, den der Künstler an ein Werk setzen muß, von der Mühe und Beschwerde, die mit Ausführung einer großartigen Arbeit verbunden sind, rede ich nicht. Diese bringen Ehre und Freude, und ob sie gleich den ganzen Menschen in Anspruch nehmen, lassen sie ihm doch seine persönliche Freiheit, seine Unabhängigkeit.

Und gar oft seine Armuth — seine Noth, liebe Mutter, trotz mancher Talente!

Von eigentlicher Noth, mein Julius, wäre bei Dir nicht die Rede gewesen; dafür war Deine Mutter hier und nach deren Tode die alte Hartburg. Ich, an Deiner Statt, würde lieber in erhabenen Plänen und Entwürfen lebend mich behelfen, als Gold über Gold einstreichen, indem ich der eitlen Laune jedes übermüthigen Laffen, jeder gezierten Närrin huldigte und Alte jung oder Häßliche schön machte. Doch das ist Deine Angelegenheit, nicht die meinige, und ich bin zufrieden, wenn Du zufrieden bist. Zunächst wollen wir nur an das Nächste denken. Darf ich nach so langer Trennung für einige Wochen auf Dich rechnen? Soll die alte Hartburg ihren Sohn und Erben ein Weilchen beherbergen?

Ich bin Willens, Aepfel und Nüsse mit meiner Mutter einzuernten, ihr behilflich zu sein wie in der Kindheit, den ganzen Spätherbst mit ihr zu verleben, vorausgesetzt, daß ich meinen Weihnachtsbaum bekomme, daß die rothwangigsten Aepfel daran hängen, und daß mir die Nüsse vergoldet und versilbert werden, wie einst dem Knaben.

Frau Hart stand auf, nahm seinen Kopf zwischen beide Hände, küßte ihn auf die Stirn und sagte: Gott segne Dich!

Sie führten ein Dasein voll kindlich-ländlicher Freuben, wie nur herbstliches Stillleben, wie nur eine kleine Garten- und Viehwirthschaft innerhalb grauehrwürdigen Gemäuers darbieten kann. Julius war Gärtnerjunge, Hausknecht, Hühnervogt, alles in einer Person; dazwischen griff er munter nach Stift und Pinsel, zeichnete seiner Mutter schönen Kopf in allen Richtungen, von allen Seiten und in allen Tönen; mit Kreide, mit Blei, mit Sepia; malte kleine Bildchen von ihr, wie sie im Kuhstall auf niederem Schemel saß, die Blässel melkend; malte auch die übrigen Kühe, Ziegen, den rothen Haushahn; malte auch die fleißige Magd, die verschämt erröthete, weil der junge Herr so viel Hübsches an ihr herausgefunden, und ihm endlich zu Füßen fallen wollte, weil er ihr das Bildchen zu freier Verfügung geschenkt. Was sie einst damit anfangen werde, darüber äußerte sie sich nicht; für's Erste verschloß sie's in ihren Kasten, wurde jedoch von Frau Hart einigemale ertappt, wie sie, vor ihrem Wandspiegel stehend, es in der Hand hielt und sich mit dem Conterfei verglich, wobei sie sichtbar Mühe anwendete, vollkommene Aehnlichkeit herzustellen, was aber wegen allzu heftigen Grinsens nicht gelang.

Ich meine, hier ist der schicklichste Ort, den geneigten Leser zu unterrichten, daß sie Gertrud hieß und im Hause kurzweg „Trautel" gerufen wurde. So heißen in manchen Gegenden die Keller- und Stall-Kröten; deshalb war der Liebkosungsname bei ihr nicht übel angebracht; nicht weil sie so häßlich gewesen wäre wie eine Kröte (denn so schlimm war es nicht!), sondern weil sie, einer solchen gleich, viel zu Hause saß und nirgend unter Leuten gesehen wurde. Daß sie jemals einen Liebhaber besessen, davon hätten die ärgsten Lästerzungen auf Steinburger Wochenmärkten Nichts zu lästern gewußt — man müßte denn den rothen Haushahn gelten lassen, der ihr gewogen war, und den sie entschieden auszeichnete vor sämmtlichem Federvieh der Hartburg. Es giebt derlei Dienstboten, weiblichen wie männlichen Geschlechtes, die in ihrem Berufe gänzlich aufgehen, nach und nach dem übrigen Leben sammt allen Lebensansprüchen sich völlig entfremden und zuletzt kein anderes Glück kennen als gewissenhafte Pflichterfüllung. In wie fern dies nun wirklich ein Glück für sie ist, wage ich nicht zu entscheiden; daß sie ein Glück sind für diejenigen, denen sie sich anhänglich widmen, das ist sicher. Dafür betrachtete Frau Hart auch ihre Trautel. Und Trautel sah in ihrer strengen, doch gerechten Gebieterin gewissermaßen jede irdische und himmlische Gewalt vereinigt, für sie gab es Nichts, was ihr darüber ging. Julius, obschon er ihr Bild gemalt — ja, was noch mehr sagen wollte: obschon er „Blässel so prächtig getroffen, daß unser Eine denken muß, das liebe Vieh könne auch auf dem Papiere brüllen," galt ihr doch nur als zweite Macht. Sie nannte ihn „unser Herr Sohn."

Wenn er während der Dunkelstunde, bei Frau Hart sitzend, von Paris erzählte und Trautel ab- und zuging, blieb sie wohl manchmal stehen, lauschte, lächelte ungläubig, schüttelte sich und murmelte: Wie hat er's nur dort aushalten können? Da lob' ich mir unsere Hartburg! Diese Bedenken äußerte sie, wie gesagt, nur leise.

Ein einziges Mal wagte sie sich mit einer lauten Frage in's Gespräch zu mischen, ob es denn in Paris auch wohl so treffliche Kühe gäbe, als ihre Bläſſel?

Ueber dergleichen Kühe, erwiederte er, habe ihn sein sonstiger Verkehr behindert, Erkundigungen einzuziehen; daß jedoch Personen von Trautel's Verdiensten und Eigenschaften in der großen Stadt vergeblich gesucht werden dürften, das glaube er gewiß.

Ach, sagte sie, was bin ich denn gegen die Bläſſel? Dann verlor sie sich eiligst, voll von Beschämung.

Frau Hart tadelte ihren Sohn, daß er dem Mädel zu viele Lobsprüche spende. Du bist ja vollkommen zufrieden mit ihr, entgegnete er, und gestehst ein, niemals eine bessere Dienerin gehabt zu haben.

Mag sein! Darum braucht sie es nicht in schönen Worten zu hören, was nur schädlich auf sie wirkt. Fühlen darf sie's; wissen muß sie, daß ich ihren Werth anerkenne; dies Bewußtsein giebt ihr Kraft und Ausdauer. Stolz mag sie sein in ihrer Art, aber eitel sollst Du sie nicht machen in der Eurigen. Ich lobe sie alljährlich einmal, wenn sie mir zum ersten Januar Glück wünscht; doch faſſ' ich mein Lob auch dann eben nur in die Worte: ich hoffe, Du wirst mir im kommenden Jahre keine Veranlassung geben, über Dich zu klagen. Darauf bittet sie die gestrenge Frau um Nachsicht wie bisher, empfängt ihr Geschenk, küßt mir die Hand, und Alles ist abgethan. Weiter darf man sich mit dieser Gattung Leute nicht einlassen, will man sie nicht verderben.

Julius blickte seine Mutter befremdet an; dann rief

er aus: Weißt Du wohl, daß Du viel von einer antiken Republikanerin hast? Deine Geringschätzung der vornehmen Welt, aller Ansprüche, die sie macht, aller Vortheile und Gunstbezeugungen, die sie spendet, verbunden mit Deinem strengen Ernst gegen Untergebene, erweckt mir bisweilen das Bild einer altrömischen Matrone.

Wenn das ein Vorwurf sein soll, Julius, so nehm' ich ihn ruhig hin. Zwar ist mir nicht viel von der Weltgeschichte bekannt; nur daß die alten Römer von Sclaven bedient wurden, hab' ich gelesen. Darin hinkt Dein Vergleich. Meine Tagelöhner sind freie Männer; gefällt ihnen die Arbeit in der Hartburg nicht, können sie wegbleiben, und auch Trautel, wofern sie nicht bleiben will, darf gehen, wie es ihr beliebt. Auch habe ich kein Recht über Leib und Leben. Was mein Verhältniß zu der übrigen Welt außer unserer Hartburg angeht, so macht es eben auch keine andern Ansprüche, als selbstständig zu sein und zu bleiben, unabhängig von jenen sogenannten Vornehmen und Reichen, denen Du mehr oder weniger huldigen mußt, willst Du ihren Beifall und ihre Kundschaft Dir erringen. Mich würde das belästigen; Dir macht es wohl gar Freude. Und insofern mag ich Republikanerin im edlen Sinne heißen, während Du einem Günstling aus der Kaiserzeit ähnelst.

Nur daß wir kein Rom mehr haben, wie ich es brauchen könnte, Mutter! Ich muß mich mit kleineren Städten, mit modernen Residenzen begnügen; statt Kaiser und Mäcene muß ich Gutsbesitzer, geheime Hofräthe, Sängerinnen, Schauspieler, Fabrikanten, Bankiers,

Gardeofficiere oder Gelehrte abconterfeien; muß ihnen (darin hast Du schon Recht) nicht minder schmeicheln, als ein römischer Dichter seinen hohen Gönnern. Aber wenn Du meinst, daß ich mich dafür nicht an ihnen räche, bist Du im Irrthum. Jeden Uebermuth bestrafe ich. Ich lasse sie warten, bitten, flehen, vergeblich laufen, ziehe sie hin, drohe ihnen mit Aehnlichkeiten en laid, bis sie gute Worte geben. Und bezahlen lasse ich sie vorher, ehe ich noch einen Strich mache, wenn sie mir nicht ganz sicher sind. Es ist zuletzt auch ein Geschäft, nur daß ich nicht Kaufmann heiße, sondern Künstler; daß ich nicht in Kolonialwaaren, Wolle, Eisen, Zink und Staatspapieren „mache", sondern in Talent, Geschicklichkeit, Geschmack und — Schelmerei. Passons la dessus. Zunächst bin ich bei Frau Hart auf der Hartburg zur Herbsternte, wo mich die rothen Backen unserer edlen Aepfel unglaublich mehr interessiren, als die schmachtenden Wangen schöner Damen.

Daß diese Versicherung ernstlich gemeint sei, davon gab Julius seiner Mutter die sprechendsten Beweise durch sein Benehmen, welches auch nicht im Entferntesten an den Pariser, vielmehr an den ehrlichen Steinburger mahnte, der in der Heimath wieder zum treuherzigen, kindischen Jungen wurde. Er streifte von Tag zu Tag jene mitgebrachten eleganten Formen und kleinlichen Ziereien des Modemenschen mehr und mehr ab, zeigte sich immer zuthunlicher für seine Mutter, williger in Handleistungen jeder Art, schonungsloser gegen seine Frisur, dankbarer für den reinen Duft klarer Herbsttage, gleich-

giltiger gegen Odeurs, Parfüms, künstliche Seifen und
Pomaden, die der überaus reinlichen, aber allen geleck-
ten Schniegeleien abgeneigten Frau Hart höchst zuwider
waren, und dennoch hatte man dazumal noch nicht die
Erdbeer-Pomade erfunden, gegen welche sich — verzeih
mir, holde Leserin, die Du vielleicht Gebrauch von derselben zu machen liebst — mein Herz empört. Erdbeer-Pomade! — Läßt der liebe Gott diese lieblichste aller
Früchte, diese kleine Ananas unserer deutschen Waldungen deshalb wachsen, breitet er den rothen Teppich ihrer
Fülle und Fruchtbarkeit deshalb über Wiesengras, Raine,
Waldmoose und Felsenkuppen hin, damit schmählich zer-
rieben, zerkocht, zermanscht, in Fett zerschmolzen und in
struppiges Haar versalbt werde, was bestimmt war, bei
schwüler Sommergluth des Menschen Gaumen zu laben,
sein Herz zu stärken und zu erquicken? O schmähliche
Barbarei der Kultur! Grausame Undankbarkeit gegen
die süßesten Gaben des Himmels und der Erde! Ich
wünschte, daß allen die Haare ausfielen, die dazu bei-
tragen, dieser Pomade Verbreitung zu fördern. Frau
Hart hätte sie unter keiner Bedingung unter ihrem Dache
gelitten, das weiß ich; denn ihr waren, wie schon erwähnt, alle Oele und Essenzen sehr zuwider, und sie
freute sich, daß ihr Sohn die aus Paris mitgebrachten
Fläschchen und Büchschen nach und nach außer Gebrauch
setzte. Was kann denn zuletzt auch frischer duften und
anmuthiger, wie ein Lager von Himbeer-Aepfeln, welche
sorgsam vom Baume gepflückt, nun auf Stroh ausgebreitet, in gefüllten Vorrathskammern langsam nachreifen

und in den späten Herbst und Winter hinein die lebendigsten Frühlingstage wachrufen, als ob sie nicht Früchte, als ob sie Blumen wären! Und die Goldreinetten mit ihrem sammtenen Glanz! Und die großen Pfundbirnen, schwer wie Blei, hart wie Stein, denen gar nicht beizukommen ist, ehe nicht lange Kerkerhaft im düsteren Gewölbe sie erweichte!

Auf jedem Baume, den, um ihn leeren zu helfen, Julius erstieg, oder in dessen Aesten er den langen Obstbrecher Stengel und Stiele knicken und knacken ließ, saßen kleine Bilder und Märchen aus fröhlicher Knabenzeit; ritten Scherze und Wünsche herum, die ihm damals unerreichbar geschienen, die jetzt gleich Aepfeln und Birnen herabfielen, zu seinen Füßen kugelnd. In jedweder Frucht spiegelte sich das Bild seines guten seligen Vaters, auf den er sich nur dunkel besann, mit geheimnißvollen, unklaren Zügen, aber lächelnd, mild. Wie der Verstorbene es im Leben gewesen war, ein heiterer Gegensatz zu seinem Namen und nicht minder zu dem wenn gleich stets liebevollen, doch strengen Ernst der Mutter. Sie hatte den Jungen oft gescholten, daß er als solcher für sein Alter noch zu weich, zu flatterhaft, zu kindisch sei. Des Vaters Entschuldigungen drangen nicht immer durch. Jetzt freute sie sich, den jungen stattlichen Mann wieder kindisch werden, ihn von seinen weltstädtischen, vornehmen Manieren zur ungebundenen Freiheit einfach-bürgerlicher Formen zurückkehren zu sehen. Je knabenhafter sich der beliebte Künstler geberdete, je mehr Lust er an unschuldigen Scherzen und albernen Späßen zeigte, desto lieber

wurde er ihr, desto näher trat ihr wiederum der durch
lange Abwesenheit schier Entfernte. Dieser Herbst ward
ihr zum glückbringenden Frühling.

Viertes Kapitel.

Wenn jeglicher Frühling verblühen muß, dem heißen
Sommer weichend; wenn der herrlichste Sommer vom
langabendlichen Herbste verdrängt wird; warum sollte
nicht zuletzt auch der schönste ausdauerndste Herbst den
trotzigen Winter als seinen Meister anerkennen und ihm
Platz machen? So geschah es denn auch in Steinburg,
da Julius bei seiner Mutter, der Frau Hart, auf der
Hartburg weilte. Die letzten an dürren Aesten hängen-
den Pflaumen schrumpften im Froste zusammen, die
Dächer hüllten sich in weiße Schneedecken, die kleinen
Pfützen des Hofes knirschten eisig unter dem schüchternen
Tritt vorsichtigen Geflügels; Bläßel und die anderen
Kühe sahen sich vergeblich nach einem Maulvoll grünen
Futters um; rothbrüstige Gimpel wagten sich durch ganze
Schaaren kecker Meisen bis an's Obstspalier des Wohn-
hauses vor; heimische Sperlinge suchten vor Sonnen-
untergang ihre räucherigen Schlafkammern in den Win-
keln der Schornsteine, und der Nordwind drängte mit
Klagegeheul gegen die wohlverschlossenen Fensterladen,
um wo möglich ein Ritzchen zu finden, durch welches er
die Lampen ausblase oder Trautel's kaum geschliffenen
zartflaumigen Federberg wie Schneeflocken um die emsige

Magd wirbeln könnte, was ihm jedoch nicht gelang. Die alte Hartburg war zu massiv gebaut, Holz und Mauerwerk von der Väter Zeiten her fest und unerschütterlich. Der heulende Störenfried mußte beschämt abziehen und den am lodernden Feuer sitzenden Julius hinter sich spötteln hören: Nichts Angenehmeres, als im warmen Stübchen zu hocken, wenn der da draußen sich zerreißen möchte! Dieses Gefühl der sicheren Behaglichkeit im engsten winterlichen Kreise thut Weltkindern und Lebemenschen gar innig wohl, so lange es ihnen etwas Neues, Fremdgewordenes bleibt. Man ergötzt sich anfänglich an dem Contraste: voriges Jahr um diese Zeit trieb ich mich bei Seiner Hoheit dem Duc so und so herum; gestern vor einem Jahre gab der Herr Finanzminister eine prachtvolle Soirée, und dinirt hatten wir bei Lafitte; aber heute sitz' ich bei meiner alten prächtigen Mutter, wie ich gestern bei ihr saß, schiebe ein Scheit Holz nach dem andern in den Ofen, Trautel schleißt Federn, und der kalte Sturm vergeudet seinen Zorn an den unerschütterlichen Mauern der Hartburg! Das klingt allerliebst und wirkt, wie gesagt, sehr behaglich am ersten, dritten, fünften, siebenten Abend. Ehe jedoch der zwanzigste herankam, hat sich die unvermeidliche, treue Anhängerin müßiger Künstler, die liebe gute, ehrliche Langweile, unvermerkt eingeschlichen, hat sich neben die Behaglichkeit auf den bequemsten Stuhl gesetzt und thut, als ob sie zu Hause wäre. Hinausweisen läßt sie sich nicht. Sie weicht nur, wenn sie sieht, daß sie auf die Anwesenden keine Wirkung macht. Dann geht sie von selbst. Bei Frau Hart und bei Trautel versuchte sie schon gar nicht mehr sich zu etabliren; denen vermochte sie Nichts anzuhaben. Doch wie nur Julius die wenigen Bücher durchgeblättert, welche der Steinburger Leihbibliothekar ihm etwa darbieten konnte; wie nur Alles durchgesprochen war, was er mit seiner Mutter über den Pariser Aufenthalt durchzusprechen mußte und — wagte: da vernahm er plötzlich ein anhaltendes herzhaftes Gähnen neben sich ... und siehe, da saß sie, die rechtschaffene Langweile und lud ihn stillschweigend ein, mit ihr zu gähnen. Der Mutter entging das nicht. Sie machte ihm den Vorschlag, er möchte die Ressource des Städtchens besuchen, um wenigstens unter Menschen zu kommen. Nennst Du die Steinburger Menschen? fragte er und gähnte. Sie schwieg. Eben so rasch wie Spätherbst und des Windmonats erste Hälfte verflogen, eben so langsam schlich der Christmonat dahin; nicht einmal die kleinen Vorbereitungen auf den Weihnachtsbaum, den die Hartburg für arme Nachbarkinder schmückte, gewährten merkliche Hilfe. Die Langweile herrschte, und ihr liebster Sohn, der Mißmuth, stattete bisweilen Besuche ab bei Herrn Julius Hart. Unter solchen Umständen war das Eintreffen eines Briefes aus der Residenz eine Begebenheit von großer Bedeutung.

Comtesse Prisca schrieb:

Mein theurer Meister und Lehrer! Verdrüßlich genug, daß wir uns bei Ihrer Mutter verfehlten, jetzt noch verdrüßlicher, daß Sie in dem abscheulichen Steinburg nisten wie der einsame Spatz Dalmatiens in seinem Felsengeklüft, während hier sich hundert schöne Augen müde gucken nach Ihnen. Fünfzig Angesichter (wenigstens!) von unserer Bekanntschaft sehnen sich darnach, durch ihre Zauberhand abgebildet zu werden; sei's um in verschwiegenem Kämmerlein nur von Einem oder Einer zärtlich betrachtet zu werden, sei's um auf Stein vervielfältigt an den Schaufenstern großer Kunsthandlungen der Vorübergehenden Aufmerksamkeit zu fesseln. Sämmtliche Portraitzeichner am Orte haben traurige Ferien; es wächst dem Winter zum Trotze Gras auf ihren Brettern, denn alle Welt sagt: weil Julius Hart aus Frankreich heimkehrte, wollen wir auch gewiß warten, bis er uns portraitirt, einem andern sitzen wir nicht. Einige junge Herren aus der Gesellschaft, die vergangenen Winter in Paris waren, können nicht genug erzählen von Ihrer dortigen Stellung und wie man sich in hohen und höchsten Kreisen um Sie förmlich zerrissen, ja wie man es für ein Glück betrachtet hat, Ihrer nur habhaft zu werden. Die hiesige Gesellschaft brennt vor Verlangen, auch in diesem Falle Paris nachzuahmen, und da es ruchbar geworden, daß ich den Vorzug genieße, Sie persönlich zu kennen und mich Ihre unwürdige Schülerin nennen zu dürfen, so spricht man mich jetzt schon um Protection an. Sie begreifen, wie mich das eitel macht, und ich hoffe zu unserer alten Freundschaft, daß Sie mich, nachdem ich nun einmal eingewilligt, Sie zu citiren, nicht im Stiche lassen wollen. Ja, damit Sie's nur wissen: ich war so kühn, zu versprechen, Sie würden meinem Rufe Folge leisten. Thun Sie es nicht, machen Sie meine Zuversicht, mein Vertrauen auf unsere alte Freundschaft zu Schanden, indem Sie ausbleiben: so bin ich blamirt und für diese Saison verloren. Wollen Sie das? Für so grausam kann ich Sie doch nicht halten. Und am Ende, mein' ich, wird Ihr Künstlerstolz auch ein Wort mitreden, dem es wohlthun muß, in der deutschen Heimath Huldigungen zu empfangen, deren er im fremden Lande vielleicht schon überdrüssig war. Außerdem wird es Gold auf Sie regnen, was nicht gänzlich zu verachten ist. Doch nicht allein dergleichen eitle und irdische Rücksichten, auch höhere mögen Sie bestimmen helfen und Ihre Entschließung fördern. Wir insgesammt, die wir uns zu den Frommen im Lande zählen, wir trachten schon längst mit heiliger Sehnsucht nach einem würdigen Abbilde des herrlichen Mannes, dessen gläubige Gemeinde wir bilden. Nur Sie mit Ihrem vergeistigenden Genie sind befähigt, diesen Verkündiger der reinen Lehre in seiner tiefsten Weihe aufzufassen und wiederzugeben! Nur Sie dürfen den Apostel des Herrn sinnig verklären. Das ist's, wonach Tausende schmachten: Vornehme und Geringe, Reiche und Arme, Alte und Junge. Sie werden ihn darstellen, als ob er lebte, lehrte; vielleicht, ja gewiß, werden auch Sie während dieser Arbeit vom Geiste ergriffen, vom Glauben erfüllt! Sie gehören dann zu den Unserigen. Welch' ein Gewinn für Sie — und für uns!

Kommen Sie! Bringen Sie den heiligen Abend mit uns zu. Ihr Weihnachtsbaum wird schon gehegt und gepflegt, daß er lieblich grüne.

Prisca Gräfin L. auf K.

Dieses Schreiben gab Julius seiner Mutter zu lesen. Sie überflog es, ohne eine Miene zu verziehen, und gab es zurück, ohne eine Silbe dabei zu sprechen.

Ich weiß nicht, was ich thun soll, sagte Julius gedehnt.

Ich weiß, was Du thun wirst!

Nun, was werd' ich denn thun?

Du wirst dem Rufe folgen, der so dringend und ehrenvoll an Dich ergeht. Du kannst nicht anders, lieber Julius. Ich entbinde Dich des Versprechens, den Weihnachtsabend auf der Hartburg zuzubringen. Vor den Berechnungen des Geschäftsmannes treten kindische Spielwerke zurück. Sie erwarten Dich dort, und Du darfst sie nicht allzu lange warten lassen, sonst werden sie ungeduldig und nehmen dann in ihrem Aerger mit einem anderen Künstler vorlieb, der Dir die fettesten Kundschaften wegschnappt. Und das könnte Deine Einnahme gar sehr beeinträchtigen. Deshalb reise in Gottes Namen! Ich werde mich an diesem Weihnachtsabende mit Trautel und den armen Kindern behelfen, wie an so manchen anderen.

Julius meinte aus der Mutter verständigen Worten einen versteckten Hohn herauszuhören. Unter anderen Verhältnissen würde er sich dagegen zur Wehre gesetzt haben. Heute jedoch, wo ihm zunächst daran lag, auf gute Art loszukommen — denn Prióca's Brief hatte, wie wir nicht leugnen dürfen, gewaltigen Eindruck auf ihn gemacht — heute ließ er sich auf keine Gegenrede ein. Er begnügte sich, das Für und Wider abzuwägen, wobei es denn auch an Versicherungen nicht fehlte, wie schwer es ihm werde, aus den stillen Räumen des Vaterhauses zu scheiden. Das Einzige, setzte er hinzu, was ihn über die früher eintretende Trennung von der Mutter tröste, sei die Aussicht, in der Residenz jene ihr und ihm längst befreundete gräfliche Familie zu finden, die ihm die Heimath und deren friedlichen Verkehr ersetzen werde.

Das nun wohl kaum, mein Sohn. Lasse Dich nicht irre machen durch die frömmelnden Stoßseufzer, die Deine charmante Schülerin zwischen ihr frivoles Geschwätz einmengt. Das ist eben auch nur leerer Modetand und geht bei diesen Leuten nicht tiefer. Denn wäre dies der Fall, sie könnten etwas Klügeres thun, als ihre ohnehin total zerrütteten Finanzen durch unnützen theuren Stadtaufenthalt und die mit demselben unzertrennlich verbundene Verschwendung vollends zu Grunde richten. In Kahlfelda geht während ihrer Abwesenheit Alles darüber und darunter; das geräumige Schloß steht leer, und sie bezahlen mit schwerem (auf hohe Wucherzinsen geliehenem) Gelde ein sogenanntes Absteigequartier, in welchem die Miethe für jeden ausgeborgten Stuhl den Ertrag eines schlechtgedüngten Ackerbeetes verschlingt. Sie versagen sich keinen Ball, kein Fest, keine Oper, keine Näscherei, keine alberne neue Mode, und dann schlagen sie zerknirscht an die Brust, wenn der Prediger, den Du auf Stein zeichnen wirst, sie drohend zur Buße und Entsagung auffordert. Träume nicht von einem frommen häuslichen Kreise, den Du da finden sollst. Sei gefaßt auf oberflächliches Geschwätz ohne Kern und Halt, auf moralische Phrasen und tugendreiche Grundsätze, denen jegliche Handlung derer, die sie verkünden, entschieden widerspricht. Suche dort, was Du für Deinen Zweck irgend brauchen kannst, nur den Frieden, den Fleiß, die bürgerliche Eintracht meines Hauses suche nicht.

Er wußte keine andere Erwiederung auf diesen Ausfall gegen Prisca und deren Mutter zu geben, als daß er stillschweigend hinausging und seine Koffer und Kisten packte.

Trautel weinte in ihren Federberg hinein. Sie hatte genug von der Herrin Worten verstanden, um zu begreifen, daß Julius eher abreisen werde, als sie gedacht.

Frau Hart verwies ihr das: Er ist kein Kind und muß wissen, was er zu thun hat. Hab' ich so viele Weihnachtsabende ohne ihn zugebracht, warum nicht diesen auch?

Der Abschied war kurz. Mutter wie Sohn empfanden, daß fernere Gespräche und Auseinandersetzungen zu unangenehmen Zwistigkeiten führen könnten. Deshalb waren sie die letzten Tage freundlich still neben einander hergegangen; deßhalb machten sie bei'm Scheiden wenig Worte.

Als die Hausthüre der Hartburg hinter dem Reisenden in's Schloß fiel und ihr schwerer Klang durch die Wölbung dröhnte, sagte Frau Hart vor sich hin: Ich fürchte, er zieht in sein Unglück! Und Trautel jammerte, aber leise, damit ihre Herrin es nicht vernehme: Nicht einmal für die Bläſſel hat er mir einen Abſchiedsgruß aufgetragen!

Und dann gingen ſie wieder an ihr ſchlichtes Tagewerk, Frau Hart und die Trautel, als ob Nichts vorgefallen, als ob keine Unterbrechung des gewöhnlichen Lebensverlaufes geſchehen, als ob der „Pariſer Künſtler" gar nicht dageweſen wäre. Nur die Bildlein und Zeichnungen, die er zurückgelaſſen, zeugten für ſeine Anweſenheit. Sie waren ſeinen geübten Fingern faſt ohne Zuthun des Willens entglitten, wie Blätter vom Baume fallen, ohne daß der Baum daran denkt, ein Haupt, welches in ſeinem Schatten träumt, damit zu beſtreuen; ſie waren nichtsdeſtoweniger Zeichen künſtleriſcher Meiſterſchaft, und jedes Blatt und Blättchen würde für ſammelnde, kaufende Kenner von namhaftem Werthe geweſen ſein. Frau Hart verſtand dies wohl zu würdigen. Wenn ſie ihr klares Auge feſt darauf weilen ließ, ſeufzte ſie manchmal: Was hätte er mit dieſen Gaben erreichen können! — Aber ihn reizte der augenblickliche Gewinn, und er opferte die Kunſt dem Erwerbe!

Vielleicht hatte ſie Recht? Vielleicht aber auch war es eine innere Stimme geweſen, die den von ſeiner Mutter getadelten Julius von der ſteilen Bahn zum höchſten Gipfel des Nachruhmes auf den bequemeren Seitenpfad einträglichen Moderufes gewieſen? Vielleicht hatte dieſe innere Stimme ihm warnend verkündet, daß er nur ein gewandtes Talent, ein bewunderungswürdiger Meiſter im Kleinen, daß er aber kein Genius, und daß Schöpfungskraft im Großen und Erhabenen ihm verſagt ſei?

War dem so, dann hatte er Recht und nicht seine Mutter; denn nicht Alle können Alles, und wohl dem, der sich bei Zeiten selbst erkennt!

Fünftes Kapitel.

Auf dem Wege nach der Residenz gestand sich Julius Hart, was er sich unter dem immer noch mächtigen Uebergewicht mütterlichen Einflusses bisher verleugnen wollte: daß er des Aufenthaltes in der Hartburg schon herzlich müde gewesen, und daß Prisca's Schreiben recht erwünscht gekommen sei, ihn zu einem Entschlusse anzuregen, den er ohne solchen Anstoß von außen kaum erschwungen haben dürfte. Nicht die winterliche einsame Zurückgezogenheit hatte ihn Ueberdruß an der Heimath finden lassen; im Gegentheil, diese hatte ihm eigentlich wohl gethan nach so langem Umhertreiben in der großen geräuschvollen Welt. Was ihn zu Hause bedrückt, war die nicht wegzuleugnende Autorität einer Mutter, die er innig liebte, nach welcher seine Seele sich aus der Ferne stets kindlich gesehnt, welche aber ihn, den Verwöhnten, von Huldigungen Geschmeichelten, zu wenig schonte, wo es die wunde Stelle seines Künstlerstolzes galt. Gerade weil er die treffende Wahrheit in manchen ihrer schärfsten Bemerkungen selbst empfand, that sie ihm weh und verletzte ihn. Auch den Vorwurf, daß er gewinnsüchtig, goldgierig sei, fand er bei tieferem Eingehen in seine Gemüthszustände begründet. Des Geizes klagte er sich nicht an, der lag ihm fern; vielmehr neigte er sich zur Verschwendung hin. Doch eben diese machte ihn zu Zeiten habsüchtig. Er träumte von reichem Erwerbe, weil er aus diesem die Mittel herleitete, wie ein großer Herr zu leben, den Genossen ähnlich, die er in Paris um schöne Pferde, seltene Hunde, glänzende Equipagen beneidet. Was er sich dort versagen müssen, meinte er nun erreichen zu können in der deutschen Residenz, wo geringerer Aufwand hinreichen würde, seines Gleichen zu überbieten. Er wollte nicht blos als Künstler von sich reden machen, er wünschte auch sonst Aufsehen zu erregen. Und das hatte schon in ihm gewühlt und gebohrt, als er noch auf seiner Mutter Obstbäumen saß, als er Trautel und Bläßel abzeichnete. Deshalb war ihm jenes Stillleben so poetisch erschienen, weil er es im Voraus mit der künftigen Pracht verglich; deshalb hatte Prisca's Brief so gewaltig auf ihn gewirkt, daß er der Heimath nicht rasch genug Valet sagen konnte. Und da zog er nun, strahlender Pläne voll, seinem Schicksal entgegen; ach, kein guter Geist lüftete die Wolken vor ihm, nur einen flüchtigen Einblick in die Zukunft zu gönnen. Wäre ein solcher ihm gestattet worden, wie rasch würde er heimgekehrt sein zu den Füßen der Mutter; wie gerne würde er sich geflüchtet haben in die Stille des Vaterhauses!

Aber so gut wird es uns Menschen nicht, und wir

verfallen rettungslos den dunklen Mächten, denen wir uns einmal übergeben haben.

Das Auftreten des längsterſehnten Künſtlers in der Reſidenz war ein Triumph nicht nur für ihn, auch für Comteſſe Prisca, die ſich keinen Augenblick beſann, laut zu erklären, daß ſie ihn herbeigerufen habe.

Und wie gehorſam war er geweſen! Wie raſch hatte er dieſem Rufe Folge geleiſtet! Wie gern, wie laut erklärte er überall: er ſei mit dem feſten Entſchluſſe aus Paris heimgekehrt, ſich im Hauſe ſeiner Mutter zu vergraben, nur ſich ſelbſt und ihr — und der Kunſt lebend; die Wintereinſamkeit habe ihn entzückt, er habe ſich ſelig gefühlt darin; — doch einer Aufforderung aus ſolcher Feder laſſe ſich kein Widerſtand leiſten. — Und wie beneideten jüngere und ältere Damen die Schülerin um ihr „ascendant" über dieſen Lehrer. Ach, wie gern hätten ſie ſämmtlich, auch die den Lehrſtunden längſt Entwachſenen, noch einmal begonnen, Augen, Ohren, Lippen, Hände und andere Beſtandtheile des menſchlichen Körpers zeichnen zu lernen, wäre Julius Hart geneigt geweſen, Unterricht zu ertheilen. Er aber wußte beſſere, angenehmere, einträglichere Verwendung ſeiner koſtbaren und theuern Zeit zu finden. Er wählte aus den ihn Umlagernden, nach ihrem Portrait Flehenden diejenigen aus, welche ihm am Beſten zuſagten, oder welche Prisca's Protection mitbrachten, wodurch aber ihre Verpflichtung, jeden Strich mit Gold zu belegen, keineswegs gehoben wurde. Sie zahlten ja gern; und wer etwa kein Geld besaß, machte fröhlich Schulden, konnt' er nur sagen: Morgen sitz' ich dem Hart!

Nur Einer wußte sich, und dies mit naiver Entschiedenheit von der Verpflichtung des Bezahlens loszumachen. Als Prisca's Bruder fand Gustav sehr natürlich, daß er „in Uniform" seiner Mama zum Weihnachtsabend beschert werde; und als dies erste Bildniß des munteren Jungen erst vollendet und ausgeführt da stand, so ähnlich-lebhaft, wie wenn es aus dem Rahmen springen und irgend eine hübsche Beschauerin bei'm Kopfe nehmen wollte, sie tüchtig zu küssen . . . was war natürlicher, als der dem Verehrer der Comtesse Schwester in's Ohr geflüsterte Wunsch: es wären da ein paar kleine, allerliebste Mädchen, die sich freuen würden wie die Kutscherspitze, wenn sie ihr allereinzigstes Lieutenantchen über ihrem Nähtischchen hängen sähen, und was käme es denn auf einige Stücke schwarzer Kreide mehr oder weniger an? Und was war natürlicher, als die bereitwillige Erfüllung dieses Wunsches, wovon Comtesse Schwester freilich Nichts wissen durfte, wodurch aber doch die Stimmung des Bruders eine dem Künstler günstige und Letzterem der Vorzug zu Theil wurde, daß zwischen ihm und Gustav Geheimnisse vertraulichster Art obwalteten. Wer zu einer jugendlichen Kunstfreundin im Verhältniß eines lehrenden Meisters steht und zugleich heimliche Durchstecklereien mit deren Bruder hat, der ist gewiß nicht weit davon entfernt, einen Liebeshandel anzuknüpfen oder in etwas dem Aehnliches verwickelt zu werden, beginne die Anknüpfung oder Verwickelung von welcher Seite sie wolle.

Schon die schalkhaft angebrachte Warnung: Aber Hart, was haben Sie denn ewig mit Gustav zu zischeln und zu tuscheln? Lassen Sie sich von ihm nicht verführen; er ist ein „mauvais sujet dans toute la force du terme!" — schon diese enthielt eine Herausforderung oder gar eine Avance. Denn wie werth mußte doch der Comtesse der aus Paris nach Deutschland heimkehrende achtundzwanzigjährige Maler sein, den sie bat, sich von ihrem einundzwanzigjährigen Brüderchen nicht verderben zu lassen? Eine Dame, die dem Hofe so nahe stand und die dennoch so besorgt war um das Heil ihres Lehrers? besorgter noch, wie um jenes ihres theuren Bruders? Es wäre unnatürlich, wenn es nicht so natürlich wäre. Priéca liebte. Liebte zum ersten Male; empfand zum ersten Male, was sie bisher zu empfinden sich und Anderen, für die sie zu empfinden wähnte, vorgelogen. Gräfin Priéca liebte den Maler Julius, den Sohn der Frau Hart in Steinburg. Noch wußte sie es selbst nicht. Es war ihr noch nicht ganz klar, wie es möglich sei, daß ein Mädchen ihres Ranges und in ihren Umgebungen vierundzwanzig Jahre alt werden müsse, um für ihren Zeichenlehrer zu fühlen, was sie in diesem Grade für keinen Gutsbesitzer von hohem Adel, für keinen Kammerherrn, für keinen prinzlichen Adjutanten, ja sogar für keinen angehenden Diplomaten gefühlt, von denen Allen sich wirklich verschiedene um sie bemühten. Denn sie zeigte sich, wenn nicht schön, doch reizend; wenn nicht kokett, doch lebhaft und geistreich; auch wußte man in der Residenz nicht genau, wie mißlich die Geldangelegenheiten der Familie standen. Daß Gustav Schulden machte, konnte nicht befremden; wer hätte keine gehabt?

Sobald Julius Hart entdeckte, daß Prisca mehr wie künstlerisches Interesse für ihn hege, beeilte er sich kopfüber in eitle Freude zu tauchen. Er machte sich weiß, daß er sie schon geliebt habe, da sie, noch ein halbes Kind, zuerst seine Schülerin gewesen, er machte sich weiß, daß er diese ursprüngliche und heilige Neigung wie einen frommen Talisman auf seinem Herzen durch alle Verirrungen vergangenen Lebens getragen und bewahrt habe. Er begann für sie zu seufzen und zu schmachten, richtete sich bei jeglicher Unternehmung nach ihren Worten und Winken; machte sich abhängig von ihren leisesten Wünschen und gehorchte ihr nur in dem einen Punkte nicht, daß er ihre schalkhafte Warnung, Gustav betreffend, buchstäblich entgegengesetzt auslegte, indem er dem sich an ihn hängenden Gustav vertraulich und — freigebig die Arme öffnete, wie die Kasse. Mochte der junge Graf, wenn seine Kameraden ihn mit dem „künftigen Schwager" neckten, mitunter Anwandlungen von hochmüthiger Abneigung wider die Möglichkeit solchen Bündnisses verspüren; es that ihm doch zu wohl, einen Freund gefunden zu haben, der niemals Nein sagte, wenn es galt, augenblicklichen Bedürfnissen zu Hilfe zu kommen, dringende Verlegenheiten großmüthig zu beseitigen. Gustav begnügte sich, den Spöttern zu entgegnen: Was fällt Euch ein? Prisca denkt an Nichts dergleichen! — und die Liebschaft ging ihren Gang im Stillen weiter.

Gräfin Mutter hatte ihr Auge dem Weltlichen abgewendet. Bei ihr war die pietistische Moderichtung Sache des Herzens geworden. Zunehmende Kränklichkeit ließ ihr, was bisher noch von Lebenslust und Vergnügungssucht in ihr vorgewaltet, jetzt als eitle Thorheit erscheinen, und sie versenkte sich alles Ernstes in jene bußfertige Milde, welche nicht mehr irdischen Stolz, sondern christliche Demuth athmet. Wir wollen unerörtert lassen, ob nicht die Ahnung herannahenden Todes hauptsächlich eine so vortheilhafte Veränderung in Gräfin Leeringsheim hervorbrachte; wir wollen nicht untersuchen, ob vielleicht mit wiederkehrender Genesung auch frühere Regungen lieblosen Stolzes wieder aufgewacht sein würden. Wir wollen uns nur an die Wirklichkeit halten und der guten Dame nachrühmen, daß sie ihre Tochter auf keine Weise durch Widerspruch oder durch Eingriffe in das werbende Verhältniß belästigte.

Bei solcher Witterung mußte wohl die Blume junger Liebe fröhlich erblühen. Ehe sie sich's versahen, waren Julius Hart und Comteffe Prisca einig; ehe er sich's versah, stand Graf Gustav mit dem Künstler auf Du und Du, wußte auch den Spöttereien der Kameraden sein ehemaliges „Was fällt Euch ein?" nicht mehr entgegen zu stellen, sondern ging ihnen nur fein säuberlich aus dem Wege, so weit sich dies mit seiner Stellung sonst vereinbaren ließ.

Die „Saison" nahte ihrem Ende. Die Aerzte wünschten Nichts sehnlicher, als eine Patientin los zu werden, die ihnen unrettbar schien, die ihre Geduld ermüdete, die große Ansprüche machte, aber geringes Honorar zählte, die endlich in der Erb- und Familiengruft zu Kahlfelda weit anständiger untergebracht schien, als auf den übervollen Friedhöfen der Residenz, wo nur ein ganz gewöhnliches Grab in ganz gewöhnlicher Erde sie aufgenommen haben würde. Die gelahrten Herren hielten ein Concilium, welches einstimmig auf ein concilium abeundi herauslief und Wunderdinge verhieß von den Einwirkungen reiner Landluft auf den Zustand der Kranken. Auch ließen sie im Hintergrunde ihrer Weisheit eine Badereise mit verhängnißvollen Andeutungen aufdämmern. Prisca hoffte noch. Julius wußte, was er davon zu halten hatte, doch enttäuschte er die zärtliche Tochter nicht. Dem Sohne dagegen theilte er seine gerechten Besorgnisse mit, welche dieser leichtsinnig aufnahm, ohne sich dadurch im Genusse der Gegenwart weiter stören zu lassen.

Die Abreise der Gräfin Leeringsheim mit ihrer Tochter Prisca wurde festgesetzt. Sie verließen die Residenz im Anfang des Mai, und schon vor Ablauf desselben Monats folgte ihnen Julius Hart nach Kahlfelda, ohne sämmtliche eingegangene Verpflichtungen als Portraitzeichner ausgeführt und erfüllt, nicht aber, ohne Gustav hinreichend mit Geld versorgt zu haben.

Sechstes Kapitel.

Die Herren Aerzte in der Stadt schienen doch Recht zu behalten: die Gräfin erholte sich wirklich noch einmal. Es war eine kurze Täuschung; doch war es eine, und sogar die Kranke unterlag ihr, oder wurde vielmehr von ihr emporgehoben und neu ermuthigt. Sie wähnte sich gerettet; sie wendete sich wieder dem Leben zu. Da erwachten denn auch mehr oder weniger die Ansprüche, die sie an das Leben zu machen gewohnt gewesen, ehe die Frömmigkeit bei ihr zum Durchbruch gekommen war. Mit diesen Ansprüchen meldete sich auch der Stolz; bei ihr, der ihr angeborenen Milde und Gutmüthigkeit gemäß, niemals ein verletzender hochmüthiger Stolz, immer jedoch hinreichend mächtig, sie erstaunen zu machen, als sie sah, wie vertraut unterdessen Julius Hart mit Comtesse Prisca geworden sei. Das Angedenken jüngerer Tage regte sich noch frisch genug in ihrer Brust, um sie zu Vergleichungen, auf eigene Erfahrungen begründet, fähig zu machen, und nach sorgfältiger Forschung und Beobachtung, welche sie vor den Liebenden wohl geheim zu halten wußte, gestand sie sich mit Schrecken und gelindem Entsetzen ein, daß hier nicht von einer flüchtigen Galanterie, ja nicht einmal von einem (Gott verzeih' mir die Sünde! setzte sie bei) zu verheimlichenden Fehltritt, sondern tout bonnement von einer auf eheliche Verbindung abzielenden, tiefinnersten „Passion" die Rede sei! Sie war doch zu klug, die gute Gräfin, und kannte aus mannichfachen kleinen Proben die Festigkeit ihrer Tochter zu genau, um auf diese durch mütterliches Verbot wirken zu wollen. Prisca ließ sich nicht abwendig machen; das stand fest. Aber Julius!? Gab es noch ein Mittel, die gefürchtete Verbindung zu hindern, so mußte es auf der Seite des Mannes gesucht werden, der sich immer nachgiebig und weich gezeigt, der nie verheimlicht hatte, wie er seiner Mutter gegenüber immer ein Kind, ein Knabe geblieben sei; wie er sich, um es gerade herauszusagen, vor Frau Hart fürchte! Ja "fürchte," trotz aller Liebe; was bei vorhergegangenen, noch harmlosen Gesprächen religiösen Inhaltes der Gräfin oft Gelegenheit zu erbaulichen Erklärungen des Wortes "Gottesfurcht" gegeben, als in welcher ja nur die rechte und wahre Liebe wurzeln könne. Diese Erinnerungen sollten ihr nun zu Statten kommen, und sie beschloß von ihrer scheinbar wiederkehrenden Gesundheit den besten Gebrauch zu machen, indem sie ohne Vorwissen Prisca's eine Fahrt nach Steinburg unternahm. Lediglich ein alter Diener ward in's Vertrauen gezogen. Julius wie Prisca erstaunten nicht wenig eines schönen Morgens zu erfahren, Ihre gräflichen Gnaden seien abgereist, Niemand wisse wohin. Beide vereinigten sich sogleich in der Ueberzeugung: dieser Besuch könne nur der Hartburg gelten. Doch über den Erfolg eines so unerwarteten Entschlusses vermochten sie sich weniger zu einigen und blieben verschiedener Meinung. Prisca erblickte darin die Einwilligung ihrer Mutter, die sich mit Frau Hart mütterlich berathen wolle. Julius zeigte sich bedenklich und erwartete nichts Gutes. Wir wollen gleich sehen, daß sein Vorgefühl ihn nicht täuschte.

"Der blaue Bär" zu Steinburg war sehr brummig, als Gräfin Leeringsheim bei ihm einsprach. Er wollte nicht viel von ihr wissen, weil er mit seinen Jahrmarktsgästen vollauf zu thun hatte. Kaum daß die von der raschen Fahrt ermüdete Dame eine Unterkunft erlangte. Dadurch wurde sie in die übelste Stimmung versetzt, und in dieser begab sie sich nach der Hartburg, wo sie dann, ihren unterwegs gefaßten guten Vorsätzen ungetreu, fast eben so brummig anlangte, als ob sie nicht die Kahlfelder Herrschaft, sondern vielmehr die Gattin des blauen Bären wäre.

Frau Hart — (wenigstens hat es Trautel immer behauptet) — soll seit dem etwas gewaltsamen Aufbruch ihres Sohnes nach der Residenz ohnedies ernsthafter, zurückhaltender, strenger und wortkarger geworden sein als je.

Da kamen denn zwei üble Stimmungen zusammen und segelten sich entgegen, wie feindselige Fregatten bei widrigem Winde.

Warum die Gräfin sie aufsuchte? was durch ihre Anwesenheit hintertrieben werden sollte? — das wußte die kluge Ackerbürgerin auf's Härchen, ehe jene noch den Mund geöffnet. Und diese Einsicht in den Stand der Dinge verursachte trotz aller drohenden Wolken zuletzt dennoch einen leidlichen Empfang. Kam die Abneigung der Mutter Prisca's gegen eine mögliche Verbindung mit Julius doch kaum dem Widerwillen gleich, den seine Mutter dagegen hegte. Wenn zwei Gegner zufällig nach einem und demselben Ziele hinsteuern, vergessen sie wohl auf kurze Frist ihre Gegnerschaft und machen gemeinschaftliche Sache, wie wir erst neuerdings im Gebiete der Politik zu beobachten Gelegenheit fanden. Weshalb sollten zwei Frauen und Mütter nicht eben so viel Selbstbeherrschung entwickeln?

Anfänglich also ging es erträglich. Die Gräfin gab in gedrängter Kürze eine ziemlich richtige Schilderung von Prisca's inneren Zuständen und erklärte mit dem Takte einer Dame von Welt, wie und warum dieses vorwurfsfreie Wesen jetzt so weit aus der Art schlagen konnte, an eine Verheirathung wider ihrer Mutter Willen zu denken. Daß der letztere aufrecht erhalten werden müsse, darüber schien kein Zweifel obzuwalten. Nur auf welche Art und Weise dies erfolgreich geschehen könne, stand noch in Frage. Prisca war volljährig. Die Statuten ihres Weiberlehens besagten unglücklicherweise keine Silbe über den Ausschluß durch Mésalliance. Die Stifterin hatte einen solchen Fall gar nicht für denkbar gehalten bei einem Geschlechte von solcher Abstammung. Die abtrünnige Comtesse konnte dem — Maler ihre Hand reichen und nach dem Tode der Mutter (der aus Gram unfehlbar gleich nach der Hochzeit erfolgen würde!) dennoch in den Besitz von Kahlfelda treten — als sichere Madame Hart konnte sie das! Wenn sie überhaupt Madame Hart wurde. Wenn nicht bei Zeiten Widerstand eintrat! Und diesen sollte nun die „Frau auf der Hartburg" erregen, indem sie ihre Mutterrechte geltend machte.

Sie ließ der Gräfin das Wort, bis diese Nichts mehr zu sagen wußte. Dann begann sie:

Gewiß ist es ein großes Unglück, wenn mein Sohn und Ihre Tochter Mann und Weib werden. Ein Unglück für beide Theile; auch für mich und Sie, Frau Gräfin. Darüber sind wir einig. Doch in dem Gesichtspunkte, aus welchem dies Bündniß zu betrachten wäre, weichen wir weit, sehr weit von einander ab. Sie nennen es „Mésalliance." Nun freilich, so nenn' ich es auch. Nur daß Sie wähnen, Ihre Tochter vergäbe sich, ihrer Geburt, ihrer Zukunft ich weiß nicht was, wenn sie einen Künstler heirathet. Und daß ich im Gegentheile befürchten muß, mein Sohn sei es, der eine Partie unter seiner Stellung mache. Sehen Sie, da sitzt der Unterschied. Fahren Sie nicht auf, lassen Sie mich ausreden, wie ich auch Sie nicht unterbrochen habe. Was ich reden will, ist mindestens eben so vernünftig, eben so consequent, verdient eben so viel Aufmerksamkeit, als was ich von Ihnen anhören mußte. Erstens ist mein Sohn ein junger Mann — Comtesse Prisca dagegen ist gewissermaßen schon ein altes Mädchen. Sie trat mit fünfzehn Jahren in die große Welt, in welcher sie sich nun seit beinahe zehn Jahren umhertreibt, ohne einen Gatten ihres Standes zu finden; sie ist abgelebt, abgeblüht; sie ist, obgleich drei bis vier Jahre jünger als Julius, doch älter wie er mit seinen achtundzwanzigen. Zweitens sind die Vermögensumstände völlig ungleich: Sie erhalten sich mit Noth und Mühe auf einer vernachläßigten Wirthschaft, die den Gläubigern längst anheim gefallen, wäre sie nicht eine Art von weiblichem Majorat und dadurch gewissen Ansprüchen und Forderungen mehr oder weniger unzugänglich, wie ich durch meinen verstorbenen Mann weiß. Wir dagegen sind nicht nur schuldenfrei und wohlhabend für unsere Sphäre; Julius reicht weit darüber hinaus, erwirbt sehr viel und kann noch unend-

lich mehr erwerben, wenn eine unpassende Heirath ihn
darin nicht hemmt und beeinträchtigt. Drittens aber,
und das ist in meinen Augen das Wichtigste, setzt er sich
herab, wenn er sich, verführt durch eitle Regungen, die
nicht Bestand haben können, in eine Familie stiehlt oder
hineinlocken läßt, welche ihn wie einen Eindringling betrachtet. Er verliert seine Ehre, seine Selbstständigkeit,
seine künstlerische Freiheit, während Comtesse Prisca dies
Alles gewinnt. Sie empfängt, er giebt, er opfert auf;
er richtet sich zu Grunde. Und indessen er, was Fleiß und
Talent ihm erringen halfen, in einer ruinirten Haushal-
tung wie in einer Felsenspalte verschwinden sieht, wird
sie vielleicht sich schämen, sich gleich mir kurzweg „Frau
Hart" nennen zu lassen, und wird auf ihrer „Frau Gräfin"
bestehen, wie manche Damen thun, die ich kannte. Wenn
ich bedenke, daß meines seligen Mannes Sohn auch diese
Demüthigung stillschweigend ertragen könnte, so möchte
ich mich lieber gleich heute von ihm lossagen. Doch ich
fürchte, er ist mir zuvorgekommen und hat sich von mir
losgesagt, als er mich kurz vor Weihnachten verließ, um
einem Rufe Ihrer Tochter nach der Stadt zu folgen. Wie
sehr ich denn auch gegen die Verbindung sein mag, die
Sie zu hintertreiben wünschen — zu thun vermag ich
noch weniger als Sie. Ich traue mir keinen Einfluß
mehr auf meinen Sohn, auf seine Lebensrichtung zu.
Mich durch leere Drohungen, durch alte Weiberbitten,
durch Thränen lächerlich machen will ich nicht. Schreiben werd' ich ihm, kurz, trocken, deutlich, was ich Ihnen

zu sagen die Ehre hatte. Das Uebrige ist dann seine Sache, und wie Einer sich bettet, so wird er liegen. Weiter hätte ich denn wirklich Nichts mehr zu bemerken, meine Frau Gräfin!

Dabei machte sie eine Verbeugung und zog sich einige Schritte zurück. Sie besaß zu viel Anstand und Lebensart, um etwa auch nach der Thüre zu weisen; doch wenn gleich ihre Hand sich zu solch' ungastlicher Bewegung nicht erhob, lag in ihren Mienen nichtsdestoweniger das deutliche Bekenntniß, sie wünsche sehnlichst mit ihrem Kummer allein zu bleiben.

Die Gräfin hätte nicht sein müssen, was sie wirklich war: eine Dame von feinen Sitten und gefälligen Formen, wäre sie im Stande gewesen, dies Gespräch wieder aufzunehmen, um es in's Gebiet gemeiner Zänkerei zu führen. Sie war bewegt, gekränkt, erzürnt, aber sie beherrschte sich. Nur in gesteigerter Höflichkeit, die freilich an die Grenzen des Hohnes streifte, gab sich ihr Zorn zu erkennen. Sie erwiederte die Verbeugung der Bürgersfrau durch drei Knixe, der größten Hof-Gala-Cour angemessen, und sprach lächelnd: Madame, ich bin Ihnen verpflichtet, Sie haben mich eines Besseren belehrt; bisher stand ich wirklich in dem Wahne, Comtesse Prisca wolle sich wegwerfen und unter ihrem Stande heirathen, — — Sie öffnen mir die Augen und beweisen, daß meine Tochter die ihrigen viel zu hoch erhob. Verzeihen Sie meiner mangelhaften Erziehung den groben Irrthum. Ich entferne mich tief beschämt.

Die stolze Haltung, womit sie die Hartburg verließ, widersprach allerdings ihrer Versicherung. Nicht wie eine Beschämte, Gedemüthigte entfernte sie sich, sondern vielmehr wie eines stolzen Sieges bewußt. Und diesen hatte die gepeinigte Frau denn auch wahrhaft erkämpft, wenn schon nicht über die ihr an Stolz ebenbürtige Wittwe ihres ehemaligen Sachwalters, wenn auch nicht über die mächtiger als je aufsteigende Besorgniß wegen Prisca's Zukunft; doch gewiß über sich selbst, über ihre krankhafte Reizbarkeit, über ihren gerechten Zorn.

Auch der „blaue Bär" durfte nicht Zeuge des Ausbruchs heftiger Affekte werden, der über kurz oder lang ja doch erfolgen mußte, sollte ihr das Herz nicht bersten. Sie hielt sich musterhaft und behielt für die plumpen Zuvorkommenheiten der sie um die Wette bedienenden ungeschickten Bärenfamilie huldvolle, ruhige Würde.

Erst als sie wieder allein in ihrer Kutsche saß, als ein mitleidiger Landregen ihr gestattete, Fenster und Ledervorhänge schließen zu lassen und sich möglichen Seitenblicken des neugierigen Kutschers und des noch neugierigeren Dieners zu entziehen; da erst erlaubte sie sich, dem Schmerze, der in ihr tobte, nachzugeben; da ergoß die überströmende Galle ihrer Bitterkeit Fülle, und halb sterbend langte die Gräfin nach langer qualvoller Heimfahrt in Kahlselda wieder an.

Siebentes Kapitel.

In den Fieberphantasieen, von denen ihre Krankheit nicht frei war, machte Gräfin Leeringsheim den Auftritt zwischen ihr und Frau Hart wiederholentlich durch und setzte so, ohne es selbst zu wissen und zu wollen, ihre Tochter und Julius, der getreulich und hilfreich der Letzteren zur Seite stand, über den Zweck, wie über das Mißlingen der Steinburger Reise in's Klare. Als nach völliger Entkräftung die Heftigkeit der sich aufreibenden Natur in matte Ruhe überging, schien auch der Widerstand erschöpft, den die Mutter ihrer Tochter entgegenzusetzen gemeint. Die gute Dame, obschon völlig bei Sinnen und fähig, folgerecht zu denken, zeigte sich überraschend nachgiebig. Sie stellte nicht in Abrede, daß ihr Stolz vor jenem der Bürgersfrau von der Hartburg als vor etwas Unerwartetem, Unbegreiflichem förmlich zurückgeschreckt, daß ihre eigene Abneigung gegen die Heirath vor jener noch entschiedeneren der anderen Partei fast in den Wunsch umgeschlagen sei, jetzt zu protegiren, was vorher unwürdig erschienen. Prisca sowohl — obgleich diese weniger, weil ihr Schmerz um den kaum zweifelhaften Tod der Mutter zu aufrichtig war — wie Julius verstanden deren weiche Stimmung zu benutzen. Eine, wenn nicht gerade erkünstelte, doch auch nicht ohne künstlerisches Zuthun dargelegte Hinneigung des Künstlers zu pietistischen Bedürfnissen kam sehr zu Statten. Die Liebenden rückten der Sterbenden näher; in dem

Grabe, wie alles Irdische vor den erlöschenden Augen seinen Glanz verlor, machten sich die Rechte des Gefühls, der Herzen um so vernehmlicher geltend. Während der letzten Tage lag die Hand des vor wenigen Wochen als künftiger Schwiegersohn verabscheuten Malers in der Gräfin erkaltender Hand; während der letzten Lebensstunden erhob sich diese, einen Bund liebevoll zu segnen, den ihr hochfahrender Sinn auf der Reise nach Steinburg noch verfluchen wollte, und der Sterbenden Abschiedsworte lautete: „Nein, Frau Hart, Ihr Herr Sohn macht keine Mésalliance, wenn er Comtesse Prisca heirathet."

Graf Gustav war eiligst an's Krankenlager beschieden worden, die Pflichten des Sohnes zu üben und den Scheidegruß seiner Mutter zu empfangen. Er war nicht wenig erstaunt über die Einigkeit, welche zwischen seinem Freunde Julius und der Gräfin herrschte. Bisher hatte er den Maler Hart wie einen unerschöpflichen Brunnen flüssigen Goldes betrachtet, ihn demgemäß gedankenlos „angepumpt," ohne sich weiter den Kopf zu zerbrechen, wohin das dadurch erworbene Anrecht den freigebigen Künstler endlich führen könne. Jetzt trat die Sache dem jungen Herrn plötzlich näher. Die Gräfin hatte vor ihrem Ende Prisca und Julius förmlich eingesegnet, einem verlobten Paare gleich. Am Sterbebette wagte er keinen Einspruch zu thun; sobald jedoch die Leiche beigesetzt war, versuchte der Bruder sich der Schwester entgegen zu stellen gewappnet mit allem rostigen Ahnenkram und staubigem altem Eisenwerke, welches in der vergessenen

Rüstkammer des Schlosses Kahlfelda sich vorfinden ließ. Prisca zuckte spöttisch die Achseln und verwies ihn an Julius. Julius nahm seine Einwendungen freundlich auf, gab sich die Mühe, ihm auf's Breiteste auseinanderzusetzen, wie sich die Zeiten geändert, wie neue Lehren und humanere Ansichten viele verjährte Vorurtheile niedergerissen hätten; wie im Schutze fortschreitender Kultur neben der Aristokratie der Geburt sich eben so mächtige Aristokratieen des Geldes, der Intelligenz, der Wissenschaft, der Kunst hervorgethan; wie die selige Gräfin durchdrungen vom wahren, gleichmachenden Geiste der Frömmigkeit dies anerkannt; die Lebenden vereinigt habe!.... Und nachdem er dies Alles mit steigender Beredtsamkeit sehr ausführlich dargelegt, schloß er die schöne Rede mit vielen kleineren Ziffern und Zahlen, die durch das einfache, jedem Schulkinde geläufige Experiment der sogenannten „Addition" vor Gustav's Blicken zu einer großen Summe sich in einander fügten. So viel, sagte der Maler, bist Du mir schuldig, lieber Freund; ich kann Dir's schriftlich nachweisen von Deiner eigenen Hand. An unserem Hochzeitstage empfängt der Bruder meiner Braut die kleine Handschriftsammlung zum Geschenk und zu beliebiger Vernichtung. Auch liegt es nicht in meinem Wesen, daß ich einem lustigen, lebensfrohen Schwager die Mittel vorenthalten sollte, sich seiner Jugend zu freuen. Laß' uns das alte Sprichwort im Auge behalten: Wie Du mir, so ich Dir!

Gustav, sehr wohl wissend, daß er von seiner Schwester, der gebornen Besitzerin des Lehens Kahlfelda, abhängig sei, überlegte sich's ein Bischen und gelangte bald zu dem Resultate: ein großmüthiger freigebiger Schwager, wie Julius Hart, sei für ihn bequemer als jeder Andere, möchte dieser Andere auch vierzehn Ahnen in aufsteigender Linie nachweisen können. Zuverlässig sei ein Schwager, der Geld in's Haus und in die Wirthschaft bringe, besser als gar keiner. Und daß Prisca nicht unvermählt bleiben würde, wenn sich etwa durch einen Prozeß Mittel fänden, sie zwischen der Besitznahme ihres Weiberlehens und zwischen dem Bündnisse mit Julius wählen zu lassen, davon hielt sich der junge Graf überzeugt. Dann freilich konnten juristische Kniffe, ja es konnte sogar mächtige Fürsprache bei Hofe aufgeboten werden, für sich, den Bruder, zu erringen, was der unpassend verheiratheten Schwester streitig zu machen gelang. Dazu fehlten ihm aber die Anlagen, der innere Beruf; Gustav war nur ein eitler, verwöhnter, leichtsinniger Junge; er war Nichts weniger als Intriguant. Auch trug er so eine Ahnung von Ritterlichkeit in der Brust, die ihn zwar nicht hinderte, frivole Schulden zu machen, unerfüllbare Verbindlichkeiten einzugehen, die aber doch nicht gestattete, daß er heimtückische Pläne gegen die ältere Schwester aussinne, welche ihn stets liebevoll und nachsichtig behandelt hatte. Er fügte sich also. Die Verlobung wurde im Stillen gefeiert. Gustav kehrte nach seiner Garnison, das Brautpaar blieb, ohne Rücksicht auf das Gerede der Nachbarschaft, allein in Kahlfelba zurück.

Das war eine wonnevolle Zeit für Prisca. In die

sanfte Wehmuth über den Tod der Verstorbenen, deren Bild, wie stets bei Abgeschiedenen, sich jetzt vor den Augen der Zurückbleibenden verklärte und im Gedächtniß nur günstige Empfindungen hinterließ, mischte sich das Entzücken beglückter Leidenschaft, einer wenn auch nicht ersten Liebe, doch einer ersten, ungestörten Befriedigung, einer hingebenden Zärtlichkeit. Julius gehörte zu denjenigen Männern, die man kalt nennt, obgleich sie diese Bezeichnung nicht verdienen. Es giebt derlei Naturen, die es an sich kommen lassen; die, erfüllt und durchdrungen von anderen Lebenszwecken, so zu sagen noch keine Zeit erübrigten, sich recht zu verlieben. Sie warten ab, bis die Gluth, die sie durchglimmt, vom Hauche entgegenkommender Neigung berührt, endlich zur Flamme aufschlägt; und sehen sie dann die helle Lohe und vernehmen sie den lauten Ruf: „es brennt!" dann rufen sie einstimmend: „Feuer! Feuer!" aus voller Lunge. Dann sind sie nicht mehr kalt, dann werden sie heiß. So lange diese Flamme ungehindert und unbeengt zum blauen Himmel emporstieg, empfanden unsere Liebenden keine Sorge, was vielleicht über sie und ihren ungewöhnlichen, vorzeitiger Ehe ähnlichen Brautstand in schwarzen Trauerkleidern geflüstert und gelästert werden möchte. Als jedoch die Frist abgelaufen war, die kirchlicher Weihe noch entgegengestanden; als es Zeit wurde, an jene herkömmlichen Voranstalten zu denken, ohne welche nun einmal nicht geheirathet wird, da senkte sich die feurige Lohe ein wenig zu Boden und erfüllte das Kahlfelder Schloß mit Qualm und Rauch, daß den

Bewohnern schier die Thränen in's Gesicht kamen. Als erste, nächstliegende Verpflichtung erschien die Nothwendigkeit, des Bräutigams Mutter zur Hochzeit zu laden, eine Nothwendigkeit, die doppelt schwer auf Julius lastete, weil er es in leicht erklärlicher Scheu versäumt hatte, Frau Hart von der erfolgten Verlobung zu unterrichten. Er allein wagte sich auch jetzt nicht an den schwer zu stellenden Brief. Er schrieb nur den Eingang und überließ es Prisca, einen Anhang beizufügen, worin diese mit warmem Gefühle den Ergießungen eines vollen Herzens freien Lauf gönnte. Julius war entzückt davon; doch kannte er seine Mutter zu genau, um entschiedene Hoffnung darauf zu setzen. Der Erfolg war denn auch keineswegs ein günstiger, denn die Antwort lautete, in strengen ernsten Zügen, wie von der Hand eines Steinhauers gemeißelt, so:

Was ich von der Heirath meines Sohnes Julius mit dem Hochgeborenen Fräulein Prisca Gräfin Leeringsheim auf Kahlfelda halte, habe ich bereits ausgesprochen, als ich der verstorbenen Frau Gräfin darüber meine Meinung sagte. Diese hat sich seitdem in Nichts verändert. Ich wünsche Glück, bitte mich aber nicht mehr mit Nachrichten von dort zu stören, sondern zu thun, als ob auch ich schon begraben wäre.

Wittwe Ernestine Hart.

Prisca war durch diese unerbittliche Kälte fast vernichtet. Den Gedanken, daß ihr Gatte von seiner Mutter auf solche Weise getrennt bleiben sollte, vermochte sie nicht zu ertragen. Ja, sie fand es unbegreiflich, wie er so leicht über diesen Riß des Herzens hinweggehen und sich mit der Aeußerung zufrieden stellen mochte: „die Zeit werde auch hier segensreiche Wirkungen üben." Fast wäre sie irre geworden an ihm und ihrer Liebe! Doch er wußte sie zu beruhigen und vertröstete sie auf einen Besuch in Steinburg, der gleich nach der Hochzeit erfolgen sollte, und der gewiß die Versöhnung ausgleichend herbeiführen werde.

Nicht minder ungünstig stellten sich die Verhältnisse in der Nachbarschaft. Ueberall, wo das Brautpaar erschien, seine Einladung zum Hochzeitfeste anzubringen, mußten die Dienstboten ihre Herrschaft entweder verleugnen, oder es fand ein so abgemessener und vor lauter Höflichkeit zurückschreckender Empfang statt — sogar bei Prisca's vertrautesten Freundinnen und Gespielinnen aus der Kindheit — daß die regelmäßig schon Tag darauf zurückerfolgenden ausweichenden Entschuldigungen, selbst bei besseren, seiner ausgesonnenen Abhaltungsgründen, deutlich genug die Absicht verrathen hätten, mit den Neuvermählten keinen Umgang weiter zu pflegen.

Der einzige Hochzeitsgast, der sich bestimmt einzustellen versprach, war Bruder Gustav, und er fügte seinem Versprechen, die eigene werthe Person betreffend, unaufgefordert noch das zweite bei: einige unermüdliche Tänzer als seine Gäste mitzubringen, worüber Prisca nicht sonderlich erfreut war, was jedoch Julius für einen Beweis brüderlicher Theilnahme erklärte und auf die Frage: Mit wem sollen sie denn tanzen? lustig erwiederte:

Ei Liebste, mit den Frauen und Töchtern Deiner Beamten! — Auf diese Hochzeitsgesellschaft, sagte Prisca kleinlaut, werden sie kaum gefaßt sein; Gustav erwartet wenigstens den kleinen Adel aus der Umgebung versammelt zu finden. — Dann kann ich nicht helfen, lachte Julius. Sie müssen vorlieb nehmen und mit Denen tanzen, die sie finden. Und Dein Bruder wird auch vorlieb nehmen; thut es doch seine Schwester, indem sie mich zum Gatten erwählt; warum sollte er die Tochter des Verwalters nicht zur Tänzerin wählen? Laßt uns fröhlich sein und dem Bettelstolze der albernen Nachbarn beweisen, daß man sie und ihre Langweile nicht nöthig hat, um Hochzeit zu machen!

Damit wurde das unerquickliche Gespräch abgebrochen.

Der einst so heiß ersehnte, jetzt mit bangem Vorgefühl (wenigstens von Seiten der Braut) erwartete Tag kam denn auch heran. Graf Gustav war mit seinen Freunden schon zum sogenannten Polterabend eingetroffen, wahrscheinlich in der Hoffnung, bei diesem bereits alle Jugendfreundinnen der Schwester zu festlichen Spielen, gereimten Glückwünschen, bunten Mummereien und Scherzen versammelt zu finden. Seine Enttäuschung war groß, als Julius ihm den Stand der Dinge unumwunden erklärte. Am liebsten hätte er Kahlfelda sogleich verlassen, der Hochzeitsfeierlichkeit den Rücken gekehrt. Doch das ging nicht. Er mußte seiner Gäste gedenken und sich bemühen, diesen Nichts von seinem Aerger zu zeigen, weil sie ihn unerbittlich verhöhnt und ausgelacht haben würden. Er that sich also Gewalt an, zwang sich zur ausgelassensten Munterkeit und wirkte durch sein tolles Beispiel so ansteckend auf die Kameraden, daß an beiden Tagen die Grenzen der Schicklichkeit und des Anstandes überschritten wurden. Unter den zu ihrem eigenen höchsten Befremden auf's Schloß berufenen Frauen und Töchtern sämmtlicher Wirthschafts- und Forst-Beamten von Kahlfelda befanden sich unglücklicherweise nur wenige, die in der Sprache junger Herrn „passabel" genannt werden konnten. Und diese Wenigen hatten, da ihnen die Ehre so unerwartet über den Hals gekommen, Nichts für ihre Toiletten gethan. Oder richtiger gesagt: sie hatten in der Eil' und Hast zu viel thun wollen, sich geschmacklos überputzt und glichen mehr Vogelscheuchen als begehrenswerthen Tänzerinnen. Mit ihnen verglichen zeigte sich auch Prisca's Kammerjungfer, sowie einige hübsche Stubenmädchen und Wäscherinnen, die voll kecker Schüchternheit aus dem Vorzimmer durch die Saalthüren guckten, ungleich frischer und reizender. Gustav, dem die Kammerjungfer schon bei Lebzeiten der Gräfin Mutter weder gleichgültig noch fremd gewesen, wagte den ersten Schritt über die Thürschwelle und holte sie zum Cotillon herein. Seinem Beispiele folgten die Uebrigen. Bald mischten sich neue Elemente in die Reihen, und als die Kunde von solch' unerhörter Herablassung erst in die Räume des Souterrains gedrungen, fanden sich auch ein paar Küchenmägde ein, ähnlicher Ehren theilhaftig zu werden. Wein und Punsch thaten das Ihrige. Der Tanz artete in ein wüstes Gelage aus.

Kaum hatten die Neuvermählten sich zurückgezogen, so beeilten sich auch Verwalter, Schreiber und Förster sammt ihren Angehörigen das Feld zu räumen und die Tanzen, den ihrem wilden Vergnügen zu überlassen. Gustav's Gefährten, beim Erwachen aus ihrem Taumel von Beschämung erfüllt, reisten eiligst ab, ohne der Herrin des Schlosses Lebewohl zu sagen. Die Erzählungen, die sie späterhin über jenes Fest in die große Welt beförderten, trugen eben nicht dazu bei, diese mit Prisca's gewagter Heirath auszusöhnen. Der Bruder hätte sich auch gerne aus dem Staube gemacht, ohne Rechenschaft für seine Unthaten abzulegen, aber dann hätte er die oben schon angedeutete Be- und Abrechnung mit dem Schwager versäumt, die ihm allzu wichtig war, nicht sowohl wegen der alten Schulden, welche dabei gelöscht, als vielmehr wegen neuer, die gemacht werden sollten, — dem Namen nach. Denn ein Gläubiger wie Julius konnte wohl für einen Geber gelten. An Zurückfordern und Erstatten dachten Beide nicht ernstlich. Bis also Gustav seine früheren, auf Ehrenwort ausgestellten Verschreibungen und mit ihnen eine hübsche runde Summe in Händen hielt, harrte er aus und ließ sich geduldig von seiner Schwester schelten, daß er die „Ehre des Hauses" so leichtsinnig vergessen, sich wie sie in der Meinung der Dienstboten herabgesetzt habe. Einige Male hatte er es schon auf der Zunge, ihr zu entgegnen: sie sei es, die zuerst jene „Ehre des Hauses" durch eine solche Verbindung und eine daraus hervorgegangene Abtrennung von ihres Gleichen geopfert hätte! — Doch der Gedanke an die Abrechnung mit Schwager Julius machte ihn schweigen. Er ließ Alles über sich ergehen, bat ehe er abreiste sogar um Verzeihung, versprach der Kammerjungfer, die seinetwegen entlassen wurde, Protection in der Residenz, zählte die Napoleons- und resp. Louisd'ors, die Julius ihm gegeben, gelobte sich aber, da er zur Hofthüre hinausfuhr, im Stillen: nicht eher wieder zu kommen, als wenn das dringendste Bedürfniß ihn dazu treibe. In der Garnison angelangt hatte er gleich mehrere Duelle wegen boshafter Aeußerungen seiner lieben jungen Freunde über „den Ball auf dem Schlosse zu Kahlfelda," wo sie sich „deliciös divertirt" und Einige gar mit der Kuhmagd getanzt haben wollten. Wie gewöhnlich kam Nichts dabei heraus, als etliche Schüsse aus alten Pistolen und ein darauf folgender Versöhnungsschmaus.

Die Zurückgebliebenen hatten dann einen anderen Zweikampf zu bestehen, der sich freilich minder blutig anließ, aber darum doch ungleich ernstlicher gemeint war. Es galt der zwischen Prisca und Julius verhandelten Frage: ob sie verpflichtet wären, auf der Hartburg sich als junges Ehepaar zu zeigen und den Segen der Mutter mündlich zu erbitten, den ihnen diese schriftlich vorenthalten? Julius versteckte sich mit seiner Furcht vor Frau Hart hinter einer aus Zorn und Trotz gewobenen Maske, die jedoch nicht so fest saß, daß Prisca unter derselben die Wahrheit nicht entdeckt hätte. Sie bestand auf der Reise nach der Hartburg. Was in unseren Kräften steht, Deine Mutter für uns zu gewinnen, sagte sie, das müssen wir in Ehrfurcht und Liebe thun. Sie kennt mich zu wenig. Sie weiß nicht und kann nicht wissen, wie ich aus voller Seele bereit bin, ihre mütterliche Würde anzuerkennen, mich ihr durchaus zu unterwerfen. Aus meinem Munde soll sie vernehmen, wie hoch ich sie verehre. Ich will es ihr deutlich machen, daß sie in den Kreisen, denen sie mich fremd, oder denen sie mich meiner Geburt wegen abhold wähnt, keine Schwiegertochter gefunden hätte, die ihr aufrichtigere Ehrerbietung zollen würde. Sie muß mich als ihr liebes Kind auf- und annehmen! Durch Briefe läßt sich das nicht erreichen. Geschriebene Worte bleiben kalt und wirkungslos. Was lebendig vom Herzen kommt, muß lebendig zum Herzen reden. Erst wenn wir mit ihr im Reinen sind, werden wir uns glücklich fühlen.

Schon am ersten Tage nach Gustav's Abreise waren sie auf dem Wege.

Achtes Kapitel.

Julius hatte die Absicht ausgesprochen, in Steinburg am Gasthofe zum blauen Bären vorzufahren, dort Wohnung zu nehmen und von dort aus die Hartburg zu besuchen. Dawider lehnte sich seine Frau entschieden auf. Seiner wiederholten Befürchtung, die Mutter werde sie unfreundlich empfangen, vielleicht gar nicht aufnehmen wollen, stellte sie nur die Worte entgegen: das müssen wir uns gefallen lassen; was von einer Mutter kommt, das kommt von Gott. Aber wir dürfen ihr nicht Anlaß geben, sich über uns zu beschweren. Und das würden wir thun, wenn wir sie nicht um Aufnahme in ihrem Hause bäten. Sie hätte dann gegründete Ursache, mich des Hochmuths zu beschuldigen. Uns in's Gasthaus zu begeben, bleibt uns noch immer übrig, wenn der schlimmste Fall eintritt.

Doch dieser trat nicht ein. Im Gegentheil; Frau Hart war auf diesen Besuch vorbereitet. Denn als die Kutsche hielt, hörten die darin Sitzenden schon Trautel's Ruf durch die Halle tönen: Gestrenge Frau, sie sind da! Gleich darauf öffnete sich das Thor, und die Mutter zeigte sich auf der Schwelle. Als ob sie ihres kurzen Briefes letzte Zeilen durch die That versinnlichen wollte, stand sie bleich, kalt, starr, einer Leiche ähnlich da, die man aus ihrem Grabe aufgestört durch irgend eine Bezauberung. Ihres Sohnes zu wiederholten Malen versuchte Umarmung wehrte sie in steinerner Festigkeit mit ausgestrecktem Arme ab; Prisca wollte ihre Hand ergreifen und sie kindlich küssen; doch auch dieser Versuch mißlang, und auf Beider innigste Anreden erfolgte Nichts als eine feierliche Verneigung. Der Schwiegertochter Bitte: einige Tage in der Hartburg zubringen zu dürfen, beantwortete sie: Frau Gräfin haben zu befehlen! — Uebrigens war, wie gesagt, Alles schon vorbereitet, das neuverbundene Paar passend zu beherbergen. Darüber konnte Prisca unmöglich schweigen. Mit Thränen rief sie aus: Aber liebe Mutter, warum sind Sie so grausam gegen mich, da Sie doch, wie ich sehe, mich hier erwartet haben? Und wenn Sie mir Ihre Thüre gütig öffnen, warum schließen Sie mir grollend ihr Herz?

Frau Gräfin, erwiederte die Alte, die äußerlichen Förmlichkeiten haben Nichts zu schaffen mit den innerlichen Gefühlen. Die Leute in Steinburg brauchen nicht zu wissen, wie es mit uns steht. Deshalb nehme ich Sie auf, wie — eine Schwiegertochter; deshalb sind Sie gekommen, als ob es nicht anders sein könnte. Deshalb hab' ich mich auf Ihren Empfang vorbereitet, wie sich's ziemt. Nun haben wir beiderseits genug gethan um der Klatschmäuler willen, und dabei mag es sein Bewenden haben. Drei Tage hindurch werden wir's wohl aushalten unter einem Dache; wenigstens will ich Nichts versäumen, mich der unverdienten Ehre eines so vornehmen Besuches würdig zu zeigen. Und dabei hatte es nun auch wirklich sein Bewenden. Frau Hart zog sich in ihr Gemach zurück. Die Eheleute wurden auf ihrem Zimmer durch Trautel bedient und mit Allem versehen, was in Steinburg aufzutreiben gewesen. Jedes Bemühen, in der Mutter Schmollwinkel einzudringen, mißlang. Anfänglich sandten sie mündliche Bitten und Botschaften durch Trautel, die sich ihrer Sache mit ganzem Herzen annahm. Doch diese wurde von der Unerbittlichen kurzweg bedeutet, daß sie sich nach einem anderen Dienst umthun könne, wenn sie nicht aufhöre, dergleichen Zwischenträgereien zu unternehmen. Dann schrieben Beide, Julius wie Prisca, lange flehentliche Briefe an die Mutter; — aber nur, um selbige ungelesen zurück zu empfangen. Endlich machten sie sich, erst einzeln, dann Beide zugleich an ihre

Thüre, pochten leise, harrten, gaben die besten Worte, pochten stärker und mußten gar die Drohung vernehmen: Frau Hart werde ihr Haus verlassen und sich einstweilen in den „blauen Bären" begeben, wofern man ihr keine Ruhe gönne.

Trautel litt dabei unbeschreibliche Qualen. Ihre Ehrfurcht und ihr Gehorsam konnten nicht erschüttert werden; ihrer Herrin Befehl galt ihr noch über Alles. Doch das hinderte nicht, daß auch die Betrübniß des jungen Herrn, die tiefe Trauer Prisca's (welche noch dazu eine Comtesse aus Kahlfelda und deshalb in Trautel's Augen eine Art von Wunder war) ihr zu Herzen drangen und daran nagten und bohrten, schlimmer wie eigener Gram hätte thun können. Die Ursachen dieses unerklärlichen Zerwürfnisses vermochte die treue Magd natürlicherweise nicht zu ahnen. Sie sah in der Verbindung ihres jungen Herrn mit einer geborenen Gräfin Leeringsheim nur die größte Ehre, und den Besuch der jungen Frau sah sie als das höchste Glück an, welches der Hartburg zu Theil wurde. Was wollte denn die gestrenge Frau? Warum wies sie die Zärtlichkeit ihrer Kinder so grausam von sich? Warum benahm sie sich gegen eine so vornehme Schwiegertochter, als hätte Julius die schlechteste Wahl getroffen? Gott verzeih' mir die Sünde! seufzte Trautel im Kuhstall, wenn unser junger Herr mich, mit Respect zu sagen, geheirathet hätte, schlimmer könnte sich die Gestrenge nicht anstellen! Bläffel, was sagst Du denn dazu? Denk' Dir nur, Bläffel, auf ihren eigenen Sohn ist unsere Frau zornig, der uns so schön abgemalt hat, Dich und mich und die Andern auch! Bläſſel, was meinſt Du dazu?

Doch Bläſſel wußte auch keine Antwort zu geben, obgleich ſie dumpf brüllte und unruhig mit dem Schwanze um ſich ſchlug, und die arme Trautel ſchlich dann ebenſo rathlos und betrübt aus dem Stall in's Gaſtzimmer hinauf, als ſie vorher in den Stall hinab geſchlichen war. Es bildete ſich zwiſchen ihr und Prisca binnen dieſen wenigen Tagen ein Bund der Seelen, inſofern dies bei ſo verſchiedenen Perſonen möglich iſt. Prisca erkannte Trautel's inneren Werth an dem zarten Sinn, der aus grober Umhüllung ſichtbar wurde, und Trautel fühlte die Rückwirkung ihrer liebevollen Theilnahme, ſie empfand, daß ſie erkannt ſei, ſie fühlte ſich dadurch gehoben und getröſtet. Sie wagte manches treuherzige Wort. Sie wagte endlich ſogar die Bitte: Julius möge ihr ein Bildchen ſeiner Frau hinterlaſſen, damit ſie's zu ihrem und der Bläſſel Bildniß legen und alle Sonntage einmal betrachten könne, — wenn ſich etwa „Ihre Gnaden die Frau Comteſſe nicht ſchäme, in ihre Geſellſchaft hinein zu gerathen.

Dieſe Bitte wurde auf Prisca's ausdrücklichen Wunſch erfüllt. Dann erſt verließen nach dreitägigem Aufenthalt Mann und Frau der Mutter Haus, welche ſich im Augenblicke des Scheidens wieder am Thore zeigte und ſie eben ſo feierlich verabſchiedete und eben ſo zurückhaltend, als ſie beim Empfange geweſen war.

Wir haben unſere Schuldigkeit gethan, ſagte Julius.

Das iſt ein trauriger Troſt, ſetzte Prisca hinzu.

Frau Hart jedoch kehrte in ihr Gemach zurück und hielt sich volle vierundzwanzig Stunden darin verschlossen. Trautel durfte nicht bei ihr eindringen.

Wie sie sich wieder in der Wirthschaft zeigte, schien jegliche Erinnerung an die Anwesenheit ihrer Kinder beseitigt. Wenn Trautel darauf anspielte, stellte sich die Gebieterin, als wisse sie gar nicht, wovon die Rede sei.

Neuntes Kapitel.

Wie richtig Julius' Mutter das Mißverhältniß und den Keim zum Unglück der zwischen ihm und der Gräfin Prisca geschlossenen Ehe richtig beurtheilt habe, davon sollte er sich schon in den ersten Monaten zu seinem Schreck überzeugen. Er war seit Jahren daran gewöhnt, viel, sehr viel Geld auszugeben, ohne je daran denken zu dürfen, daß es nicht zu viel werde; denn die Einnahmen, die ihm so reichlich zuflossen, hatten immer noch die Ausgaben (sogar nach Gustav's Beihilfe) um das Doppelte überstiegen. Jetzt in Leeringsheim blieben die ersteren aus, während die letzteren um so merklicher stiegen, je angelegentlicher der „gnädige Herr" wünschte, durch Glanz und Aufwand die Nachbarschaft anzulocken und ein „Haus zu machen, mög' es auch kosten, was es wolle! Vergebens lehnte sich Prisca dagegen auf. Vergebens machte sie ihm den eben so verständigen als aufopfernden Vorschlag: er möge den Sommer bei ihr,

welche sich nun gänzlich den Sorgen und Pflichten der
Landwirthschaft zu widmen entschlossen sei, verleben, den
Winter dagegen möge er abwechselnd in dieser oder jener
größeren Stadt zubringen, die Früchte seines Talentes,
seines Fleißes wie sonst zu ernten. Will Deine Großmuth dann nachhelfen, wo es hier fehlt, so erreichen wir
doppelte Zwecke, denn unser Besitz wird hergestellt, ge-
sichert, und Du bewahrst, sagte sie, die Heiterkeit des Ge-
müthes durch erfrischenden Wechsel Deines Daseins, durch
aufmunternde Beschäftigung, durch steigenden Wohlstand. Gegen diesen vortrefflichen Plan, worin er den
Edelmuth und die Klugheit seiner Gattin billig hätte ver-
ehren müssen, machte er die alberne Einwendung, daß es
ihr, der Lehnsgräfin, nicht zieme, einen Portraitmaler
Gatten zu nennen; daß es ihm fürder nicht zieme, den
Künstler abzugeben, der des Erwerbes wegen von den
Launen seiner Kundschaften abhängig sei; daß seine Stellung als ihr Gemahl ihn an Kahlfelda fessele, wo ihm
die Pflicht obliege, die Hochachtung, welche Vorurtheile
und Stolz ihm bisher versagen wollen, durch entsprechende
äußerliche Mittel zu erzwingen und sich dem benachbar-
ten Adel in jeder Beziehung gleich zu stellen. Er gab
diese Erklärung mit dem Ausdrucke festen, unwandel-
baren Willens. Prisca mußte sich ergeben und that dies
mit geduldiger Sanftmuth, obwohl mit schwer verhehl-
tem Gram. Ihr erschien die Aussicht auf künftigen geselligen Verkehr mit Jenen, die in ihr die Jugendfreundin
und Gespielin herzlos verleugnet hatten, nicht ersprießlich. Sie wußte am besten, daß eine künstlich zusammen-

geflickte Vereinigung einmal zerrissener Verhältnisse nichts
Anderes mehr werden könne, als Flickwerk, möchte man
es auch mit den gleißendsten Flittern behängen. Sie
sehnte sich nach zurückgezogenem stillem Leben in des
Hauses frommem Frieden. Nur darauf hatte sie gehofft,
da sie den kühnen Schritt gethan, durch welchen sie mit
der Vergangenheit völlig zu brechen entschlossen gewesen.
Ihr Herz war voll Betrübniß. Ihrer Mutter Tod, seiner Mutter Groll, ihres Bruders Leichtsinn — Alles dies
beugte sie. Nun fiel eine neue Last mit schwerem Drucke
auf dies betrübte Herz. Doch sie that sich Gewalt an
und lächelte unter ihrer Last. Ja, sie lächelte, da die
blinde Eitelkeit des auf „gute Gesellschaft" versessenen
Julius sie zwang, an seiner Seite zu stehen, wenn er mit
hartnäckiger Zudringlichkeit um Gunst und Anerkennung
Derer buhlte, die sich lange bitten ließen, ehe sie einwillig-
ten. Doch was erreichen nicht zuletzt kecke Ausdauer,
weltmännische Gewandtheit, lebendige Unterhaltungs-
gabe, wenn sie im Verein mit Aufwand, Vergnügungssucht, üppiger Küche und reich gefülltem Keller wirken?
Der Maler Julius Hart setzte es am Ende durch,
für einen umgänglichen, annehmbaren Nachbar, für einen
„charmanten Wirth," für einen Mann von feinem Ton
gehalten zu werden. Man fand es begreiflich, daß Comtesse Leeringsheim sich seinetwegen „vergessen" konnte, und
vergaß an seiner Tafel, daß man Willens gewesen sei, es
ihr nachzutragen.

Wie Gustav, seine nächste Heimsuchung der schwäger-
lichen Kasse in das Gewand brüderlicher Sehnsucht und

Liebe kleidend, in Kahlfelda erschien, brauchte er sich nicht mehr an Prisca's Kammerjungfer zu wenden, wenn er Lust spürte nach einer Tänzerin. Seiner Mutter Schloß war wieder zum Mittelpunkte ebenbürtiger Gesellschaft geworden, und Herr Julius Hart wußte sich sehr gut als Herr vom Hause zu benehmen. Keiner von Beiden, weder Gatte noch Bruder, fragten darnach, was in Prisca's Seele vorging. Und diese — fuhr fort zu sein, was von ihr begehrt wurde: heute die fleißige, sparsame umsichtige Hausfrau und Landwirthin, morgen die freigebige, anspruchslose, zuvorkommende Dame; immer sanft, immer heiter, immer gehorsam dem Willen des Mannes, den sie erwählt. Stand auch dessen Betragen im Widerspruche mit ihren Wünschen und Erwartungen — dennoch stand andererseits ihr Vertrauen auf ihn allzu fest, um jemals durch einen Zweifel erschüttert zu werden, ob denn auch seine Mittel ausreichen dürften, solches Leben fortzusetzen. Die eigentliche Geldfrage war zwischen ihnen niemals zur Sprache gekommen; ihr Zartgefühl empörte sich dagegen. Er wird schon wissen, was er daran setzen darf! dachte sie, und vielleicht war es ihm nur um die Genugthuung, sich aufgenommen zu sehen in jene Kreise, welche sich anfänglich vor ihm verschlossen hielten. Vielleicht wollte er nur wiedergeben, was ich durch die Ehe mit ihm verloren; den Umgang meiner ehemaligen Freundinnen. Nun diese Absicht erreicht, nun ihm Gelegenheit vergönnt ist, die Nichtigkeit und oberflächliche Bildung dieser guten Leute kennen zu lernen, wird er sich nach und nach von ihnen zurückziehen, und er wird wieder auf mich allein angewiesen sein, wie ich es ursprünglich auf ihn war, und wie ich es auch auf nichts Anderes sein will!

Ohne diese Hoffnung hätte sie schwerlich ihre äußerliche Ruhe und scheinbar zufriedene Haltung behaupten können.

Doch sie überschätzte den Mann ihrer Liebe. Sie lieh ihm, wie das die reine Neigung edler Weiber häufig thut, Eigenschaften, von denen sie selbst so innig erfüllt und durchdrungen war, daß sie den Gegenstand ihrer Wahl nicht ohne solche denken konnte. Sie war verblendet — ach, und blieb es zu ihrem, zu seinem Unglück. Ließ in dieser Verblendung den Zeitpunkt vorüberfliehen, wo es vielleicht noch möglich gewesen wäre, durch ein ernstes Gespräch, durch Geltendmachung ihrer Vorrechte als Lehnsfrau dem Verderben Einhalt zu thun, welches nur zu rasch hereinbrechen sollte. Während sie noch wähnte, ihr Gemahl gebiete über unerschöpfliche Summen, wußte er es bereits am besten, daß er die Rechnung ohne Wirth gemacht. Noch hätte er umkehren können. Eine plötzliche Abreise, herbeigeführt durch irgend welchen Vorwand; ein dadurch veranlaßtes Aufhören des großen Trains im Schlosse; ein entschlossenes Wiederergreifen von Stift und Pinsel — und er war gerettet! Dort lag die Hilfe, hier lauerte der Untergang. Rechts oder Links, wohin wird er sich wenden?

Er schlug den düstern Pfad zur Linken ein; das heißt: er blieb in Kahlfelda, wo er fortfuhr den großen Herrn zu spielen. Nur in einem Punkte schien er die Voraussicht seiner Frau bestätigen zu wollen: daß nämlich der geschäftige Müßiggang eines für seine Gäste und deren Vergnügung thätigen Festgebers nicht lange hinreichen würde, einen an Arbeit gewöhnten Mann zu befriedigen. Julius suchte die Kunst hervor, um sich als Dilettant zu üben. Er begann damit, einige interessante Köpfe jüngerer Nachbarstöchter zu portraitiren. Als davon die Rede war, wie herrlich es wäre, alle Mitglieder weit verzweigter und verbreiteter Familien durch Kopieen dieser Meisterwerke zu beglücken, gerieth er auf den Gedanken, eine Steindruckerei im Kleinen auf Schloß Kahlfelda zu errichten. An Raum fehlte es nicht. Auch ein der Sache kundiger Arbeiter, dem Künstler aus Paris bekannt, war bald verschrieben. Mit diesem in seinem Fache ausgezeichneten Menschen kam neues Leben in Prisca's Gemahl. Spätere ihm noch nicht bekannt gewordene Vervollkommnungen und Fortschritte der Lithographie nahm er begierig auf, suchte sich aller Handgriffe selbst zu bemächtigen und gestaltete die zu Anfang jedem Schaulustigen zugängliche Werkstatt nach und nach zu einem heimlichen Laboratorium, worin er mit seinem französischen Gesellen allerlei Proben mit bunten Farbendrucken und anderweitigen Erfindungen anstellte. Diese Versuche nahmen ihn endlich so sehr in Anspruch, daß er oftmals die Gesellschaft vergeblich auf ihren Wirth harren und sich erst herbeirufen ließ, um sich mit Prisca in die schweren Pflichten des „Honneurs-Machens" zu theilen. Doch darüber klagte diese nicht. Im Gegentheil: sie pries ihn glücklich (und sich), weil er nun doch wieder einem ernst-

lichen Bestreben obliege, wovon denn auch der günstige
Einfluß in seinem ganzen Wesen sich aussprach. Denn
täglich heiterer, zuversichtlicher, lebensmuthiger trat er
aus den Räumen seiner Arbeitszimmer. Wer irgend mit
ihm in Berührung kam, mußte sich des geistigen Auf-
schwungs erfreuen, den neubelebte und belebende Beschäftigung ihm verlieh. Freigebiger, mildthätiger hatte
sich Julius Hart niemals gezeigt, splendider waren seine
Feste niemals ausgestattet worden; — wahrscheinlich,
äußerten einige seiner Gäste, steht er im Begriffe Gold
zu machen! Daß sein Laboratorium wichtige, für ihn
wichtige Entdeckungen einschließe, deren Verwerthung
ihm bedeutende Summen eintrage, darüber waren Alle
einig. Denn Monsieur Jean, der Tausendkünstler, reisete ab und zu, ging nach Paris, brachte große Packete
und Ballen mit zurück, ging wieder und kehrte wieder,
immer gleich ernsthaft, schweigsam, anspruchslos. Dieser
Arbeiter ist ein wahrer Schatz für unsern Herrn, meinten
die Leute im Schlosse, und Prisca war derselben Ansicht.
Offenbar stand ihr Gatte mit einer französischen Kunst-
handlung oder ähnlichem Geschäfte noch in Verkehr,
arbeitete für dieselbe in's Geheim und empfing von dort,
was ihm Wohlstand um sich her verbreiten half. Deshalb auch liefen die Rimessen so zu sagen ruckweise ein;
während in diesem Monate Ueberfluß herrschte, machte
sich im nächsten manchmal eine gewisse Klemme fühlbar;
doch immer nur, um baldiger Fülle zu weichen. Damit
gab sich die gute Frau zufrieden. Fehlte auch ihrer Ehe
das zarte Glück, auf welches sie im Vertrauen zu ihren

eigenen Gefühlen für Julius früher gerechnet; zeigte er sich bei aller Liebe und Zärtlichkeit für sie doch auch häufig zerstreut, kurz angebunden, von fremden Gedanken in Anspruch genommen, so schob sie das auf seine künstlerischen und technischen Arbeiten und Versuche, die sie preisen mußte, trotz aller Beeinträchtigung, welche ihrem ehelichen Verhältnisse daraus erwuchs. In die Unerbittlichkeit ihrer Schwiegermutter hatte sich Prisca dann zuletzt wie in ein eisernes Geschick ergeben. Und so ging es in Kahlfelda ungleich besser, als man zu Anfang hätte erwarten dürfen. Ja, die Frau stimmte dankbar ein, wenn ihr Mann zu ihr sagte: Ist es nicht so gescheidter und bequemer für uns Alle, wie wenn Du hier mutterseelen allein säßest, ich aber wer weiß wo, weit von Dir?

Es fehlte an Nichts in der Ehe, nur Kinder blieben ihr versagt. Und darüber grämte sich Prisca hauptsächlich deshalb, weil sie nicht zweifelte, Frau Hart müsse durch den Anblick eines Enkels zu versöhnen sein. Ob diese Ansicht eine richtige gewesen, sich darüber durch Erfahrung zu belehren, war der vortrefflichen Frau nicht beschieden. Doch darum pries sie nicht minder die günstige Wendung der Dinge voll Dankbarkeit gegen den Himmel.

Niemand aber gab einen eifrigeren Lobpreiser dieser anfänglich so schief angesehenen Ehe ab, als Graf Gustav. Ihm war Schwager Julius das Ideal eines „Gentleman"; kein geborener Cavalier, versicherte er, könne sich nobler betragen. Solcher Versicherung stimmten willig die lustigen Genossen bei, die mit Prisca's Bruder, von ihm freigehalten, zu schwelgen pflegten. Sie bildeten eine Clique, welche bald in der großen Stadt Aufsehen machte und durch ihr üppiges, verschwenderisches Leben hervorragte; ein böser Leumund, der jungen Leuten oft wie Ruhm klingt. Daß Gustav als der Spender ihrer wilden Freuden von ihnen (wenn auch nur scheinbar) verehrt wurde, liegt in der Erbärmlichkeit menschlicher Natur; daß er ihre Verehrung wie ein seinem Werthe gebührendes Opfer hinnahm, nicht minder. Er hielt sich für einen jungen Herrn von bedeutenden Verdiensten; die tiefen Bücklinge der Gastwirthe und Kellner, welche sein Geld einstrichen, berechtigten ihn dazu. Um so mehr, da ihm dergleichen auch von Personen vergönnt wurde, mit denen er nicht in unmittelbare Berührung kam, die ihre Huldigungen nur dem „allgemeinen Rufe" darbrachten. Zu diesen hatte sich in neuester Zeit ein sehr bekannter und wegen seiner Talente vielgenannter Polizeibeamter gesellt, ein Mann von verbindlichem Wesen, höchst einnehmenden Formen, in Umgang und Gespräch sehr unterhaltend, reich an guten Einfällen und unerschöpflich im Vortrage pikanter Anekdoten aus seiner Praxis. Er verstand mit einem Jeden, den er für sich gewinnen, den er zutraulich machen wollte, die Sprache zu reden, die Jenem gerade geläufig war. Er wußte, als er sich Gustav näherte, auch bei diesem den leichten Ton frivoler Ruchlosigkeit anzuschlagen, welcher lauten Wiederklang erweckte. Sie brachten einige fröhliche Stunden mit einander zu, wobei die besten und theuersten Weine nicht geschont wurden. Wie es zum Bezahlen kam, erbat sich der Commissär die Erlaubniß, auch seinen Antheil beizutragen. Nicht um die Welt hätte Gustav dies zugegeben. Dem kleinen, freundschaftlichen Zwiste, der sich darüber entspann, setzte er dadurch ein Ende, daß er eine Note von fünfundzwanzig Thalern auf den Tisch warf, den Garçon bedeutend, sich davon bezahlt zu machen. Der Commissär wollte sich nicht länger weigern, unter der ausdrücklichen Bedingung, beim nächsten Zusammensein müsse die Zeche auf ihn fallen. Dann aber wechselte er sich die neue, wohlconservirte Banknote ein, weil er, wie er hingeworfen äußerte, eine solche gerade brauche.

Keiner der Anwesenden sah darin etwas Auffälliges. Man trennte sich mit fröhlichen Versprechungen für das Wiedersehen am nächsten Abend.

Gustav hatte am andern Morgen noch lange nicht ausgeschlafen, als sein Bursche, ihn hastig weckend, ihm den Befehl zuraunte, sich sogleich bei'm Kommandanten einzufinden. Dort eintreffend — ohne entfernte Ahnung, was die Ursache dieser ungewöhnlichen Ordre sein könne — mußte er im Vorzimmer harren und erblickte, als endlich sein Chef die Seitenthüre öffnete, im Nebengemach mehrere Herren, unter denen er nur den neuen Freund von gestern Abend zu erkennen glaubte.

Von wem empfangen Sie das Geld zu Ihren unsinnigen Ausgaben? lautete die an ihn kurz und kräftig gestellte Anfrage.

Er beantwortete sie der Wahrheit gemäß und meinte hinzufügen zu müssen, daß er nicht mehr ausgebe, als er einnehme, und keinen Groschen Schulden habe.

Der Fünfundzwanzig-Thalerschein, womit Sie die
gestrigen Verschwendungen bezahlten, kam ebenfalls von
Ihrem Schwager?

Aus seinen Händen, zu Befehl; auf mein Ehrenwort. Ich habe niemals ein Darlehen aufgenommen,
seitdem meine Schwester vermählt ist.

Sie melden sich für's Erste zum Arreste. — Oder
nein, Herr Adjutant, nehmen Sie ihm den Degen ab
und geleiten Sie ihn in's Gefängniß.

Ehe Prisca's Bruder noch im Stande gewesen, sich
zu besinnen, was mit ihm vorgehe, befand er sich einsam
zwischen vier Mauern und hatte nun Frist genug zu grübeln, wie und warum er dahin gelangt sei.

Zehntes Kapitel.

Auf dem Schlosse zu Kahlfelda gab es große Festlich=
keit. Herr Julius Hart feierte den Geburtstag seiner
Frau. Die ganze Nachbarschaft im weitesten, ausgedehn-
testen Sinne war versammelt. Diejenige, zu deren Ehren
solche lärmende Feier stattfand, hätte diese Ehren gern
entbehrt und vielfach vorgezogen, den Tag mit ihrem
Gatten ganz allein zuzubringen. Doch wie eindringlich
sie ihm auch ihre bescheidenen Wünsche zu erkennen gegeben, sie hatte tauben Ohren gepredigt. Von „Allein-
sein" wollte Julius Hart Nichts mehr hören. Es war,
als ob er durchaus rauschender Vergnügungen, wirbeln-

6*

der Gesellschaft bedürftig sei. Er schob dies Bedürfniß auf den jedem lebenden, lebhaften Menschen unentbehrlichen Wechsel, ohne dessen auffrischende Kraft angestrengte, mit Zurückgezogenheit verbundene Ausdauer in arbeitsvollem Streben nicht gedacht werden könne. Wenn ich gezeichnet, Steine geschliffen, Farben gekocht, Mischungen versucht, Papiere bereitet und mit meinem langweiligen finstern Jean Tage ohne Ende hingebracht habe, da will ich denn endlich auch wieder einmal freundliche Gesichter um mich sehen. Wozu nützt mir mein Erwerb, soll ich ihn nicht genießen?

Gegen diese gerechte Behauptung ließ sich eigentlich Nichts einwenden. Sie erregte vielmehr allgemeine Zufriedenheit, nur hätte man passend gefunden, daß von den Kunstwerken des unzugänglichen Laboratoriums bisweilen auch hier Etwas sichtbar geworden wäre. Darauf hatte Julius wohl geachtet und für den Geburtstag seiner Frau ein im bunten Farbendruck ausgeführtes, allegorisches und höchst gelungenes Blatt unter seine Gäste vertheilt, welches allgemeine Bewunderung erregte.

Man war sehr froh. Nur Prisca bedauerte das Ausbleiben ihres Bruders, der wahrscheinlich keinen Urlaub erhalten. Und Julius verwunderte sich sehr, daß der Kreis-Landrath, auf dessen viele Töchter als beliebte Tänzerinnen vorzüglich gerechnet war, wider Gewohnheit so lange zögere. Als aber die Kutsche des sehnlichst Erwarteten endlich vorfuhr, stieg Nichts von jungen Mädchen aus derselben, sondern außer dem Vater lediglich ein fremder Herr, den Niemand aus der Gegend kannte. Der Landrath stellte diesen als einen lange nicht gesehenen Verwandten vor, der ihn in Begleitung seiner jungen Frau überrascht habe; Letztere war unpäßlich angekommen, weshalb die Damen des Hauses bei ihr bleiben mußten und sich nun vielmals entschuldigen ließen.

Allen zunächst Stehenden fiel die erzwungene, kalte Artigkeit ihres Freundes auf, der sich sonst, frei von jeglicher Amtsmiene, gegen alle Gutsbesitzer des Kreises und auch gegen Hart zutraulich, herzlich benahm. Sie schoben das auf den ihm zu Theil gewordenen Besuch und die daraus hervorgegangene Störung der Ballfreuden seiner Töchter. Er suchte so rasch wie möglich den Spieltisch auf, ohne sich mit irgend Jemand in Gespräch einzulassen; sein Gast dagegen, den er als Gast nach Kahlfelda mitgebracht, ließ sich die vertraulichere Annäherung an Julius Hart vorzüglich angelegen sein. Zwar wich er dessen Fragen, wo sie sich schon einmal im Leben begegnet sein könnten, entschieden aus, indem er bedauerte, das Glück persönlicher Bekanntschaft bisher entbehrt zu haben, wohl aber kannte und ehrte er des Meisters Künstlernamen und knüpfte an diesen die eindringlichsten Klagen, daß ein solches Talent sich der Oeffentlichkeit ganz und gar entzogen habe. Daraus bildete sich nun wie von selbst der Uebergang auf die geheimnißvolle Werkstatt im Schlosse, auf deren Zweck, auf die Verbindungen mit dem Auslande, auf den Franzosen Jean, der diese vermittelte — und auf „seltsame Gerüchte", welche des Landraths Gast hier und da vernommen haben wollte. Während er all' diese Aeußerungen im Tone gleichgiltigen

Geschwätzes hinwarf und sich den Anschein zu geben
wußte, als lege er auf keine derselben besondern Werth,
unterließ er doch nicht, den Angeredeten dabei scharf zu
firiren, gleichsam den Eindruck beobachtend, den dies oder
jenes Wort auf ihn machen werde. Julius wäre gern
entwischt. Mehrmals zeigte er die Ungeduld des besorg-
ten Hausherrn, der da und dort seine Pflichten als solcher
üben möchte, doch das Auge des Fremden hielt ihn fest,
ließ ihn nicht los, bannte ihn förmlich. Der Gequälte
konnte sich der Empfindung nicht entschlagen, als stehe er
im Verhör. Und wirklich nahm das Gespräch eine ähnliche Wendung, als der Forschende mit dem Wunsche
herausrückte, die geheimnißvollen Räume zu besuchen
und jene daselbst geförderten Arbeiten im Entstehen zu
belauschen. Dabei hielt er das Blatt, welches dem heutigen Festtage gewidmet worden, prüfend gegen die
Flammen der Kerzen, lobte es ausnehmend, befühlte es
an allen Ecken, hielt es wiederum gegen das Licht, wendete jedoch dabei seine Aufmerksamkeit nicht einen Augenblick von Julius ab, den er nach und nach bis in einen
Winkel des Saales geredet und ihm jeden Ausweg ver-
sperrt hatte.

Plötzlich wurde der Tanz durch ein murmelndes Geräusch unterbrochen, welches von der Eingangsthür bis
in jenen Winkel drang, den die Beiden inne gehabt.
Ein durchaus nicht festlich gekleideter Mensch machte sich
rücksichtslos Bahn durch die Tanzenden, näherte sich dem
Fremden und sagte, laut genug, daß die Umstehenden es
hörten: Herr Commissär, wir haben ihn sicher!

Die Musik verstummte; Todesstille herrschte im Saale.

Darauf erhob der Commissär seine Stimme: Meine Herrschaften, Herr Hart wird eine längst gehegte Neugier befriedigen; er wird uns den Weg in sein Atelier zeigen.

Der Landrath war bereits vom Spieltische aufgestanden und begab sich zu seinem Gaste. Er und dieser nahmen Julius zwischen sich, der eingedrungene Diener stellte sich dicht hinter den Letzteren. Dann setzten sie sich in Bewegung. Julius ging wie ein Träumender, sonder Widerstreben. Die ganze Gesellschaft folgte in tiefem Schweigen. Er war wie ein Leichenzug, nur daß der Begrabene nicht getragen wurde; nur daß die Leiche auf eigenen Füßen dahin schlich.

Prisca blieb allein im leeren Saale. Sie stand unter dem großen altmodischen Kronleuchter, in dessen unzähligen Krystall-Schleifereien die Flammen unzähliger Kerzen sich zitternd wiederspiegelten; nach dessen Flimmer sie als kleines Kind voll Entzücken aufgeschaut, wenn ihre Eltern ausnahmsweise gestatten wollen, daß „die Comtesse eine Viertelstunde länger aufbleiben dürfe," um den Gesellschaftssaal in voller Beleuchtung zu sehen. Das Kind hatte damals nicht begriffen, wie so viel Pracht und Glanz dort oben an der Decke an einem dünnen Seidenbande (denn mit einem solchen war die eiserne Stange, welche die Last hielt, umwunden) schweben könne, ohne herabzufallen. Keiner anderen Erinnerung aus der Kinderzeit, als eben nur dieser, keines anderen Gedankens überhaupt war die unglückliche Frau fähig, als dieses einzigen. Sie sagte nur: wird denn die Krone nicht herabstürzen? wird denn die ganze Decke nicht einbrechen, mich und Alles zerschmettern?

Aber die Krone hing fest, wie ehemals; die Lichter brannten hell, zurückgespiegelt von Glas und Gold, die Decke des massiven Baues wölbte sich wie für die Ewigkeit, und Prisca lauerte vergeblich auf irgend ein furchtbares Ereigniß, welches so barmherzig wäre, ihrem Leben ein Ende zu machen, bevor sie noch aus dumpfer Betäubung erwachte, bevor sie noch zur klaren Anschauung dessen gelangte, was in ihrem Hause geschehen sei und jetzt eben geschehe!

Vergeblich! die Betäubung verlor sich, sie vermochte zu denken; sie mußte denken; sie konnte es nicht länger unterdrücken, und sie sah deutlich in die Vergangenheit, sie übersah den ganzen Zusammenhang; sie wußte wie durch einen Zauberschlag das große fürchterliche Geheimniß, die Lösung aller sie umgebenden Räthsel: sie war verloren, rettungslos verloren; Glück, Liebe, Hoffnung, Ehre, Alles, Alles dahin! Doch Eines blieb: die Pflicht! die Pflicht des frommen Weibes!

Jetzt war die Zeit angebrochen, wo jene pietistische Richtung, durch ihre verstorbene Mutter, durch Einflüsse in der Residenz ihr mitgetheilt, sich als bloße Heuchelei darstellen oder, durch demüthigen Glauben gestählt, ihr im tiefsten Elend Kraft, Ruhe und Trost gewähren sollte.

Prisca schwankte keinen Augenblick. Ihr eigenes Geschick kam bei ihr nicht zur Frage; nur in so fern gedachte sie ihrer selbst, als sie, in die Zukunft ihres Gatten verflochten, Nichts unversucht lassen durfte, wodurch er gerettet, oder wodurch doch seine Lage verbessert werden könnte. Nur darin bestand jetzt die Aufgabe, der Zweck ihres Daseins. Was er verbrochen, was er verschuldet, geht mich Nichts an. Darüber haben Andere zu richten und zu urtheilen. Mag er in ihrer Meinung sein und werden, was es immer sei — mir bleibt er der geliebte Mann; ich bleibe ihm das getreue Weib; getreu bis in den Tod, ja was noch mehr heißt, in die Schande! Von Allem, was über ihn verhängt ist, gebührt mir meine Hälfte. Ihn verleugnen hieße mich selbst verleugnen! Für ihn wirken, so weit meine Macht eben reicht! Mit ihm tragen, was ich nicht von ihm abwenden kann. Mit ihm dulden, so lange er duldet. Ihn lieben, so lange ich lebe! Seinen Namen führen vor den Menschen ohne falsche Scham; seine Sache führen vor Gott, als wär's die meine, ja, das will ich!

Schon rollten einzelne Wagen aus dem Schloßhofe. Die Gäste beeilten sich, dem Ort der Schmach zu entfliehen. Nach Prisca fragte Niemand.

Sie stand unbeweglich unter ihrem Kronleuchter, dem Geräusche aufmerksam lauschend, welches draußen stärker und schwächer wurde, je nachdem dieser oder jener Vorgang es anregte.

Sie empfand, daß es unpassend sei, sich mit nutzlosen Bitten oder lauten Ausbrüchen des Schmerzes und der Wehklage zwischen Julius und die bewaffnete Macht, die auf Befehl des Landrathes und des Commissärs eingeschritten war, zu werfen. Unpassend und unnütz.

Hier konnte Nichts geschehen, als was durch Amtspflicht streng vorgeschrieben stand, und das Erscheinen der jammernden Gattin hätte dem alten Freunde ihres Hauses, dem Landrathe, seine Pflichterfüllung nur schwerer gemacht. Eben so würde Julius in diesen ersten fürchterlichsten Momenten seines Erwecktwerdens aus grauenhafter Verblendung zur furchtbaren Wirklichkeit für sie, für ihre Theilnahme, für ihre aufopfernde Liebe und Bereitwilligkeit kein Auge gehabt haben. Das begriff sie, das sagte sie sich in die Seele des Unglücklichen. Jetzt bewältigen ihn Schreck, Angst, Wuth, Verzweiflung. Jetzt ist noch keine Zeit für mich. Erst wenn die Reue ihn besiegt, wird er sich nach mir sehnen — und dann wird Gott mir Mittel geben, daß ich den Weg zu seinem Kerker finde. Bis dahin....

Und sie wankte nicht und wich nicht aus dem öden, großen hellbeleuchteten Saale!

Schon längst hörte sie keinen Wagen mehr rollen. Schon längst hatte sich das Gewühl der (ohne Lebewohl) Scheidenden auf den Vorfluren verloren. Jeder Kutsche hatte sie nachgerufen: Fahrt hin auf Nimmerwiedersehen! Nun war draußen Alles still geworden. Nur bisweilen hörte sie noch schwere Tritte auf und ab durch die Gänge hallen; Tritte, die wohl von Gästen herrührten — aber von ungebetenen. Sie waren, diese

Gäste, wie sie unter einander scherzten, ohne Einladung bei'm Balle erschienen, doch nicht, um mitzutanzen, außer etwa den letzten Tanz, was man den „Kehraus" zu nennen pflegt. Den tanzten sie in der That; sie räumten bei Julius jeden Winkel aus, kehrten jedes Blättchen um, und was nur im geringsten für einen Beweis gegen ihn brauchbar zu werden verhieß, wurde mit auf den großen Wagen gepackt, der die Werkzeuge seines verbrecherischen Kunstfleißes fortzuschaffen bestimmt war. Zu diesen gehörte auch das wichtigste, lebendige, welches Menschengestalt und Sprache führte, sein Lehrer, sein Verlocker Jean. Dieser saß bereits, wohl gefesselt, sicher bewacht, unter den leblosen Maschinen stumm und leblos wie jene, als ob er selbst nichts Anderes, als ob auch er ein künstlich gemachtes Werkzeug des Teufels sei, welches dieser in müssigen Stunden wirklichen Menschen nachgebildet.

Die Anstalten waren so gut getroffen, wurden unter des Commissärs Leitung so zweckmäßig durchgeführt, daß der Landrath, der eben nur als schweigende Autorität kummervoll dabei stand und sich keinesweges dazu drängte, selbstthätig einzugreifen, über die Umsicht erstaunte, welche da vorwaltete. Es bedünkte ihm, wie wenn der Ruf, welcher jenem Polizeibeamten voranging, noch zu wenig von ihm gesagt hätte und von seiner furchtbaren Virtuosität im Auffinden, Kombiniren, Ergreifen, Festhalten. Er ließ gewähren, wie seines Amtes war, fand jedoch daneben mit diesem Amte verträglich, einen dem Gesetze Verfallenen mit Milde zu behandeln, ihm von Prisca zu sprechen, zu fragen, was dieser gesagt werden solle, was für sie geschehen könne und dürfe.

Julius erwiederte resignirt: Sie weiß von Nichts; meine entehrende Bestrafung wird sie von jeder Pflicht für mich frei machen. Möge sie mich vergessen und glücklich sein. Ich bin todt für sie, wie ich bürgerlich todt bin. Bringen Sie ihr die letzten Grüße des Sterbenden, seine Bitten um Verzeihung. Ich will sie nicht mehr sehen. Ich bin überzeugt, daß ich durch diese Entsagung ihren Wünschen zuvorkomme.

Dies ausgesprochen, folgte er gehorsam seinen Wächtern, und der düstere kleine Trauerzug verlor sich in zweifelhaften Schatten anbrechender Morgendämmerung.

Der Landrath fand die Lehnsfrau noch einsam im Tanzsaale. Sie stand nicht mehr starr und unbeweglich unter dem Kronleuchter. Sie lehnte bleich, wie eine plötzlich Gestorbene, von der über ihren Tod erschreckten, entflohenen, wilden Schaar Vergessene, an der Mauer, in deren Winkel Julius ergriffen worden war.

Was wollen Sie beginnen, Prisca? fragte der alte Hausfreund herzlich.

Ihm nachreisen, sagte sie, heute noch; jetzt gleich!

———

Elftes Kapitel.

Was auf dem Schlosse Kahlfelda und dann später in der Residenz sich zugetragen, bringt natürlicherweise nach und nach als Gerücht von Ort zu Ort und erreicht auch Steinburg. Wie alle Gerüchte, findet es dort den fruchtbarsten Boden, wo der Unglückliche daheim ist, den es betrifft. Nirgend erzählten sich die Leute so furchtbare Dinge mit so fabelhaften Uebertreibungen, als sie sich in Steinburg erzählten von Julius Hart, von Prisca seiner Gattin, vom Schlosse Kahlfelda und von der Falschmünzer-Bande, welche unter Anführung eines Ausländers in den Kellern daselbst ihr Wesen getrieben. Alle Märchen, Sagen, Geschichten, die nur jemals von ähnlichen Dingen gehandelt, schmolzen im Munde der Steinburger zu einer einzigen riesenhaften Fabel zusammen, deren Held und Träger ihr armer Landsmann blieb. Ueber den Ausgang waren sie verschiedener Ansicht; jede Versammlung, jede Abendsitzung im blauen Bären spaltete sich zu zwei Parteien. Die eine erwartete von Tag zu Tag, daß Julius sammt einem halben Hundert von Fälschern, Räubern, Mördern hingerichtet werde; die andere ließ ihn Wachen, Kerkermeister, ja höhere Diener des Gesetzes bestochen haben und mit unermeßlichen Schätzen glücklich entkommen sein. Beseitigen wir, was von diesem Gerede Fabelei und Faselei ist, und halten wir uns an die leider noch immer sehr traurige Wahrheit, so ergiebt sich Folgendes:

Julius hat nicht den kleinsten Versuch gemacht, die gegen ihn gerichtete Untersuchung irre zu leiten oder nur um einen Tag zu verzögern. Er hat ein offenes, unumwundenes Geständniß abgelegt. Er hat dabei keinen Werth auf den Umstand gelegt, daß er durch seinen aus Frankreich verschriebenen Gehilfen verlockt, daß die Idee, falsche Papiere zu machen, in dessen Kopfe entsprungen, von diesem zuerst versucht und ausgeführt worden sei. Er hat vielmehr zu Protokoll gegeben, daß Jean solche verbrecherische Proben unfehlbar eingestellt und Nichts mehr davon erwähnt haben würde, hätte nicht das bereitwilligste Entgegenkommen ihn ermuntert. Auch nahm Julius die Schuld des schlauen Entwurfes, den größten Theil der von ihnen gefertigten Banknoten durch Jean außer Landes anbringen zu lassen, ganz allein auf sich. Wie denn die Schuld auf beiden Seiten gleich schien, wurde auch die Strafe zu beiden Theilen gleich gemessen. Jeder wurde zu zwanzig Jahren schwerer Kerkerhaft verurtheilt.

Prisca führte seit der ersten Stunde ihrer Ankunft in der Stadt die Existenz einer unermüdlichen Supplikantin. Sie war zu finden vor allen Thüren, in allen Vorzimmern, auf allen Treppen der Häuser und Paläste, wo Menschen wohnten, welche mittelbar oder unmittelbar auf den Gang des Processes nur irgend Einfluß üben konnten. Sie nahm Abweisungen, Tadel, Unhöflichkeiten, zuletzt Mißhandlungen bemüthig hin und kam dennoch wieder. Sie erschöpfte die Geduld derer, die

Mitleid für ihren Schmerz, Hochachtung für ihre Treue zeigten, ließ sich fortjagen, drang wieder ein und gewann die Männer des Gesetzes abermals, daß sie ihr wenigstens freundlichen Trost zu spenden suchten.

Als das Urtheil in letzter Instanz gesprochen war, schlug sie den Weg der Gnadengesuche ein; sie benutzte auf demselben alle Verbindungen, in denen ihre selige Mutter gestanden, wobei sie die nämliche unerschütterliche Ausdauer bewährte, die man bisher an ihr bewundert. Wie ihr erst einleuchtete, daß an Begnadigung nicht zu denken sei, daß auch ihre Bitte, dem Verbrecher die Auswanderung in fremde Welttheile zu gestatten, verworfen werden müsse; da legte sie es auf die Vergünstigung an, sein Gefängniß mit ihm theilen zu dürfen. Die Eingaben, die sie allerhöchsten Ortes zur Rechtfertigung dieser Gunst vorlegte, durften für Meisterstücke weiblicher Beredsamkeit gelten. Was nur christlich und menschlich über die Heiligkeit der Ehe, über die Pflicht des Weibes, dem Mann in Tod und Noth, in Schande, Schmach und Buße zu folgen, gesagt werden kann, das entwickelte sie in diesen Abhandlungen. Man bewunderte die Schärfe ihres Verstandes, die Wärme ihres Gefühls, den Edelmuth ihres Herzens; — doch man zuckte die Achsel, und dabei hatte es sein Bewenden. Noch wagte sie das Aeußerste. Sie errang — halb durch List, halb durch Gewalt, eine persönliche Audienz. In dieser endlich überzeugte sie sich, daß hier Nichts zu erreichen sei; daß Staatseinrichtungen in gewissen Fällen auch einem gebietenden Herrscher gebieten und ihn beherrschen. Als sie darüber mild, aber entschieden belehrt worden, streckte sie die Waffen. Sie fand sich in das Unabänderliche ohne Murren, ohne Wehklagen, ohne Jammergeschrei. Eine Pflicht war erfüllt; die **Gattin** hatte das Ihrige gethan, jetzt trat die Schwester in ihre Rechte.

Daß ihr Bruder, mochte er frei von jeder Mitschuld bleiben, nicht länger dienen konnte, das sah Prisca deutlich ein. War er doch in diese unehrenhafte Geschichte verwickelt; hatte er doch von den Unterstützungen eines Fälschers gelebt und geschwelgt. Für ihn zu sorgen, ihn vor Mangel zu schützen, bevor sie „der Welt völlig entsagte," war ihre Aufgabe. Sie arbeitete darauf hin, daß durch einen — wenn auch nicht Machtspruch, doch einen — Gnadenakt ihr Weiberlehn als solches aufgehoben, in Gustav's Besitz gelange. Hier fand sie offene Thüren und Herzen. Dieselben Menschen, die sie unerbittlich, oft hart zurückweisen mußten, da sie für ihren Gemahl das Unmögliche erflehte, beeilten sich, ihr bei Erreichung des Möglichen förderlich und dienstbar zu sein. Einer oder der Andere gab ihr zwar zu bedenken, daß sie sich dadurch von der Großmuth eines jungen, leichtfertigen Verschwenders abhängig mache; daß sie ihre eigene Zukunft gefährde! Doch wenn sie darauf zuversichtlich entgegnete: für sie sei gesorgt! so wähnten die wohlmeinenden Warner, sie möge aus dem großen Schiffbruche wohl Etwas gerettet haben, und ohne weiter nachzuforschen, bedeckten sie diesen allerdings bedenklichen Umstand mit dem Mantel der Nachsicht.

Gustav wurde Inhaber der in ein Männerlehen umgewandelten Herrschaft Kahlfelda.

So wie die Gewißheit da war, verschwand Prisca vom Schauplatze. Keines Menschen Auge sah sie mehr. Ihr Name wurde in der Residenz genannt als der einer Verschollenen. Manche behaupteten, sie habe Europa verlassen. Manche flüsterten sich in's Ohr: sie hat sich vergiftet. — Sie war todt und bald vergessen.

Was in Steinburg über ihr Ende gesagt worden, bin ich nicht im Stande genau anzugeben. Schwerlich begnügte sich das Gerücht mit dem Aergsten; gewiß wucherte es auch, die Arme betreffend, in den seltsamsten, üppigsten Verschlingungen seines phantastischen Wuchses.

Trautel, die getreue Magd, konnte schwerlich unwissend bleiben in den Begebenheiten und Erfindungen, die den Wochenmarkt überströmten, plätscherndem Regen gleich, die wie kleine Bäche in alle Häuser drangen, um stärker angeschwollen, von neuen Lügen genährt, wieder auf die Gasse zu rinnen. Sie hörte Alles; sie glaubte auch — wenn nicht Alles — doch Vieles von dem, was sie hörte; ihr bischen Verstand überzeugte sie, daß etwas Entsetzliches geschehen sein müsse, möge man noch so viel des Entsetzlichen auf Rechnung boshafter oder alberner Lügner schreiben. Sie glaubte und litt — aber sie schwieg. Frau Hart hatte ihr einmal untersagt, über Julius und Prisca zu reden, deren Namen zu nennen. Trautel war gehorsam. Sie litt und schwieg. Sie klagte es nur der Bläffel, weinte sich im Kuhstall aus und bat jeden Morgen und jeden Abend den lieben

Gott: Er möge nur verhindern, daß ihre gestrenge Frau Etwas von der Schande erführe, die über „unseren jungen Herrn" gekommen sei.

Und zum Erstaunen war es allerdings; die wenigen Personen, welche mit Frau Hart etwa, wenn auch noch so selten, in Berührung kamen, hegten eine heilige Scheu, mochten sie auch draußen noch so redselig sein, innerhalb der Hartburg. Niemand wagte der Mutter gegenüber die leiseste Anspielung auf den Sohn. Sein Geschick war bereits entschieden, und noch nicht ein Mund hatte den Namen Julius genannt vor ihr!

Woher denn weiß sie, daß er versunken ist aus den heiteren Reihen der am Tage einherwandelnden Menschheit in den finsteren Abgrund ehrloser Kerkernacht, wo Ketten klirren? Woher weiß sie, daß der Sohn ihrer Liebe als Verbrecher verkümmert, daß die Hand des freien Künstlers gefesselt ist? Wer hat ihr denn das schauerliche Geheimniß zugeraunt, wenn keines Menschen Zunge es wagte? und doch ist es nicht anders; sie muß Kenntniß haben davon. Denn sie ist gebrochen in ihrer Kraft; sie hält sich nur mit Mühe aufrecht vor der Magd, vor den Arbeitern, vor anderen Zeugen. So wie sie allein ist, sinkt sie zusammen, die starke Frau faßt mit beiden Händen ihr graues Haar und stöhnt furchtbare Seufzer aus, die klagend das alte Gemäuer durchziehen. Sie nimmt den Flor herab, der ihres Sohnes Bildniß verhüllte, seitdem er sich wider ihren Willen verheirathet, spricht mit dem Bilde, erhebt die geballten

Fäuste, ihm drohend. Was hast Du begonnen! Dann wirft sie sich auf die Knie vor ihm und schluchzt: Mein Julius, mein Sohn, mein Einziger! —

O, sie muß Etwas wissen.

Wer es ihr gesagt? Wer denn sonst, als das Schweigen derer, die mit ihr sprachen.

Zuerst Trautel's Gram. Wie fest die redliche Magd ihre Zunge gehalten, ihrem dummen treuherzigen Gesicht vermochte sie nicht zu gebieten. Da sprach aus jeder Falte ein unbeschreibliches Elend; was so lange gehorsame Ehrfurcht für Frau Hart gewesen, nahm sich nun wie Erbarmen mit ihr aus. Das, wie gesagt, machte die gestrenge Frau zuerst stutzig. Für sich hat Trautel keinen Kummer; und wenn sie ihn hätte, entdeckte sie sich mir; um andere Menschen bekümmert sie sich nicht; es kann nur mir gelten, — oder denen in Kahlfelda, — oder mir und ihnen! Der alte Kummer über unsere Trennung ist es nicht mehr, den hat sie verwunden und gewöhnt. Es ist was Neues; es ist ein Unglück! — So schloß Frau Hart und lauschte seitdem auf die Aeußerungen fremder Menschen, welche sie sich mit Absicht einige Male näher kommen ließ. Als diese, Einer wie der Andere, bestimmt vermieden, von Julius, von dessen Gemahlin, von Kahlfelda nur entfernte Erwähnung zu thun, da stand es bei ihr fest: Nicht ein Unglücksfall, den bespricht man mitleidig; nein, eine Schmach, die man zu nennen nicht wagt!

Worin diese auf die Mutter zurückfallende Schmach

eines Sohnes bestehen könne, wußte sie nicht; sann auch weiter nicht darüber. War es nicht gleichviel, welcher Paragraph des Gesetzes ihn traf, und sie durch ihn?

Daß er ein Verbrechen begangen, wußte sie, doch gesagt hatte ihr's Keiner!

Und nun begannen die Qualen der Reue, des gebeugten Stolzes, der gebrochenen Strenge. Nun überhäufte sich die einsame Frau mit schweren Selbstanklagen: Wär' ich nicht verschlossen geblieben gegen Prisca und ihn, taub für ihre Bitten, hätt' ich mich dem unklugen Bunde versöhnen lassen, ihnen mit Rath und That mütterlich zur Seite gestanden; . . . vielleicht würde ihn meine Nähe zurückgehalten, gerettet haben von dem Verderben, das ich jetzt ahne. Nein, nicht vielleicht; nein, gewiß, gewiß!

Und wiederum kniete sie vor seinem Bildniß, bekannte sich schuldig, schluchzte, erhob sich dann, trocknete ihre Zähren, gebot ihren Qualen Stillschweigen, sagte heftig: Wie konnt' ich verlieren, was ich nicht mehr besaß? Mein Sohn hat sich von mir gewendet um des Weibes willen; was geht mich der Fremde an?

Und sie verhängte das Bild, und verbarg ihre Schmerzen mit riesenhafter Selbstbeherrschung.

Eines Abends kam Frau Hart in den Stall, nach Blässel zu sehen, die traurig stand, keine Milch mehr gab, weil sie nicht fressen wollte.

Trautel war nicht allein im Stall. Ein unbekanntes Frauenzimmer saß neben ihr auf einem Schemel, und Beide flüsterten in der Dunkelheit.

Frau Hart fragte nicht: Was giebt's? Wer ist bei Dir? wie sonst wohl ihre Art gewesen wäre. Frau Hart zitterte vom Kopf zu den Füßen hinab, als sie die leise Stimme vernahm. Es war, als wollte sie sich den Beiden nähern. Schon bedeutete Trautel furchtsam die Fremde, ihr Schweigen zu gebieten.... Doch die gestrenge Frau wendete sich plötzlich ab und verließ den Stall stumm, wie sie gekommen.

Sogleich murmelte Jene weiter fort:

Meinst Du, Trautel, daß sie mich bemerkte?

Sie bemerkt Alles, Nichts entgeht ihr!

Warum hat sie nicht gefragt? uns nicht angeredet?

Sie hat errathen, wer Sie sind.

Du glaubst?

Wer säße denn sonst bei mir im Stalle; wenn es nicht die Frau unseres unglücklichen jungen Herrn thäte?

So wird sie mich nicht fortschicken?

Das weiß der liebe Gott allein.

Aber Du willst meine Bitte erfüllen?

Muß ich nicht? 's kommt mir wohl erbärmlich schwer an, daß ich wegziehen soll aus der Hartburg.

„Trautel, Du räumst den Platz nur derjenigen, die ein Recht hat, ihn einzunehmen. Du hast's gesagt: Wer sollte sonst in diesem Stalle sitzen, wenn nicht die Frau Eures unglücklichen jungen Herrn? Gehe! gehe! treues Herz, und laß mich mit ihr allein. Laß mich ihre Magd sein, daß ich dienend um ihre Liebe ringe; daß ich streite mit ihrem bitteren Groll; daß ich durch fromme Demuth sie rühre, sie tröste. Für uns zwei, für seine Mutter, für sein Weib giebt es nur einen Trost; den bring' ich ihr.

Da werd' ich halt gehen, wie Sie's verlangen. Thue ich Unrecht, mögen Sie's im Himmel verantworten. Sie sind gescheidter wie ich, Sie müssen wissen, was sie von der Trautel verlangen dürfen. Ja, bleiben Sie bei ihr! Pflegen Sie die alte Frau. Mich läßt sie nicht an sich. Ach, und sie wird gute Pflege brauchen. Es nimmt sie schrecklich mit; ja, ja, sie wird Pflege brauchen. Und meine Blässel auch. Trautel umschlang den Hals ihrer liebsten Kuh; weinend nahm sie Abschied von ihr.

Dann schloß sie ihren Handel mit Prisca, überließ ihr Kleider, wie eine Magd sie trägt, empfahl ihr noch einmal „die alte Kuh, die alte Frau, alles Vieh überhaupt in der Hartburg."

Dann schied sie.

Zwölftes Kapitel.

Auf dem Steinburger Wochenmarkte verursachte es nicht geringes Aufsehen, daß Frau Hart ihre Magd mit einer neuen vertauscht hatte. Zwar nannte sich diese ebenfalls Trautel, trug fast die nämliche Kleidung wie Jene, suchte jede ihrer Handlungen und Bewegungen nachzuahmen und gab nirgend den geringsten Anlaß zur

Klage. Aber die Steinburgerinnen schüttelten dennoch die Köpfe, steckten sie zusammen, schüttelten sie wieder und blieben dabei: dieser unerwartete Dienstbotenwechsel in der Hartburg müsse nothwendig in Verbindung stehen mit der großen Falschmünzer-Geschichte zu Kahlfelda. Wie und auf welche Weise, ergründeten sie nicht. Denn der Trautel Nachfolgerin war durchaus nicht geeignet, Argwohn einzuflößen. Sie zeigte sich weder vorlaut noch verzagt, weder geschwätzig noch „maulfaul," weder lustig noch traurig, weder zudringlich noch unumgänglich. Sie verrichtete ohne unnütze Worte, was ihr oblag, hielt sich an keinem Orte länger auf, als nothwendig, beantwortete jede ihr gestellte Frage bescheiden, wich aber der oft wiederkehrenden Hauptfrage: wie sie nach der Hartburg gelangt, und was aus ihrer Vorgängerin geworden? eben so geschickt als entschieden mit der Versicherung aus: die vorige Trautel habe einen braven Mann geheirathet, und da selbiger zu ihrer (der jetzigen Trautel) „Freundschaft" gehöre, so habe dieser sie hierher anempfohlen.

Das kann unser Eine nun glauben, meinten die Steinburgerinnen, oder man braucht es auch nicht zu glauben.

Frau Hart mußte es doch geglaubt haben, oder sie muß es haben glauben wollen.

Als am Morgen nach jenem Gespräche im Kuhstall die neue Magd vor ihr erschien, mit der bestimmten Erklärung: Trautel ist einem Rufe nach ihrer Heimath gefolgt, und ich bin an ihre Stelle getreten, wenn die gestrenge Frau Nichts dagegen hätte..... da maß Frau Hart mit festen Blicken die Sprechende: Wie heißest Du?

Ebenfalls Trautel, mit Erlaubniß, und übernehme der Andern Dienst mit Freuden. Was sie verrichtet hat, werd' ich auch verrichten, eben so willig, eben so fleißig, mit Gottes Hilfe eben so gut.

Wo kommst Du her? hast Du noch — Angehörige?

Auf Erden hab' ich Niemand und keine Verpflichtung weiter, wie meinen neuen Dienst, wenn die gestrenge Frau mich behält.

So bleibe; wir wollen's versuchen!

Weiter hatten sie Nichts mit einander geredet. Wozu auch? Sie hatten sich verstanden.

Frau Hart wußte nun, daß ihres Sohnes Geschick entschieden, daß er für immer, oder doch für die noch mögliche Dauer ihres Lebens der Gemeinschaft mit Menschen entrückt, daß er moralisch todt sei; wußte nun, daß Prisca für ihn büßen, der alten Mutter leben, sich vielmehr mit ihr lebendig begraben wollte. Sie nahm das hin wie eine nothwendige Consequenz, ohne sonderliche Anerkennung. War es ja doch möglich, daß die „zärtliche Comtesse," die einen Sohn seiner Mutter abwendig gemacht, nicht ohne Mitschuld an seinem Verbrechen gewesen, daß sie der Strafe entgangen, sich nun selbst bestrafen wollte.

Mag sie's haben! dachte Frau Hart — und Alles war gesagt.

Und nun begann ein Dasein für diese beiden Frauen, gegen dessen Qualen keine Hölle aufkommen könnte.

Nur daß Prisca weniger duldete, weil ihr Herz voll demüthiger Liebe war; daß die Mutter, wie billig, mehr duldete, weil sie sich in Groll und Haß absichtlich verhärtete. Was Gram, Trauer, Schmerz heißt, that sie ungesehen, unbelauscht in ihren vier Wänden ab. Draußen blieb sie kalt, streng, unfreundlich. Prisca hörte freilich kein böses Wort von ihr, — denn sie gab zum leisesten Tadel nicht Anlaß — aber sie vernahm auch kein herzliches, wohlwollendes. Sie arbeitete nicht wie eine Magd, sondern wie eine Sclavin; sie hing an den Mienen ihrer Gebieterin, wie der abgerichtete Hund seines Führers Willen erräth. Sie flog bei jedem Wink, sie gehorchte jedem Laut, sie war immer bereit, immer unterwürfig, immer zufrieden. Doch niemals versuchte sie eine Annäherung, niemals wagte sie die Grenze auch nur ein Haar breit zu überschreiten, die Frau Hart zwischen sich und ihr aufrecht hielt. Und wenn ein Engel, von Oben herabgesendet, als unsichtbarer Zeuge dieses Stillleben beobachten durfte, so mag er sich wohl gefragt haben: was ist erstaunlicher, die himmlische Ausdauer der Einen, die furchtbare Festigkeit der Andern?

So verging ein ganzes langes Jahr, und noch hatte die Mutter nicht nach ihrem Sohne gefragt, noch hatte die Tochter sich nicht erkühnt, von dem stets geliebten Gatten zu reden.

Da kam ein Ereigniß von Außen, welches Prisca mit einigen Hoffnungen schmeichelte. Es wurde durch amtliche Vermittlungen ein Schreiben an Frau Hart befördert, von einem Gefangenen herrührend, dem zur Belohnung musterhaften Benehmens im Kerker die Begünstigung ertheilt worden, an die Seinigen etliche Zeilen zu richten. Dies meldete der Director einer entfernten Strafanstalt und legte zwei Blätter bei, das eine „An meine Mutter!" das andere „An meine Frau!" überschrieben; beide mit „Julius" unterzeichnet. Ueber den Inhalt des Ersteren erfahren wir Nichts. Die Empfängerin hat es ungelesen vernichtet. Das Zweite, unentfaltet wie es einlag, befand sich in Prisca's Kammer; als diese an einem Sonntagsabende ihre Bibel aufschlug, entdeckte sie es.

Wo soll mein Gruß Dich suchen, Prisca, wenn nicht bei meiner Mutter? Ich weiß, Du bist bei ihr. Ich weiß, Du weinst mit ihr. Ich weiß, Ihr trauert vereint, Ihr tragt gemeinschaftlich die Schande, die ich über Eure Häupter gebracht. Sie hat den Fluch von Dir genommen und segnet Dich. Mir gebührt weder Segen noch Liebe. Ich flehe nur um Erbarmen, hier wie jenseits!
Julius.

Prisca ließ einige Tage verstreichen, erwartend und hoffend, die Mutter werde nun endlich ihr Schweigen brechen. Vergebens! Frau Hart erwähnte Nichts von der düstern Botschaft. Einmal nahm Prisca ihr Briefchen aus dem Brusttuche und durchlas es, ließ es dann frei liegen, daß Jene es sehen mußte. — Vergebens. Auch diese Hoffnung schlug fehl. Das verschlossene Mutterherz öffnete sich nicht. Alles blieb beim Alten.

Nur einmal zeigte die Herrin der Hartburg eine Regung, als wär's möglich, daß ihr doch eine Aeußerung entschlüpfen wolle, woran die Magd sich halten könne, und woraus sich ein Zwiegespräch folgern ließe. Dies geschah, wie Blässel, die alte Kuh, nach langem Siechen und Hinwelken endlich fiel. Das Thier gab schon längst keine Milch mehr, stand nutzlos im Stalle, durfte aber Nichts entbehren und wurde langsam zu Tode gefüttert. Da sie todt war, ging ihre Wärterin dreisten Schrittes zur gestrengen Frau und überraschte diese vor des Sohnes Bildniß. Frau Hart schob die Eindringende zur Stubenthür hinaus, daß sie kaum ihre Meldung über die Lippen brachte, ergriffen, wie sie war, von dem unerwarteten Anblick. Die Nachricht von Blässel's Tode entwaffnete die alte Frau, die zornig gewesen über die Störung und Prisca unsanft am Arme ergriffen. Sie ließ den Arm nicht los, aber sie drückte ihn minder heftig und sprach mit zitternder Stimme: Unsere alte Blässel! Und als ob diese geringen Worte alle zärtlichen Gefühle und Erinnerungen, die sich in der steinernen Brust verborgen hielten, durch ihren Klang aufgerührt hätten, hielt die starke Hand den weichen Arm noch immer fest, und die geschlossenen Lippen bewegten sich, doch ohne sich weiter zu öffnen.

Aber auch diese Minute ging vorüber ohne Ereigniß. Und Alles blieb beim Alten.

Doch nein, daß ich nicht lüge! Es blieb nicht beim Alten. Ein neues Feuer drang mit wohlthätiger Wärme, mit belebender Gluth in Prisca's täglichen Opferdienst. Es war die Zuversicht, daß Julius von seiner Mutter betrauert, beweint, daß er immer noch geliebt werde.

Daraus schöpfte sie frischen Muth, geduldig auszuharren; dem erzwungenen Stolze, der zur Schau getragenen eisigen Kälte warme Treue entgegen zu halten, fromme Geduld, bis endlich Demuth über Hochmuth, Milde über Strenge, Segen über Fluch siegen, bis sie an der Mutter Herzen weinen, bis sie ihr sagen dürfe: Laß mich Deine Tochter sein, ich will darum doch Deine Magd bleiben, wie ich seine Wittwe bin und bleibe. — Und ein zweites Jahr zog dahin über die grauen Mauern der Hartburg, minder schwer, wie das erste gewesen .... aber die ersehnte Stunde schlug auch in diesem zweiten Jahre noch nicht.

Und ein drittes kam und brachte zeitigen Frühling. Lieblicher hatten die Bäume im alten Festungswalle nie geblüht, reiner hatte der Mai noch niemals herabgelächelt aus blauem Aether, wonniger hatten die Vögel ihn niemals begrüßt.

Es war wieder Sonntag. Prisca saß lesend unter einem Apfelbaum. Um sie her hüpften Finken, die mit herabgefallenen Blüthen ihren Scherz trieben, daran zupften, sich neckten. In den Zweigen über ihr rauschte es wunderbar, wie wenn sie aus eigenem Antriebe sich selbst bewegten, denn kein Lüftchen webte. Es überkam die arme Dulderin ein Gefühl des Wohlbehagens, wie sie seit langer Zeit nicht gehabt. O Friede Gottes, willst du noch einmal über mich kommen? seufzte sie und ließ ihr Buch sinken und schaute gedankenvoll empor.

Da hörte sie Tritte im Kiessande des Fußsteiges knirschen. Frau Hart kam auf sie zu, einen offenen Brief haltend. Prisca sprang empor und ging ihr entgegen. Sie fühlte, daß der Augenblick der Entscheidung da sei. Aber sie wagte keine Frage. Unverwandten Blickes betrachtete sie der Mutter Antlitz. Endlich sagte diese:

Er ist frei!

Frei? Julius ist frei? durch hohe Gnade?

Durch allerhöchste!

Und wo find ich ihn? wo darf ich ihn suchen?

Du willst —

Ob ich will? — Kann seine Mutter daran zweifeln? Ob ich meinen Gemahl aufsuchen will? So lange er im Kerker lag, gehörte ich hierher; sobald er frei ist, gehöre ich zu ihm.

Und willst vor der Welt seine Schande mit ihm tragen?

Ich bin sein Weib!

Frau Hart sagte Nichts mehr. Sie richtete ihre Augen mit einem Ausdruck von Liebe auf Prisca, daß diese davon ergriffen wurde, wie vom warmen Sonnenstrahl mitten im Winter. Mutter, jauchzte sie auf, wie siehst Du mich an! Mutter, darf ich Dich Mutter nennen?

Und die alten knöchernen Arme öffneten sich weit zu einer Umarmung. Komm an dies Herz! Mein Sohn ist frei — denn er ist todt! Komm und sei meine Tochter, Du treues Weib!

Da hielten sie sich fest umschlungen, ihre Thränen vereinigten sie, und aus dem Tode ward Leben.

Von diesem Tage an gab es auf der Hartburg eine junge Frau Hart neben der alten, und die alte Trautel diente wieder auf der Hartburg, denn sie war augenblicklich erschienen, wie sie den Ruf empfing, sie dürfte wieder ihren vorigen Dienst antreten. Und die junge Frau Hart sorgte für die alte; und die alte Frau gab sich keine Mühe mehr, stärker zu scheinen, als sie gewesen, oder ihre Gefühle zu verheimlichen, oder den Gram über ihren Sohn zu verleugnen, der ihr jetzt die Liebe für ihn ersetzen mußte. Je schwächer sie wurde, desto zärtlicher wurde sie gegen Prisca, desto dankbarer. Auch Trautel erhielt ihren Antheil an sanfter, freundlicher Anerkennung und durfte manchmal mit dreinreden, wenn die junge Frau mit der alten über den Verstorbenen sprach.

Sogar der verhüllende Flor war verschwunden, statt dessen wand sich ein dunkler Kranz von Immergrün um des Unglücklichen Bildniß.

Ohne schwere Körperseiden starb die alte Frau; für ihrer Seele Leid hoffte sie Trost zu finden in jener Welt, wo Julius Barmherzigkeit gesucht.

Die junge Frau ist nach und nach eine ganz alte geworden. Sie lebt fromm, still, wohlthätig in der Hartburg. Trautel bedient sie noch immer.

Alljährlich schmücken sie das Grab der Mutter. Dann winden sie auch einen frischen Kranz für das Bild des Sohnes.

II.

Der Taubstumme.

Erstes Kapitel.

In dem Kreisstädtchen Oerle, oder wie es in der Schriftsprache heißt: Oerla, saß der Kreis-Gefängnißwärter Pancratius Hiob Abends vor der Hausthür, sein Pfeifchen rauchend und mit seltenem Behagen die milde Herbstluft einathmend. Seine Frau saß fleißig strickend neben ihm. Der Sohn Tobias lehnte sich bis an die Brust zum offenen Fensterchen heraus und gab sein Wort in ihre Gespräche gelegentlich mit dazu.

Ja Krezel, hob der Alte an, das ist uns lange nicht widerfahren. Heute beschließen wir mit Gottes Hilfe den dreißigsten Tag, wo kein Arrestant eingebracht worden ist. Seit zehn Jahren, glaub' ich, ist es nicht geschehen, daß einen ganzen Monat hindurch die Brummställe leer blieben. 's thut unser Einem wohl; wenn auch dadurch das Bissel Profit, was Du etwa bei der Kost haben kannst, in die Brüche geht — mag's doch! 's ist doch ein angenehmes Gefühl, des Nachts im Bette zu denken: da, hinter der Mauer neben uns härmt sich kein armer

Teufel und grämt sich kein abgerissener Landstreicher auf dem alten Strohsack! Wohl thut's Einem, sag' ich.

Freilich thut's das, erwiederte Frau Lucretia Hiob; mir auch; und von Herzen gern wollte ich mein Lebelang auf die paar Pfennige Verzicht leisten, die das Kreisamt mir auf meine Mühe vergütet, wenn ich nimmermehr für einen Gefangenen zu kochen brauchte.

Gefangene und Gefangene, das ist ein Unterschied, sagte nach einigem Bedenken Hiob. So ein wirklicher Aufseher in einem ordentlichen Strafhause, das ließ' ich mir etwa eher noch gefallen. Wer da hineinkommt, der hat das Schlimmste schon überstanden, hat Untersuchung und Urtheil hinter sich, und wenn er sich gut beträgt, hübsch fleißig arbeitet, redlichen Willen zur Besserung bezeigt, kann ihm allerlei Vorschub geleistet werden durch freundliche Behandlung und eindringliche Lehren. Aber die bei uns hier untergesteckt werden, sind gewöhnlich erst auf dem Wege in's Unglück, voll von Lügen wie von Ungeziefer, und ehe man im Stande ist, sie auswendig und inwendig ein Bissel zu säubern, werden sie schon wieder fortgeschafft. Da hat mir's Herze wohl manchmal geblutet um solch' junges Bürschlein, vielleicht braver Eltern Kind!

Und mir erst, sprach Tobias aus dem Fenster heraus, wenn ich sie forttreibe wie das liebe Vieh zum Schlachthofe. 's ist ein hartes Stückel Brot, ein Kreisbote sein.

Was hilft's, wendete Frau Lucretia ihm dagegen ein; Dein Weib und Deine Kinder, unsere kleinen muntern Enkelchen wollen doch auch leben. Und ist das Brot hart, ernährt es Euch doch leidlich; und Dein Herze wenigstens ist dabei noch nicht hart geworden, wie des städtischen Amtsdieners, des Schmolian seines.

Nein, Mutter, meiner Seele nicht, und soll's auch mit Gottes Hilfe nicht werden. Wenn ich schlechte Burschen transportiren muß, und sie sind nur nicht gerade widerspenstig und obstinat, da behandle ich sie so viel wie möglich mit Schonung; denn ich denke immer, wer weiß, wie bereinst Deine Kinder gerathen, ob Du Freude an benen erlebst, und ob Dich der Himmel nicht strafen würde, wenn Du unbarmherzig wärst? So sind meine Gedanken. Aber der Schmolian lacht mich nur aus berowegen. Er hat gut lachen; er hat keine Kinder und weiß nicht, wie einem Vater zu Muthe ist.

Nu gar erst einem Großvater, fuhr der alte Hiob fort, wenn er einsieht, daß er's nicht mehr erleben kann, wie die kleinen Rangen einschlagen werden. 's steht jetzund gar zu übel auf Erden und ist erbärmlich bestellt um die Menschheit. In früheren Zeiten haben die Landesherren ein Prämium ausgesetzt auf den siebenten Sohn, der einem Elternpaare am Leben blieb; heute zu Tage giebt es so viel Volks, daß schon bald kein Platz mehr sein wird und kein Unterkommen.

Das hätt' mir noch gefehlt, klagte Tobias, daß ich sieben Jungen haben sollte! Ist mir der Eine schon zu viel mit seinem Spektakuliren! Da lob' ich mir die zwei Mädel; die sind meine Freude.

Nicht wahr, sagte beistimmend Mutter Lucretia, genannt Krezel; Mädel, das ist gleich ganz 'was Anderes, die erziehen sich von selbst und kosten so viel wie gar Nichts. Denn Du meine Güte, was ist denn so ein Mädel? Wie ein kleines Piepvögelchen!

Das möcht' ich von unsern gerade nicht behaupten, Mutter; die fressen ganz gehörig. Aber dabei fällt mir ein, daß meine Frau mit dem Bissel Abendbrot auf mich wartet; hier ist weiter Nichts zu thun; dorten seh' ich auch den Schmolian die Gasse heraufkommen, der macht vor Eurer Bank sicher ein Ständerle, und auf dessen seine Unterhaltung bin ich nicht sehr versessen. Also: gute Nacht mitsammen, und ich gehe.

Gute Nacht, Tobias, sprachen Hiob und Lucretia zugleich — und gleich darauf sprachen sie: Guten Abend auch, Herr Schmolian!

Das ist ein stattlicher Mann, dieser städtische Amtsdiener in seinem langen dunkelblauen Ueberrocke mit Metallknöpfen, worauf das Wappen des Städtchens geprägt ist, und einen Rohrstock zur Hand, den er wie einen Scepter trägt, und vor welchem alle Gassenjungen und böse Buben schon auf hundert Schritte entweichen. Er lüftet seinen Hut und fragt herablassend das Ehepaar: Na Kinder, wie gehen die Geschäfte?

Alsbald entspinnt sich folgendes Dreigespräch:

Gott sei Dank, recht stille, Herr Schmolian, ganz stille!

Ja, Gott sei Dank, seit einem Monate Alles ruhig, wie Sie wohl wissen.

Also durchaus kein Vogel im Stalle? Nichts zu rupfen?

Nicht ein Federchen.

Aber das ist langweilig, Ihr Leute!

Eh conträr, pläsirlich ist das; man geneußt seine alten Tage am Liebsten in Frieden.

Das ich nicht wüßte. Ich bin wohl was jünger wie Ihr, darum aber auch kein Grünschnabel mehr, und mir kann's nicht genug Arbeit geben. Je mehr ich packe und einschleppe von dem ruchlosen Gesindel, desto besser geschieht mir. Da bin ich in meiner Esse, wie der Herr Bürgermeister zu sagen belieben. Das ist jedoch lateinisch, und das versteht Ihr nicht, Ihr da beim Kreis-Amte.

Lateinisch versteh' ich freilich nicht. Aber „Esse" hätt' ich für ein deutsches Wort gehalten, so gut wie Feuermauer, Schornstein, Schlot oder dergleichen; derowegen heißt's ja auch Essenkehrer.

Eben so richtig könntet Ihr's vom essen herleiten; keine Idee! In seiner Esse sein ist so viel, als sich behaglich fühlen, wie — ja wie sprech' ich gleich? wie — der Vogel im Hanfsamen, der Fisch im Wasser —

Das Schwein im Moraste?

Gewissermaßen, ja!

Und so ist dem Herrn Schmollan, wenn er viel Arrestanten macht?

Getroffen! Wenn ich sie beim Kragen halte, und sie winden sich, wollen sich losdrehen, ausreißen, ich halte sie fest. Denn wo meine fünf Finger anpacken, da greifen sie durch. Betrachtet die Faust: von der giebt's kein Entkommen.

Nee, die ist wie dazu gemacht.

Ich glaube immer, Ihr seid schon zum Haltfeste in die Welt gesetzt worden.

Das glaub' ich auch, Frau Hiobin. Darum thut es mich jedesmal wurmen, wenn mir Einer entgeht. Wie heute zum Exempel, der verwetterte taubstumme Landstreicher, der sich schon etlichemale in der Vorstadt gezeigt, und den kein Teufel kennt. Niemand weiß, wo er gebürtig oder zu Hause ist; betteln thut er auch; darf also in's Loch gesteckt werden mit Fug und Recht. Aber Prosit die Mahlzeit! Stumm und taub mag er sein (wenn er sich nicht verstellt, was bei solchem Gesindel auch vorkommt), blind ist er nicht, und eine feine Nase muß er haben. Ich mag lauern wie ich will, immer heißt's: da gewesen ist er — und ich muß abziehen. Heute hab' ich den unverschämten Kerl mit meinen eigenen Augen gesehen, wie er vor der Thüre des letzten Häuschens, welches zum städtischen Weichbilde gehört, hinüber ging auf Hasenauer Grund und Boden; guckte sich ordentlich nach mir um, der Racker, wie wenn er sagen wollte: nu so komm' doch und thu mir was. So ein Schuft! Und Ihr auf Euerem Kreisamte seid auch alle mitsammen, vom Obersten angefangen bis zum Herrn Tobias Hiob hinunter, von einer unleidlichen Nachsicht. Warum nicht einmal ein kleines Treibjagen anstellen auf solch' ein ausländisch Stück Wildpret? Schon daß wir die Satisfaction haben, einem fremden Amte den Vagabunden, wo er hin gehört, zu überschicken und beizuschreiben: Hierbei folgt ein Umhertreiber und Bettler, so

Euch zugehört, und wollet hinfüro auf Eure Sache besser Obacht geben! Warum nicht? frag' ich. Weil der Herr Kreislandrath zu nachsichtig sind gegen berlei Unflath. Weil sie jedesmal, wenn mein gestrenger Herr Bürgermeister auf dieses oder ein ähnliches Capitel kommen, zur Erwiederung geben: Laßt den armen Teufel laufen! Ja, Euch im Vertrauen kann ich es sagen, Hiob, der Taubstumme aus — Gott weiß woher — hat sich sogar auf Eures Herrn sein Landgut hinausgewagt, hat dorten im Schloßhofe gebettelt, und der Herr, der gerade vom Kreiskage hinaus geritten kam, hat seine gewisse lange grüne Geldbörse herausgezogen und hat dem Maleficanten mit eigener Hand einen Silbergroschen dargereicht. Dieses hat mir der Reitknecht — —

Der Reitknecht könnte was Besseres thun, Herr Schmolian, als daß er Ihnen ausschwatzt, was Seine Gnaden der Herr Landrath thun oder lassen. Indessen diesmal hat er die Wahrheit gesagt, der vorlaute Junge. Denn der Herr Landrath haben mit dem Kreissecretär über den Taubstummen geredet, und der Herr Winderle hat wieder mit meinem Sohne darüber geredet, und es ist schon geschrieben worden dahin, dorthin, des Unglücklichen wegen, und warten allzumal auf Bescheid. Bis dahin läßt man ihn sein Bißel Nahrung suchen, so lange er nichts Böses thut, und so lange gute Menschen ihm eine Kleinigkeit schenken. Picken doch oft hungrige Thierchen verlorene Brosamen auf. Und der liebe Gott...

Der liebe Gott hat Nichts mit unsern neuen Armengesetzen zu schaffen.

Nein, davor wird er sich hüten!

Aber Ihr beim Kreisamte bekümmert Euch auch Alles zu wenig darum; das geht bei Euch immer nach dem alten Schlendrian fort, wie beim verstorbenen Landrath, von dem sein Sohn nicht blos das Amt, sondern auch die Nachsicht geerbt hat. Das darf nicht sein; das Gesetz ist ein eisernes Rad, wie mein gestrenger Herr Bürgermeister zu sagen belieben, und wen es ergreifen kann, den zermalmt es in seinem unaufhaltsamen Gange.

Und Herr Schmolian hilft drehen.

So thu' ich, Frau Hiobin, so thu' ich, weil es also mein Beruf mit sich bringt. Lasse mich auch nicht irre machen durch Bitten, Thränen, Lügen und andern Firlefanz. Werde ebenfalls besagten Betrüger oder wirklichen Taubstummen in diese meine Fäuste kriegen, über kurz oder lang, darauf mögt Ihr Euch verlassen; werde ihn Euch in Euer Kreisamt überliefern, und Ihr werdet ihn bei Euch als einen Fremden, mit welchem löblicher Magistrat Nichts weiter zu schaffen hat, einsperren müssen, mögt wollen oder nicht.

Wenn er aber, wie Ihr meint, immer zur gehörigen Zeit entschlüpft?

Das gilt nur für den Sommer. Das ist wie mit den Krähen, seht Ihr. Zur milden Jahreszeit, wo das Spitzbubenvolk von Galgenvögeln draußen allerlei Geschmeiß und Ungeziefer in allen Furchen, auch Früchte auf allen Bäumen findet, da wagt es sich nicht in die Städte hinein; da flankirt es höchstens um die äußersten Enden der Vorstadt herum, wo noch Gärten liegen.

Sobald sich der Winter einstellt, und der Schnee ihnen die Zufuhr abschneidet, da macht sie der Hunger frech; da bringen sie weiter vor und lassen sich in Papiertüten fangen, mit einem Brocken Fleisch und zwei Tropfen Vogelleim. Geduldet Euch nur noch etliche Monate, und er ist mein. Haben muß ich den Kerl; meine Ehre steht auf dem Spiel. Wer mit mir Versteck spielen will, wird mich kennen lernen, daß ich kein Kind mehr bin, und damit Basta. Nun gute Nacht, Ihr Leute!

Was wird's denn auch weiter sein, meinte Frau Lucretia Hiob, wenn sie ihn aufgreifen? Sie schicken ihn halt nach Hause, nicht wahr Pancratius?

Insofern er ein „zu Hause" hat, entgegnete Herr Hiob.

Giebt es denn Menschen, die so unglücklich sind, daß sie gar nirgend daheim sind?

Ach ja, Krezel, 's giebt welche. Darum wollen wir dem Himmel danken, daß wir ein Lager unter uns und ein Dach über uns haben; mag es auch nicht vom schönsten sein.

Und sie begaben sich zur Ruhe.

Zweites Kapitel.

Kein belehrendes Gleichniß wurde wohl je so oft gemißbraucht und übel angewendet, als jenes allerschönste von den Lilien auf dem Felde, von den Vögeln unter dem

Himmel, die nicht säen, die nicht ernten, und die unser
Aller Vater dennoch bekleidet und ernährt. Jeder Faulpelz, der, statt zu arbeiten, es vorzieht, sich von demjenigen zu ernähren, was man ihm schenkt, oder was ihm
sonst zufällt, bettelt und mauset unter jenes Gleichnisses
Aegide. Dafür freilich ergeht es ihm dann auch nicht
selten, wie es im Winter allen lustigen Vögeln ergeht,
welche nicht darauf eingerichtet und geschaffen sind, nach
Gegenden auszuwandern, wo es keinen Winter giebt.
Er hungert und friert. Und wie keck, ja wie frech Frost
und Hunger Thiere und Menschen zu machen vermögen,
davon geben harte und anhaltende Fröste trauriges Zeugniß. Schmolian hatte den Nagel auf den Kopf getroffen
mit seiner herzlosen Anspielung auf Krähen, die der
Schnee zur Stadt hineintreibt. Die zudringlichen Thiere
blieben im Dezember des Jahres 183* nicht aus; sie stellten sich ein mit unverschämten Anforderungen an allerlei
Abfälle aus Küche und Haus, die sie durch heiseres,
krächzendes Geschrei kundgaben, und um welche sie dann
lärmend zankten, ohne sich gerade ernstlich wehe zu thun,
denn „eine Krähe hackt der andern das Auge nicht aus."
Gewissermaßen hatten sie gegründete Ansprüche auf öffentliche Wohlthätigkeit geltend zu machen, denn sie durften
sich auf die unzähligen Würmer, Käferlarven, junge Feld-
mäuse und dergleichen mehr berufen, von denen sie mit
fleißigen starken Schnäbeln sämmtliche umliegende Aecker
gereinigt. Die Bettler, welche ihnen nachfolgten, durften sich ähnlicher Verdienste nicht rühmen; hatten sie
Aecker und Felder säubern helfen, so war es höchstens von

Rüben und Kartoffeln gewesen, mit denen die Besitzer ohne ihre Beihilfe auch fertig geworden wären. Das wußte man in Oerle recht gut und empfing sie deshalb nicht allzu huldvoll; und da sie keine Flügel führten, um sich wie ihre Vorgänger, die Krähen, von Dach zu Dach zu schwingen, so mußten sie von Thüre zu Thüre humpeln, in fortdauernder Angst vor Herrn Schmolian, dem allgefürchteten Bettelvogte, dem strengen Amtsdiener, dem großen Manne.

Große Männer, die das Gefühl ihrer Größe in sich tragen, haben keine Launen und geben diesen willig nach; sie betrachten das wie eine vergönnte Erholung, wie eine erlaubte Zerstreuung bei ernsten Amtsgeschäften. Herr Schmolian zeigte sich heuer ausnahmsweise nachsichtig gegen die gewöhnlichen Eindringlinge und deren Geplärr. Bisweilen schritt er vorüber, wo eben Einer sein Sprüchlein bettelnd herbetete und schielte links weg nach den Krähen auf dem Dache, drohte denen lächelnd mit hochgeschwungenem Stocke und that, als ob er den unbefiederten Vogel, nach Diogenes spöttisch Mensch genannt, weder hörte noch sähe. Niemand in Oerle wußte, was das bedeuten solle. Wir glauben es zu wissen, denn wir erinnern uns seines Gespräches mit Pancratius Hiob und Frau Krezel, aus welchem wir entnehmen, daß plärrende, redende Bettler ihm so alltäglich erschienen, wie Krähen; daß er sie verschmähte, weil er auf den Fang eines seltenen Vogels lauerte: eines Taubstummen, durch dessen listige Vorsicht er sich mehrmals getäuscht gesehen, durch den er sich an seiner Amtsehre gekränkt wähnte, den er folglich haßte! Diesem Hasse verdankte das übrige Gesindel ungewöhnliche Nachsicht und legte solche dem Herrn Schmolian für Nächstenliebe aus.

Ach, gütiger Gott, wie häufig ergeht es Andern eben so! Wie häufig entspringt, was man Liebe nennt oder Erbarmen oder Wohlthätigkeitstrieb, aus nicht minder unlauteren Quellen! Und nun erst die sogenannte wirkliche Liebe, deren Ursprung Poeten als einen heiligen und reinen besingen! Sollte man, dem Umschlage zu folge, den sie nach Erreichung ihres Zieles bisweilen erduldet, nicht geneigt sein, sie ebenfalls aus verkapptem Hasse, wenigstens aus grausamer Selbstsucht herzuleiten? Doch das ist eine andere Frage, als in unsere anspruchslose Erzählung gehört, und wir überlassen die bedenkliche Antwort Philosophen und Psychologen. Wir kehren zu Herrn Schmolian zurück.

Die Nachsicht, welche er gegen sprachfertiges Bettelvolk zu dessen höchstem Befremden walten ließ, gehörte in sein schlau ersonnenes System. Je stärker Strom und Zug nach unsern Mauern werden (meinte er), desto gewisser ziehen sie den Taubstummen nach. Aber höchst ungehalten wurde der kluge Mann, als ein Tag um den andern ablief ohne Erfolg. Schon fing er an, voll Reue über fehlgeschlagene Entwürfe, Einzelne der Sichergewordenen heraus zu greifen, und Tobias Hiob, der Sohn, bekam verschiedene Gäste seines Vaters nach kurzem Aufenthalte im Kreisgefängniß in ihre Heimath zu transportiren, allwo sie weder mit Glockengeläute, noch von weißgekleideten Jungfrauen empfangen wurden, will man nicht das Heulen des Dezemberwindes und die von herabsäuselndem Schnee verhüllten Jammergestalten, die ihnen entgegentraten, dafür gelten lassen.

Am Weihnachtsabend endlich, wo der kinderlose, mit seiner Gattin keineswegs im zärtlichsten Einverständniß lebende Greis zu von einem wenn auch dunklen Gefühle des Neides erfüllt die Gassen durchstöberte, auf deren Schneeteppich aus allen Fenstern Kerzenschein und Lichtglanz fiel, stieß er fast mit der Nase an den Gesuchten, längst Erwarteten. Und wo? Vor dem Häuschen, in welchem das Kreisgefängniß sich befand und wahrscheinlich heute noch befindet. Mit beiden Händen festgeklammert an die äußeren Gitterstangen starrte der Taubstumme in Hiob's Wohnstübchen hinein. Dort ging es lustig zu. Großeltern, Eltern und Kinder freuten sich um den Christbaum, der mit Wachslichtern und vielerlei kleinen Gaben prunkte. Es hätte keines Tauben bedurft, das Herannahen des Feindes nicht zu vernehmen. In der weichen Schneedecke mußten auch die derbsten Tritte ungehört ersticken. Deßhalb fand es Schmolian bei all' seinen Zweifeln an des Unglücklichen wirklicher Taubheit durchaus nicht befremdend, daß dieser ihn sich ganz nahe treten ließ und dann, plötzlich festgepackt, einen dumpfen Schrei ausstieß, der bis in die Weihnachtslust der Familie Hiob hineindrang und die Kinder nicht wenig erschreckte. Unarticulirtes Gegurgel,

unterbrochen durch eine allzu bekannte Stimme: Hab'
ich Dich, stummer Vogel!? Na, Du sollst schon singen,
wenn Du auch in der Mause bist! ließ den Männern
keinen Zweifel übrig. Vater und Sohn sagten zugleich:
Das ist der Taubstumme, auf den der Schmolian so
lange Jagd macht, eine liebere Christbescheerung hätte
ihm der heutige Abend nicht bringen können.

Na, wer weiß, wozu das gut ist? setzte Frau Krezel
hinzu, vielleicht bringen sie das arme Thier jetzt irgendwo
unter, und es braucht diese Nacht wenigstens nicht zu
frieren.

Das ist noch sehr zweifelhaft, äußerte Tobias. Ich
glaube nicht, daß Herr Schmolian seinetwegen auch nur
ein Scheitchen in den Ofen legt, und den Weihnachts-
karpfen wird er auch nicht mit ihm theilen.

Ich wollte, die Festnehmung wäre schon gestern er-
folgt, sprach Vater Pancratius, und wir hätten ihn schon
in unserm Gewahrsam; bei uns dürfte er keine Noth
leiden.

Gewiß nicht, rief die alte Hausfrau, und des Tobias
Kinder brachten sogleich von ihren Näschereien herbei.

Doch ihr guter Wille mußte unbenützt bleiben, denn
bereits hatte sich der glückliche Jäger mit seiner zappeln-
den Beute entfernt. Da nach den Feiertagen Arrestant
als Fremder einem löblichen Kreisamte überliefert und im
Triumphe von Schmolian herbeigeführt wurde, da hatten die kleinen Plößchen ihre Süßigkeiten längst aufgezehrt.

Wir haben Nichts aus dem Halunken herausgebracht, hob Herr Schmolian an, weder der gestrenge Herr Bürgermeister, noch ich selbsten, und haben ihn doch gequetscht wie eine Citrone. Daß er bei der Verhandlung Nichts eingestehen würde, dessen war ich schon im Voraus gewiß; denn darauf bereiten sich solche Bestien ordentlich vor und verhärten sich absichtlich. Deshalb dacht' ich, wenn ich ihn nur bei mir habe, soll er schon beichten und wird mir zur Ergötzlichkeit dienen über die Feiertage. Aber Nichts, nicht die Probe, keine Silbe, kein Sterbenswort, kein Muck, keine Andeutung über Geburtsort, Eltern, Heimat, gar Nichts nicht. Gezwickt hab' ich ihn — weil nun einmal das Prügeln untersagt ist — daß man die blauen Flecke noch sieht. Keine Wirkung. Ich habe, daß er es deutlich hören mußte, mit der Meinigen über ihn und seine Bestrafung geredet, verschiedentliche Androhungen hineingemischt; auch nicht mit einer Augenwimper hat er gezuckt. Taub ist er wirklich und wahrhaftig; und daß er stumm sein muß, läßt sich auch nicht bezweifeln, wenn man bedenkt, wie viel er aussteht, ohne das Maul zu einer Klage aufzusperren; solche Patasche schwadronirt sonst eher zu viel, als zu wenig. Also hier überliefere ich dieses quasi Stück Vieh und bitte um Bescheinigung. Fürchte auch, Ihr werdet die Gesellschaft, die langweilige, sehr lange im Hause behalten, denn bis Ihr von dem herausbringt, wo Ihr ihn hinzubringen habt, das heißt wo seine Heimat ist, da kann wieder Weihnachten herankommen. Na, viel Vergnügen; meine

Lust ist gebüßt, ich will weiter Nichts mit ihm zu schaffen haben.

Der Taubstumme gehorchte Hiob's Anweisung, das für ihn bestimmte Gemach zu betreten, mit der Unterwürfigkeit eines an pantomimische Befehle dieser Art längst gewöhnten und auf gefängliche Haft eingeübten Landstreichers. Weder gab er ein Zeichen von Furcht, Aerger, Widerspenstigkeit, noch ließ er die geringste Spur dankbaren Vertrauens blicken, wie sehr auch Pancratius Hiob durch freundliches Lächeln und sanfte Geberden darauf hinarbeitete. Mit niedergeschlagenen Augen, die obenein krank und entzündet zu sein schienen, saß der Verhaftete auf dem Lager, welches Frau Krezel sauber hergerichtet, ließ mürrisch, fast tückisch den Kopf hängen und hob ihn sogar dann nicht in die Höhe, als jene gute Frau ihm warme Suppe mit Fleisch brachte. Sie war genöthigt, ihn beim Arme zu ergreifen und auf die dampfende Schüssel hinzuweisen. Dann fiel er freilich mit der Gier eines ausgehungerten Wolfes über die kräftige Speise her, aber die mildthätige Geberin würdigte er doch keines erkenntlichen Blickes.

Der Schmolian hat diesmal Recht; 's ist ein pures Stück Vieh!

Nicht doch, Vater Pancraz, nicht doch. Er ist nur verschüchtert und mißtrauisch geworden durch die erbärmlichen Feiertage, so er gehabt, und des Schmolians Mißhandlungen. Wenn er erst spüren wird, daß man's hier ganz gut mit ihm meint, hernach wird er schon freundlich werden. Verliere Du nur nicht die Geduld. Sollst sehen, eh' ein Tag vergeht, kann ich durch Zeichen mit ihm reden, und wer weiß, was er uns hernach Alles anvertraut.

So sprach die gute Mutter Hiob und gestand dabei unbewußt ein, daß sie theils ein Bischen neugierig sei, theils die Hoffnung hege, ihren Vorgänger, den Schmolian, an Erforschungstalenten zu übertreffen. Doch sollte ihr das Letztere nicht gelingen und die Neugierde nicht befriedigt werden. Der Taubstumme blieb nicht allein (was sich von selbst versteht) taubstumm; er blieb auch verstockt, jeder gegenseitigen Mittheilung unzugänglich oder unfähig, sowohl bei den Privatbestrebungen der Hiob'schen Eheleute und deren Sohnes Tobias, als auch bei den Verhören (wenn man dies so nennen darf, wo Einer weder hört noch redet!) auf dem landräthlichen Amte. Der Kreissecretär Winderle, ein hagerer hektischer, in Bureau-Staub und Stubenluft ergrauter Schreib-Sklave, setzte sämmtliche bedeutend lange Extremitäten seines gebückten Menschen in Telegraphen-Arme um und ließ sie spielen, wie nur jemals ein Telegraph arbeitete, der Napoleonische Bulletins von Straßburg nach Paris beförderte, zu einer Zeit, wo man den Blitz noch nicht seiner Zaubermacht entkleidet und furchtbare Naturgewalten zu dienstbaren Boten gezähmt hatte. Winderle erschöpfte sich in allegorischen, symbolischen, zum Theil possirlichen Versuchen, sich seinem vis-à-vis verständlich zu machen. Er fragte ihn immer mit Armen, Händen, Füßen, Augen (wobei auch die Lippen unwillkürlich beschäftigt wurden), ob seine Eltern noch lebten;

wie lange er von ihnen getrennt und ein heimathloser
Bettler sei; ob er vielleicht einigen Unterricht in einer Anstalt genossen habe, dergleichen doch für Unglückliche seiner
Art bestehen; ob er ein Bischen schreiben oder wenigstens
Gedrucktes lesen könne; wie alt er sei, und so weiter.

Winderle hätte diese Fragen, die er mit der Beweglichkeit einer lustig klappernden Windmühle — (Arme und
Beine stellten die vier Flügel vor) — ausführte, dem
nächsten besten Mehlsack vorlegen können. Dieser würde
eben so viel Verständniß gezeigt haben, würde mit eben
so gutem Willen darauf eingegangen sein.

Von irgend einem schriftlichen Ausweise, von dem
kleinsten Streifchen Papier, welches auch nur im Entferntesten einer Legitimation ähnlich gesehen, war ohnehin nicht die Rede; das hatte schon die bürgermeisterliche
Verhandlung festgestellt.

Erschöpft durch die übermäßigen Anstrengungen ließ
Winderle endlich nach und rief entsagend aus: Der Kerl
muß aus dem Monde herab auf den Erdboden gefallen
sein! Und weshalb denn gerade in unsern Kreis?

Wenn sie allerseits im Monde kein besseres Mundwerk haben, erlaubte sich Tobias Hiob einzuschalten, da
muß es oben sehr stille zugehen; glauben Sie nicht auch,
Herr Secretär?

Sicherlich werden Sie dann eine andere Gattung
von Sprache führen, mein lieber Tobias, mit der sie sich
einander verständlich machen; gerade so wie unsere Pferde
wiehern, unsere Hunde bellen, unsere Gänse schnattern

und sich dabei recht wohl befinden. Aber so lange ich diese Redeweise nicht kenne, ist jedes Bemühen fruchtlos. Und was wird der Herr Landrath dazu sagen? Wird er nicht die Schuld auf mein Ungeschick schieben? Na, Ihr seid Zeuge, Tobias...

Ja, Herr Winderle, ich bin Zeuge; Sie haben sich abstrapizirt, daß es Einen in der Seele erbarmen muß, wenn man's mit angesehen hat. Und hat Nichts genützt. Lassen Sie's nur den gnädigen Herrn Landrath selbsten ein Bissel probiren, daß er ein Einsehen bekommt, ist ja der billigste Mann von der Welt; wird von Ihnen auf Ihre alten Tage nicht verlangen, daß Sie Mondsprache reden. Die Frage ist nur: was fängt unser Kreisamt mit „bevorstehendem" Mondkalbe an? Soll's bei meinen Eltern auf der Mast bleiben? Und wer bestreitet zuletzt die Kosten? Es frißt unbändig viel. Und auch die Kleidasche fällt schier auseinander. Da wird auch müssen Rath geschafft werden.

Aberdings, Tobias; für's Erste bleibt nichts Anderes übrig. Zunächst hab' ich die angenehme Aussicht, an alle Ecken und Enden der Provinz lange Nachfragen zu richten, ob ein Individuum (die Personalbeschreibung liegt bei), so und so beschaffen, vielleicht die Ehre hat, da oder dort angehörig zu sein? Natürlich beeilt man sich nirgend mit der Erwiederung; dort, wo sie wirklich ein derlei Exemplar vermissen sollten, am allerwenigsten; denn sie danken Gott, einer Last los zu sein.

Wird auch in den Mond geschrieben, Herr Secretär?

Herzlich gern; auf einen Brief mehr kommt mir's nicht an; wenn ihr ihn bestellen wollt, meinetwegen.

's möcht' mich doch zu lange aufhalten, und die Kreisgeschäfte thäten drunter leiden.

Das denk' ich auch. Folglich nehmt für's Erste Euren Gast wieder heim, zu Papa und Mama; ich werde mit dem Herrn Landrath schon reden, wo wir etwa ein paar alte Klüftel und Klaftel auftreiben, die wir ihm überhängen.

Tobias Hiob schickte sich gerade an, den Taubstummen wegzuführen, da trat der Landrath in's Bureau.

Mit dem geübten Blicke, den lange Praxis verleiht, prüfte er den Unbekannten, während er zugleich aufmerksam zuhörend Winderle's umständlichen Bericht, der ihm einiges Lächeln abzwang, entgegennahm. Er belobte des Schreibers Eifer und gestand billigend ein, daß für jetzt Nichts weiter zu thun, als der freilich höchst unsichere Erfolg schriftlicher Nachfragen abzuwarten sei. Auch für Bekleidung versprach er aus eigenem Vorrath Sorge zu tragen. Dann wendete er sich zu Tobias, dieser möge seinen Eltern an's Herz legen, gegen den Taubstummen nicht minder menschlich zu sein, als sie es ja immer gegen Kranke und Nothleidende wären. Denn — setzte der erfahrene Mann hinzu — das elende Geschöpf muß viel gelitten, viele Mißhandlungen erduldet haben, um so unberührt zu bleiben von der Freundlichkeit, die wir ihm zeigen. Wahrscheinlich traut er auch uns nicht und fürchtet, daß unsere Milde nur Verstellung sein möchte, auf welche abermals grausame Härte folgen werde.

Heimtückisch sieht er wohl aus, das läßt sich nicht leugnen; — doch wer hat ihn dazu gemacht? Vielleicht war er einst ein gutmüthiger Junge!? Sei er übrigens was er wolle, sehr unglücklich ist er gewiß; weiter wollen wir nicht urtheilen, bevor wir nicht etwas Näheres über ihn erfahren.

Tobias versprach im Namen seiner Eltern das Beste, ergriff des Landstreichers Arm und führte ihn von bannen.

Drittes Kapitel.

Was Frau Lucretia Hiob am tiefsten kränkte, war die Unmöglichkeit, ihren Haft- und Pflegebefohlenen bei irgend einem christlichen Namen zu nennen. Sein verstocktes, undankbares Wesen, seine trutzigen Manieren wollt' ich mir ja gerne gefallen lassen, meinte sie, denn warum, das Elend hat ihn so gemacht, wie mir auch unser gnädiger Herr Landrath durch den Tobias einschärfen lassen. Aber daß er nicht einmal einen Namen haben soll, das will mir nicht in den Kopf. Heißen muß man doch einmal, Hinz oder Kunz, Peter oder Paul. Heißt doch jedweder Hund, wär's auch nur Spitzel oder Dachsel, daß man wenigstens weiß, wie man das Creatur rufen kann.

Was würde Dir's helfen, Krezel, wenn Du seinen Vor- und Zunamen wüßtest — tröstete sie Vater Pancratius — hören thäte er's ja doch nicht, so Du ihn dabei riefest. Wer steht uns denn überhaupt davor, daß er gar getauft sei? Das wächst manchmal auf in der Wildniß, wie der Fuchs im Walde. Man hat Beispiele.

Der nicht, Vater Pancraz, der nicht. Der ist hübscher Leute Kind gewesen, darauf möcht' ich schwören. Betrachte Dir nur seine Hände, wie fein die sind; und der ganze Knochenbau, so zärtlich. Der hat in weichen Windeln gelegen und hat theure Wäsche getragen.

Das muß lange her sein, Krezel. Jenes Hemde, welches er auf dem Leibe hatte, da Herr Schmolian ihn gebracht brachte. . . .

Rede mir nicht von dem häßlichen Lappen. Der fault längst auf unserem Düngerhaufen. Dennoch hab' ich ihn, ehe ich ihn wegwarf, mit der Brille mühsam durchmustert, ob sich nicht in irgend einem Zipfel wenigstens der Anfangsbuchstabe von einem Taufnamen entdecken ließe. Aber nicht die Probe!

Das will ich gerne glauben. Wie wär's, wenn wir das Kalender-Büchlein vornähmen, legten es vor ihn hin, wiesen mit dem Zeigefinger auf unsere Namenstage und gäben ihm zu verstehen, daß wir den seinigen zu erfahren wünschen? Mag er auch nicht ordentlich lesen können, die Blätter mit den Monaten und rothgedruckten Festen kleben ihm doch vielleicht im Gedächtniß aus frühester Zeit, und er erinnert sich, kann sein, an die Stelle, wo ihm seine Mutter, wenn er eine hatte, den eigenen Namen gezeigt hat. Es ist nur ein Versuch und leicht anzustellen.

Frau Krezel fand den Vorschlag annehmbar. Sie brachte den Kalender, und Herr wie Frau Hiob begaben sich zum Namenlosen. Letztere äußerte, es komme ihr vor wie eine verspätete Noth=Taufe, was sie da beabsichtigten.

Beim Anblicke des Kalenders verrieth das Gesicht des Fremden zum ersten Male seit seiner Verhaftung eine Spur von Theilnahme. Er griff nach dem bunt eingebundenen Quart-Bändchen und betrachtete es mit Aufmerksamkeit. Als Hiob die Blätter umzuschlagen begann und erst auf den zwölften Mai und den dabei befindlichen Pancratius, dann auf sich selbst deutete, sah ihn der Taubstumme fragend an. Sonach suchte Frau Hiob ihren siebenten Juni und legte den Finger auf die Lucretia, berührte sodann ihre Stirn und nickte mit dem Kopfe, der Namenlose nickte ebenfalls. Nun faßte sie seinen Finger und führte diesen auf das Blatt. Anfänglich ließ dieser ihn unbewegt liegen und beugte nur das Haupt nieder, als ob er nachdenke. Dann glitt der Finger langsam von Tag zu Tag, bis er den Monat Juni durchlaufen; nun schlug er das Blatt um, machte es bei'm Juli ebenso und immer weiter fort; wie er zum Dezember gelangte, stutzte er, überzeugte sich erst, ob noch ein Monat folge, rückte dann bedächtig von Tage zu Tage vor und endlich machte er auf den sechs und zwanzigsten, den Tag Stephan, ein tiefes Zeichen mit dem Nagel.

Also Stephan heißt Ihr? fragten die beiden alten Leute zugleich. Und er, wie wenn er ihre Frage vernommen, nickte ihnen mehrmals bestätigend zu.

Von dieser Stunde an bekam das Verhältniß zwischen dem Verhafteten und seinen Wärtern hellere Farben. Er zeigte einiges Vertrauen zu ihnen; Frau Krezel redete nicht anders von ihm, als von „unserm armen Steffen," und Pancratius schrieb in sein Journal: „Nummer 371, Stephan Unbekannt, Charakter taubstumm." Weil sich aber Woche nach Woche hinzog ohne Entscheidung, und weil die in ihrem Alter noch immer thätig schaffende Hausfrau nicht begreifen wollte, wie es „menschenmöglich sei, daß ein Christenmensch in Gottes weiter Welt gar durchaus nichts Anderes fördere, als essen, trinken, schlafen und müssiggehen, ohne dabei vor Langerweile zu sterben," so setzte sie ihr eifrigstes Bestreben daran, dem armen Steffen einigen Trieb zur Beschäftigung beizubringen. Anfänglich begnügte sie sich, ihm durch ihr eigenes, ruhmwürdiges Beispiel aufzufordern: sie rückte ihr Spinnrad in seine Zelle und spann, daß ihr der Athem ausging. Steffen folgte wohl mit den Augen dem Schwunge des Rades; doch diese gleichförmige Bewegung wurde für ihn, was dem Kinde einförmige Wiegenlieder sind, er entschlummerte dabei und schlief wie ein Hamster. Das verdroß Frau Krezel. Sie gab es deutlich mit unzweifelhaften Geberden kund, daß sie mehrere Spinnräder besitze und daß noch viel Flachs darauf harre, Garn zu werden und nächsten Sommer auf die Bleiche zu kommen, denn die Kinder ihres Sohnes Tobias brauchten Wäsche. Sie machte das mindestens eben so gut und klar, wie die meisten Tänzerinnen, welche pantomimische Gespräche zu führen durch's Programm

angewiesen sind, nur daß sie keinen hochaufgeschürzten
seidenen Bauernrock trug und sich nicht auf einem Beine
um sich selbst drehte, was ihr allzu schwierig gewesen
wäre, der dicken Greisin. Steffen verstand auch die An-
sprache vollkommen; der barmherzigen Behandlung, so
ihm Hiob's angedeihen ließen, eingedenk, blieb ihm schon
Nichts übrig, als zu thun, wie wenn er thun wollte.
Weiter jedoch kam es nicht. Ueber ein Viertelstündchen
hinaus währte sein Bemühen, die edle Spinnkunst prak-
tisch zu erlernen, nimmer. Dann ließ er die Arme sinken,
feierte, verfiel in träumerische Schlaffheit und zuletzt
regelmäßig in Schlaf. Frau Krezel wähnte manchmal,
sein Rädchen schnurre noch, derweil es schon seine Gurgel war, welche schnarchte.

Da nannte sie ihn denn nicht mehr: „unseren armen
Steffen;" nein: „Faulpelz" hieß er kurzweg, und die
Theilnahme für ihn verminderte sich, wodurch er seiner-
seits wiederum tückisch und trotzig wurde.

Das währte bis Anfang März. Mittlerweile hatten
sie auf dem Kreisamte die feste Ueberzeugung gewonnen,
daß Stephan's Heimat und Ursprung nicht zu ermitteln
sei. Alle Erwiederungen der unzähligen Anfragen fielen
gleichlautend aus: da und dort hatte man ihn gesehen,
festgenommen, untersucht, weiter geschickt; nirgend wußte
man, von wannen er stamme, wohin er gehöre.

Tobias Hiob wiederholte die Aeußerung: Der Kerl
muß aus dem Monde auf den Erdboden herab gefallen
sein! und war nicht abgeneigt, diese kühne Ansicht des
Herrn Winderle zu theilen.

Der Landrath hatte schon früher ausgesprochen, ihm und seinem Kreise dürfe die Last nicht aufgebürdet bleiben, da es nicht an einheimischen Nothleidenden fehle, und deshalb waren unterdessen zweckdienliche Vorbereitungen getroffen worden, den Fremdling im allgemeinen Landescorrections- und Arbeitshause zu Bergitz unterzubringen, wo man (Mutter Hiob möge sich das als Trost gesagt sein lassen) schon Mittel haben werde, den Faulpelz arbeiten zu machen.

Bei all' ihrer Gutmüthigkeit meinte sie doch: ein Bissel Strenge könne dem Tagedieb nicht schaden.

Garn spinnen, sagte Vater Pancraz, hat er nicht wollen; Wolle wird er schon wollen — müssen; sie werden ihm in Bergitz den Willen beibringen.

Tobias Hiob der Sohn gürtete sich, hing sich seinen Säbel um, holte sich bei Herrn Winderle die nöthigen schriftlichen Documente, und dann meldete er sich im Kreisgefängniß und erbat sich vom Vater seinen Transport. Beide Hiob's, Vater wie Sohn, hatten ja gedient, sie machten ihre Sachen militärisch ab, ernst, gewichtig, ohne Nebengeschwätz; Familienangelegenheiten kamen dabei nicht zur Sprache.

Gottlob, daß wir ihn wieder los sind, sprach Pancratius hinter ihnen her.

Mich erbarmt er jetzund doch, sagte Frau Krezel.

Etwa weil er sich so gerührt beim Abschiede zeigte und so erkenntlich für alle Deine Güte?

Freilich ist er davon gegangen wie ein Stück Holz; aber mein Gott, versteht er's denn besser? Ich wollt' ihm das schönste Leben gönnen, dem armen Steffen, wenn er nur nicht so ein schrecklicher Faulpelz wär'! Und sie setzte sich an ihr Spinnrad und drehte, als müsse sie einbringen, was der Taubstumme versäumt.

Am Thore begegnete Tobias dem Schmolian.

Glückliche Reise, rief ihm dieser zu; aber ich an Eurer Stelle thäte dem Patron ein Stricklein um die Handgelenke schlingen und mir das andere Ende desselbigen um meinen corpum winden. Es ist von wegen der Sicherheit. Der Kerl ist berühmt im Ausreißen.

Binden wie ein Thier soll ich ihn, Herr Schmolian? das mag ich nicht.

Was ist er denn anders? Na, auf Eure Gefahr.

Der März war lieblich, der Himmel rein, die Luft frisch und erfrischend. Lerchen sangen, andere Vögel prüften auch schon ein wenig ihre Kehlen, Gräser sprießten, Bächlein rannen angeschwellt von dem Zufluß, den die letzten sich auflösenden Schneehügel ihnen spendeten. Tobias Hiob fand das wunderhübsch; es stimmte ihn mittheilsam. Häufig brach er in Entzücken aus, wendete sich zu Stephan: Ist das ein herrlicher Tag!? und dann erst, sich besinnend, daß Jener ihn nicht höre, brummte er: Ja so, mit dem ist Nichts anzufangen; es ist eben so viel, wie wenn ich alleine marschirte oder mit Respect zu reden einen Ochsen vor mir her triebe. Und der möchte doch wenigstens brüllen, wo er andere Ochsen auf dem Felde gewahr würde. Ob der Mensch denn gar Nichts empfindet, wenn er Flur und Wald vor sich hat? Sehen thut er ja doch, und mögen seine Augen ein Weniges krankhaftig sein, blind ist er nicht. Mir ist immer zu Sinne, als wenn das Auge die fürnehmste Gabe bei'm ganzen Menschen wäre. Stumm sein ist schlimm genug, denn ich kann nicht sagen, was ich gedenke; aber auch hinwiederum hat es sein Gutes, denn ich muß alsdann die dummen Gedanken gleichfalls bei mir behalten, kann kein unnützes Geschwätze nicht von mir geben, und das ist reiner Gewinnst für den jüngsten Tag, wo wir von jedem unnützen und schlechten Worte Rechenschaft ablegen müssen. Taub sein ist schlimm, denn ich kann nicht hören, was die Anderen reden; aber auch hinwiederum hat es sein Gutes; denn man hört das Schlechte gleichfalls nicht, und die Klatschereien und Lästerungen und Lügen. Aber blind sein ist das Allerschlimmste; denn mag es noch so viel Uebles zu sehen geben, über Thal und Hügel, über Blumen und Bäume, über Erde und Himmel geht doch Nichts; und wer das an einem Tage wie heute betrachten kann, der wird ein neuer Mensch. Deßhalb bin ich auch gerne ein Kreisbote, weil ich als solcher oftmalen Gelegenheit habe, in die Natur zu kommen.

Durch derlei halb gebrummte, halb gemurmelte Selbstgespräche suchte Tobias Hiob zu ersetzen, was der von ihm transportirte Stumme an Belebung des Marsches schuldig blieb. Von Zeit zu Zeit hielten sie an, und er ließ eine Erfrischung reichen, wobei er nicht knauserte und seine eigenen Diäten zu Hilfe nahm, den schlechten Gesellschafter so gut zu bewirthen, als sich thun ließ. An manchen Orten, wo sie aßen und tranken, war der

Taubstumme schon persönlich bekannt, hatte sie als umherstreifender Bettler verschiedentlich besucht. Ueberall galt er für einen harmlosen, nie unbescheidenen, doch auch über Nichts erfreuten Gast, der Abweisung und Härte still duldend, Freundlichkeit und Großmuth gleichgiltig hingenommen, dabei aber stets ein bewundernswürdiges Geschick entfaltet habe, die Aufmerksamkeit der Beamten zu täuschen und ihren Händen zu entgehen.

Haben sie Dich endlich einmal doch beim Schlaffittig erwischt? das war der Gruß, womit man ihn unterwegs empfing. Und an Tobias richtete man regelmäßig die Warnung: Den laßt nicht aus den Augen, Landsmann; der ist flüchtig wie Haarpuder.

Weil sich diese Worte überall, wenigstens dem Sinne nach wiederholten, gewannen sie endlich doch so viel Gewalt über den Kreisboten, daß er sich im Städtchen, wo sie Nachtquartier hielten, und wo er sich Unterkunft im Gefängniß erbat, noch einen Helfer miethete, der sie auf der zweiten Tagereise begleiten sollte.

Sowie Stephan früh Morgens dieses neuen Gefährten ansichtig ward, gab er augenscheinlichen Aerger kund, zeigte sich verdrossen, fast wüthend. Einige Male warf er sich mitten auf der Landstraße nieder, mußte mit Gewalt emporgerissen und ein Stück Weges fortgeschleppt werden, schlug um sich, stieß die ihm dargebotenen Lebensmittel zurück, trieb es überhaupt so häßlich, daß Tobias ihm recht gram wurde und endlich, obgleich mit Widerwillen, an Schmolian's Rathschlag denkend einen Strick einkaufte, welchen er dem Widerspenstigen wie eine verständliche Drohung vorhielt. Das half wenigstens insoweit, daß sie, wenn auch langsam, vom Flecke kamen. Doch auf diese Weise trafen sie erst spät am Abende in Bergiz ein. Kurz vor dem Thore machte der Taubstumme einen kühnen Fluchtversuch. Wie faul er sich sonst immer gezeigt, seinen Beinen mangelte es nicht an Schnelligkeit. Tobias und der Hilfsmann würden ihm vergeblich nachgestellt haben, wäre er nicht in ein Labyrinth von Gartenzäunen und Hecken gerathen, wo er sich verfing. Nun wurde er wirklich gebunden und die wenigen hundert Schritte bis zum Eingange des düstern Gebäudes gezerrt, welches ihn aufnehmen sollte. Tobias befand sich in sehr übler Laune, wie leicht begreiflich, und empfahl den Ankömmling beim Inspector der Anstalt noch schlechter, als sich dieser durch sein wildes Betragen und den Strick um die Handgelenke schon selbst empfahl. Dadurch ward gleich sein erster Eintritt verhängnißvoll und von traurigen Nachwirkungen für künftigen Aufenthalt im Arbeitshause. Bei der Verschiedenartigkeit Derer, die solche Zwangsanstalt bewohnen, und die eine förmliche Musterkarte von bösen, schlechten, schwachen, unglücklichen, fast schuldlosen Menschen in allen möglichen Schattirungen und Abstufungen bilden, muß auch die Behandlung, welche man den Einzelnen angedeihen läßt, eine sehr verschiedenartige werden, und muß es nothwendigerweise vom Ermessen des Vorgesetzten abhängig bleiben, bei wem Nachsicht und Geduld, bei wem rücksichtslose Strenge anwendbar sei. Da nun auch der redlichste

Beamte, mit den edelsten Absichten und vieljährigen Erfahrungen ausgestattet, dennoch nicht vermag, das Innerste der ihm anvertrauten Personen zu durchforschen, so wird auch er nicht selten gezwungen sein, nach falschem Scheine zu urtheilen; Heuchelei wird auch ihn täuschen; ein erster unangenehmer Eindruck wird auch ihn mit ungerechter Abneigung erfüllen können. Dieses Unheil zog sich der Taubstumme Stephan zu. Tobias, dessen Gutmüthigkeit durch augenblicklichen Groll übertäubt wurde, that Nichts, dem Inspector eine bessere Meinung von dem „unverbesserlichen Faulpelz und Landstreicher" beizubringen. Er überantwortete den Gebundenen sammt allen auf ihn Bezug habenden Papieren, ließ sich „richtige Ablieferung und geschehenen Empfang gebührend bestätigen" und eilte davon mit der nicht aus seinem Hiob'schen Familienherzen kommenden Aeußerung: Der Schmoltan kennt seine Leute besser als ich; es thäte wahrlich Noth, daß man würde wie er und das letzte Fünkchen Mitleid mit dem Stiefel austräte, wie einen Fidibus auf der Erde!

Stephan wurde einstweilen untergebracht.

Viertes Kapitel.

Auch klugen, besonnenen, wohlwollenden Männern widerfährt es, daß sie durch vorgefaßte Meinungen und entschiedene Antipathieen sich zu Vorurtheilen hinreißen lassen, die bisweilen in Ungerechtigkeit ausarten.

So blieb der Inspector des Zwanghauses nicht dabei stehen, daß sein neuer Gast ein trotziger, arbeitscheuer Müßiggänger sei; er wollte ihn auch zum frechen, doppelt strafbaren Betrüger stempeln, indem er die Ansicht behauptete: Stephan sei nicht taubstumm, verstelle sich nur. Darüber gerieth er mit seinem guten Freunde und Gevatter, dem Geistlichen der Anstalt, in heftigen Wortwechsel. Pastor Pfeiffer brachte alle ersinnlichen physiologischen und psychologischen Gründe, so weit solche ihm irgend zu Gebote standen, gegen jene Zweifel vor. Es ist nicht möglich, sagte er, nachdem Stephan bereits acht Tage hindurch im Hause verweilte und durch jedes irgend gestattete Zwangsmittel zur mechanischen Handarbeit, wenn auch sehr wider Willen, gebracht worden war; es ist nicht möglich, daß ein Mensch sich so lange verstellen könnte, ohne nur durch eine Miene (mag er immerhin die Zunge beherrschen) zu verrathen, daß er hört, was um ihn, neben ihm, über ihn selbst gesprochen wird. Im Schlafe wenigstens müßte ihm bisweilen eine Silbe entwischen, ein Klagelaut; im Traume müßte sich das gepreßte Herz bisweilen Luft machen, und seine Zellengenossen müßten das vernehmen, würden es auch augenblicklich anzeigen, weil sie ihn sämmtlich hassen und deshalb scharf belauern. Doch Nichts dergleichen macht ihn verdächtig. Und was die Hauptsache ist: ich selbst habe stundenlang in ihn hineingeredet, mit den Tröstungen, Warnungen, Verheißungen der Religion.

Gäb' es irgend einen Weg durch das Gehör zu seiner armen Seele, meine Ermahnungen müßten ihn erschüttert haben. Doch auch das blieb wirkungslos.

Das glaub' ich gern, mein lieber Pastor. Sie würden eben so wenig auf ihn wirken, wenn er so deutlich hörte, wie Sie und ich. Solchen verhärteten Gemüthern ist nicht anders beizukommen, als durch Härte. Mit frommen Worten geht's nicht. Und bei manchen recht energischen Naturen schlägt gar Nichts an; sie würden tödtlichen Martern Trotz bieten.

Kommen Sie mir doch vor, liebster Inspector, wie jener Reisende, Gott hab' ihn selig, der in einer Gesellschaft, wo über die Grausamkeit des orientalischen Lebendig-Spießens gesprochen wurde, die tröstliche Versicherung ertheilte, eigentlich wäre das Ding nicht so schlimm; die Delinquenten thäten nur so erbärmlich; er für seine Person habe Kerls am Pfahle zappeln sehen, die schon längst todt waren und sich nur aus Bosheit noch lebendig stellten!?

Das ist freilich etwas stark. Doch eine gewisse Wahrheit liegt auch dieser unsinnigen Uebertreibung zum Grunde. Es scheint mir höchst merkwürdig, wie häufig Menschen, die zu faul waren, sich und die Ihrigen durch mäßigen Fleiß, leichten Erwerb redlich zu ernähren, wahrhaft übermenschliche Energie und Ausdauer entwickeln, sich auf unerlaubte Weise Geld zu verschaffen. Ein Dritttheil dieser Anstrengungen hätte genügt, ihnen ein erträgliches, vorwurfsfreies Dasein zu verschaffen. Eben so geht es mit Bettlern, die irgend ein

Gebrechen erheucheln, um zu rühren, Mitleid zu erwekken und dabei sicher zu bleiben vor der Zumuthung, sich ihr Brot zu verdienen. Die Entbehrungen, welche ihre Lüge ihnen auferlegt, wollen sie sich nicht verrathen, sind ungleich schwerer, als jene, welche eine geregelte Beschäftigung mit sich brächte. Dennoch harren sie aus und zeigen eine Consequenz, die Bewunderung verdiente, wenn sie auf etwas Gutes gerichtet wäre. Ich fürchte, es steht so mit diesem Stephan. Denken Sie an mich, Pastor, über kurz oder lang wird er entlarvt sein!

So sprach der Ehrenmann aus voller aufrichtiger Ueberzeugung. Doch es sollte ganz anders kommen, und der Inspector Ursache finden, seinen Argwohn als einen ungerechten herzlich zu bereuen.

Stephan's Augenübel, wahrscheinlich die Folge vernachlässigter gichtischer und scorbutischer Leiden, nahm heftig überhand. Anfänglich wollte man auch die daraus hervorgehende Blindheit des Taubstummen für erlogen halten und hegte die Ansicht, er hoffe sich dadurch von der ihm lästigen Arbeit loszuschwindeln. Doch bald bestätigte der Arzt, daß der Kranke wirklich unfähig sei, sich ferner zu beschäftigen, und daß der furchtbare Zustand der Lider alle Symptome sogenannter egyptischer Augenentzündung an sich trage.

Die Schmerzen dabei schienen unbeschreiblich zu sein. Zwar gaben sie sich nur durch schwaches, oft kaum hörbares Wimmern kund; aber dieses drang wie ein Ton aus Gräbern jammervoll aus der Brust, artete selten in einen lauten Klageschrei aus und verstummte dann wieder gänzlich, von festem Willen und eiserner Gewalt zurückgehalten. Oftmals sprach der Arzt sein Bedauern darüber aus, daß der Patient unfähig sei, durch mündliche Mittheilungen den eigentlichen Sitz der heftigsten Schmerzen zu beschreiben. Denn, sagte er, nicht selten theilt sich die vernichtende Krankheit der Lider, in denen sie ursprünglich ihre Verheerungen beginnt, den Augäpfeln mit, und es wäre sehr wichtig, aus des Leidenden eigener Schilderung zu erfahren, wie weit es damit bei ihm etwa schon gediehen ist. Nicht nur, daß ich ihm einige Linderung verschaffen könnte; es wäre vielleicht möglich, ihm die Sehkraft zu retten. Jetzt muß ich in Blindheit umhertappen gleich ihm, und es steht sehr zu besorgen, daß er beide Augen verliert.

Diese und ähnliche Aeußerungen, in des Inspectors Gegenwart gethan und laut an diesen gerichtet, brachten im Benehmen des Taubstummen nicht die geringste Veränderung hervor.

Nun werden Sie doch endlich daran glauben, Freund, daß er in Wahrheit taub und stumm ist? fragte leise der Pastor.

Ja, entgegnete Jener, jetzt kann kein Zweifel mehr aufdämmern. Windet sich der Aermste nicht in seinen Qualen wie ein gemarterter Wurm? Gott weiß, jetzt thut es mir von ganzer Seele leid, daß ich bisher so streng mit ihm verfuhr. Dafür soll ihm von nun an auch Nichts versagt werden.

Doch das war zu spät. Die theuersten Heilmittel vermochten nicht den Fortschritt des Uebels aufzuhalten, nicht die damit verbundenen Schmerzen zu mäßigen; keine Labung beruhigte, keine Pflege beschwichtigte den Gequälten. Sein Wimmern wurde zuletzt unerträglich für die neben ihm befindlichen Gefangenen im Krankenzimmer. Man mußte ihn in eine abgesonderte Zelle betten. Der Wärter, welcher ihm beigegeben ward, wollte nicht aushalten. Täglich schickte man ihm dann einen neuen, und Einer wie der Andere versicherte, das sei um verrückt zu werden.

Der Sommer ging zu Ende; alle übrigen Bewohner des Arbeitshauses, mochten sie noch so unglücklich, noch so hoffnungslos sein, durften sich doch wenigstens der Hoffnung hingeben, ihn im künftigen Jahre wieder grünen zu sehen und ihn, wenn sie bis dahin noch nicht entlassen, noch nicht frei waren, im Garten zu begrüßen, wo man sie bisweilen arbeiten ließ. Nur für den Taubstummen war auch diese Hoffnung erloschen. Zu der geistigen Nacht, in welche er schon vorher verhüllt gewesen, hatte sich nun die irdische gesellt. Er sollte keinen Sommer mehr blühen, keine Wiese mehr grünen sehn: seine Augen waren ausgeflossen, und zwei leere, runde Höhlen senkten sich tief in das entstellte Antlitz.

Sei es, daß vielleicht die jetzt eingetretene Schmerzlosigkeit wohlthätig auf den so lange Gequälten wirkte; sei es, daß Befreiung von der Zwangsarbeit ihm Trost für die Blindheit gewährte; — er schien kaum zu entbehren, was er eingebüßt; er zeigte sich weniger verdrossen, weniger trotzig als früher; und wenn es erlaubt wäre, von einem Menschen, der weder sieht, noch hört, noch redet, diesen Ausdruck zu gebrauchen, so könnte man sagen: er war in seiner Art zufrieden und heiter.

Die Direction des Arbeitshauses, nicht berechtigt und noch weniger geneigt, einen zur Arbeit, folglich zum Erwerbe gänzlich Unfähigen unnütz zu füttern, traf ihre Vorkehrungen, sich seiner zu entledigen. In unserm Bienenstocke, pflegte der Inspector zu äußern, werden faule Drohnen nicht geduldet. Da er es aber nicht machen durfte, wie fleißige Bienen es mit jenen machen, so kam es zunächst darauf an, den Stephan irgendwo anzubringen, und das hielt verzweifelt schwer, weil seine Heimath, wie schon oft erwähnt, nicht zu entdecken war. Wohin mit einem blinden Taubstummen, der kein Geburtsrecht, keinen Anspruch auf eine Gemeinde nachzuweisen hat? Das machte wieder sehr viel vergebliche Schreiberei, und nach vielfältigem, mehrmonatlichem Briefwechsel blieb man dabei stehen, diejenige Behörde, welche ihn der Anstalt zur Correction überwiesen, müsse ihn gegenwärtig, wo er entschieden incorrigibel geworden sei, zurücknehmen; sie möge dann selbst sorgen, wie sie ihn wieder los werde und weiter schaffe.

Das Kreisamt zu Oerle wehrte sich dagegen so lange als möglich, fand aber zuletzt keine Ausflucht mehr und mußte sich fügen. Winderle verwünschte tausendmal Herrn Schmolian, der ihnen durch seine „Fleischerhund-Packwuth" diese Last aufgebürdet habe, und Herr Schmolian lachte sich in's Fäustchen, wenn er zu Vater Hiob sagte: Anjetzo werdet Ihr Euern Liebling bald wieder sehen, sothane Indiwidiwümmer sind wie das Gliebreißen; wer sie einmal gehabt hat, zu dem kehren sie gewöhnlich zurück. Sie seind von sehr anhänglicher Natur.

Es ist wieder Weihnachtsabend, oder will Abend werden. Der kurze Tag, den Kindern noch immer nicht kurz genug, geht seinem Ende zu, und liebende Eltern legen die letzte Hand an Ausschmückung der Bäumchen. Auch Vater Pancratius Hiob und Mutter Lucretia sind viel geschäftig. Der Kuckuck in der Wanduhr hat viermal gerufen, und Punkt fünf Uhr sind Sohn, Schwiegertochter und Enkel bestimmt zu erwarten.

Ich bin noch nicht darüber klar geworden, wie oft ich auch schon nachgesonnen habe, wem doch dieses schöne, echt deutsche, nordische Fest die größere Freude bringt: ob Denen, welche beschenkt werden, ob Denen, welche die Geschenke und Gaben vorbereiten. Alles recht abge- und erwogen, bin ich immer bei der Meinung geblieben, daß die Geber im Vortheile sind; besonders dann, wenn sie, was bester Wille mit vollen Händen darreicht, durch eigene Entbehrungen und Opfer erst erkaufen mußten. Darin ist der Aermere so reich gegen den Reichen. Und heute waren es auch Pancratius und Frau Krezel. Diese fühlte sich dermaßen beglückt, daß sie ihren Gatten mehrmals „Vater Krazel" anredete; das geschah nur in außerordentlichen Stimmungen. Die Kinder des Sohnes Tobias gingen bei weitem nicht so sparsam mit diesen Liebkosungsnamen um; bei ihnen folgte jedweder schmeichelnden Großmama Krezel ein zärtliches Großpapa

Krazel! und Beides heute noch recht oft zu hören, darauf harrten Beide voll ungeduldiger Lust.

Schon ein Viertel auf Fünf! sagte Hiob und rieb sich vergnügt die Hände.

Aber Vater, sprach Frau Hiob und hielt inne im Auspacken ihrer rothbäckigen Aepfel, die sie gerade stückweise um die verschiedenen Plätze der Ihrigen aus einem großen Henkelkorbe herauszuzählen und gleichmäßig zu vertheilen beschäftigt stand; aber Vater, hält nicht ein Wagen vor unserm Hause?

Rumpeln hör' ich ihn schon lange die Gasse herauf; — ja, er hält an. Na, das ist ein seltsamer Besuch am heutigen Tage.

Er trat an's Fenster, nachdem er seine Brille geputzt, blickte hinaus, und dann rief er: Ach Du mein lieber Himmel, sie bringen den taubstummen Steffen!

Der Inspector des Arbeitshauses war so barmherzig gewesen, Rath zu schaffen, daß für den Transport des Blinden ein Wagen gutgeheißen wurde; da jetzt nicht mehr zu befürchten stand, daß er sich der vorgeschriebenen Reiseroute durch die Flucht entziehe, so hatte man ihn ohne weitere Umstände auf den kleinen Flechtenwagen gepackt und ihn dem Knechte, der das davorgespannte Pferd lenkte, zur Beaufsichtigung anvertraut. Dieser übergab nun an Hiob, was er von schriftlichen Ausweisen erhalten, half seinem steifgefrorenen Passagier vom Gefährte herab und beeilte sich dann sogleich, die Stadt wieder zu verlassen.

O mein Heiland, wie ist er zugerichtet, wie sieht er
aus! jammerte Frau Lucretia; den hätte ich gar nicht
mehr erkannt. Zugleich ließ sie beim Weihnachtstische
Alles stehen und liegen, um nur gleich im Arrestanten-
stübchen zu heizen. Und ihren Mann ersuchte sie, eine
Schale Suppe warm zu stellen, daß der „Eiszapfen auf-
thaue." Hiob zeigte sich wohl ein wenig verdrossen über
die Störung und wiederholte mehrfach: Konnten sie
etwa nicht bis nach den Feiertagen warten? Doch aber
gehorchte er seiner Frau, und bald gewann in ihm Neugier die Oberhand über den Verdruß. Er wollte erproben, ob dem für jede Mittheilung von Außen nun
völlig unzugänglichen Stephan nicht dennoch eine
Ahnung beizubringen wäre, daß er sich an einem ihm
schon bekannten Orte und bei Menschen befinde, die ihm
schon Gutes erwiesen hatten. Er geleitete ihn also nach
dem Gemache, welches ihn vor einem Jahre beherbergt,
führte seine Hand über Thürpfosten, Wände, Bettstatt,
Stuhl, Tisch und Waschgeschirr, damit er die einzelnen
Gegenstände betastend erkenne und sich daran freue. Als
dies keine Wirkung hervorbrachte, legte der treuherzige
alte Mann des Fremden kalte Hand auf den eigenen
Kopf, ließ ihn die oft gesehene Perrücke fühlen, nahm
diese dann ab, setzte sie wieder auf und wartete auf ein
Zeichen des Erfolgs. Vergeblich. Stephan rührte und
regte sich nicht; als wenn er in Wahrheit zu einem großen
Eiszapfen festgefroren wäre und ihm kein warmes Bluts-
tröpfchen mehr in den Adern ränne, stand er unbeweglich
da. Nun brachte die Hausfrau eine Schüssel mit Suppe.

Sie reichten ihm den Löffel, setzten ihn an den Tisch, schoben ihm die Schüssel hin, und er schlürfte gierig die heiße Nahrung. Dann lenkten sie ihn an's Lager, ließen ihn die wollenen Decken fassen. Er hüllte sich hinein, kroch unter und regte sich nicht mehr.

Darf man das auch noch einen Menschen nennen? fragte Hiob recht betrübt.

Kaum, antwortete die Frau. Und doch ... aber ich bitte Dich, Vater, es schlägt drei Viertel!

Und sie eilten, ihr Freudenwerk zu vollenden.

Stephan blieb allein.

Fünftes Kapitel.

Tobias Hiob sammt Frau und Kindern mußten ein langes Weilchen vor der Thüre harren, bis sie, obgleich in soldatischer Pünktlichkeit erst mit dem Schlage fünf Uhr angerückt, Einlaß fanden. Die unvermuthete Störung und Unterbrechung hatte drinnen doch bedeutend aufgehalten. Zwei der Kinder wurden sehr unwillig wegen der Säumniß, die das heilige Christkind sich zu Schulden kommen lasse; doch das dritte, das jüngste, belehrte sie eines Besseren und setzte auseinander, sie möchten nicht unbescheiden sein, sondern bedenken, wie viele Lichter das gute Christkindlein heute zu besorgen und anzuzünden habe in der ganzen Stadt, die über hundert Häuser zähle, und daß es sich doch nicht zertheilen könne um überall auf einmal zu handthieren. Die älteste der,

Töchter setzte sich dagegen und fragte schnippisch: wofür hätte es denn die lieben Engel? die sollen gehorchen, wie wir der Mutter; aber sie werden halt auch mitunter ungehorsam sein und nicht gut thun, gleich wie wir.

Sicherlich, sagte die Mutter, und darin besteht nun Eure Strafe, daß Ihr heute so lange warten müßt. Vielleicht ist auch gar Nichts für Euch bereitet worden!?

O nein! riefen die Kinder, so schlimm wird es nicht ablaufen, gar so unfolgsam sind wir ja nicht gewesen; ein Bischen etwas haben wir schon verdient, wenn's auch nur ein paar Kerzen wären und ein paar Aepfel!

Und Pfefferkuchen! setzte der dicke Junge hinzu, indem er sich die Lippen beleckte.

Da ging die Stubenthüre auf, und sie schwammen im Lichtmeer, wie die Fische im Teiche.

Dies schönste aller deutschen Familienfeste bleibt bei allem Jubel, bei aller Lust immer zugleich rührend, erweckt mehr oder weniger auch wehmüthige Gefühle bei älteren Personen. Am wehmüthigsten, am rührendsten wird es wirken da, wo es im schärfsten Gegensatze steht zu den häuslichen Umgebungen; also zum Beispiel in einem Gefängnisse. Darum stieß Vater Pancraz, als seine Enkel im lautesten Jauchzen den Tisch umtobten, seine Frau unbemerkt mit dem Ellnbogen an, ihr zuflüsternd: Ob der da drinnen wohl auch einmal solch' einen Abend mag gehabt haben, Krezel, da er noch ein Kind war? Die Frau wischte sich die Augen mit der Schürze und antwortete: Wenigstens hört er nicht, wie lustig es hierzugeht, und wird ihn der Lärm nicht im

Schlafe stören. So gebe Gott ihm angenehme Träume, damit er am heiligen Abende nicht ganz leer ausgeht! — Man wird häufig finden, und ich habe es selbst schon oft beobachtet, daß Leute, die sonst gewissermaßen damit prunken, keiner Kirche anzugehören, sich sogar in schwachen, eitlen Stunden erlauben, diejenigen, welche streng an kirchlichen Formen, Festen, Pflichten festhalten, zu bespötteln, — daß diese, will ich sagen, beim Weihnachtsfeste ihre Gegnerschaft fahren lassen und sich dem allgemeinen Gebote christlicher Liebe gern und freudig fügen, daß sie Kinder werden. Tobias Hiob, der Sohn, der eigentlich so Etwas von einem Freigeist an sich hatte und zum Entsetzen der Frau mancherlei Bedenken und Zweifel hegte (die er freilich vor den frommen Eltern verbarg), befand sich in dieser Lage. Ihn ergriff die tiefe Bedeutung des Christbaumes auf's Innigste; er wurde, im besten Sinne des Wortes, dabei zum Kinde mit den Kindern. In weisem Gebrauch neuer Spielsachen, besonders gewisser musikalischer Instrumente, suchte er sie einzuweihen. Und nicht ohne Erfolg. Trommel, Trompete, Klimperkästchen überschrieen einander, schwiegen nur während kurzer Pausen, welche benützt wurden, eine Zuckernuß, eine gebrannte Mandel, eine getrocknete Pflaume ohne Rücksicht auf die daran haftenden Gold- oder Silbermassen zu verschlingen. Kaum war eine solche Näscherei aufgezehrt (Tobias fraß mit), gleich setzten die jungen Künstler wieder ein, und er auch; er blies gewaltig, als ging es zur Schlacht; seine Lippen spielten bereits in Roth und Blau, theils von überschwenglicher

Anstrengung, theils von den grob aufgetragenen Farben des bunten hölzernen Trompetleins, die seinem Eifer wichen und vom Mundstücke auf seinen Mund sich übertrugen.

Wenn wir noch eine Ratze im Hause haben, Krezel, heute zieht das Beest nothwendig aus. Den Spektakel verträgt kein Vieh, höchstens eine Großmutter.

Ja wohl, Vater Krazel, eine Großmutter verträgt's. Laß sie immer machen, ist doch nur einmal im Jahre heiliger Abend!

Mit diesem ihren Lieblingsspruche beruhigte sie den armen Pancratius, der sich denn in sein Schicksal ergab, zwei Finger in beide Ohren steckte und still-bumm vor sich hin lachte, wie wenn's nicht anders wäre.

Der Tumult hatte seinen höchsten Punkt erreicht — denn nach menschlicher Voraussetzung und allen Erfahrungen gemäß, die über Lungen und andere körperliche Organe feststehen, konnten sie's unmöglich weiter treiben — da verstummten die Klänge, die den Vater Hiob theils mit Entzücken, theils mit Verzweiflung erfüllt hatten, plötzlich, und gleich darauf erhoben die drei Kinder, in die Falten des mütterlichen Rockes ihre Gesichter bergend, das ängstlichste Jammergeschrei. Eine abenteuerliche Gestalt stand mitten im Zimmer hell beleuchtet von vielen Kerzen. Es war der Taubstumme, den Pancratius, da er ihn schlafend verließ, erst einzuschließen sich nicht mehr die Zeit genommen. Halb umhüllt von der langhaarigen braunen Decke, das Gesicht glühend von der Ofenhitze in seiner Zelle, nach dem Frost unterwegs, dabei die tief-dunklen Gruben im brennend rothen Antlitz .... so trat er unter die Weihnachtsfreuden der Hiob'schen. Groß und Klein, Alt und Jung entsetzten sich vor der unerwarteten Erscheinung. Anfänglich wollten sich die Kinder gar nicht zu Verstande bringen lassen. Weder Großvater noch Eltern vermochten ihnen begreiflich zu machen, das störende Schreckbild sei nichts Anderes, als ein armer blinder Mensch. Nur die Großmutter fand den richtigen Weg, indem sie den Verstand der Kleinen durch Beihilfe des Gefühles anregte. Sie sagte ihnen, der Blinde sei nicht allein blind, was schon an und für sich traurig genug wäre, d'enn er könnte ja ihre Tannenbäumchen, ihre brennenden Kerzen, ihre Trompeter und Hanswürste nicht erblicken; er sei außerdem auch taub, das heißt, er höre nicht, wie sie jubelten und musicirten; er höre auch nicht, wenn zur Sommerszeit die Wachtel draußen im städtischen Getreidefelde „pickverwick" rufe, was ihnen doch so prächtig gefalle, daß sie es gern nachahmten!? Aber ach, auch dies sei dem armen Blinden versagt, denn er könne weder einer Wachtel Sprache nachahmen, noch eines anderen Vogels, noch eines Menschen, denn er sei ganz stumm; folglich sei er dreifach unglücklich, da er nicht einmal sein Herz erleichtern, seine Leiden Niemandem klagen könne. Und vor einem Unglücklichen, setzte sie schließlich hinzu, darf man sich nicht fürchten, darf man nicht fliehen, den soll man bedauern, und wo möglich soll man ihn trösten.

Diese belehrende, herzliche Ermahnung wirkte so viel, daß die Kinder nach und nach ihre Köpfchen zu Stephan hinwendeten und ihn mitleidig betrachteten.

Tröste ihn doch! Geh' doch hin und tröste ihn! sagten die kleinen Mädchen zu ihrem Bruder, dafür bist Du ja ein Junge.

Wie kann ich ihn denn trösten, Ihr dummen Mädel, wenn er taub ist auf seine beiden Ohren?

Der Junge ist unglaublich klug für sein Alter, rief Tobias in väterlichem Stolze.

Hat ihm denn kein Mensch eine Christbescheerung gegeben? fragte das größere der beiden Mädchen.

Niemand, erwiederte die Mutter, er hat keine Eltern mehr, er ist ganz allein in der weiten Welt.

Warum habt Ihr ihm nicht einen Baum mit Lichtern zurecht gemacht? fragte das Kind weiter, und die Großeltern erwiederten verlegen: sie hätten ja nicht ahnen können, daß der Arrestant ihnen heute schon eingebracht werde, und würde dieser ja doch Nichts gesehen haben, wenn gleich tausend Kerzen für ihn brennten.

Voll Schüchternheit näherte sich nun das Mädchen dem Stephan und sprach fast weinend: Du fremder Mann, Du hörst nicht und siehst nicht, und ich thäte Dir doch gern eine Freude machen zum heiligen Abend. Da riech' einmal, wie schön das riecht! Ich schenke Dir meinen bemalten Wachsstock. Dieses Haupt- und Prachtstück ihrer Weihnachtsgaben steckte sie ihm eiligst zu, worauf sie sich dann sogleich hinter ihre Mutter verbarg.

Das jüngere der beiden Mädchen brachte den großen

Reiter von Pfefferkuchen, den sie noch verschont hatte, schob ihn auf den Wachsstock, daß dieser zwischen des Rosses Untergestell zu stecken kam, und lispelte kaum hörbar: Von mir auch 'was, Du!

Das ist dumm, rief der Junge, ich hab' schon Alles verschnabulirt; zwei Aepfel sind noch da, die wollt' ich mir zu den Feiertagen auf dem Ofen braten. Die geb' ich Dir, Mann. 's ist heute Weihnachtsabend!

Muthig drückte er die schönen Borsdorfer dem Stephan in die Rechte.

Der Mensch, der bis dahin unbeweglich gestanden, fing an heftig zu zittern. Dann führte er die Hand mit den Aepfeln empor, sog begierig den Duft der Früchte ein, woran er sich zu laben schien; doch zugleich verfiel er in krampfhaftes Schluchzen, kämpfte lange dagegen an und brach endlich, als er zu Athem kam, in die laut und deutlich artikulirten Worte aus: O meine Mutter!

Die Anwesenden wollten an Wunder glauben; sie umringten ihn und begrüßten ihn als einen Neugeborenen, sogar die Kinder jauchzten fröhlich auf: Der Stumme redet!

Er aber wies Alle mit den Armen zurück und sagte mehr ingrimmig wie gerührt: Laßt mich, Ihr Leute, ich hab' Euch betrogen; ich war in meinem ganzen Leben weder stumm noch taub.

Dies gesagt, bat er, sie möchten ihn mit seinen Geschenken allein lassen.

Tobias geleitete ihn in die Gefangenenstube.

Pancratius zog seinen alten Mantel über, setzte die

Pelzmütze auf und begab sich zum gestrengen Herrn Landrath, um pflichtgemäß Bericht abzustatten, daß der Taubstumme höre und rede, daß er nur blind sei, und daß seine (Pancratius) Enkel dem Verstockten durch ihre Gaben die Zunge gelöset hätten.

Sechstes Kapitel.

War das Erstaunen über Stephan's Geständniß — (Tobias meinte, wenn er früher das Maul aufgesperrt hätte, führte er jetzund vielleicht seine Augen noch im Kopfe, und es würde überhaupt Vieles ganz anders für ihn geworden sein; weshalb auch der bisweilen nach Witz haschende Kreisbote seinen vorjährigen Reisebefohlenen mit Bileam's Esel zu vergleichen sich bemühte, ohne irgend einen Anknüpfungspunkt für den Vergleich herauszufinden, außer das Sprechen nach hartnäckigem Schweigen!) — war das Erstaunen in Hiob's Hause ein gewaltsames, überwältigendes, dem berechnetsten Theatereffecte eines auf Ueberraschung eingerichteten Schaustückes ähnlich: so ging es darum doch nicht minder schnell vorüber, um den gewöhnlichen Betrachtungen nächstfolgender Tage Raum zu lassen. Hiob's wußten nun, daß Stephan sie betrogen habe, daß er sprechen könne, und nahmen ihn kurzweg für einen Betrüger, der sich ein Gebrechen angedichtet als Aushängeschild für die Bettelei. Dergleichen war ihnen nichts Neues. Auch der vielerfahrene Winderle beurtheilte die Sache geschäftlich, und auf dem Kreisamte hieß es: Gleich nach den Feiertagen wird der Stephan zu Protokolle vernommen. Da werden wir nun endlich auch erfahren, wohin wir ihn zu schicken, und an wen wir uns zu halten haben wegen der für ihn gehabten Unkosten und Auslagen.

Nur der Landrath ging tiefer ein auf die psychologischen Eigenthümlichkeiten, die einer so unglaublichen Thatsache zum Grunde liegen könnten. Er sparte sich die erforderliche Zeit von seinen Erholungsstunden ab, um in langen Gesprächen mit Stephan dessen Vertrauen und durch dasselbe nachfolgende Selbstbekenntnisse ihm abzugewinnen, die wir dem Inhalte nach unverändert wiedergeben.

Ich bin — erzählte Stephan — vor achtundzwanzig oder dreißig Jahren — genau kann ich mein Alter nicht angeben — in J.. jenseits dieser Landesgrenzen geboren. Ich war das einzige Kind meiner Mutter. Mein Vater hielt einen Kramladen, den er mit geringen Mitteln eröffnet, nach und nach zum großen vielseitigen Geschäft empor gebracht hatte. Ihm gelang Alles. Er war unermüdlich in seiner Thätigkeit, und von seiner Umgebung verlangte er das Nämliche. Ich besinne mich aus frühester Kindheit auf die Klagen meiner Mutter daß er ihr gar keine Ruhe lasse, und daß sie bis in die Nacht hinein arbeiten und schaffen müsse. Als fünfjähriger Junge wurde ich schon angehalten, Kaffeebohnen oder Rosinen ausklauben und reinigen zu helfen wie es mit den Vorräthen für etliche hohe Kundschaften

geschah. Ich liebte meinen Vater nicht. Er hat mich
nie geschlagen oder sonst ungütig behandelt, aber auch
Nichts gethan, meine Anhänglichkeit zu erwerben. Er
bekümmerte sich nur um sein Geschäft, er hatte nur die
Absicht, Geld zu verdienen; alles Uebrige war ihm gleichgiltig, und von Zärtlichkeit und häuslichem Wohlbefinden
konnte bei seiner Jagd nach Gewinnst nie die Rede sein.
Zu solchen Nebendingen nahm er sich keine Zeit. Meine
Mutter, die Tochter eines ärmlichen, halbverhungerten
Dorfschulmeisters, mag ihren Gatten wohl ohne Liebe
geheirathet haben, um nicht zu verhungern, wie ihre
Eltern. So viel ich mich auf sie erinnern kann, war sie
eben nicht schön, doch sanft und lieblich anzuschauen.
Sie fühlte sich gewiß nicht zufrieden in ihrer Ehe, kannte
kein Glück — ich war ihr einziges. Wenigstens hat sie
mir das täglich und stündlich wiederholt. Als ich kaum
lallen konnte und ihre Worte nicht verstand, prägten sie
sich doch schon in meinem Gedächtnisse fest ein, wenn sie
mich mit Küssen und Thränen bedeckte und tausendmal
sagte: Du bist mein einziges Glück! Sie war auch das
meinige, und ich suchte auch kein weiteres. Umgang mit
anderen Kindern kannte ich nicht. Durch Ungehorsam
hab' ich meine Mutter nie gekränkt. Sie that, was sie
mir an den Augen absehen konnte; ich war frühzeitig
schon stolz darauf, „ihr einziges Glück" zu heißen und
zu bleiben. Ich lebte nur in ihr, bei ihr, so wie sie nur
mit und in mir. Sie lehrte mich lesen und schreiben,
denn sie wollte nicht, daß ich mit den ungezogenen Kindern des Ortes die Stadtschule besuche. Den Unterricht

mußte sie mir heimlich ertheilen, weil der Vater jede
Stunde für Raub an seinen Geschäften hielt. Diese
Heimlichkeit reizte mich an. Lehrstunden galten mir für
etwas Verbotenes, wozu jedes Kind sich gezogen fühlt.
Deshalb machte ich gute Fortschritte trotz dem entschiedenen Widerwillen, der sich schon damals in mir regte
vor Allem, was körperliche oder geistige Anstrengung er-
fordert. Meine Mutter hatte immer blaß und leidend
ausgesehen, anders war sie mir niemals erschienen. Daß
dies Aussehen die Folge tödtlicher, wenn auch langsam
fortschreitender Krankheit wäre, wurde dem unerfahrenen
Knaben nicht deutlich. Sie selbst deutete wohl in Augen-
blicken wehmüthiger Aufregung darauf hin, daß Gott sie
von mir wegrufen könnte, und was dann aus mir werden sollte? Doch als ob dieser Gedanke allzu fürchterlich sei, suchte sie ihn immer wieder zu verscheuchen, so
daß er auch in mir nicht bleibend wurde. Ich mochte das
neunte Jahr zurückgelegt haben und war für dieses Alter
und meine Stubenerziehung schon stark und rüstig genug,
da trat die Möglichkeit, daß meine Mutter sterben könne,
zum ersten Male ernstlich mir vor die Seele. Wir feierten
den Weihnachtsabend. Der Vater pflegte an solchen
Dingen, die er nutzlosen Krimskrams nannte, nicht Antheil zu nehmen. Er blieb in seinem Laden und fertigte
verspätete Kunden ab. Ich saß neben der Mutter, spielte
mit meinen Geschenken und erfreute mich vorzüglich an
einem großen Korbe ausgesuchter Aepfel, die für mein
winterliches Vesperbrot ausreichen sollten. Einen nach
dem andern nahm ich hervor, betrachtete die rothen Backen

und labte mich an dem frischen Obstgeruche, der mir klare sonnige Herbsttage und lustige Spaziergänge wach rief. Plötzlich faßte die Mutter mit beiden Händen meinen Kopf, küßte mich auf die Stirn und rief: Das Einzige versprich mir, mein Stephan, daß Du jedesmal an Deine arme Mutter denken willst, wenn Du einen solchen Apfel riechst! Ich wußte nicht, wie das gemeint war, noch wie ich es verstehen sollte. Verlegen gab ich ihr keine Antwort, sondern sagte nur: Mutter, Deine Wangen sind aber heute gerade so schön roth, wie der Aepfel ihre, sie glühen recht! — Sie werden bald weiß sein wie der Schnee, der draußen liegt, sprach sie und küßte mich wieder auf die Stirn. Der Kuß war eiskalt. Das verwunderte mich, daß ihre Lippen kalt wären, weil doch Backen und Augen brannten. Ich fragte weiter nicht mehr, nur ging ich unruhvoll und bekümmert zu Bette, wie mit der dunklen Ahnung eines großen Unglücks. Auch weiß ich noch, daß mich die ganze Nacht hindurch verworrene Träume von Leichen quälten, obschon ich noch keine Leiche gesehen hatte. Erst gegen Tagesanbruch entschlief ich zum gesunden Kinderschlafe. Zu meinem bängsten Erstaunen wurde ich am ersten Feiertage nicht durch der Mutter Morgenkuß erweckt; die Dienstmagd rüttelte mich unsanft auf, ich möchte mich eiligst ankleiden, der Geistliche wäre drüben, und Mama wolle mich segnen. Um was es sich in Wirklichkeit handle, vermochte ich, noch schlaftrunken, gar nicht zu durchschauen, nur daß mir ein schweres Unheil drohe, so viel begriff ich. Sie hatte, als ich an ihr Sterbelager trat, die letzten

Trostworte der Religion vernommen; jetzt streckte sie mir ihre bebenden Arme entgegen und wollte mich mit den letzten Mutterworten anreden, sie fand keine Kraft mehr dazu. Alles um ihr Lager und auf demselben schwamm im Blute. Drei Anfälle seit gestern Abend waren sich rasch gefolgt. Ihre Augen richteten sich im Erlöschen nach mir, nach meinem Vater, dann wieder auf mich... die blauen Lippen bewegten sich noch, als wolle sie ihn für mich bitten... eine Stunde nachher befand er sich in seinem Gewölbe, und ich kniete, Hände und Gesicht und Kleider von ihrem Blute befleckt, bei der Todten. Was zunächst mit mir geschehen, kann ich nicht genau angeben. Jene Tage sind mir ganz dunkel. Nur auf das Heben der Leiche besinne ich mich, auf mein Geschrei, und wie sie mich fortgezogen und in meine Kammer sperrten. Die Dienstmagd haßte mich, weil sie meinetwegen oft von der verstorbenen Mutter gescholten worden war. Jetzt nach deren Tode verstand sie sich meinem Vater unentbehrlich zu machen; ich sollte nur zu zeitig ihren Einfluß auf ihn und das ganze Hauswesen empfinden. Zunächst wurde ich, weil sie mich so viel wie möglich los werden wollte, in die Stadtschule geschickt, wo ich redlich nachholte, was ich bis dahin an Jugendstreichen und Unarten versäumt, und in dieser Beziehung der gelehrigste, obgleich in allem Uebrigen der faulste Schüler wurde. Meine arme Mutter war bald vergessen. Als ich das zehnte Jahr zurückgelegt hatte, gerieth ich in einen großen Schultumult, oder veranlaßte ihn vielmehr. Etliche größere Knaben behaupteten nämlich laut, mein Vater würde seine Dienstmagd heirathen. Ich erklärte das für unverschämte Lügen, weil ich diese Person nicht minder haßte, als sie mich. Aus dem Streite, woran sämmtliche Mitschüler Partei nahmen, entstand zuletzt eine Schlägerei, die ganz ernsthaft wurde, einige Theilnehmer bekamen Wunden von scharfen Linealen, und auch ich trug eine solche heim. Mein Vater zeigte sich erst ein Bischen verlegen, als ich den Grund der Prügelei bezeichnete, dann aber ging er darauf ein und bestätigte, daß ich „eine neue Mutter haben würde." Auch äußerte er, es wäre nun seit einem Jahre Schulgeld genug für mich gezahlt worden und sei Zeit, daß ich erwerben helfe. Er machte mich zum Lehrburschen in seinem Laden. Glücklicherweise schrieb ich besser wie er (denn er, der sich vom Hausknecht zum Herrn aufgeschwungen, schrieb eigentlich gar nicht) und wurde dadurch den gröbsten Arbeiten entrückt; mußte jedoch Tag und Nacht am Schreibpulte sitzen, was mir auch entsetzlich war. Augenschmerzen belästigten mich damals schon, und ich litt häufig an Entzündungen der Lider. Meine Stiefmutter machte diesem Namen Ehre. Sie ließ mich zehnfach büßen, was sie etwa meinetwegen an kleinen Verdrüssen erlitten haben mochte. Doch hatte sie insofern ein Einsehen, daß sie den Vater hinderte, mich allzusehr anzustrengen. Ihr erstes Kind blieb ihr letztes. Es hatte vier Wochen nach der Hochzeit schon in der Wiege gelegen, an welcher einst meine Mutter mich in Schlaf gesungen, wenn sie mich darin schaukelte. Mein Halbbrüderlein ward auf den Namen Adolar getauft, sah aus wie ein Affe und schrie wie ein

Zahnbrecher. Sehr oft rief mich seine Frau Mutter vom Schreibpulte und hieß mich den Schreihals umherschleppen, bis er vom Brüllen müde einschlief. Dieses Geschäft, so lästig der häßliche, dicke Bengel mir wurde, schien ich dem ewigen Schreiben doch vorzuziehen, ich war nicht böse, wenn ich abgerufen wurde, und endlich setzte es meines Vaters Frau durch, daß ein alter, verkümmerter Ladendiener für's Schreiben aufgenommen wurde, damit ich zum Kindermädel befördert werden könnte. Sie behauptete: ihr Adolar bedürfe meiner; Niemandem ginge das Kind so willig zu, als mir. Ich ließ mir die Veränderung gefallen. Kinderwarten galt mir für keine Arbeit; es bedurfte dazu nicht der geringsten Anstrengung, die ich vor Allem floh und verabscheute. Wir wuchsen neben einander fort, Adolar und ich. Er zum starken, kräftigen Kinde, ich zum privilegirten Müssiggänger. Bis zu meinem vierzehnten Jahre that ich buchstäblich Nichts weiter, als mich mit dem Kinde hin und her schleppen, unter den Obstbäumen auf grünem Rasen faullenzen, im Winter am Ofen hocken und dabei verdummen.

Ob ich bisweilen gedacht habe, oder ob ich immer nur Zeit und Stunden verträumte, das weiß ich selbst nicht mehr. Daß ich vor Papier, Feder und Dinte zuletzt ein wahres Grausen empfand, darauf kann ich mich noch sehr wohl besinnen. Auch Bücher waren mir verhaßt; wo ich zufällig eines erblickte, warf ich es zu Boden und stieß es mit dem Fuße von mir. Meine Stiefmutter war (natürlich ohne Vaters Wissen) eine eifrige Leserin und holte sich Band um Band vom Leihbibliothekar; diesen abgegriffenen, schmutzigen Büchern eben hatte ich so manchen Fußtritt beigebracht. Bei ähnlicher Gelegenheit fügte sich's einmal, daß der Deckel des Einbandes aufklappte und ich des Titelkupfers ansichtig wurde, welches meine Neugier erregte: Vermummte Gestalten, blinkende Dolche, Todtenschädel, im Hintergrunde ein Gerippe! Wie im Traume griff ich darnach und fand eine furchtbare Räubergeschichte, wo es von Mordthaten und Liebeschwüren wimmelte. Eine Eigenschaft meiner fast thierisch gewordenen Seele wachte bei Durchlesung dieses elenden Machwerkes gewaltig auf: die Einbildungskraft! Sie entriß mich unsern Umgebungen und führte mich in eine völlig neue Welt. Von diesem Tage wurde ich der begierigste Bücherverschlinger. Das Unwahrscheinlichste, Widersinnigste galt mir für das Schönste, und meiner Stiefmutter Geschmack und Auswahl versorgten mich reichlich damit. Ich lebte nur noch in verrückten Träumereien und Einbildungen: unser Obstgarten galt mir für einen undurchbringlichen Wald, der alte baufällige Backofen für Burgruinen, der Hofhund für einen reißenden Wolf, Adosar für einen geraubten Prinzen, und der kleine Junge gerieth gegen den Spätherbst hin mehrmals in Gefahr zu erfrieren, weil ich bis zur sinkenden Nacht mit ihm draußen auf einem morschen Apfelbaume versteckt blieb, damit die uns verfolgenden Ritter seines Vaters, des Herzogs, uns nicht entdecken möchten.

In dieser Verfassung mußte es keinen geringen Eindruck auf mich machen, als ich eines Tages an der Ecke unserem Hause gegenüber den Theaterzettel angeschlagen sah, welcher „Die Räuber" verkündigte. Eine reisende Truppe verweilte schon seit etlichen Wochen am Orte. Keine ihrer bisherigen Ankündigungen hatte mich irgend angelockt. „Die Räuber" wirkten unwiderstehlich. Auch bildeten sie die letzte Vorstellung vor der Abreise der Schauspieler. Ich wendete mich an die Stiefmutter: wenn sie zufrieden mit meinen mehrjährigen Dienstleistungen für ihren Sohn gewesen sei, solle sie mich heute belohnen, solle mir gestatten, das Theater zu besuchen. Sie willigte ein. Der Vater brauchte Nichts davon zu erfahren; er that ohnehin, was sie befahl, und fragte selten oder nie nach mir. Ich empfing das Eintrittsgeld und war der Erste — im Paradiese. Verschiedene ehemalige Schulkameraden, jetzt Schuster-, Schlosser-, Schneider- und Töpfer-Lehrjungen, gesellten sich zu mir, deren Keiner mich anfänglich erkannte, weil sie mich so lange nirgend erblickt hatten. Sie waren nicht wenig erstaunt, da ich mich ihnen als gegenwärtige Kindermagd und dereinstigen Räuberhauptmann vorstellte. Doch meine Belesenheit verblüffte sie. Auch sie verriethen einige Neigung, künftig im Walde zu leben und in unerforschlichen Höhlen furchtbare Eidschwüre abzulegen.

Die Aufführung des Schauspiels „die Räuber" steigerte unsere kindische Frechheit. Während der Zwischenacte stifteten wir ein Bündniß zu ähnlichen Zwecken mit Vorbehalt nächtlicher Zusammenkunft auf dem Galgenberge. Neu und überraschend war mir

Nichts, was dort auf der Bühne vor sich ging. Die
Schauderscenen, welche abgehandelt wurden, hatte ich
mir schon an den Schuhsohlen abgelaufen; denn was
wollte das Bischen Vatermord und Fluch und Brand-
stiften heißen gegen meine Romane? Nur Eines befremdete mich: daß der große Räuberhauptmann Graf
Moor den jungen Kosinski, der sich ihm anbietet, hart
anläßt: „Hat Dein Hofmeister Dir vielleicht die Geschichte
des Robinson in die Hände gespielt?" und so weiter;
„man sollte dergleichen unvorsichtige Canaillen auf die
Galeere schmieden!" Wer war denn dieser Robinson?
Gewiß ein noch größerer Mordbrenner und Räuber als
der große Karl Moor selbst, den dieser beneidete und deshalb haßte!? Gleich am nächsten Tage schlug ich meiner
Stiefmutter vor, das Buch dieses Namens und Titels
in der Leihbibliothek einwechseln zu dürfen. Sie hatte
Nichts dagegen, doch lachte sie mich aus und versicherte,
das sei ein dummes Buch für kleine Kinder und vor
lauter Tugendhaftigkeit langweilig. So fand ich es
denn auch und quälte mich lange mit Zweifeln, warum
wohl jener arme Hofmeister angeschmiedet werden sollte,
der dem Kosinski den Robinson in die Hand gegeben.
Wenn's weiter Nichts ist, dacht' ich, als auf einer wüsten
Insel sitzen? Da verstehen wir's besser, ich und meine
Freunde.

Wir trafen uns wirklich in der Abenddämmerung
auf dem Galgenberge zusammen. Die Andern hatten
es sehr leicht, sie brauchten nur, sobald Feierabend wurde,
anstatt sich wie sonst in den Gassen herumzutreiben,

hinaus zu laufen vor's Thor. In zehn Minuten waren
sie beim kahlen Hügel, wo vor vielen Jahren das Hoch-
gericht gestanden haben soll. Ich aber durfte ja den
kleinen Bengel, den Adolar, nicht verlassen, folglich blieb
mir Nichts übrig, als ihn mit zu den Versammlungen zu
nehmen. Zu tragen brauchte ich ihn nur selten; er hatte
seine vier Jahre hinter sich und lief schon ganz gut, nur
sehr langsam ging's. Und dann wurde das Kind frühzeitig schlau und auf Alles aufmerksam, was wir be-
sprachen, so daß wir uns bei unsern Verabredungen nicht
genug in Acht vor ihm nehmen konnten. An Tagen,
wo für den Abend Zusammenkunft angesetzt war, ließ ich
mich also keine Mühe verdrießen, meinen Halbbruder
durch die ausgelassensten Spiele recht müde zu machen
und abzuhetzen, damit er draußen in sichern Schlaf
sinken möge. Daß er in der Kälte erfrieren könnte, be-
dachte ich nicht. Ich dachte überhaupt an Nichts, als
an meine Hauptmannschaft. Denn zum Hauptmann
der Bande hatte ich mich gleich den ersten Abend erwählen lassen. Die Jungen gehorchten mir, weil ich
ihnen hochtrabende Floskeln aus überspannten Büchern
vorschwatzte. Doch nach und nach wurden sie des
Schwatzens überdrüssig. Sie verlangten einstimmig,
daß ich ihnen Gelegenheit zu Thaten geben solle; zu
Thaten, welche ihre Taschen mit Geld füllen würden.
Ich wußte durchaus nicht, wie das im Weichbilde
unserer friedlichen Stadt, wo wir, bekannt wie die bunten
Hunde, vor jedem kleinen Ackerbürger demüthig die
Mütze zogen, sich bewerkstelligen ließe, und vertröstete sie

auf den Sommer, wo wir aufbrechen und in die Wälder ziehen wollten, die jenseits der nahen Grenze so blau und vielversprechend herüberwinkten. Doch damit ließen sie sich nicht mehr beschwichtigen. Sie machten die kühnsten Pläne und Entwürfe. Einer, ein Schneiderlehrling, schlug vor, meines Vaters Laden zu erbrechen, die Kasse zu rauben und dann sogleich in die Waldungen zu flüchten. Ich solle von innen behilflich sein. Dagegen lehnte ich mich entschieden auf. Nun wurde ich von Allen insgesammt der Feigheit beschuldigt und mir mit Entsetzung von der Hauptmannswürde gedroht. Es blieb mir also nur übrig, in ein anderes, noch gefahrvolleres Unternehmen zu willigen, sollte ich nicht gestürzt werden. Dies bestand in einem offenen Anfall auf den Mann, der am zweiten jedes Monats die in der Umgegend erhobenen Steuergelder dem Amte überbrachte und regelmäßig des Abends zwischen sechs und sieben Uhr aus dem letzten Dorfe anzulangen pflegte. Der Weg führt durch eine unbewohnte Strecke mit Strauchwerk kümmerlich bewachsenen Heidelandes. Dort sollte der Raubanfall vor sich gehen. Daß er gelingen müsse, darüber fand kein Zweifel statt, denn der Einsammler war ein schwächlicher, alter Mann. Sobald wir im Besitze der Summe wären, die er bei sich führte, wollten wir der Grenze zueilen, wo der Wald uns vor Tagesanbruch schützende Zuflucht verhieß. Wir trennten uns mit dem Losungsworte: Den 2. Februar um sechs Uhr am Kreuzwege! Darauf legten wir einen furchtbaren Eidschwur ab, den ich meinen Genossen feierlich versagte.

Siebentes Kapitel.

Meine sechs Kameraden — ich der siebente — stellten sich am bezeichneten Orte pünktlich ein, Jeder mehr oder weniger zur Frevelthat gerüstet. Auch Messer fehlten nicht. Alle zeigten sich sehr ungehalten, daß ich auch heute als Kindermädel erschien und den nicht abzuschüttelnden Bruder mitbrachte. Einer drohte das Kind umzubringen. Ich machte ihnen begreiflich, sein Zurückbleiben würde Argwohn erweckt haben, und beruhigte sie durch Vorzeigung eines Fläschchens mit süßem Branntwein, welches ich meiner Stiefmutter, die auf dieses Labsal Etwas hielt und im Stillen manchen Tropfen kostete, entwendet hatte. Davon ließ ich meinen Abolar naschen, und er schlief unter einem Wachholdergebüsche wie ein Dachs. Wir mußten lange auf den Steuerboten warten, der Mann hatte sich diesmal verspätet. Dies Harren kühlte den Muth der jugendlichen Verbrecher bedeutend ab, und der Ruf: „Dein Geld oder Dein Leben!" erscholl weder kräftig noch drohend. Auch hatten wir den zu Beraubenden nach seinem Aeußern falsch beurtheilt; er theilte mit seinem Stocke Schläge aus, die Nichts weniger als schwächlich klangen und auf den Köpfen und Schultern der Getroffenen tüchtig wiederhallten. Ehe eine halbe Minute verstrich, waren wir zerstoben wie Spreu vor dem Winde. Keiner hatte sich nach den „Blutbrüdern" auch nur umgesehen; Jeder nur seine eigenen Gliedmaßen in Sicherheit gebracht. Ich war, das will ich gern bekennen, zuerst ausgerissen und hielt mich weit vom Schlachtfeld hinter Sträuchern verborgen, bei denen ich später einige nachfolgende Flüchtlinge athemlos vorüberkeuchen hörte. Ich dachte an Nichts mehr, als an ungefährdete Heimkehr; meiner Hauptmannschaft fühlte ich mich völlig unwerth. Doch wie nach Hause kommen ohne Adolar? Es half Nichts, ich mußte umkehren, den schlafenden Knaben holen. Schreck und Angst verwirrten mir die Sinne, ich schwankte hin und her und rannte dem vorsichtig mit erhobenem Stocke fortschreitenden Sieger gerade in die Hände. Es war wohl dunkel, aber doch nicht finster genug, daß nicht ein bekanntes Gesicht zu erkennen gewesen wäre. Des Mannes Faust packte mich am Kragen, schüttelte mich, zog meinen Kopf bis an eine Stelle, die nicht vom Gebüsch bedeckt war, und da drangen in mein Ohr die fürchterlichen Worte: „Ah, Du bist dabei? schon recht!" Darauf gab er mir einen Fußtritt, daß ich taumelte, und entfernte sich. Wahrscheinlich hab' ich mir nachher, wie ich mich nur ein wenig erholt, meinen Bruder auf den Buckel geladen und bin mit ihm heimgewankt. Ich sage wahrscheinlich, denn ich weiß nicht, was mit mir vorgegangen. Doch muß es so sein, weil wir am Morgen des 3. Februar Beide vorhanden waren, Adolar krank, fiebernd, und die Stiefmutter mir ein für allemal untersagte, des Abends auszugehen. Dies Verbot wäre nicht nöthig gewesen. Ich hegte nicht den leisesten Trieb mehr, unsere engen Mauern zu verlassen, mit irgend einem fremden Menschen zu reden, von irgend einem drohenden Auge gesehen zu werden. Nur zwei Gedanken kämpften mit einander in meiner gefolterten Brust; der eine sagte bei jedem Geräusch: "jetzt kommen sie, um Dich als Straßenräuber gefangen zu nehmen!" der andere tröstete: "vielleicht hat er Dich doch nicht genau erkannt; und wenn er Dir für's Erste nicht mehr begegnet und nicht an Dich erinnert wird, verwischt sich Dein Bild in seinem Gedächtniß." Dieser Trostgedanke führte mich bei stetem Sinnen und einsamem Brüten auf den Entschluß, Nichts einzugestehen, man möge mir abfragen, was man wolle; lieber zu sterben, als mich durch unüberlegte Worte zu verrathen und in Widersprüche zu verwickeln. Und um dies sicher zu können, nahm ich mir vor, mich stumm zu stellen. Ich hatte etwas Aehnliches gelesen. Langsam bereitete ich nun die Ausführung dieses Entschlusses vor. Ich fing damit an, über Schmerzen im Munde zu klagen, daß mir die Zunge so schwer sei; wenn Adolar mit mir plauderte, gab ich ihm keine Antwort oder lallte nur unverständlich, was er natürlich der Mutter klagte, diese dem Vater mittheilte, welcher dann mit seiner gewöhnlichen Gleichgiltigkeit äußerte: "das hätte dem Tagediebe noch gefehlt." Weiter geschah Nichts, und man ließ mich schweigen. Verrichtete ich doch die Pflichten eines gehorsamen Hausthieres, und jetzt wahrlich gehorsamer und unterwürfiger als je, weil ich noch immer unter dem Drucke der Gewissenspein, der Missethäter-Angst dahin schlich. Doch wie Tag um Tag, Woche um Woche verging, der Gefürchtete sich nicht blicken ließ, keine Nachfrage von Seiten der Behörde erfolgte; der Frühling wiederkam und hinaus rief — da wähnte ich endlich Alles überstanden, war nahe daran, wieder meine Zunge zu gebrauchen, und wagte mich sogar in's Freie. Stieß mir etwa Einer von der Bande auf, dann schlugen wir gewiß Beide die Augen nieder und eilten an einander vorüber, gleich geprügelten Hunden. Zuerst zitterte ich vor der Möglichkeit, dem Steuerboten zu begegnen, von ihm gesehen zu werden. Als sich das lange Zeit hindurch nicht traf, fing ich an es zu wünschen, wie man etwas Gefährliches fürchtet und wünscht zugleich, um zu erproben, was eben noch zu befürchten sei. Zuletzt wurde ich so tolldreist, den Mann zu suchen, indem ich die Gassen einschlug, durch die sein Beruf ihn führte. Mehrmals stieß er mir auf; doch er wendete sich zu anderen Leuten, die vorübergingen, und schien meiner gar nicht zu achten. Nun wurde ich unverschämt, und einmal, meinen Bruder an der Hand führend und Jenen auf der entgegengesetzten Seite der Gasse erblickend, grüßte ich ihn. Er sah sich um, ob auch nicht außer uns Jemand in der Nähe sei. Dann trat er auf mich zu und sprach leise: Deine selige Mutter war eine unglückliche, gute Frau; eine sanfte Dulderin. Ihr hast Du's zu verdanken, daß ich Dich nicht wieder erkennen will. Beff're Dich! Als er dies gesagt, ließ er mich stehen, wo ich stand, klopfte den Adolar auf die Backen und machte sich rasch davon, wie wenn er etwas Böses gethan. Alles was Recht ist, er handelte edel und meinte gewiß mir Gutes zu erweisen. Doch erwies er mir im Gegentheil das größte Uebel. Ich war nun wieder sicher vor Entdeckung und Strafe, und anstatt meiner Mutter Andenken, dem ich diese Nachsicht verdankte, heilig zu halten, demselben einigermaßen Ehre zu machen, überließ ich mich aufs Neue dem heillosen Treiben meiner durch Müssiggang genährten übermüthigen Phantasie. Doch durch Schaden klüger geworden, vermied ich die Gemeinschaft anderer Burschen, über meinen eigenen Plänen allein brütend.

Ich hatte gehört, eigentlich erhorcht, daß zwischen der Stiefmutter und meinem Vater lebhafte Zwistigkeiten entstanden waren, deren Veranlassung meine Zukunft abgegeben. Mein Vater warf ihr vor, daß sie mich ihrer häuslichen Bequemlichkeit halber aus dem Geschäft gerissen, mich zu einem blödsinnigen Faullenzer gemacht habe, der sein Brot vor den Thüren werde betteln müssen, wenn nicht noch bei Zeiten eine Aenderung geschähe. Er ist jetzt fünfzehn Jahre vorüber, der Stephan, ziemlich stark ist er auch, ich werde ihn bei einem Zimmermann in die Lehre geben, ein paar Meilen von hier, den ich als einen strengen Mann kenne. Die Arbeit wird ihn munter machen und aufwecken. Vielleicht, daß er noch einmal zu sich kommt! hier ist Nichts mehr mit ihm anzufangen, und im Gewölbe mag ich ihn nicht, um keinen Preis. Mag ihn überhaupt nicht sehen. Er ist mir zuwider, so zuwider wie seine Mutter mit ihrer barmherzigen Jammermiene.

Nachdem ich erst einige ähnliche Aeußerungen, denen die Stiefmutter nur schwache Einwendungen entgegenstellte, aufmerksam belauscht hatte, waltete kein Zweifel mehr ob, was zu beginnen sei. Meinen Vater glaubte ich hassen zu dürfen; damit vergalt ich ihm ja nur, was er mir gab. Daß man mich von der kleinen Erbschaft zu Abolar's Vortheil ausschließen wolle, durchschaute ich auch. Und auf einem Zimmerplatze die schwere Axt führen, von früh bis in die Nacht angestrengt arbeiten — arbeiten überhaupt! — das erschien mir das Gräßlichste auf Erden. Ich suchte meine „schwere Zunge" wieder hervor; traf allerlei Anstalten, mir etliche Groschen zu verschaffen, die ich da und dort im Hause zusammenraffte, und eines Abends, bei heftigem Unwetter, schlüpfte ich aus meiner Kammer, kletterte über den morschen Gartenzaun, rannte, was mich die Füße tragen wollten, durch Dick und Dünn und passirte vor Tage noch glücklich und unangefochten die Grenze. Da durchstreifte ich nun die Waldungen, in denen ich als Räuberfürst herrschen gewollt. Aber in meinen Ansprüchen herabgesunken, hatte ich jene prächtige, blutige Rolle mit der eines stummen Bettlers vertauscht, wozu ich mich auch besser eignete. Ich führte sie täuschend durch, erregte überall Mitleid, erhielt viel Geschenke, wurde sogar von mildthätigen Frauen gewarnt, wie ich vermeiden könnte, die Aufmerksamkeit der Behörden zu erregen. Insofern ging es mir sehr gut. Was mich aber peinigte, war die kaum zu besiegende Neigung, die ich empfand, manche an mich gestellte Fragen über Heimath, Herkunft und dergleichen mit lügenhaften Worten zu erwiedern, wenn meine Geberdensprache nicht ausreichte oder nicht verstanden wurde. Einige Male war ich schon nahe daran herauszuplatzen. Ja, ich fühlte bisweilen das Bedürfniß zu reden und konnte mir, wenn es allzu stark wurde, nicht anders helfen, als daß ich Thiere, die mir aufstießen, herrenlose Hunde, Vögel, sogar Bäume ansprach. Einigen Fröschen, die bei einem Sumpfe, wo ich lagerte, in der Sonne saßen, hab' ich meine Lebensgeschichte erzählt, so ernsthaft und so umständlich, wie wenn sie meines Gleichen wären. Doch weil diese Erleichterung immer nur vorübergehend war und ich fortdauernd fürchten mußte, mich bei theilnehmenden Anfragen zu verrathen, so beschloß ich, auch das Gehör zu verlieren, und zog von jetzt an als Taubstummer tiefer in's Land.

Es gehörte anfänglich ein sehr fester Wille dazu. Durft' ich doch mit keiner Bewegung andeuten, daß ich hörte, was sie über mich äußerten. Bald gelangte ich auch darin zu einer gewissen Sicherheit, und das gewährte mir bedeutende Vortheile. Erstens vergrößerte sich dadurch die Wohlthätigkeit der Menschen, die mich herzlich beklagten; zweitens legten sie sich keinen Zwang an in ihren Meinungen und Ansichten über mich. Das wurde mir sehr ersprießlich, denn es gewährte mir Einsicht in etwa drohende Gefahren, und ich hatte immer Zeit zu verschwinden, wenn Einer oder der Andere die Absicht laut werden ließ, mich als Landstreicher festzuhalten und meine Aufnahme in ein Taubstummeninstitut zu vermitteln. Davor bangte ich am meisten. Nicht allein aus Furcht vor Entdeckung meines Betruges; hauptsächlich, weil ich vernommen, daß die Taubstummen belehrt, unterrichtet, zu regelmäßiger Beschäftigung angehalten würden. Lieber wollte ich Hitze und Kälte, Hunger und Durst erdulden, lieber in feuchten Löchern übernachten. Doch diese Entbehrungen kamen nicht so häufig vor, als man denken sollte. Fast in allen Ländern, die ich durchstreifte — und ich habe mich binnen fünfzehn Jahren weit herumgetrieben, wie begreiflich — fand ich Schutz, Nahrung, Obdach. Aufgegriffen wurd' ich sehr häufig, doch fast jedesmal wieder entlassen, weil die kleinen Dorfbehörden froh waren, wenn sie einer Last ledig wurden, die sie nirgend unterzubringen wußten. Wo sie's aber genauer nahmen und mich nach einer Stadt abliefern wollten, entsprang ich unterwegs, nachdem ich meinen Begleitern Vertrauen eingeflößt und mich schwachsinnig gestellt hatte. Wo ich überall gewesen, wie weit ich mich herumgebettelt habe, das müßt' ich heute lügen, wenn ich es genau beschreiben sollte. Eben so wenig bin ich mit der Zeit und mit meinem Lebensalter ganz im Klaren. So viel ist mir bekannt, daß im vorletzten Sommer etwa vierzehn Jahre seit meiner Flucht verstrichen waren; denn ich hab' ein Zeitungsblatt am Wege aufgelesen, wo Hühnerknochen hineingewickelt waren, welche Reisende aus dem Postwagen warfen. Und da stand's gedruckt — dazumal hatte ich noch Augen im Kopfe — ich sei verschollen, und das Gericht fordre mich auf, zu erklären, daß ich wirklich todt sei. Ich dächte, so hätt' es geheißen. Mußt' ich doch lachen!

Wie sie mich hier am Orte erwischt haben, das brauch' ich dem gestrengen Herrn nicht zu erzählen. Da es gerabe Winter war und die Behandlung bei den alten Hiobs im Kreisgefängnisse recht leidlich, so ließ ich mir's gefallen. Zum Frühjahr, wo ich dann in's Correctionshaus transportirt wurde, hätt' ich dem Tobias zwanzigmal entwischen können; that's aber nicht, weil ich die Krankheit in den Augen schon spürte und wollte mich erst auscuriren lassen. Denn zum Landstreichen muß Einer gut sehen, sonst ist's verspielt. Wie ich das Stadtthor von Bergitz ansichtig ward, kriegt' ich Angst vor der Arbeit. Da war's zu spät, und ich verfing mich in Stacketen. Nun kam die schwere Zeit. Sie wollten mich mit Gewalt fleißig machen. Brachten's doch nicht dazu samm allem Drohen, allen Fasttagen und Schlägen. Der Augenschmerz befreite mich von der Schinderei, darum ertrug ich ihn leichter. Nach und nach, wie er zunahm, und wie der Doctor zwar merken ließ, er würde mir vielleicht helfen können, wenn ich nicht taubstumm wäre; wie aber der Inspector hinwiederum meinte: jetzt zeigt sich's, daß wir ihm Unrecht thaten, — da that ich mir Gewalt an, mocht' es bohren, brennen, stechen wie Gift und Feuer. Die egyptische Krankheit nannten sie's. Ich dachte an die egyptische Finsterniß und tröstete mich mit dem Gedanken: bin ich erst recht blind, da muß ordentlich für mich gesorgt werden, und kein Teufel kann mich mehr zur Arbeit zwingen. Und mitten in meinen Martern lachte ich den Inspector aus, weil ich ihn für einen Narren hielt, und er mich für einen Taubstummen. Also wär' es auch verblieben. Nicht zehn Pferde hätten ein Wort aus meinem Munde gezogen. Da mußte sich's schicken, daß ich zum heiligen Abende bei Hiobs wieder eintraf. Mußte den Jubel der Kinder durch die Wand hören, wie sie bliesen auf kleinen Trompeten. Das schnitt mir durch Mark und Bein, that mir weh und wohl, daß ich gerne geweint hätte; die Thränen wären auch vorhanden gewesen, kamen aber nicht heraus, denn warum, es sind ja keine Augen mehr da. Es zog mich vom Lager auf, zog mich mit Gewalt unter die Leute. Wußte ich selbst nicht, was ich da wollte; konnte doch nicht zurückbleiben. Noch stritt es in mir, Rührung und Zorn. Wie sie sich vor mir entsetzten und die Kinder schrieen, hätte ich am liebsten unter sie geschlagen. Hernach brachten sie mir Geschenke: den Pfefferkuchen, den Wachsstock; da wurd' ich schon weich. Wie ich aber die Aepfel in meiner Hand fühlte.... Herr Landrath, der Mensch ist ein curioses Ding. Er kann so viel ausstehen und erdulden; was ich ausgestanden habe, bis die Augen aus diesen zwei Höhlen herausgeflossen sind, das geht nicht auf alles Papier, was in Ihrer Kanzlei liegt! Und habe nur gewimmert, nicht eine Silbe geredet; bin stumm geblieben, sogar im Schlafe, wenn ich manchmal ein paar Minuten schlief. Na, sehen Sie, das hab' ich ausgehalten. Und den Geruch von zwei Aepfeln hab' ich nicht ausgehalten. Denn es war mir, als ob ich die Mutter sprechen hörte. Und ich hätte nicht länger bei der Lüge verharren können, um aller Welt Wunder nicht. Sonst hab' ich wohl Nichts mehr zu Protokolle zu geben?

Letztes Kapitel.

Das letzte Kapitel wird sehr kurz ausfallen. Gestützt auf Stephan's Angaben, konnten sogleich die nöthigen Nachforschungen in seiner Heimath angestellt werden. Diese führten zu sehr befriedigenden Ergebnissen. Seine Stiefmutter war längst gestorben. Sein Vater, früh zum Greise geworden, hatte sich vom Geschäfte zurückgezogen, und Abolar, der Halbbruder, führte es unter der väterlichen Firma, die nur den Namen hergab, weil der Sohn noch nicht volljährig war. Den amtlichen Ausweisen lag ein offenes Schreiben des jungen Mannes bei, welches der Landrath dem blinden Stephan in Gegenwart sämmtlicher Hiob'schen vorlas:

Mein lieber Bruder! Du bist sehr unglücklich geworden, und ich frage nicht darnach, ob durch Deine Schuld. Ich halte mich nur an die Dankbarkeit, die in meiner Seele nicht erloschen ist, für alle Liebesdienste, die Du mir einst erwiesen; für alle Geduld und Treue, die Du für Deiner Stiefmutter kleinen ungezogenen Sohn gehabt. Ich bin jetzt der Herr. Sie ist todt. Unser Vater lebt — doch vielleicht hilfloser, gewiß schwächer, geistig unfähiger als Du. Für ihn ist Gegenwart und Vergangenheit ein leerer Raum. Nur ein Fünkchen glimmt noch lebendig in dieser Asche, und dies regt sich und flammt empor, sobald der Name Stephan genannt wird. Oftmals hab' ich ihn in seinen verwirrten Selbstgesprächen klagen hören: Wenn doch nur der Stephan da wäre, daß ich mit ihm von seiner Mutter reden könnte. Gewiß ist er schon bei ihr! Und sie führen Klage über mich im Himmel, wo sie sind!? Aus diesen und ähnlichen verlorenen Aeußerungen, die mir jedesmal einen Stich in's Herz geben, kannst Du entnehmen, wie groß mein Bedürfniß wurde, nach meinen Kräften Dir Gutes zu erweisen und den traurigen Umständen gerecht zu werden, die mich in den Besitz Deines Vermögens brachten. Denn Dir gehört, streng genommen, was wir haben, wenn auch nicht mehr vor dem Gesetze (welches schlau genug umgangen wurde), doch vor meinem Gewissen. Urtheile daraus, wie gern ich Dich in Deines, in unseres Vaters Hauses empfangen werde! Welchen Trost Deine Gegenwart ihm, dem alten kindischen Manne bereiten kann! Du wirst bei ihm sitzen und ihm vorplaudern. Du wirst ihn so wenig sehen, als er Dich, denn seiner Augen Licht ist auch vergangen. Aber seinen Händedruck wirst Du fühlen, wenn Du ihm sagst, daß Du bereutest und abbüßtest, was Du Sträfliches gethan; und er wird Dir dagegen sagen, wie er sich darnach sehnte, in Deinen Armen zu sterben. So komme denn hierher, seinen Wunsch zu erfüllen und dann bei mir zu leben, nicht wie der verlorene Sohn des Hauses, sondern wie der ehemalige Pfleger und Wärter meiner Kindheit und wie der gegenwärtige Pfleger unsers kindisch gewordenen Vaters. Es soll Dir an Nichts fehlen; wenigstens an der Liebe nicht, die Du seit Deiner Mutter Tode entbehren mußtest. Für

Deine bequeme Reise hierher ist Sorge getragen. Es erwartet Dich Dein Bruder.

Nachdem Stephan den Inhalt dieses Briefes vernommen, warf er sich auf die Kniee, faltete die Hände und ließ den Kopf sinken. Niemand störte ihn. Dann erhob er sich, suchte den Weg nach seiner Zelle, brachte die beiden Aepfel hervor, die er dort aufbewahrt, und bat Frau Lucretia, diese Früchte zu zerschneiden in so viele Theile, daß jeder Anwesende ein Stückchen erhalte, auch der Herr Landrath. Er selbst nahm auch eines, und eh' er es verzehrte, sprach er: Als Liebesmahl, zur Erinnerung an meiner Mutter Segen.

Junge, sagte Tobias zu seinem Knaben, bewahre die Kerne von den Aepfeln auf, die wollen wir in die Erde stecken, da müssen rare Bäume daraus wachsen.

Ende.

III.

Die Kröten=Mühle.

I.

In tiefer Bergschlucht dicht an der Landesgrenze liegt ein Stein- und Schutthaufen, den die Bewohner kleiner Hütten im Gebirge „Ruine der Kröten-Mühle" nennen. Zerstört sind jene Dämme, welche einstmals den muntern Bach zu seiner Pflicht geleitet haben; leer und sumpfig, von struppigem Schilfrohre umwachsen, ist der Mühlteich ein Tummelplatz neckender Irrwische und ein Lustort hundertjähriger Kröten geworden, die in lauen Sommernächten, aus dem zerbröckelnden Gestein der Ruinen kriechend, ihren alten Kellerstaub abschüttelnd, sich im Schlammboden verjüngen. Drohend, als könne er bei jedem Donnerschlage, welcher durch die Berge nachdröhnt, herabstürzen und den blauen Sumpf bedecken, ragt ein schroffer Felsenvorsprung weit herüber. Wer den selten betretenen Fußpfad entlang an dieser Stelle vorbeiwandelt, sucht einen Umweg zu machen, um der verrufenen Stätte so weit als möglich auszuweichen; und kein Bergbewohner, wenn er bei Mondenschein in die bedenkliche Gegend kommt, wird es wagen, seinen Blick zu jener Grotte zu erheben, welche sich über der Ruine im Felsenvorsprung zeigt, denn Jeder befürchtet, eine weiße Gestalt zu schauen, die mit lockenden Geberden bisweilen am Eingange der düsteren Grotte stehen soll. Alles nun, was sich als Sage an die Kröten-Mühle und deren Andenken knüpft, will ich Dir, lieber Leser, jetzt erzählen. Ich weiß wohl, daß wir in in einem Zeitalter leben, wo der dunkle und thörichte Aberglaube, wie er noch vor einem halben Jahrhundert aus Kinderstube und Ammenmund ertönte, siegreich beseitigt ist; ich weiß, daß wir sämmtlich höchst aufgeklärte, wissenschaftlich gebildete Leute sind, die mit Dampfwagen fahren und zu Gespenstergeschichten nur mitleidig lächeln; ich weiß, daß wir wissen, wie Alles zusammenhängt, was unsere Vorfahren in Erstaunen setzte, und weiß, daß unsere Knaben, die Cigarre im Munde die Brille auf der Nase und die Kuffe mit bayrischem Bier vor sich auf dem Tische, über Nichts mehr erstaunen können, weil das Bier sie ermuthigt, die Brille ihre Einsicht schärft und der Glimmstengel jedes Dunkel erleuchtet! Aber ich weiß auch, daß trotz aller Technik, Mechanik und Physik, trotz aller Frühreife und Altklugheit die Träume jener Kinderstuben und Ammenmärchen oft noch ihr altes Anrecht auf das Menschenherz behaupten; weiß, daß des Wunderbaren Macht und Gewalt gelten wird, so lang' es unaufgelöste Räthsel um uns, über uns, unter uns giebt; und weiß endlich, daß die Weisesten ohne Scheu eingestehen, wie das höchste Ziel ihres Erkennens in dem offenen Bekenntniß liegt, über das Wichtigste Nichts zu wissen.

Und so möge denn auch mein Märchen von der

schönen Grethe seinen Platz finden. Es dreht sich um einen Aberglauben, der so alt ist, als die Geschichte; der unter verschiedenen Formen und mit wechselnden Gebräuchen immer und überall wiederkehrt, und der (wenn schon im Stillen!) vielleicht mehr gläubige Anhänger zählt, als glaublich scheint.

Margarethe, die Müllerin, war des alten Müllers Pflegekind gewesen und in des Greises spätesten Tagen sein junges Weib geworden. Dunkle, kränkende Gerüchte lasteten auf jenem ungleichen Bündniß; denn in den Bergen flüsterte man sich zu, Grethe sei des Müllers leibliche Tochter. Ein altes, häßliches Zigeunerweib — welches denn freilich zu seiner Zeit auch ein Mal jung und hübsch gewesen, wie Zigeunerinnen es oftmals sein sollen — habe dem Vater sein Kind vor die Mühle gelegt, und dieser habe in einem Zeitraume von sechszehn Jahren vergessen gelernt, wer des Kindes Mutter und was sie ihm gewesen! Aber das Gerücht blieb Gerücht. Niemand wußte nähere Auskunft darüber zu geben; Einer wollte es vom Andern gehört haben; jeder Beweis, jedes nähere Anzeichen fehlte. Zudem war der alte Müller reich, und so saß er unangefochten in seinem steinernen Hause, verschanzt wie in einer kleinen Burg, und achtete des Geschwätzes nicht. Alles, was Gut und Geld dem irdischen Menschen gewähren können, das gewährten sie ihm, und er wußte es wohl zu schätzen. Er pflegte seines Leichnams so sorgfältig, daß er lange rüstig blieb und an des jungen Weibes Seite noch gar manchen Jüngeren beschämte. Auch hing die Hausfrau an dem alten Eheherrn, den sie einst Vater genannt; ja, sie nannte ihn schmeichelnd noch immer „Väterchen" und blieb ihm darum nicht minder treu in Gedanken und That. Beide galten für glücklich und wurden nicht weniger beneidet, als verlästert; was sich gewöhnlich vereint, bis denn die letzte Stunde dem Glück des Müllers ein Ende machte. Es mag ein schweres Ding sein um diese letzte Stunde, und Denen, die da Ursache haben, zu fürchten, daß sie bei dem Tausch, der ihnen bevorsteht, nur verlieren können, doppelt schwer. So ging es auch bei Grethens väterlichem Gatten. Er konnte sich gar nicht losreißen vom Leben und von seines schönen Weibes thränenfeuchtem Antlitz; schon sterbend raffte sich der zähe, willensstarke Mann ein um's andere Mal zusammen und sprach es geradezu aus, er möge noch nicht sterben! seine Zeit sei noch nicht kommen! der Tod solle sich zum Teufel scheeren! Ein paar Stunden lang ließ sich der Tod auch wirklich in's Bockshorn jagen und trat aus Rücksicht für den Muth des Sterbenden vom Kopfkissen zurück. Aber als der Alte, von Margarethens Lippen zur Ruhe geküßt, sich so weit vergaß, in einen erquickenden Schlummer zu sinken, da hatte er verspielt. Er wachte nicht mehr auf; Margarethe hielt eine kalte Leiche im Arm, und der Tod lachte sich in's Fäustchen.

Nun war Grethe eine junge, schöne, reiche Wittwe. Der Müller, ohne sonstige Verwandte, hatte ihr sein ganzes Besitzthum hinterlassen. In der Mühle ging Alles seinen alten Gang; die Mühlburschen versahen ihre Arbeit, wie sie's bisher gethan, weil der Alte, seitdem er verheirathet gewesen, sich nur um die Frau bekümmert; und diese ließ Alles gehen, zählte die blanken Goldstücke, die jetzt ihr eigen waren, und tröstete sich schnell. Freilich, nachdem sie erst getröstet war, fing ihr die Zeit entsetzlich lang zu werden an. Goldstücke mochte sie nicht immer zählen; als der Vorrath erst einige Male durchgezählt war, fand sie keine Freude mehr daran. Ja, sie fühlte beim Anblick der blinkenden Münzen ein wachsendes Unbehagen und fragte sich wohl gar: was hilft mir all' der Reichthum, wenn ich mir keine Freude dadurch zu erkaufen weiß? Ein Tag verstrich wie der andere; Niemand wagte sie, die Herrin, zu schelten; Niemand wagte sie zu liebkosen. Und an Beides war sie vom Verstorbenen her so gewöhnt. Umgang mit Leuten aus dem Gebirge hatte sie, so lange sie verheirathet gewesen, nicht gepflogen; ihr Gatte hatte durch sein barsches, zurückstoßendes Wesen auch diejenigen fern zu halten gewußt, die um eines guten Trunkes und eines fetten Bissens willen der öffentlichen Meinung gern Trotz geboten und mit den Müllersleuten Verkehr gehabt hätten. Ihre Mägde waren plump, dumm und roh; mit denen wollte sie Nichts gemein haben. Die drei Mühlburschen hatten sich niemals erdreisten dürfen, ein Wort an sie zu richten; das hätte der Meister übel vermerkt. Sie thaten es auch jetzt nicht, und nur der Aelteste von ihnen, der eigentlich das Wort führte, redete mit ihr, was unumgänglich Noth that, von der Arbeit; nicht eine Silbe darüber. Er war ohnedies ein zurückhaltender, einsilbiger Kerl, ein Ausländer, Horrja mit Namen. Keines Menschen

Freund, war er gegen die jüngeren Gesellen streng und
ernst und blieb es auch gegen seine Gebieterin. Dennoch
hätte, wer sich darauf versteht, in eines finstern Mannes
Auge zu lesen, nicht selten Seitenblicke wahrnehmen können, die der schweigende Horrja auf Frau Grethe warf,
wenn er sich unbelauscht wähnte; Blicke, die Funken zu
sprühen schienen und bei äußerer Kälte und Gleichgültigkeit wildes, inneres Feuer verriethen. Jakob und Ulrich
waren ein paar hübsche, muntere Jungen; nur schüchtern
und verzagt, wenn der Altgesell in ihrer Nähe sich befand; und still und schweigsam, wenn sie befürchten
mußten, von ihm gehört zu werden. Nicht gar lange
vor des Alten Ende aufgenommen, fühlten sie sich noch
immer nicht recht heimisch in dem unfreundlichen Stein-
geklüft. Ja, sie wären schon längst auf- und davonge-
gangen, hätte nicht der Frau Müllerin Anblick sie festge-
halten. So 'was Schönes hatten die armen Jungen
noch niemals gesehen; meinten auch durchaus nicht, daß
es auf Erden etwas Schöneres geben könne! Und vielleicht hatten sie so Unrecht nicht. Beide blieben oftmals
bei der Arbeit stehen, wie die Bildsäulen, wenn
Margareth in ihrer leichten Haustracht an ihnen vorüberging, und standen dann, ihrer fünf Sinne unmächtig, so
lange, bis Horrja's scheltende Stimme sie wieder in's
Leben rief. Dabei waren sie gegenseitig die besten
Freunde und vertrauten in kindischer Offenheit Einer
dem Andern die bittersüßen Gefühle, denen sie zum Opfer
wurden. Jakob war blond und weiß, wie ein Mädchen,
mit blauen Augen; Ulrich trug braune Locken und hatte

lebhafte, braune Augen, sonst sahen sie sich ähnlich wie Brüder, und man hielt sie wohl auch dafür. Beide gingen nach einem Schnitt gekleidet, waren von einer Größe und Gestalt, aßen aus einer Schüssel, schliefen in einem Bett und theilten ein Liebesleid. Daß ihrer Zwei waren, und daß diese Zwei nur Einer zu sein schienen, immer unzertrennlich, bei der Arbeit, beim Mahl und bei der Ruhe, das mag wohl die schöne Grethe verhindert haben, Einem von ihnen manchmal ein freundlich aufmunterndes Wort zu gönnen; wozu sonst die Einförmigkeit ihres abgetrennten Daseins und die quälende Leere ihres Herzens sie getrieben haben würde, obschon sie die Meisterin war und die armen Jungen ihre Diener. Ja, hätte Einer von Beiden Muth fassen mögen, ihr sein Herz zu gestehen, gleichviel welcher, sie wäre gewiß nicht unempfindlich geblieben. Aber eher hätten sie ja den Kopf zwischen die Mühlsteine gesteckt, gerade wenn der Bach am heftigsten trieb.

Nun war einmal in der Mühle Nichts zu thun; denn es war Sonntag und um die Mittagsstunde, wo Gottes Sonne über den Fluren glüht und auch in die Bergschluchten wärmend bringt, und wo Mensch und Thier zu ruhen lieben. Die Mägde saßen reingewaschen und vollgegessen vor der Hausthür und legten die Hände in den Schooß.

Frau Margareth schlich, gelangweilt und verdrießlich, langsamen Schrittes der Laube zu, wo sie sich gähnend auf eine Rasenbank streckte, zu versuchen, ob es ihr gelingen möchte, den ewig langen Tag um ein verschlafenes

Stündchen zu täuschen. Da hört sie, eben wie sie zu
schlummern beginnt, hinter sich Tritte und erkennt die
Stimmen der jungen Freunde Ulrich und Jakob, die sich,
von dichten Büschen umgeben und ohne der Frau
Meisterin Nähe zu ahnen, neben einander auf's weiche
Gras legen. Ihr leises Gespräch wird fast vom Summen der Bienen übertönt, welche zu ihrer süßen Arbeit
singen, und die schöne Schläferin will schon jenem sanften Schlummerliede nachgeben, als plötzlich durch die
Blätter ihr N a m e an ihr Ohr schlägt. Das macht sie
munter, und nun horcht sie emsig auf. Da vernimmt sie denn
mit bangem Erstaunen, welche glühende Leidenschaft für
sie und ihre Schönheit in zwei jugendlichen, unschuldigen
Herzen lebt! Vernimmt mit noch größerem Erstaunen,
daß zwei so entschiedene Nebenbuhler zugleich so innige,
vertraute Freunde sein und sich Lieb' und Leid aufrichtig
gestehen können. Ihr wird gar seltsam um's Gemüthe.
So nahe bei sich weiß sie nun die Neigung, nach der sie,
wie nach etwas Fernem, Unerreichbarem, sich in langen,
unruhigen Nächten vergebens gesehnt hat. Und sie versucht in ihrer Einbildungskraft die Burschen, deren
Flüstern sie fortwährend hört, mit einander zu vergleichen,
ihr Aussehen sich vor's innere Auge zu rufen; gleichsam
zu prüfen, welchem der Vorzug gebühre. Vergebens!
Die jugendlichen Gestalten verschwimmen in einander;
braune und blonde Locken verwirren sich, blaue und
dunkle Augen strahlen von einem und demselben Feuer;
und kein bestimmtes Bild vermag die sehnsüchtige Träu-
merin gesondert festzuhalten. Da richtet sie den im

matten Thränenthau schwimmenden Blick, als ob sie
von oben herab Klarheit suchte, durch die Blätter empor
in's Blaue, und stehe: in den Aesten der alten Tanne,
die ein Dach hoch über ihrer Laube bilden, sieht Margareth den finsteren Horrja sitzen, und wie ihre Augen den
seinen begegnen, wird es ihr deutlich, daß er jenen gefährlichen Sitz mühsam erstieg, um sie, die Schlummernde, gierig zu belauschen. Hatten die Bekenntnisse
der harmlosen Jungen wehmüthige Theilnahme bei ihr
erweckt, so erfüllt Horrja's wilde Keckheit sie mit Furcht
und Widerwillen. Zornig springt sie auf und verläßt die
Laube.

Von diesem Tage an ward ihr Zustand um so peinlicher, je unliebenswürdiger Horrja mit seinem listig-
tückischen Lächeln ihr erschien, und je weniger sie im
Stande war, Ulrich und Jakob in ihrem Herzen von
einander zu trennen. Sie hätte so gern, wär' es auch
nur ein Spiel des Augenblicks geworden, mit Einem
von Beiden angebunden; aber immer, wenn sie im Begriff stand, sich für Diesen zu erklären, trat Jener dazwischen — und so umgekehrt. Sie wähnte Beide zu lieben
und liebte darum Keinen. Im Hause, im Garten fand
sie nicht Ruhe mehr. Da nahm sie manchmal ihres seligen Herrn Rohrstab in die Hand, setzte einen großen
Strohhut auf, machte den greisen Sultan, den ältesten
der Mühlenhof-Hunde, von der Kette los und stieg, von
diesem begleitet, in den Bergen umher. Sultan war zu
seiner Zeit ein wildes, böses Thier gewesen. So lang' er
Zähne hatte, durfte kein Mensch ihm nahe kommen

außer der kleinen Grethe. Jetzt war er alt, schwach und gebrechlich; des Lebens satt lag er in seinem Hause; nur wenn die Frau rief, erhob er sich, und mit ihr gehen zu dürfen fand er seine Kräfte wieder. Auf einer dieser Wanderungen, wo sie nur selten einem menschlichen Wesen begegneten, denn die schöne Wittwe suchte stets abgelegene Stellen, blieb Sultan plötzlich vor einem Strauche stehen und wandte seiner Gebieterin einen bittenden Blick zu, in welchem zugleich etwas Warnendes lag. Grethe begriff nicht, was dem sonst so muthigen Thiere begegnet sei, und rief ihn vergebens an, in den Strauch vorzudringen. Je lebhafter sie rief, desto ängstlicher zog sich Sultan zurück. Als aber eine kreischende Stimme aus der Hecke heraus seinen Namen rief, kehrt' er auf der Stelle um und rannte, so rasch als seine alten Beine ihn tragen mochten, mit eingeklemmtem Schwanze und bangem Geheul auf und davon. Während Grethe vergebens hinter ihm her schrie, theilten sich die Dorngesträuche, und ein scheußlich anzusehendes altes Weib kroch hervor. Herrlich, meine Tochter, sprach die Alte, daß Du zu mir kommst; Du ersparst mir einen unnützen Gang; ich war auf dem Wege zu Deiner Mühle. Wittwe bist Du? Das ist gut! Du bist schön! Bist Du auch glücklich? — Wer seid Ihr? stöhnte Grethe kaum hörbar, daß Ihr mich Tochter nennt? — Wer ich bin? Je nun, ein altes Weib. Daß ich Dich Du nannte? Ei, sagen nicht alte Leute oftmals zu jungen: mein Sohn!? Meine Tochter!? Das ist so eine leere Redensart. Manchmal bedeutet sie was — aber das geht Dich

Nichts an! Hab' keinen Kummer; fürchte Dich nicht vor mir. Ich begehre Nichts von Dir! Du bist reich, ich weiß wohl. Aber ich bin reicher als Du, denn ich brauche Nichts. Brauche Nichts von Dir. Vielleicht brauchst Du ein Mal mich und meine Hilfe! Deshalb wollt' ich zu Dir kommen, schon seitdem Du Wittwe bist. Nur nah' ich ungern der großen Mühle. Heisa, der Alte ist todt! Und wie steht es, Töchterchen, um einen Jungen? Wenn Du mein bedarfst, so ruf' mich. Hier oben findest Du mich, immer von Sonnabend zu Sonntag um zwölf Uhr in der Nacht! Hörst Du, Grethchen, Fleisch von meinem Fleisch! Wenn Du mich brauchst, — denn ich vermag den Liebestrank zu bereiten! — wenn Du mich einmal brauchst, Du weißt nun, wo Du mich findest! Rufe nur dreimal: Sibylle! Und Mutter Sibylle wird da sein! Mit diesen Worten verkroch sich die Alte wieder im Gebüsch, wo sie Grethe's Blicken bald entschwand. Unterdessen war es fast dunkel geworden. Von streitenden Empfindungen gepeinigt trat die Wittwe den Rückweg an. Dunkle Träume ihrer frühesten Kindheit, vereinigt mit den Erzählungen und Anspielungen jener Mägde, die vor länger als zehn Jahren in der Mühle gedient, beunruhigten sie und schienen dieser unerwarteten Begegnung eine niederschlagende Deutung geben zu wollen. Als sie den Hofraum betrat, kam Sultan, der sie so feig und treulos verlassen, ihr wieder in's Gedächtniß. Sie ging vor seine Hütte und nannte ihn bei Namen. Ein dumpfes Gewinsel tönte heraus. Und als sie noch einmal „Sultan" rief, schleppte sich der sterbende

Hund mühsam bis zu ihren Füßen, that einen tiefen Athemzug, als wollt' er heulen, — und war todt. Mußte sie doch weinen um ihn, und Jakob und Ulrich, als sie die Frau Meisterin weinen sahen, weinten redlich mit; gruben auch dem Dahingeschiedenen ein Grab im Garten, schön und tief, wie sich's nur ein vornehmer Herr wünschen könnte, wo sie der Bestie ordentlich anständig die letzte Ehre erwiesen; Alles der Frau Meisterin zur Lieb' und Ehre. Mit dieser jedoch stand es jetzt heftig schlimm und alltäglich schlimmer. Die Sibylle wich ihr nicht mehr aus dem Kopfe, so wenig als die Liebessehnsucht aus dem Herzen weichen wollte, und das junge, blühende Weib fing an zu kränkeln vor lauter Fülle der Gesundheit. Seitdem Sultan todt und begraben war, wagte sie auch nicht mehr in die Berge zu klettern, um so weniger, weil sie der alten Sibylle wider Willen zu begegnen fürchtete. Sollte jene Mißgestalt, sagte sie, während sie sich und ihre unbezweifelten Reize betrachtete, oftmals zu sich selbst, wirklich meine Mutter sein können? Sollten die Mägde mit ihren heimlichen Neckereien Recht gehabt haben? Sollte gar mein verstorbener Eheherr...., hier überkam sie ein inneres Entsetzen und tödtete für ein Weilchen jede Lebenslust und Liebeshoffnung, bis sie dann mit leichtem Sinn und warmem Blute die drohenden Warnungen wieder in den Wind schlug und in Sibyllens Anrede Nichts weiter mehr finden mochte, als den Unsinn einer halb Wahnwitzigen. Im Uebrigen geschah nichts Neues. Der Sommer grünte und blühte ruhig fort, ein Tag folgte dem anderen, die Mühlräder drehten sich, die Forellen blitzten im Bergwasser hin und her, die Amseln und Drosseln schwatzten in den Erlenbüschen, die Mägde fraßen, wuschen und schliefen, Horrja schielte mit gierigen Blicken lauernd nach Margarethen, Ulrich und Jakob klagten sich ihrer Herzen Wund' und Weh', — und die Müllerin konnte nicht in's Klare mit sich kommen, welchen von Beiden sie hübscher fände. Schon fingen die großen Haselnüsse zu reifen an, und sie wußte immer noch nicht, woran sie mit ihrer Liebe war. Und weil sie vor Bergen und Felsen jetzt dunkle Scheu hegte, zog sie vor, im Thale hin zu schlendern, wo Gottes Natur sanfter waltete, und wo sie wohl auch den Leuten begegnete, die nach der Mühle mit Körnern oder sonst ihres Weges wandelten; vor denen sie aber doch — als wäre sie sich bitterer Schuld bewußt — erröthend die Augen niederschlug. Am liebsten waren ihr die frühen Morgenstunden, die voll erfrischendem Athem ihre heiße Brust kühlten, wenn sie, dem einsamen Lager entflohen, unbemerkt aus der Mühle schlüpfen und mit ihren kleinen, sauberen Füßen den Thau vom Grase streifen konnte. Stieg dann der Tag höher und senkte er sich wärmer in's Thal, da suchte sie ein stilles, umwachsenes Schattenplätzchen, wo sie sich recht unbemerkt ausweinen mochte. In solcher Einsamkeit fand sie Trost, der ihr nur getrübt wurde, sobald ein schelmischer Vogel durch's Gebüsch rauschte, und dann die Furcht, Sibyllens Antlitz werde jetzt gleich aus den Blättern hervorgrinsen, ihren Gedanken eine traurige Richtung gab. Wie aber geschah der Aermsten, als nun wirklich einmal die Zweige sich theilten und wirklich ein menschliches Angesicht ihr entgegen schaute! Doch Sibyllens war es nicht. Denn trug diese garstige Hexe auch schon den Anflug eines dunklen Bartes unter ihrer krummen Nase, so schien der Bart, den Margarethe jetzt erblickte, von ganz anderer Gattung, wie er sich so glänzend und zierlich gehalten über dem schönsten Munde wölbte, aus dem zwei Reihen perlengleicher Zähne freundlich heraus= lachten. Und bald folgte diesem Barte, diesem Munde, diesem edlen Kopfe der ganze Mensch in Gestalt des herrlichsten Jünglings, den sich ein junges Weib nur denken, wie sie ihn nur in ihren kühnsten Träumen sich selbst erschaffen könnte. Der stand vor ihr und sah sichtlich überrascht auf das Müllerweib im grü= nen Grase. Sie wollte eiligst aufstehen, aber vermochte es nicht, und als sie sich nur halb erhoben, blieb'sie, auf ihrem Arm gestützt, regungslos, den Fremden anstarrend, wie wenn er ein Wesen höherer Gattung wäre, vor dem Sterbliche in Ehrfurcht verstummen müssen.

„Solche Geschöpfe wandeln auf dieser Erde umher? Solche Männer giebt es?" Das waren die Gedanken, die in ihr aufdämmerten; in ihr, welche außer dem ver= storbenen Gatten und seinen Gesellen nur unsaubere Landsleute gesehen und in Ulrich und Jakob bisher den Inbegriff männlicher Schönheit vermuthet hatte. Seinerseits dachte wieder der Fremde: „Solche Blumen blühen in diesem vergessenen Thale? Solche Weiber leben unter Zigeunern?" Denn für eine Tochter dieses ausgestoßenen Stammes war er geneigt seine unerwartete Begegnung zu halten, und er warf die Blicke rechts und links, jene Gefährten suchend, welche die Bande bilden möchten. Doch war ihre Kleidung so bürgersam-ländlich, einfach und rein, ihr Wesen so bescheiden-schüchtern, ihre verschämte Angst so ausdrucksvoll und wahr, daß er mit artigen Fragen nach ihrer Heimath und Herkunft forschte. Da kam denn bald ein zierlich Gespräch in Gang, und ehe sich's Grethe versah, saß der schöne Herr plaudernd neben ihr auf dem Rasen. Sie mußte ihm ihr ganzes Leben erzählen, und sie that es mit einer Offenheit, die den Hörer entzückte, wobei sie freilich mit angeborner Schlauheit jede Aeußerung zu umgehen wußte, die an die Geheimnisse ihrer Herkunft und Ehe, oder gar an ihre Furcht vor der alten Sibylle erinnert haben würde.

Horrja jedoch sammt seiner verbissenen und fast tückischen Leidenschaft, so auch Jakob und Ulrich mit ihrer verschwiegenen und doch vielberedten Liebe, nebst allem Zubehör eigener Seelenkämpfe wurden treulich beschrieben. Wer hätte einer so reizenden Sprecherin widerstehen können, wär er auch zehnmal Bräutigam der schönsten und vornehmsten Braut gewesen? Wer hätte nicht, unmerklich näher rückend, Schulter an Schulter gedrängt und von der bezaubernden Erzählung, wie von einem idyllischen Gedicht hingerissen endlich die weiße, weiche Hand der Erzählerin sanft ergriffen, um in bebendem Drucke und zitterndem Gegendruck den Gang der kleinen Mühlengeschichte theilnehmend zu

begleiten? Als nun Margareth mit der Schilderung
ihrer Zustände bis auf den heutigen Tag, bis auf die
jetzige Stunde gelangt war, da hielt sie forschend inne,
als wolle sie dem holden Nachbar sagen: nun bin ich
fertig, und was weiter mit mir werden soll, das hängt
von Dir ab. Ich kann Dir meine Geschichte nur erzählen, so weit sie reicht; von heute an magst Du sie selbst
machen! Der Fremde schien ihre Gedanken zu errathen,
denn er sah bald verwirrt, bald verlegen in's Gras vor
sich hin und suchte lange nach Worten, um den Faden
des abgerissenen Gesprächs schicklich aufzunehmen. Weil
es aber damit nicht sogleich gerathen wollte, so begnügte
sich der sichere Weiberkenner für's Erste mit fortgesetzten
Händedrücken zu reden, worauf Margarethe, obschon
diese Sprache ihr neu war, voll bewunderungswürdiger
Gelehrigkeit einging. Denn die Weiber lernen rasch,
sobald sie wollen. Wenn ich aber sagen soll, was ich für
das unbescheidenste Wesen auf Gottes Erdboden halten
mag, so sag ich: eines Mannes Hand, die eine schöne
Hand gedrückt und ihres Druckes Erwiederung gefühlt
hat. Es ist, als ob der böse Geist in solchen fünf Fingern wohnte; sie können nicht Ruhe halten. Und so
machte Grethens Fremdling seine Hand, die so warm
und wohnlich in ihrer Hand lag (einen Diebesfinger
um den anderen) los, bis er sie alle fünf frei hatte, und
dann folgte der Arm, und nachdem er mit diesem erhobenen Arm seiner Nachbarin Nacken umschlungen und
sie zärtlich herangezogen hatte, daß ihr Lockenhaupt recht
fest an seinem Herzen lag, fragte der Bösewicht, anstatt,

schuldigen Dankes voll, jetzt seine Lebensgeschichte zum Besten zu geben, mit lispelnder Lippe: Wie heißest Du denn? Margarethe spürte keine Abneigung, ihren ehrlichen Namen zu nennen; sie nannte ihn dreist heraus. Weil sie nun aber auch gern des Fremden Namen gewußt, und weil sie doch mit sich nicht einig war, ob es sich zieme, sein Du zu erwiedern, so stockte sie lange, ohne zu fragen. Da fühlte sie — und ein ahnendes Zittern flog durch ihre Glieder — die bärtige Lippe auf ihrer Stirn, auf ihrem Augenlied, auf ihrer Wange. Und Du? fragte sie zitternd. Stanislas, war die Antwort, doch Antwort und Kuß berührten zu gleicher Zeit ihren Mund, und die letzte Silbe des schönen Namens ging im Kusse verloren.

Das war ein langer Kuß. In ihm flammte der armen Grethe Leben auf. Sie wähnte sich am Ziele. Thörin! wer hieß Dich im Uebermaß Deines Glückes diesen heiligen Kuß, die erste und letzte Seligkeit, stören, um jene eitlen Worte: „Stanislas, ewig mein!" dem Geliebten in's Ohr zu hauchen!?

Das Wort ist ausgesprochen, — der Schatz versinkt. — Wie von einer Schlange gebissen fuhr Stanislas zurück, machte sich los aus Grethens Armen, sprang auf beiden Füßen empor und schaute wild um sich her, mit rollenden Augen und drohender Geberde. Margareth blieb am Boden sitzen und stierte zu ihm hinauf, mit einer Miene, als erwarte sie sehnsüchtig den Tod von seiner Hand.

Weib, hob Stanislas, nachdem er sich ein wenig

beruhigt, mit ernstem, aber nicht unfreundlichem Tone
an, ich bin Fürst Stanislas ***. Meine Herrschaften
liegen jenseit der Berge. Ich reise nach Falkenschloß.
Auf der Landstraße ziehen meine Wagen und Diener.
Des staubigen Weges satt, wollt' ich zu Fuß und allein
durch diese Thalschlucht wandern, an deren Ausgang die
Meinen mich erwarten. Wärest Du vor einem Jahre
mir begegnet, wohl hättest Du mein werden müssen, und
ich wäre Dein gewesen — wenn auch nicht auf ewig,
wie Du meintest. Jetzt ziemt mir nicht mehr, was dem
freien Jüngling gestattet war. Wir trennen uns, sehn
uns nimmer wieder! Die junge Gräfin im Falkenschloß
ist meine Braut, und bevor die Sonne zum dritten
Male über Deinen Bergen aufgeht, bin ich ihr Gemahl.
Leb' wohl, Margareth! —

Sie saß allein und weinte vor sich hin. Ein Fürst!
Ein Fürst! wiederholte sie mehrmals, und kopfschüttelnd
fügte sie hinzu: die junge Gräfin vom Falkenschloß seine
Braut! Dann senkte sie traurig ihr Haupt und sah zum
Boden, wo ihre Thränen in's Gras tropften. Glänzten
sie doch wie Thau an den Halmen, die warmen Thränen, und blitzten und flimmerten lustig im Abend-
Sonnenlicht; so lustig, als ob sie Freudenthränen wären.
Aber was blitzt, was glänzt dort unten aus dem Rasen
herauf? Das ist keine Thräne! das flimmert wie Gold!
Das ist ein Ring! den hat der junge Fürst von seinem
Finger gestreift, als er meine Hand in der seinen hielt!
Inwendig eine Inschrift: Sophia — das ist sein Ver-

lobungsring! Mag sie ihm einen anderen geben. Diesen Ring hat er getragen; dieser Ring ist mein!

Und mit ihrem köstlichen Funde schlich die unglückliche Grethe langsam der Mühle zu.

II.

In dem alten, neu ausgeputzten Falkenschlosse war große Bewegung und Unruhe. Diener rannten mit Kerzen durch Gang und Flur. Graf und Gräfin gingen unruhigen Schrittes auf und ab, und Sophia, Beider einziges Kind, schaute sinnend und nachdenkend auf den Schloßhof, wo die Leute ihres Bräutigams beim hellen Schein großer Stocklaternen und Fackeln sich und ihren Pferden Unterkunft suchten. Stanislas war noch nicht eingetroffen. Vergebens hatten, seinem Befehle gemäß, die Seinigen ihn am Ausgange des engen Thalgrundes erwartet, wo er nur bei mäßigem Gange längst vor ihnen, die dem großem Umweg der Heerstraße folgen müssen, hätte eintreffen können. Sie waren, nachdem sie stundenlang seiner geharrt, einstimmig der Meinung geworden, ihr Gebieter habe, von Bräutigams-Ungeduld fürbaß getrieben, seines säumigen Gefolges nicht weiter geachtet, und sie würden ihn bereits im Falkenschloß treffen. So trafen sie denn glücklich ohne den Fürsten ein und erregten im Schlosse um desto größere Besorgnisse, als von allen Seiten drohende Wetter aufstiegen, die eine üble Nacht und anschwellende Bergströme befürchten ließen. Merkwürdig hätte einem unbefangenen Beobachter der Gegensatz scheinen müssen, den die Bewegung und sichtbare Aengstlichkeit der Eltern im Vergleich zu Sophia's Ruhe bildete. Während Vater wie Mutter von einer Minute zur andern die Hände rangen oder ihrer Angst durch laute Seufzer und durch den Ausruf: heilige Mutter Gottes, was ist aus ihm geworden! Luft machten, blieb die Tochter regungslos am Fenster stehen und schaute noch immer hinab in den Hofraum, als Wagen, Pferde und Diener schon untergebracht und ein Theil der Schloßbewohner, der nächsten Umgebung besser kundig, als des Fürsten Leute, mit Windlichtern hinausgesendet war, den Verirrten zu suchen. Es war nicht Besorgniß um den Bräutigam, nicht Sehnsucht nach ihm, nicht der Ausdruck liebender Erwartung, was aus Sophia's Zügen sprach. Vielleicht hätte man stillschweigende Hingebung, willenlose Demuth, vereint mit jungfräulichem Stolz, mit kalter Unempfindlichkeit darin lesen können.

Liebte sie den Fürsten nicht? Ward sie vielleicht gar zu diesem Bunde gezwungen? O nein! Betrachtet nur die sanften greisen Eltern, denen all' ihre blühenden Kinder frühzeitig hinstarben, und die nur auf diesen Spätling ihrer frommen Ehe jenen Ueberfluß von Liebe häufen, welcher für eine große Kinderschaar ausgereicht haben würde. Nein, von Zwang konnte da nicht die Rede sein. Sophia behielt vollkommen freie Wahl. Sie hat den Fürsten vergangenen Winter in der großen Stadt kennen gelernt; sie hat sich ihm vom ersten Ersehen günstig und wohlgeneigt erwiesen, sie hat seine Werbung huldreich aufgenommen, und sie hat auf die Fragen der Eltern mit festem Ton erwiedert: Ich kenne keinen Würdigeren! Und so ist es auch. Sie sieht in ihm den hochgebornen, ihrem Range, ihrem Besitzthum entsprechenden Gemahl. Gewiegt und auferzogen in der Ansicht, daß es ihre Pflicht und Ehre sei, den Beruf des Weibes als Gattin und Hausfrau vorwurfsfrei und sonder Makel zu üben, betrachtet sie Stanislas als einen willkommenen Lebensgefährten. Aber sie fühlt Nichts für ihn als Hochachtung, und wenn sie auch Augen hat, zu sehen, er sei der schönste Mann, seine Haltung die vornehmste, seine Sitten die edelsten, so ist doch in ihrer Brust noch kein Wunsch aufgestiegen, der zur Liebe führen könnte. Eine zu tiefe Kluft liegt zwischen ihrer reinen, durch kein Stäubchen eines weltlichen Traumes berührten Jugend — und zwischen jenen Bildern der Phantasie, welche ihr fremd blieben, welche ihr bei dieser Erziehung, dieser Umgebung, dieser mütterlichen Führung fremd bleiben mußten. Sie denkt der Ehe wie einer nothwendigen Form, einer herkömmlichen Uebereinkunft, gemeinsam ihr großes Haus zu führen, und erwartet im Gemahl eben nur den ritterlichen Begleiter, den hohen Beschützer, den weisen Verwalter ausgebreiteten Besitzthums. Dabei von fester Gesundheit und unerschütterlichen Nerven, hält sie den Irrweg eines jungen Spaziergängers für unverfänglich und zweifelt nicht im Geringsten, daß er wohlbehalten, wenn auch ein wenig durchnäßt, über kurz oder lang eintreffen werde. Scheint sie gleichwohl in tiefes Sinnen versenkt, so richtet sich dasselbe auf andere Gegenstände, als auf die Gefahren des Fürsten bei nächtlichen Ungewittern. Die Anstalten, welche seitens der häuslich waltenden Mutter zum nahe bevorstehenden Hochzeitsfeste getroffen werden, haben Sophien stutzig gemacht. Fern von dem Flügel des Schlosses, der die zahlreich geladenen Gäste aufnehmen und in seinen reich ausgestatteten Gemächern beherbergen wird, hat sie im abgelegenen Säulengange mehrere neu eingerichtete Zimmer entdeckt, die bisher unbeachtet und verschlossen geblieben waren, zu denen ihr Fuß sie niemals getragen. Dort haben geschickte Arbeiter aus der Stadt mit regem Fleiße geschmückt und geschaffen. In reichen Falten hängen schwer-seidene Stoffe um die hohen, gothisch gewölbten Fensterbogen, welche mit bunten, kostbaren Glasmalereien ausgefüllt sind; wunderbar liebliche Tapeten bedecken ringsumher die alten steinernen Wände; mit rothem Sammet üppig ausgepolstert, laden tiefe, vergoldete Lehnstühle zur Ruhe ein; kleine Tische, mit tausendfältigen Spielereien beladen, schmücken Winkel, Nischen und Ecken, und im geheimnißvollsten, dunkelsten, kühlsten dieser hohen Zimmer, in dessen einziges Fenster dickstämmiger Epheu mit jungen saftgrünen Blättern äugelt, steht ein großes, breites, gar nicht zu beschreibendes Himmelbett, welches der erstaunt und besorgt Fragenden von einer bejahrten, niemals lächelnden Kammerfrau der alten Gräfin voll andächtiger Würde als „ihr hochfürstliches Brautbett" bezeichnet worden ist. Sie hat nicht gewagt, weiter zu fragen und mehr zu erforschen. Sie kann nur grübeln, zweifeln, fürchten — sie begreift nicht, was dies bedeutet, weiß nicht, was ihrer wartet. Und noch hat die Liebe jene Brücke

Gedanken vom stillen, unbelauschten jungfräulichen Lager zu diesem neuen Wohnplatz dunkler Zukunft wandeln möchte. Deshalb geht sie schon den ganzen Tag über nachdenklich sinnend umher; — deshalb machten die Besorgnisse der Eltern auf sie so geringen Eindruck.

Von drei Seiten zugleich leuchteten die Blitze. Tiefe Nacht wurde durch sie zum hellen Tage. In die Seufzer und Klagen der Eltern mischten sich dringende Stoßgebete, an den Einen gerichtet, der den Zug der Wolken leitet und dem Sturm gebietet. Sophia blieb unerschüttert; kein Zucken ihrer Wimpern folgte dem heftigsten Blitz, kein Beben ihrer Glieder dem krachenden Donner. — Da ist der Fürst! — rief sie plötzlich nicht ohne Lebhaftigkeit aus. Sie sah ihn beim Licht des himmlischen Feuers, unbegleitet und hastigen Laufes durch eine kleine Seitenpforte in den Schloßhof bringen. Er ist den Fußpfad herauf über die Felsenseite geklettert, — sprach sie zu den Eltern gewendet, — aber naß wird er sein! Man muß ihm seine Leute mit trockenen Kleidern entgegenschicken! — Ueber die Felsenseite, den steilen Fußpfad herauf? jammerte der Graf.

Er liebt die Umwege nicht, sprach Sophia und schellte den Dienern.

———

Am fröhlich lobernden Kaminfeuer saßen nach Verlauf einer Stunde Vater und Mutter, Bräutigam und Braut. Mit verklärten Blicken sahen die Eltern auf ihr junges, schönes Paar. Zum ersten Male, seitdem sie verlobt, wagte heute der anderswo so kühne Stanislas, schüchtern und verzagt wie ein Schulknabe, die Hand der

hohen Sophia zu faſſen. Sie ließ ihm die Hand, als ob
ſie es aus Gehorſam gegen den künftigen Gemahl, aus
Achtung für die anweſenden Eltern thäte. Aber nicht
eine Regung dieſer Hand verrieth, daß ſie einem lebenden
Weſen angehöre; kein noch ſo leiſes Zeichen gab dem be-
ſcheidenen Frager bejahende Antwort. Unwillkürlich
mußte er nun der Müllerin gedenken. Aermſte Grethe,
der Vergleich, wie ihn der durchlauchtigſte Jüngling jetzt
eben zwiſchen Dir und Deiner Nebenbuhlerin angeſtellt
— zu Deinen Gunſten fällt er nicht aus. Wie eines
trüben Rauſches mußte Stanislas auf die Stunden im
Mühlthale zurückblicken. Zur hellſten Klarheit erwacht,
nahm er Sophia's himmliſche Schönheit, ihre unentweihte Reinheit mit anbetender Begeiſterung wahr, und
als wollt' er Verzeihung erflehen für die flüchtige, bald
beſiegte Untreue an Margarethe's Seite, führte er die
zierlich gegliederte, faſt durchſichtige Hand ſeiner Braut lebhaft an den Mund. Das Erſte, was ſeine Lippen berührten, war der Verlobungsring, den er ihr vor drei Monaten im glänzenden Kreiſe einer vornehmen Geſellſchaft feierlich überreichen dürfen. Ohne zu wiſſen warum, bewegte er
ſeine Linke, nach dem goldnen Pfande zu fühlen, welches der
Graf ihm, dem künftigen Sohne, in der einzigen Tochter
Namen damals an den Finger geſteckt; der Ring war fort!

Wer ihn trägt, mein lieber Leſer, das wiſſen wir
Beide. Der Fürſt wußt' es freilich nicht, aber ahnen
mocht' er's, denn finſtere Runzeln furchten ſich in ſeine
prächtige Stirn, und ſein ganzes Weſen bekam einen Anflug von Düſterheit. Die Unterhaltung ſtockte. Stanislas zog ſeine Rechte von Sophia's kalter Hand zu-

rück und hätte am liebsten seiner Linken den treulosen Finger ausgerissen, der einen so kostbaren, glückverheißenden Reifen nicht besser festzuhalten gewußt.

Da nun die Wetter ausgetobt haben und der helle Mond am blauen Himmel lacht, so dürfen wir uns, hob der alte Graf an, denk' ich, unbesorgt zur Ruhe begeben; unser Fürst scheint ihrer auch bedürftig.

Sie brachen auf und gingen „Ein Jedes in sein Kämmerlein," wohin wir ihnen nicht folgen dürfen, weil daselbst Jeder und Jede ihren eigensten Gedanken nachhängen. Und so weit hat es noch kein Erzähler gebracht, daß er diese genau erriethe. Gewöhnlich sind es des Erzählers Gedanken, die er in solchen Fällen zu Markte bringt.

III.

Frau Margareth saß denn auch in ihrem Stübchen und küßte den gefundenen Ring. Wie sie sich satt geküßt hatte, warf sie ihn auf den Boden, indem sie ausrief: er kommt von ihr! Dann aber rief sie wieder; Stanislas hat ihn aber getragen! Dann warf sie sich zur Erde und kroch in alle Winkel und scharrte in allen Ritzen, bis sie den Ring wieder am Finger hatte, den der Fürst an dem seinigen getragen, und die Küsserei fing wieder an. Dies beschäftigte unsere junge Wittwe so lebhaft, daß sie der Wetter, welche sich dick über dem Thal gethürmet, kaum achtete. Mocht' es blitzen, stürmen und krachen — sie küßte ihren Ring. Gerade als einer der heftigsten Donnerschläge das Haus bis in seine Kellergründe durchdröhnte, und alle Thüren und Fenster in ihren Fugen knackten und klirrten, öffnete sich Margarethens

Stubenthür, und Horrsa, der garstige Horrsa trat ein. Ehe Margarethe noch die herrische Frage, wer ihm erlaube, in ihr Schlafgemach zu treten, vollendet hatte, stand er schon mit seinem Antrage vor ihr. Frau, begann er mit fester Stimme, wenn die Sonne scheint und die Grillen zirpen, ist mir nicht wohl in meiner Haut; dann hab' ich keine Courage und bin maulfaul. Aber bei einem Wetter, wie es gerade heut in den Bergen steckt, fühl' ich mich aufgelegt zu Allem! Da wird einem tüchtigen Kerl beherzt zu Muthe, und er möchte die Welt stürmen! Da hab' ich mir denn dieses Stündlein ersehen, Euch zur Frau zu begehren, — laßt mich ausreden, Margarethe! — Ihr mögt mich nicht. Aber das thut Nichts. Einmal mein Weib, werdet Ihr an mir hangen wie eine Klette. Ich weiß, was ich sage. Noch niemals hat Eine von mir gelassen. Ich war es, der ihnen den Rücken drehte, wenn ich ihrer satt war. Das werd' ich Euch nicht thun; weder Euch, noch der Mühle. Seid mein Weib! Ich weiß, was ich verspreche. Ich weiß auch, was Euch fehlt. Und bildet Euch nicht ein, Einer von den dummen Jungen könnt' Euch genügen. Zehn solche Knäbchen zusammen wie unsere Burschen geben noch keinen Horrsa. Ich bin der Mann für Euch, glaubt mir's und nehmt mich!!

Wie ein heftiger Donnerstoß seinen Eintritt in der Müllerin Zimmer vorbereitet, so bezeichnete ein ähnlicher jetzt den Schluß der frechen Anrede.

Unverschämter Mensch, sagte Grethe, wie mögt Ihr Euch erdreisten, so mit mir zu sprechen? Hab ich Euch jemals nur durch ein freundliches Wort zu solchen Antragen berechtigt? Möcht' ich doch eher zu meinem verstorbenen Manne in den Sarg steigen, als Euch zu meinem Herrn machen! Nie, niemals! Und morgen am Tage verlaßt Ihr die Mühle.

Steht es so? erwiederte Horrja. Hm, ich dachte nicht, daß Eure Wittwenschaft Euch so bequem wäre; meinte, Ihr brenntet vor Ungeduld, sie abzustreifen, wie ein schweres Tuchkleid in den Hundstagen. Sagt mir ein Mal die reine Wahrheit: wollt Ihr gar keinen Mann mehr nehmen?

Bin ich Euch Rechenschaft schuldig? rief hocherröthend die Gepeinigte.

Und den Purpur auf ihren Wangen wahrnehmend, lachte Horrja spöttisch auf: Also denkt Ihr wirklich an einen von den zwei Gelbschnäbeln? Nun, gut bekomm's. Aber nehmt ihn wohl in Acht, bis er Euch in's Brautbett folgt, sonst könntet Ihr ihn eines Tages mit zerschlagenen Gliedern vor Eurer Thüre als Krüppel finden. Versteht Ihr mich? Aufgeblasenes Weibsbild! Ist doch bekannt, wer Eure Mutter gewesen, wenngleich über den Vater die Leute verschiedener Meinung sind. Sei's drum, morgen verläßt Horrja die Mühle. —

Grethe blieb allein, den wilden Kämpfen in ihrer Brust preisgegeben. Abneigung gegen den zudringlichen Werber, unbezwingliche Sehnsucht nach Stanislas stritten in ihr mit der quälenden Angst, durch Horrja's letzte Worte hervorgerufen. Gespenstig stand die alte Sibylle vor ihrer Einbildungskraft, und wie eine unabweisliche Zauberformel schlugen die nur halbverständlichen Worte, die sie ihr aus dem Dornenbusch entgegengekreischt, wieder an ihr Ohr. Sie fühlte sich gedrungen, Silbe bei Silbe willenlos in's Gedächtniß zurückzurufen. Da kam sie auch an die Worte: denn ich weiß den Liebestrank zu bereiten! und kaum hatte sie diese in ihrer tiefsten Bedeutung durchgedacht, als ein Fieberfrost wildester Begier mit unbesieglicher Gewalt sie durchschüttelte, das Herz in ihrem Busen krampfhaft zusammenpressend. Dem Wahnsinn nahe warf sie sich auf's Bett, raufte ihre Haare, drückte vor Kälte klappernd ihren Kopf in die Kissen und riß gleich nachher, weil sie sich im Feuer zu verzehren meinte, ungestüm ihr Kleid in Stücke. Sie trieb es arg, die schöne Grethe; man könnte ihr zürnen, wenn wir nicht alle Eva's Kinder wären.

Luft! frische Luft! schrie sie dann weinend, von banger Raserei erschöpft, und stieß die Laden, die Fenster weit auf. Siehe da: das Gewitter hatte sich zertheilt, getrennte Wolken ließen ganze Stücke voll Sternenhimmel durch, und derselbe Mond, der in sanfter Klarheit die hochgebornen Bewohner des Falkenschlosses angelächelt, strahlte mit seinem räthselhaften Lichte auch auf die niedrig geborne Müllerin. Sie streckte ihre nackten, weißen Arme nach ihm empor, als wollte sie ihn zu ihrem Beistande herabrufen. Aber er kam nicht; recht wie ein vornehmer Herr, zu dem die Armen sich hin bemühen müssen, wenn sie Hilfe bei ihm suchen. Ach, Grethe hätte sich so gern zu ihm hinaufziehen lassen, wäre es möglich gewesen, hätte gern ihr irdisches Theil der Erde gegönnt und wäre mit dem, was göttlich in ihr waltete, — denn in jedem liebenden Herzen, auch wenn es zuckt und bricht, wohnt Gott, — ihrem Leib entflohen. Doch hielt der Leib sie so fest, und der Mond lockte nur, er erhob sie nicht. Elf Mal schlug die Wanduhr, und der alte Kuckuck im kunstreichen Werke wiederholte mit seiner hölzernen Stimme den Stundenschlag. Noch eine Stunde nur, sprach Grethe in's Grüne hinaus, und der Tag des Herrn beginnt. Eine sanftere Stimmung schien sich ihrer bemächtigen zu wollen, und schon neigte sich das wogende Herz gläubig zu frommer Entsagung, als wiederum das Bild der Zigeunerin und mit diesem die Erinnerung an deren Worte in ihr auftauchte. Hier oben findest Du mich immer von Sonnabend zu Sonntag, um zwölf Uhr in der Nacht.

Elf hat es geschlagen; bis Zwölf kann der Berg, wo ich sie traf, erstiegen sein! Den Liebestrank versteht sie zu bereiten! der Mond scheint — Gott sei mir gnädig, es muß geschehen! Bald war ein Mäntelchen über Grethens zerstörten Anzug geworfen, eine Börse voll schwerer Goldstücke eingesteckt, und mit einer Kraft, mit einer Gewandtheit, wie sie ihr in ruhigem Zustande niemals zu Gebote gestanden haben würden, schwang sie sich über die Fensterbrüstung hinaus, hing nur eine Sekunde lang, mit den Händen festgeklammert, unschlüssig in der Luft, ließ sich dann dreist auf den Erdboden fallen, kam glücklich auf beide Füße zu stehen und verfolgte alsogleich den kürzesten Weg, indem sie den Mühlgarten quer durchschnitt. Ein dumpfes Geheul, dem Jammern eines im tiefsten Keller versperrten Hundes ähnlich, hemmte ihren raschen Gang. Sie horchte auf und glaubte die heisere Stimme des treuen Sultan zu hören; wirklich stand sie auf dem kleinen Grabhügel, den die Burschen ihm gewölbt. Noch einmal sank ihr Muth; schon wollte sie umkehren. Da trat der Mond wieder in voller Macht hervor; dies Erscheinen galt ihr als Zeichen der Ermunterung; sie überstieg den Zaun des Gartens, und binnen drei Viertelstunden fand sie sich, athemlos vom raschen Steigen, am Ziele der unseligen Wanderung. Dort zeigte sich jenes struppige, wildverwachsene Dorngebüsch; leicht kenntlich, weil es das einzige auf dem Kamme der Berge war; man sagte, es verhülle in seiner weiteren Ausdehnung den Eingang zu verrufenen Höhlen. Kalter Winter strich über die Berge. Margarethe klimperte vor Angst mit den Goldstücken in ihrer Tasche, ob es ihr vielleicht gelingen möchte, durch diesen Klang die ersehnte Gefürchtete aus dem Schlupfwinkel hervorzulocken, da sie den Namen „Sibylle" laut auszusprechen nicht Kraft genug in sich verspürte. Lange währt' es auch nicht, so zeigte sich das Schreckensweib. Schon heute, schönes Töchterlein? rief sie der verbleichenden Grethe entgegen. Und was bringst Du mir?

Mit zitternder Hand hielt die Müllerin das Gold im Schatten des Mondes der Alten vor die Augen, die es hastig nahm und dabei murmelte: nicht für mich, welche des Plunders nicht bedarf; nur zu frommen Werken! Auch wollt' ich nicht fragen, was Du mir bringst! Ich wollte hören, was Du von mir verlangst! Womit kann die weise Mutter des Berges ihr üppig Töchterlein beglücken?

Jetzt oder nie, dachte Grethe; hab' ich den Weg hierher gewagt, bin ich den bösen Mächten verfallen, nun, so sei auch die verbotene Frucht gepflückt! Und bringt sie mir Tod, desto besser! Sibylle, so sprach die Müllerin laut und vernehmlich, Du verstehst den Liebestrank zu bereiten! Ich bedarf dessen! Ich hab' ihn gesehen, den ich besitzen will! Was muß ich thun, daß er mein werde?

Mir gehorchen! Weiter Nichts! Aber eh' wir beginnen, ist Eins nöthig, und das wird schwierig sein. Einen güldenen Ring müssen wir haben, den Dein Auserwählter mindestens durch drei und dreißig Nächte an seinem Finger getragen, und einen solchen —

Besitz' ich, rief Margareth so laut und jubelnd, daß es in den Bergen wiederhallte.

Du hast ihn schon? Ei, Du bist mein kluges Kind. Dann können wir schon ohne Aufschub zum Beginn schreiten. Folg' mir in mein steinern' Gemach; und wenn Du Dich am Dorngebüsch ein wenig ritzen solltest, acht' es nicht, Grethchen: wir brauchen ohnedies warmes Blut zum Tränkchen, nebst andern guten Dingen. — Gierig griff die Alte mit ihren dürren braunen Krallen in Margarethens vollen Arm und zerrte die Willenlose wie ein Opfer hinter sich her. Der Mond verhüllte sich schamhaft in dicke schwarze Wolken, und tiefe Nacht trat ein.

IV.

Welch' ein herrliches Paar! ging es durch die Reihen der Gäste und der Dienerschaft von Mund zu Mund, als Fürst Stanislas an Sophia's Seite aus der Schloßkapelle kam. Sie war ernster, als je. Daß Stanislas den Verlobungsring verloren, war ihr schwer auf die Seele gefallen, und sie, jedem Aberglauben so fern, fühlte sich von diesem Zufall wie von dem Gewicht einer traurigen Ahnung bedrückt. Deshalb hatte sie alle Voranstalten zu einem rauschenden Hochzeitsfeste bittend rückgängig zu machen gewußt, und der lange Tag schlich, da die Trauung bereits am Morgen geschehen war, ohne Sang, ohne Tanz, ohne heitere Spiele, nur durch ein glänzend-kaltes Mahl unterbrochen, einförmig und freudlos dahin. Mit feuriger Ungeduld zwar, aber dennoch mit düstrer Vorempfindung harrte Stanislas der Abend-Dämmerung entgegen, vor deren Geheimnissen Sophia fast weinend erbangte. Auch die Eltern konnten das Entzücken nicht wiederfinden, mit welchem sie längst schon auf den ersehnten Abend geblickt. Ueber alle Bewohner des Schlosses schien ein grauer Schleier ausgebreitet zu sein, unter dem sie beängstigt athmeten.

Schon hatte die Sonne scheidend einen schönen Morgen verkündigt; schon suchten die Schwalben ihre Nester, schon schwebten hungrige Fledermäuse wie abgeschiedene Geister durch des Schlosses lange Gänge; schon brannten buntvergoldete Wachskerzen im Gesellschaftssaale, — als der Kammerdiener des Fürsten in die Thüre trat und den Gebieter durch einen bescheidenen, doch verständlichen Wink abrief. Durchlaucht, sprach er draußen zu ihm, da ist ein wunderlich aufgeputztes altes Weib, einer Zigeunerin ähnlich, und will durchaus mit Euer hochfürstlichen Gnaden sprechen. Sie giebt vor, die wichtigste Kunde zu bringen, und läßt sich nicht abweisen. Ich sollte nur den Namen „Rosaura" nennen, dann sei sie sicher, vorgelassen zu werden. Nun hatte Stanislas in seinem ganzen Leben keine Rosaura gekannt, und darum gerade machte die Zuversicht der Fremden ihn neugierig, zu erfahren, was sie mit ihrer Rosaura von ihm wolle. Er befahl sie in die von ihm bewohnten Gastzimmer zu bringen, und als sie daselbst fast zugleich mit ihm eintrat, wendete sie sich halb kriechend, halb gebietend an den Kammerdiener, den sie beschwor, ihr mit des Herrn Vergünstigung einen Becher guten Weines zu holen, da sie der Erquickung nach langem, beschwerlichem Marsche höchst bedürftig sei. Der Fürst gab Erlaubniß, daß der Kammerdiener den begehrten Labetrunk herbeihole, und seinem Befehle, der Kellermeister möge eine Flasche Rheinwein senden, fügte Sibylle den Nachruf bei: und zwei Gläser! — Sollen wir etwa miteinander zechen, krumme Hexe? fragte der Fürst höhnisch. Sibylle aber ließ sich weiter nicht irre machen und erwiederte nur: wär' es doch nicht zum ersten Male, daß ich mit Fürsten pokulirte. Dann nahm sie eine kleine verbogene Brille aus ihrem Schubsack, gab ihr die nöthige Form und betrachtete, nachdem sie die scharfen Gläser auf ihre krumme Nase gezwickt, den jungen Ehemann mit vergnüglichen Blicken, ohne ihn anzureden.

Werd' ich bald erfahren, rief jener unwillig aus, was es mit Deiner Rosaura soll? Aus welchem Narrenhause trugst Du die Bestellung?

Du hast Recht zu schelten, mein Sohn, sprach mit verlegenem Zögern die Alte. Sibyllchen hat diesmal einen dummen Streich begangen. Sie hat sich von der schönen Rosaura und deren Jammer irre führen lassen; Du bist gar nicht, den wir suchen; mein Auftrag gilt einem Andern! O weh mir, daß ich die kostbare Zeit verloren! Ach weh' mir Aermsten, wie wird die stolze mächtige Rosaura zürnen! Mein Lohn ist dahin, mein schönes Gold ist dahin!

Krächze nicht, habsüchtige Vettel, sagte der Fürst. Nimm diese Börse als Entschädigung und zieh' Deines Weges.

Nicht ohne dieses reiche Geschenk vergolten zu haben. Sibylle bleibt Nichts schuldig. Reiche mir Deine Hand, schmucker Jüngling, ich will Dir wahrsagen.

Ungläubig gab ihr Stanislas seine Linke!

Hm, hm, flüsterte das Weib, da steht's närrisch aus: Glück und Unheil, Wonne, Lust und Elend bunt durcheinander.

Zigeunergeschwätz, meinte der Fürst achselzuckend.

Zigeuner? Ja, Zigeuner nennt Ihr uns, weil Ihr's nicht besser wißt. Mein Vater war, — und hier richtete sie sich stolz empor, und ihr Auge funkelte mächtig durch die grünen Brillengläser — mein Vater war aus indischem Königsstamme, ein anderer Fürst, als Du und Deines Gleichen! — —

So beliebe es Deiner Majestät fortzufahren, denn meine Geduld geht zu Ende! —

Krumm und gebückt in ihre erste Stellung zurückfallend, betrachtete Sibylle immer emsiger des Fürsten Hand. Da seh' ich einen Ring am Finger, — aber es ist Täuschung; der Ring ist nicht mehr da. Wo hast Du den Ring, Unglücklicher?

Weiß ich's? rief Stanislas, bang' erstaunt über die Zaubergaben des Weibes; ich hab' ihn verloren.

Schlimm, sehr schlimm, mein Söhnchen; das bedeutet . . . .

Bei diesen Worten trat der Kammerdiener mit der Flasche und den Gläsern ein; der Fürst hieß ihn sich sogleich wieder entfernen und schloß sorglich hinter ihm die Thür.

Was bedeutet's, alte Eule? Vollende!

Je nun, daß Eure junge Frau Euch nicht treu bleiben wird.

Mir! nicht treu? Mir? Und als er dies aussprach, warf er sich stolz und zuversichtlich in die Brust: Wärst Du nicht so tief unter mir, Satan, ich erdrosselte Dich mit eigener Hand für dies schandbare Wort.

Thut, was Ihr mögt und dürft, junger Herr, erwiederte die Zigeunerin jetzt mit ganz anderer, kräftigerer Stimme! Aendern werdet Ihr Nichts, und wenn Ihr mich spießen und braten laßt. Ich nehm's Euch nicht übel, daß Ihr zornig seid. Will Keinem in den Kopf, daß ihm die Ansätze zu den Hörnern schon in der Stirn stecken; hilft aber Alles Nichts. Ja, Fürst, ich schenk' ein und bring's Euch. Auf eine glückliche Nacht! Und weil Ihr meinem Schaden Mitleid gegönnt, und weil Ihr mich reich beschenkt, so will ich Euch beweisen, daß edles Blut in meinen Adern rollt, daß ich aus wahrhaft königlichem Stamme bin, will's Euch durch Großmuth beweisen. Hier, füllt Euer Glas zur Hälfte und jetzt laßt mich den Inhalt dieses kleinen Fläschchens dazu gießen. So! Seht Ihr, Herr, jetzt habt Ihr's in Eurer Macht: trinkt diesen Saft, eh' Ihr in's Brautbett steigt, und Euer Weib ist mit unauflöslichen Banden an Euch gefesselt; Ihr seid ihrer auf immer gewiß. Das Arcanum ist uralt in unserem Stamme; unfehlbar ist's, und so hat sich's bewährt seit Jahrtausenden. Ihr lächelt? Kennt Ihr die Geheimnisse der Natur? Habt Ihr sie ergründet? Wißt denn, meines Trankes Gluth duftet in balsamischen Tropfen aus Euren Poren, und die während dieser Nacht in Euren Armen lag, kann sich nie mehr einem Anderen ergeben! — Ihr zweifelt noch? Wohlan denn, gießt das schlechte Gebräu zum Fenster hinaus! Was thut's mir! Ich habe Dankes Pflicht erfüllt. Jetzt aber öffnet die Thür und gebt mir meinen Abschied.

Stanislas rief den Kammerdiener und befahl ihm, das Weib unbemerkt aus dem Schlosse zu schaffen. Während dieser sie durch die kleine Seitenpforte des Hofes entließ, vernahm er noch aus ihrem murmelnden Selbstgespräch die ihm unerklärlichen Worte: ob er trinken wird? Ob? Ha, er müßte kein Mann sein! — —

Da saß denn Stanislas allein und nachdenklich vor dem Tisch, und dicht vor ihm der Zaubertrank. Trotz seines gerechten Mißtrauens gegen die Alte hatten ihre Aeußerungen ihn doch innerlich erregt. Auch Gebildete und Vornehme, ja sogar Gelehrte und Priester glaubten damals noch an Hexerei und Teufelsspuk! — Daß Sibylle den Mangel des verlorenen Ringes zu entdecken vermocht, gab in des Fürsten Meinung auch ihrer Prophetenkunst einiges Gewicht, und Sophia's Benehmen war in diesen letzten Tagen, die doch eigentlich schon der innigsten Annäherung zweier Liebenden gewidmet schienen, noch kalt und zurückhaltend genug gewesen, um Zweifeln an wirklicher Liebe von ihrer Seite Raum zu gönnen! Wenn nun am Ende gar ein bisher ungeahnter Nebenbuhler im Hintergrunde lauerte? Wenn die schauderhafte Vorherverkündigung der Zigeunerin über kurz oder lang in's Leben treten, wenn des Fürsten Ehre so gekränkt werden könnte? — Und dennoch, nein, es ist nicht möglich, diese reine, himmlische Gestalt, dieses Abbild jeglicher Tugend kann nicht sinken. — Aber auch Sophia ist ein Weib — und Weiber, mögen sie Engel scheinen, bleiben doch schwache Weiber! — Wie, wenn ich den Römer leerte!? — Doch wer weiß, was er enthält!? Ob vielleicht nicht gar Gift oder sonst ein unheilvolles — .... schon streckte er die Hand nach dem Glase, schon führt' er's an den Mund und sog den verführerischen Duft gierig ein. Seltsam, je länger er es hielt und prüfte; desto weniger war er im Stande, sich wieder davon zu trennen. Aber eben so wenig war er vermögend, sich, so lang' er den Geruch des Trankes spürte, das Bild seiner jungen Gemahlin, mit welcher doch seine ganze Seele gerade so lebhaft beschäftiget gewesen, klar und deutlich in's Gedächtniß zu rufen. Immer war es, wie wenn aus dem grünen Becher ein Auge blickte, und um dieses Auge formte sich dann ein Antlitz, und dieses Antlitz gehörte — Grethen, der Müllerin. Stanislas strengte sich gewaltsam an, der edlen Gattin zu denken, sich auszumalen, wie sie mit Thränen und rührenden Bitten seinen Umarmungen sich hingeben werde; — wider Willen sah er Margarethen und sich, sie umschlingend, neben ihr im Grase sitzen. Ein niegefühlter Durst begann ihn zu quälen. Er setzte den Römer an den Mund, versuchte zu nippen, und kaum

unfähig abzusetzen, ihn bis auf den Grund leerte. Im
Augenblick empfand er die Wirkung: wollüstige Wärme
durchdrang ihn von Kopf zu Fuß, jedes Bangen war
gewichen, neue Lebenskraft rieselte durch seine Adern.
In diesem Zustande erhöhter Jugendlust fand ihn sein
würdiger Schwiegervater, der bescheiden zu ihm trat,
ihm zu melden, daß Sophia bereits von den Frauen in's
Brautbett geleitet, und daß es wohl des Gatten Pflicht
sei, ihr zu folgen. Beide Hände legte der Greis mit
frommer Würde zum Segen auf des Jünglings Haupt
und entfernte sich, sanft lächelnd, wie er gekommen. An
gehorsames Schweigen gewöhnt entkleidete jetzt der
Kammerdiener seinen fürstlichen Herrn, ohne des Besuches der Zigeunerin und des unerklärlichen Zwiege-
spräches weiter noch zu erwähnen; wenngleich bang
erstaunt, seinen Gebieter in einem noch niemals beobach-
teten Zustande der Aufregung zu erblicken, schob er die
Schuld davon auf die schöne Stunde, welche nächtlich
des jungen Ehemannes harrte. Einen silbernen Arm-
leuchter vor ihm hertragend, führt' er ihn pflichtgemäß
bis an den Eingang zum Brautgemach und legte, als er
sich dort von ihm trennte, alle tiefempfundenen Glück-
wünsche des ergrauten und vom verstorbenen Fürsten-
Vater auf den Sohn überkommenen Dieners in eine
lange, stumme Verbeugung.

Einem Wilden, Berauschten ähnlich stürzte Stanislas zu Sophien, die mit gefalteten Händen betend da
lag, vom bleichen Schimmer der alabasternen Ampel
beschienen, wie ein Marmorbild anzuschauen. Heftig
riß er sie empor, daß die Zarte laut aufschrie; wüthend

zog er sie an seine Brust; aber mit einem Blick, der sie im Feuer verzehren zu wollen schien, stieß er sie wieder von sich, daß sie taumelnd in die seidenen Kissen sank. Du bist's nicht! rief er zürnend aus, und bevor die halb Ohnmächtige ihn über die Bedeutung dieses wahnsinnigen Wortes befragen konnte, war sie allein ihren Thränen, ihrem herzdurchbohrenden Jammer überlassen. Am nächsten Tage fand man sie, heftigstem Fieber zur Beute, auf ihrem jungfräulichen Lager; der Fürst war verschwunden, Niemand konnte eine Spur von ihm entdecken; nur der Burgwächter sagte aus, daß er in vergangener Nacht eine Gestalt im weißen Gewande, wie Mondsüchtige etwa thun, über die Mauer habe steigen sehen, und daß er, aus Furcht vor Gespenstern, unterlassen habe, darnach zu rufen oder sie zu verfolgen.

Stanislas schien verloren, und Sophia mußte für eine bräutliche Wittwe gelten.

In welche Trauer hochgräfliche Sippschaft und sämmtliche Einwohnerzahl des Falkenschlosses versank, brauch' ich Dir, mein gütiger Leser, wohl nicht erst zu schildern. Graf und Gräfin wichen nicht vom Bette der geliebten Tochter und lauschten ihren wirren Reden, aus denen sich eben nichts Anderes entnehmen ließ, als daß sie böslich und auf kränkende Weise verschmäht und verlassen worden. Der Schloßkaplan ordnete eine Betübung um die andere an, so daß Jung und Alt schier gar nicht mehr von den Knieen auf die Füße kamen. Aber das brachte den Fürsten nicht wieder.

Nur sein Kammerdiener war der höchst irreligiösen Meinung, um einen Verlorenen zu finden, sei nach ihm zu suchen ein besseres Mittel, als für ihn zu beten, und durchkreuzte die Gegend ringsumher; nicht ohne dabei nach der ihm höchst verdächtigen alten Zigeunerin zu forschen. Auch seine redlichen Bemühungen blieben fruchtlos, und als er ermattet heimkehrte, theilte er seine Befürchtungen mit, indem er erzählte, was er am Hochzeitabend gesehen und gehört. Daß Hexenkunst im Spiele sei, daran zweifelte nun wohl keine Seele im ganzen Schlosse mehr. Waren doch zu jener Zeit noch viele arme Weiber, lediglich weil sie entzündete Augenlider hatten, gefoltert und ersäuft worden. Die geheimnißvolle Sibylle, wie des Fürsten Kammerdiener sie sammt ihren Aeußerungen bei'm Ausgang aus dem Schloßhofe beschrieb, wollte der gräfliche Justizamtmann nun gar verbrennen lassen. Aber die Nürnberger hängen Keinen, es sei denn, sie hätten ihn zuvor; und so hielten sie's auch auf Falkenschloß mit dem Verbrennen.

Sophia's Zustand fing sich nach Verlauf der zweiten Nacht sichtlich zu bessern an; sie wurde ruhiger, redete nicht mehr irre und zögerte nicht mehr, der geliebten Mutter ihre ganze Seele zu öffnen. Da kam denn eine merkwürdige Veränderung zu Tage. Die scheinbar Kalte, Gleichgültige, von Erdenliebe Unberührte war glühend, zärtlich, sehnsuchtsvoll geworden; was süße Worte und schmachtende Blicke des Liebenden nicht vermocht, das hatte Eifersucht gethan: sie zitterte, ihn in den Armen einer Anderen zu wissen, und ließ sich's nicht ausreden, der Fürst sei nicht toll, er sei treulos!

Neue Bedenklichkeiten! Neue Zweifel!

Neue Gebete des Schloßkaplans!

In diese bedenklichen Zweifel, in diese zweifelhaften
Gebete trat unerwartet Gewißheit, und zwar durch eine
sehr widerwärtige Person: durch den uns längst bekannten
Müller Horrja, der auf dem gräflichen Schloß
erschien, seiner Rache freien Lauf zu lassen. Die Kunde
vom weggezauberten fürstlichen Bräutigam war bis in's
Mühlthal gedrungen. Grethe, die Müllerin, ward in
in ihrer Behausung zu gleicher Zeit vermißt. Horrja
hatte bald erlauert, daß hier ein Zusammenhang stattfinden
könnte; hatte sich's nicht verdrießen lassen, eine
Nacht im Freien zuzubringen, und konnte nun die sichere
Nachricht mittheilen, daß in der Grotte des Felsenvorsprungs,
der seit der Sündfluth über die Mühle hinhängt,
seine Meisterin mit einem Fremden weile, und
daß er ein Hexenungethüm bei Mondlicht habe ein- und
auskriechen sehen. Dieser Bericht setzte das ganze
Schloß in Bewegung; Jäger und Diener bewaffneten
sich mit Flinten und Schwertern; Weiber und Kinder
mit Rosenkränzen; der Schloßkaplan ergriff ein Kreuz;
der alte Graf bestieg sein bestes Roß und führte, Horrja
an der Seite, den langen Zug nach der Mühle an.
Gräfin Mutter blieb bei Sophien, die Unglückliche mit
frommen Formeln zu trösten, welche jedoch nicht mehr
verfangen, welche nicht mehr genügen wollten. Die
Jungfrau war zum Weibe geworden, durch ihre Gedanken.

Als die Schaar vor der Mühle erschien, gafften die dummen
Mägde mit glotzenden Augen und offenem Munde
aus dem Küchenfenster. Jakob und Ulrich, auf stillstehende
Mühlräder gelehnt, sahen betrübt mit dumpfer Erge-

bung darein. Horrja beurlaubte sich vom Grafen, indem er anzeigte, er wolle hinter der Mühle emporklimmen, um oben das Paar aus der Grotte zu locken. Einige Jäger, die jüngsten und rüstigsten, wurden beehligt, ihn zu begleiten; sie konnten nur schwer zum Gehorsam vermocht werden, und erst, nachdem der Kaplan sie von oben bis unten mit seinem Weihwedel besprengt und angefrischt, entschlossen sie sich, dem muthschnaubenden Horrja zu folgen, der so rasch kletterte, daß er einen großen Vorsprung gewann und sehr bald die Felsenkuppe erreicht hatte, von der er sich gewandt herabschwang und auf einem Berghollunderstrauch, handhoch über dem Eingang zur Grotte, sitzen blieb. Mit vorgebeugtem Haupte rief er in die Höhle hinein: Margarethe, verfluchte Zauberin, zeige Dich dem irdischen Gerichte! — Ein gellender Schrei drang aus der Grotte, und schon sprang Grethe, einer Tigerin zu vergleichen, die ihre Kleinen vertheidigen will, an's helle Licht des Tages. Welch' ein Anblick! Fürchterlich-schön war sie zu betrachten.

Was wollt Ihr? schrie sie hinab zu der unten versammelten Menge; warum stört Ihr die Freuden meiner Brautnacht? Was begehrt Ihr?

Meinen Sohn, den Fürsten, antwortete der Graf; im Namen Gottes und aller Heiligen gieb ihn heraus!

Seid Ihr thöricht? Das Herz könnt Ihr aus der Brust mir reißen, nicht Stanislas aus meinen Armen. Und was hilf' es Euch, wenn ich ihn hergäbe? Möchtet Ihr ihn führen durch's ganze Land — so wie ich seinen

Namen ausspreche und ihm befehle zu kommen, muß er ja doch mir folgen! Da, seht selbst!

Mit dem Ausdruck höhnischen Trotzes rief sie Stanislas! Augenblicklich wankte der Fürst aus der Grotte, blaß, mit verwildertem Haar, wie ein Sterbender, und stürzte anbetend zu ihren Füßen.

Was meint Ihr nun? Nützt er Euch noch? — Mein ist er, nur mein! Den Liebestrank hat er getrunken, seinen Ring trag' ich am Finger, und erst mit meinem Tode erlischt der Zauber.

So erlösch' er jetzt gleich! brüllte Horrja; von seinem Hollunderstrauch auf sie springend, riß er die Müllerin mit zu Boden und bohrt' ihr, eh' die vorsichtig herabsteigenden Jäger zu Hilfe kommen konnten, ein scharfes Messer in die bloße Brust.

Stanislas! röchelte noch einmal die Getödtete, dann erstickte sie im Strom ihres dunklen Blutes.

Bei der letzten Zuckung, welche durch ihre Glieder ging, sank Stanislas den Jägern in die Arme, als ob er auch todt wäre! Behutsam wurd' er in's Thal, langsam nach Falkenschloß gebracht; sie trugen ihn, wie einen verwundeten Krieger aus der Schlacht, auf zusammengeflochtenen Zweigen.

Horrja zog den Ring von Grethens Finger, eilte damit auf's Falkenschloß, empfing eine reiche Belohnung und verließ bei Nacht und Nebel jene Gegend.

Jakob und Ulrich verscharrten, als erst wieder Dunkel auf den Bergen lag, den Leichnam der Geliebten, von ihren Thränen gebadet, im Garten neben Sultan's

Grab. Dann sagten sie der Mühle Lebewohl und zogen mitsammen in die weite Welt. Auch die dummen Mägde zerstreuten sich, indem sie Kreuze über Kreuze schlugen.

Nach etlichen Tagen, bevor noch das Gericht eingeschritten war und Haussuchung gehalten hatte, brannte die Mühle nieder. Man will in den Flammen ein altes Weib gesehen haben; Einige sagen, es sei mit verbrannt; Andere behaupten, Sibylle habe des Müllers Gold aus dem Brande gerettet und sei dann auf und davon gegangen.

Mir scheint, die Mühle hat ursprünglich „Grethen-Mühle" geheißen und ist erst später in Volkes Munb zur „Kröten-Mühle" geworden. Nun, Kröten, wie gesagt, hat's genug im Sumpfe, der ein Teich war.

Fürst Stanislas erholte sich gar bald bei guter Pflege und jugendlicher Kraft zur vorigen Schönheit. Der Zeit in der Grotte wußt' er sich nur wie eines Traumes zu erinnern und wünschte nicht, daß man davon redete. Völlig genesen, gab er seiner schönen Gemahlin das Glück in reicher Fülle, dessen sie so würdig; sie liebten sich sehr, waren mildthätig, fröhlich und guter Dinge; begruben in Schmerzen die Eltern, erzogen in Freuden ihre Kinder; und wahrhaftig, wenn sie nicht gestorben wären, könnten sie heute noch leben.

Erzählende Schriften

von

Karl von Holtei.

Sechster Band.

Kriminalgeschichten VI.

Breslau,
Verlag von Eduard Trewendt.
1861.

Kriminalgeschichten

von

Karl von Holtei.

Sechster Band.

Breslau,
Verlag von Eduard Trewendt.
1861.

I.
Der Handkuss.

1.

Großhändler Enoch*) gab einen glänzenden Ball, den letzten vor Eintritt der Fastenzeit. In den achtziger Jahren des vorigen Jahrhunderts wurde noch getanzt, das heißt: man legte noch Werth auf anmuthige Haltung, edle Geberden, sittsames Benehmen und suchte die Freude an dieser geselligen Belustigung vielleicht mehr in einem eitlen zur Schau tragen seines für dergleichen Uebungen ausgebildeten Geschickes, als in der Bewegung selbst, welche allerdings auf graziöse, streng zu beob-

---

*) Unangenehme Erfahrungen bestimmen den Verfasser, hier ausdrücklich zu bemerken, was sich für den wohlwollenden Leser eigentlich von selbst versteht, und was auch für seine anderen Erzählungen gilt, daß die in dieser Geschichte genannten Namen willkürlich erfundene und ohne irgend einen Zusammenhang mit der wirklichen Begebenheit sind. Der Erzähler, der sich gezwungen sieht, seinen Menschen Namen zu geben, weil ohne solche Bezeichnung es unmöglich werden würde, deutlich und verständlich zu bleiben, verstößt oft wider Willen bei Familien, welche darin eine Absicht erblicken, die ihm fern lag. Ich protestire gegen jede ähnliche Deutung. Ist man doch kaum im Stande, Namen zu ersinnen, denen man nicht hier oder dort später im gewöhnlichen Leben begegnete. Und das läßt sich nun einmal bei größter Vorsicht durchaus nicht vermeiden.

achtende, abgemessene Formen beschränkt blieb. Jedenfalls gewährte der Anblick solches Tanzfestes zu jener Zeit, und auch noch im ersten Zehntheil unseres neunzehnten Säkulums, ungleich größere Befriedigung als die heutzutage eingerissene wildstürmende, jedem guten Geschmacke, nicht selten jeder Wohlanständigkeit entfremdete Raserei, die aus einem Ballsaale den Schauplatz rücksichtslosen Taumels macht, und die unsere Vorfahren, könnten sie aus ihren Grüften steigen und Zuschauer werden, entsetzen müßte. Sie hätten nie für möglich erachtet, daß „gebildete" junge Herren einst wagen würden, in Stiefeln umherzustampfen, welche mit hohen Absätzen den parkettirten Boden dröhnen machen und sichtbare Spuren der Gewalt hinterlassen. Und ehe ein wohlerzogenes Mädchen den jetzt üblichen Wendungen, Berührungen, Umschlingungen überantwortet worden wäre, hätten es die Eltern hinter Schloß und Riegel verwahrt. Aber damals wie jetzt war der Tanz Erwecker, Beförderer, Vermittler zärtlicher Neigungen, und mancher Jüngling, manche von strenger Aufsicht umgebene erblühende Jungfrau, manche leichtsinnige, eroberungssüchtige Schöne sehnten sich nach dem Abend, wo mitten im Gewühle der großen Welt ein Blick, ein Wink, ein verstohlenes Zeichen sagen durften, was der Mund nicht zu sprechen wagte.

In diesem Punkte ähneln sich alle Zeiten, alle Jahrhunderte, mögen Trachten, Bräuche, Sitten und Unsitten sich noch so unähnlich sein. Auch der Ball beim Großhändler Enoch machte keine Ausnahme in öffentlichen und heimlichen Liebesangelegenheiten, von denen letztere, wie sorgsam deren Träger und Pfleger sich immer verstecken, bisweilen öffentlicher behandelt, umständlicher besprochen und durchgehechelt werden, als die offen zur Schau getragenen.

So wußte Alt und Jung in der großen, wunderlich gemischten Gesellschaft, welche durch Herrn Enoch's Prachtgemächer wogte, daß die Tochter des Hauses, umgeben von Anbetern jeden Alters und Ranges, wie alle reichen und schönen Erbinnen, aus sämmtlichen nicht viel zu machen und deren nur zwei auszuzeichnen schien, zwischen denen ihre Wahl vielleicht noch schwankte. Der Eine gehörte zu den beim kaiserlichen Reichshofrath angestellten „ordentlichen Agenten," was so viel sagen will als Anwalt, beeidigter Rechtsfreund bei diesem höchstpreislichen Körper und bei der Reichskanzlei. Er war ein junger, überaus hübscher, fast gar zu zierlicher Mann, welcher die für eine künftige Gattin dreifach wohlklingenden Namen Constantin Ritter von Liebfromm trug. — Der Andere, ein ebenfalls junger Hauptmann vom und von Genie, Isidor Baron Armoni, einziger Sohn des höchst einflußreichen, bei der Regierung wohl accreditirten, allgemein verehrten Reichshofrathes, — den wir; da hier der seltene Fall eintritt, daß die Beisitzer des hohen Collegiums ganz den nämlichen Titel führen, der dem Collegio selbst zugelegt wird, um Verwechslungen und Undeutlichkeiten zu vermeiden, uns erlauben wollen, bisweilen kurzweg „Hofrath" zu nennen.

Obgleich nun Ritter Liebfromm vom Vater, der ihn

protegirt und für sein Amt examinirt hatte, fortdauernd begünstigt wurde, hielt sich der Sohn ziemlich fern von ihm. Ja, der Hauptmann und der Reichshofraths-Anwalt galten für entschiedene Feinde, was Jedermann auf ihre Nebenbuhlerschaft um Leonorens Gunst schob, und was der weltmännische, gewiegte, friedliebende Hofrath durchaus nicht schwer nahm. Mag mein Isidor, ließ er verlauten, nur zusehen, wie er mit dem lieben Mädchen sich stellt. Mir wird sie eine höchst willkommene Schwiegertochter sein, aber ich werde wahrlich die Verdienste meines fleißigen, unterrichteten, bescheidenen Liebfromm nicht weniger schätzen oder ihn gar anfeinden, wenn es ihm gelingen sollte, dem Hauptmann den Rang abzulaufen. Das sind keine Amtssachen; das muß solch' junges Völkchen unter sich abmachen.

So ließ Baron Armoni der Vater gern verlauten. Ob er es genau so meint? Ob er nicht, von Isidor's Vorzügen durchdrungen, ganz verschieden dachte? — Das wollen wir für jetzt nicht untersuchen. Wer aber wirklich so verständig und human dachte, das war Vater Enoch, dem ein schwerer Stein vom Herzen fiel, da er den Hofrath sich zum ersten Male in diesem Sinne expectoriren hörte. Denn es wäre dem in mancherlei Spekulationen mehr oder weniger von Armoni's vermittelnder Gefälligkeit abhängigen Großhändler höchst peinlich gewesen, mit seinen Rücksichten für solch' wichtigen Gönner und mit seinen Ansichten von den persönlichen Vorrechten einer heißgeliebten Tochter in Konflikte zu gerathen. Lange hatte ihn der Gedanke gequält, der Baron könne über kurz oder lang Leonorens Hand für Isidor fordern — und Leonore könne ihr Jawort verweigern. Diese Furcht verschwand vor des Gönners liberalen Aeußerungen, — zum Theil auch späterhin wohl vor allerlei Gegengefälligkeiten, die der Großhändler, der Geldmann, dem von der Gelehrtenbank auf die Herrenbank des Reichshofrathes promovirten, nur mit 4000 Gulden W. W. besoldeten Staatsmanne durch baare Darlehen gern erwies. Genug, beide Väter wiederholten zweistimmig: „das muß solch' junges Völkchen unter sich abmachen."

Durften nun Isidor und Constantin für die nächsten und bevorzugten Bewerber um Leonore gelten, so fiel doch den Beobachtern ihres beiderseitigen Verfahrens die große Verschiedenheit auf, womit sie zu Werke gingen. Der Eine, dem sein Stand nur eine Feder als Waffe verliehen, drängte sich voll Selbstvertrauen vor, zeigte sich seiner Sache fast gewiß, sah über die Achsel jedweden an, der etwa der stolzen Dame sich zu nähern versuchte, lag jedoch vor ihr selbst tief-huldigend im Staube, schmeichelte ihren Launen, machte sich zum unterwürfigsten Sklaven. — Der Andere, an dessen Hüfte ein Säbel klirrte, hielt sich in ehrerbietiger Ferne, zog sich neben andern Bewunderern fast schüchtern zurück, bewahrte jedoch bei dem bisweilen hochfahrenden Wesen der Geliebten seine männliche Würde; gab ihren Ansprüchen, wofern dieselben ihm launenhaft oder unpassend dünkten, durchaus nicht nach und ertrug standhaft, daß sie wochenlang mit ihm schmollte, wie das verzogenen Kindern wohl eigen ist.

Es konnte folglich kaum ausbleiben, daß nach und nach in der Meinung des sogenannten Publikums, — welches allerdings wieder in eine unübersehbare Menge kleiner Unterabtheilungen zerfällt, mit ebenso vielen Schattirungen jener fälschlich benamseten „öffentlichen Meinung," — daß in dieser nach und nach Constantin als der Begünstigte, Isidor als der Verschmähte bezeichnet ward. Die Welt urtheilt ja immer nach dem Scheine, und wie möchte sie anders! Ihr sind ihre Irrthümer nicht übel zu nehmen. Daß aber die beiden Personen, denen dieser Irrthum galt, ihn theilen, ihm in düstern Stunden wenigstens Gewalt einräumen mochten; daß Isidor sich häufig sagte: nein, Leonore fühlt Nichts für mich, sonst könnte sie nicht verlangen, ich solle mich so tief herabsetzen, mit einem Herrn von Liebfromm zu rivalisiren! — daß Leonore sich häufig sagte: nein, Isidor liebt mich nicht, sonst könnte er nicht so schroff, so unnachgiebig bleiben! — daß dieser Irrthum möglich wurde, beweiset eigentlich nur, wie tief Beiden die Liebe innewohnte, wie ernsthaft ihre gegenseitigen Anforderungen gemeint waren. Nur deshalb vermochten sie sich zu täuschen, einander zu verkennen. Constantin dagegen täuschte sich gar nicht; der sah wohl, daß er für's Erste nur als Strohmann gebraucht worden, welchen Leonore vorschob, um hinter ihm wie hinter einem Schilde zu grollen. Doch diese Einsicht hielt ihn niemals ab, sich vorschieben zu lassen, sich stets bereit zu finden, wo und wie er gebraucht wurde. Bei solchen Gelegenheiten, meinte er, komm' ich ihr doch jedesmal näher, und ehe sie sich's versieht, wird sie entdecken, daß der vermeintliche Strohmann auch Fleisch und Blut besitzt. Dann wird es, ihn abzuschütteln, nicht mehr an der Zeit, und der stolze Nebenbuhler wird — wer weiß wo — sein! Er selbst ist noch nicht recht im Klaren, was er will und soll. Das macht ihn unsicher. Ich bin darüber klar, daß ich Leonorens Gatte, daß ich Enoch's Schwiegersohn, daß ich sein Erbe werden will. Ich werd' es durchsetzen, und müßt' ich. — — Wir sind nicht berechtiget, des falschen Menschen verborgenste Gedanken zu verrathen; wir haben abzuwarten, bis sie in Thaten übergehen.

Der Abend, mit welchem unsere Erzählung beginnt, schien ausersehen, das Verhältniß Isidor's zu Leonoren auf's Höchste zu spannen und es entweder zum Biegen oder zum Brechen zu bringen. Niemals noch hatte sich die bewunderte Tochter des Hauses anspruchsvoller und herausfordernder, niemals hatte sich Hauptmann Armoni zurückhaltender, man könnte sagen, unbeugsamer gezeigt; niemals noch hatte sich Herr von Liebfromm jedem Winke gehorsamer, jedem gnädigen Lächeln dankbarer, von bescheidensten Hoffnungen mehr beseligt erwiesen. Während er sich um Leonore drehte, wie ein Planet um seine Sonne, stand der Andere zur Seite, nur selten einen Blick hinüber schießend auf das ungleiche, dennoch so vertraulich verkehrende Paar. Hätte Isidor nicht schon einige Tage früher den dritten Walzer dieses Balles für sich erbeten gehabt, er würde wahrscheinlich, gar nicht tanzend, in seinem Schmollwinkel verblieben sein; denn Leonorens — wo nicht Eifersucht, doch verletzte Eitelkeit dadurch zu erregen, daß er sich Tänzerinnen zuwendete, die ihm von Herzen gleichgültig waren, und für diese ein verstelltes Interesse zur Schau zu tragen, — ein solches Hilfsmittel — dessen Wirksamkeit praktische Kenner des weiblichen Herzens wohl zu rühmen wissen — hielt er seiner edleren Gefühle für unwerth.

Wie nun die Reihe der Tanzordnung den dritten Walzer brachte, begab er sich festen Schrittes in Leonorens Nähe und mahnte sie mit gemessener Verbeugung an ihr Versprechen. Die wenigen Worte klangen so männlich und wohltönend zwischen Liebfromm's weichliches Geschwätz, daß alle Umstehenden dieser angenehmen Stimme lauschten, ob sie noch weiter sprechen würde. Aber das geschah nicht. Schweigend führte der Liebende seine Tänzerin zum langsamen Walzer, den wir seit zwei Generationen fast vergessen haben. Es war ein feierlicher Tanz, gewissermaßen das Symbol reiflich bedachter, auf gegenseitige Hochachtung gegründeter Verbindung, wenn die vorangegangene Menuet für eine Allegorie des sich Aufsuchens, Ausweichens, sich wieder Annäherns gelten durfte. Doch gaben beide in ihrer pedantischen Würde vielfältige Gelegenheit, sich als Tänzer auszuzeichnen oder die Reize weiblicher Anmuth zu entfalten. Graziöser, angemessener für sittsame Mädchen, minder nachtheilig für die Gesundheit waren sie jedenfalls, als das jetzige

Wett-Wirbel-Drehen auf der Rennbahn der Lungenschwindsuchten.

Leonore mochte erwarten, daß Isidor sie durch irgend einen Vorwurf, einen Tadel ihres koketten Benehmens, ihrer eitlen Prätensionen veranlassen werde, in ein herzliches, leise geflüstertes Wort zusammenzufassen, was all' seine Rügen in Nichts auflösen und ihm neue Zuversicht geben sollte. Doch er war zu tief verstimmt, um solches Wort zu provociren, und sie hätte es ohne Anregung von seiner Seite nicht ausgesprochen, wäre ihr Leben davon abhängig gewesen. So drehten sie sich schweigend um und miteinander herum, ernsten Angesichtes, wie wenn es eine ihnen auferlegte schwere Buße gälte, die es denn genau betrachtet auch wirklich sein mochte. Zwei Liebende, die sich berechtigt glauben, einander zu zürnen, an einander zu zweifeln, und doch genöthigt sind, vor hundert aufmerksamen Zeugen sich zu umschlingen, Aug' in Auge, Wang' an Wange auszuhalten — sind sie nicht fast ebenso schlimm daran, wie ein paar Galeerensklaven, die sich hassen, und die ein grausames Geschick an eine Kette schmiedete? Schlimmer noch! Denn diese dürfen sich Luft machen, während jene der Konvenienz huldigen und sich verstellen müssen. Nur daß die Fessel, welche der Walzer schlang, früher abgestreift wird.

Isidor geleitete Leonore bis an die Niederlassung im angrenzenden Saale, wo er sie aus einem Kreise sogenannter Freundinnen vor zehn Minuten abgeholt, und bewegte schon seine Lippen, sie leise anzureden. Da sah er den unvermeidlichen Ritter von Liebfromm neben ihrem leergebliebenen Stuhle stehen, auf sie harrend — und verstummte. Sie reichte ihm — ein eclatanteres Zeichen von Begünstigung meinte ihr hochmüthiges Selbstgefühl nicht darbieten zu können — die Hand zum Kusse hin. Wenigstens müssen wir die Bewegung ihres wunderbar edel geformten Armes so deuten, denn die burschikosen Handschüttler oder Schüttelhände brittischen Ursprungs waren dazumal bei deutschen Jungfrauen noch nicht gang und gebe. Isidor jedoch faßte diese Deutung nicht auf. Er zog sich nach pflichtschuldiger Verbeugung gerade emporgerichtet zurück, wie wenn er keine Ahnung davon hätte, daß heiße Lippen sich auf weißen Händen gut ausnehmen. Leonore hatte nämlich, was wohl besondere Erwähnung verdient, auf dem Gange aus dem Tanz- in den Abkühlungssaal eine ihrer Hände — und ob diese weiß waren! — von der duftig-geschmeidigen feinen Lederhülle befreit. Aber wäre diese Hand ein gebratenes Täubchen und der Hauptmann ein rechtgläubiger Russe in strenger Fastenzeit gewesen, dieser würde sich vielleicht eher entschossen haben, seinen Mund damit in Berührung zu bringen, als jener.

Die Umstehenden blickten voll Verwunderung auf die befremdende Scene. Leonore blieb nur einen Moment unschlüssig. Mit erstaunlicher Geschicklichkeit wußte sie Arm und Hand so zu wenden, daß letztere nicht mehr dem trotzigen Officier, sondern dem schon lauernden Reichshofraths-Agenten dargeboten schien. Wie die

Tigerkatze auf eine zarte Beute warf, Herr von Liebfromm sich auf die Hand. Man konnte den Kuß hören, den er darauf preßte. — Als wenige Minuten nachher neue Gruppen sich da und dort bildeten, zischelte man sich zu: Kein Zweifel mehr, Liebfromm erobert das güldene Vließ; der Hauptmann läßt zum Rückzug blasen.

Unterdessen manövrirte der junge, unbeugsame Stratege keineswegs gleich Einem, der seine Retirade decken und sich, wie es in Gesellschaften heißt, drücken will, sondern er zeigte die entschiedenste Absicht, den Feind zu umgehen, ihn fest zu halten, ihn zum Treffen zu zwingen, — was für einen Anführer ohne Truppen viel Schwieriges hat, besonders wenn der Feind auszuweichen bestrebt ist. Constantin empfand nicht die geringste Lust, dem Officiere Rede zu stehen, dessen unheilverkündende Gesichtsblässe ihn durch alle Räume des großen Enoch'schen Festes scheuchte und verfolgte, wie ein drohendes Himmelszeichen. Es wurde eine förmliche Jagd; kaum entschlüpft, fand Herr von Liebfromm sich schon wieder den Weg verrannt. Endlich war er in einem Winkel „gestellt;" ausweichen ließ sich nicht mehr; es blieb nur noch übrig, allen Muth vorzuweisen, der etwa in ihm verborgen lag. Denn ganz muthlos ist kein Mensch, auch der Feigste nicht. Zorn, Eitelkeit, Schmerz, Neid, Verzweiflung, — bisweilen die Furcht selbst, — wecken das schlummernde versteckte Feuer und können wohl gar Helden erzeugen, die nach vollbrachten Thaten über sich selbst erstaunen. Constantin raffte sich zusammen und fragte keck: Was beliebt, Baron? — Einen unwürdigen

Ritter zu züchtigen, beliebt mir, einem Ritter, der zu schlecht für einen Troßbuben wäre, seine Nasenweisheit zu vertreiben, indem ich ihm die Nase aus der unangenehm lächelnden Visage heraushaue. Ich lasse Ihnen die Wahl, ob Sie sich morgen mit mir schlagen wollen, oder ob ich —

Isidor wurde verhindert weiter zu drohen, Leonore stand zwischen ihnen. Ich habe gesehen, was vorging; ich bin Ihnen gefolgt, unter jeder Bedingung ein Duell zu verhindern, als dessen Ursache ich genannt werden würde. Sie Beide müssen einsehen, daß ich so Etwas nicht dulden kann. Sie Beide müssen, wollen Sie mich nicht unversöhnlich beleidigen, mir Ihr Ehrenwort geben, daß Sie sich n i ch t schlagen werden. — Ihnen darf ich nicht ungehorsam sein, rief Constantin; so schwer es mir fällt, ich gebe das verlangte Ehrenwort. — Schön! sagte der Hauptmann, wobei er Liebfromm's Nase so scharf betrachtete, daß dieser unwillkürlich darnach griff. Leonore gab ihm einen Wink, er möge sie mit Isidor allein lassen, und er gehorchte gern.

Abermals empfand die Jungfrau eine Neigung, ihrem Herzen nachzugeben; abermals fühlte sie sich durch des Geliebten kalten Ernst abgeschreckt, und sein Stolz erregte den ihrigen auf's Neue. Baron, hob sie an, ich bin es müde, für ein Spielwerk Ihrer Launen, meinen Freundinnen für einen Gegenstand des Spottes zu gelten. So unschicklich es auch gefunden werden mag, daß ich mit Ihnen in dieser Ecke ein Zwiegespräch pflege, — ich ziehe das den Kränkungen vor, welche unser halbes, unklares Verhältniß mir fortdauernd bereitet. Sie benehmen sich, als wenn Sie irgend ein Recht auf mich zu haben wähnten, und thun doch stets das Gegentheil von Allem, was ein solches Recht Ihnen erwerben oder — bewahren könnte. Sie behandeln mich achtungslos, Sie —. — Sie beleidigen mich, meine Dame! Ein Mann von Ehre und Bildung kann und wird Ihnen die Achtung nie versagen, die Ihnen gebührt. Ich fordere Sie heraus, mir den kleinsten Umstand zu bezeichnen, wodurch ich die Pflichten der guten Sitte verletzt haben könnte, die ich dem weiblichen Geschlechte überhaupt, die ich Ihnen insbesondere schuldig bin. — Sie fordern mich heraus? Nun ja, Sie sind einmal im Zuge. Ich stehe Rede. Wenn eine Dame, — nein, sagen wir: ein junges Mädchen, dem Sie unlängst noch lebhaft huldigten, Ihnen nach beendetem Tanze die Hand darbietet, und Sie es nicht der Mühe werth finden, Ihren Nacken ein wenig zu beugen und die dargebotene Hand zu küssen, — nennen Sie das einen Beweis von Achtung? — In meinem Sinne, ja! — Aber wissen Sie, das Ihr „in meinem Sinne" an Wahnsinn grenzt? Eine solche Kränkung vor Zeugen —

Eben weil die junge Dame vor Zeugen mir zumuthete, diesen banalen Akt bedeutungsloser Allerweltsartigkeit auszuüben, hielt ich es der Achtung, die ich für mich und für Sie hege, entsprechend, ihn zu verweigern. Das hier zu Lande beliebte, gebräuchliche Handküssen widert mich an. In kindlicher Ehrfurcht würd' ich die Hand meiner Mutter küssen, wenn ich so glücklich wäre, noch eine Mutter zu haben; in zärtlicher Unterwürfigkeit würd' ich die Hand der Geliebten küssen, wollte diese sie mir — ohne Zeugen — überlassen. Im Uebrigen kann ich nicht dienen. Ich gehöre nicht zu jener Schaar auf zwei Beinen hüpfender, zierlich geputzter, stutzerhafter Schooßhunde, die überall zu lecken und zu schlecken bereit sich einschmeicheln wollen. Es ekelt mich an, ihr ewiges Küss' die Hand zu vernehmen, wo der verständige Mann Guten Tag! Leben Sie wohl! — oder Ich danke! sagt. Die Hand, die, mir allein zum Kusse dargeboten, sich jeder Berührung anderer Lippen entzöge, die unentweihte Hand, welche einen Unterschied zu machen wüßte zwischen dem Munde, der jegliches Wort wiegt, und den Sprechwerkzeugen süßlicher, nichtssagender Schwätzer — ich wähnte einst sie gefunden zu haben! — Ich täuschte mich. Es ist eben auch eine gewöhnliche Hand! — Sie wird nie mehr die Ihrige berühren, Herr Baron, dessen seien Sie sicher. Auch im Tanze nicht. Ich bitte Sie, meines Vaters Haus zu meiden. Wir haben uns nie gekannt. —

Sie verließ ihn. Er fühlte, daß er zu weit gegangen; er ahnte, daß er ihr Unrecht gethan. Er wollte sie noch einholen, wieder einlenken — zu spät! Constantin empfing sie und führte sie zum Tanze. — So ist es denn aus! sprach Isidor und entfernte sich aus der Gesellschaft. Als er die Treppen hinabstieg, seufzte er: diese Stufen werd' ich nie mehr betreten.

Leonorens Mutter gehörte zu jenen vortrefflichen Frauen, die, aus stiller friedlicher Heimath an den Traualtar geführt und von dort plötzlich in das Geräusch der großen Welt geworfen, vollkommen bei Besinnung bleiben, sich selbst niemals untreu werden und die frommen heiligen Eindrücke ihrer Kinderzeit mitten im Strudel der Umgebungen fest halten. An ihres Mannes Wünsche, „ein großes Haus zu führen," war sie freilich gebunden und konnte ihm nicht widersprechen, wenn er es nothwendig fand, die verschiedenartigen Persönlichkeiten, mit welchen oder durch welche er seine kolossalen Geldgeschäfte betrieb, gut zu bewirthen, ihnen, wie er es nannte, „zu essen zu geben, sie tanzen zu machen." Traten solche Nothwendigkeiten ein, dann förderte sie mit allem Eifer einer umsichtigen und geschmackvollen Hausfrau die Anstalten dazu, und wie Küche und Keller berühmt waren, so mangelte auch gewiß niemals das Geringste an äußerlicher Ausstattung. Großhändler Enoch's Gastgebote durften mit allen übrigen der großen Stadt wetteifern, und Madame empfing bei solchen Gelegenheiten die Anerkennung der vornehmsten Leute in huldreich verbindlichen Danksagungen, die sie bescheiden hinnahm, ohne sich nur auf einen Augenblick aus ihrem Gleichgewichte bringen zu lassen. Mochte der Lärm im Hause noch so arg, mochte die Reihenfolge der „unvermeidlichen" Abfütterungen und „Assembléen" noch so rasch sein, — immer bewahrte sie den ungestörten Frieden ihres Zufluchtsortes, den sie sich am abgelegensten Ende des Flügelgebäudes nach dem kleinen Garten zu eingerichtet, welches ihr Gatte nur selten und außer ihrer Tochter sonst Niemand betreten durfte. Dort empfing sie keine Besuche; dort hielt sie sich den Zerstreuungen der Außenwelt unzugänglich; dort lebte sie nur sich, den Erinnerungen an ihre glückliche glanzlose Jugend, den Hoffnungen auf ihre Tochter, — wohl auch manchen Befürchtungen für deren Zukunft.

Was an Leonoren Eitelkeit, Uebermuth, Vergnügungssucht, Hang zu Nichtigem genannt werden mußte, das hatte sie vom Vater, der Ostentation und Ueberhebung fast eben so liebte wie sein Geschäft. Was edel, klug, sittsam, rein und redlich in ihr war, das hatte sie von der Mutter. Leonore übersah den Vater, tändelte mit ihm, lockte ihm durch Liebkosungen die Befriedigung jeder kindischer Laune ab, — doch zollte sie ihm nur denjenigen Grad von Achtung, den ein gutes Kind seinem Vater auch dann nicht versagt, wenn es die Schwächen desselben durchschaut. Ihre Mutter liebte sie mit jenem Gemisch von heiliger Scheu und unterwürfiger Hingebung, welches Furcht genannt werden könnte, lösete nicht unbedingtes Vertrauen seine Bande. Der Mutter öffnete sie willig ihr Herz, und mochte sie nun schon manche Thorheit zu gestehen haben, die ihr ernsten Tadel zuzog, immer wieder gewann sie zärtliche Verzeihung, tröstlichen Rath, mütterliche Theilnahme durch ihre Offenheit.

Am Morgen nach dem vorerwähnten Balle gab es denn viel zu berichten und zu erwägen. Zum ersten Male jedoch zeigte Leonore sich unbeugsam gegen Belehrungen und Ermahnungen der Mutter, wies die Anspielungen auf eine doch mögliche Versöhnung mit Isidor trotzig zurück, vermaß sich hoch und theuer, daß sie sich nimmermehr mit einem so hochmüthigen, unnachgiebigen Menschen, der sie unwürdig behandelt habe, versöhnen könne und wolle; daß jede Spur tieferer Empfindung, die sie sonst wohl für ihn gehegt, die sie der Mutter auch nicht verschwiegen habe, völlig vertilgt sei; daß sie ihn hassen würde, wenn ein so herzloser Egoist überhaupt noch verdiene, gehaßt zu werden, und sich nicht mit Gleichgiltigkeit auch abfinden lasse.

Dies Alles um eines versäumten Handkusses willen sagte kopfschüttelnd Madame Enoch; ei, mein gutes Kind, wer macht sein Lebensglück und Geschick vernünftiger Weise von solcher Kleinigkeit abhängig? — Der versäumte Handkuß, Mutter, wäre vielleicht eine Kleinigkeit. Der konsequent verweigerte, der mit Hohn und kränkenden Worten zurückgewiesene, auch dann zurückgewiesen, nachdem ich schwach genug war, ihn zu verlangen — der ist eine absichtliche Beleidigung, er ist die Losung des Bruches zwischen mir und ihm. Und ich danke Gott dafür. Ich sehe jetzt erst ein, daß dieser herzlose Mann mich nie geliebt, daß nur Eigennutz und Habsucht ihn geleitet haben kann. Liebfromm bestätiget, wie berangirt sein Vater ist. Wahrscheinlich sollte meines Vaters Reichthum manchen Ausfall decken, und ich wäre dann im besten Falle eine annehmbare Zugabe. Nein, er hat mich nicht geliebt — und ich ihn auch nicht. Ich täuschte mich, war verblendet von eitlen Gedanken, den Sonderling zu reizen, der bisher für unempfindlich galt, war kindisch genug, mich eines eingebildeten Sieges über viele Mädchen unserer Bekanntschaft zu freuen. Ich habe ihn nicht geliebt, ich liebe ihn nicht, wir sind entschieden getrennt!

Wenn es so steht, mein Kind, kann ich Dir nur Glück wünschen zu Deinem klaren Blick, zu diesem festen Entschluß. — Sollte aber in einer Falte Deines Herzens wider Vermuthen noch Etwas versteckt geblieben sein, was unerwartet Dich einmal an frühere Empfindungen mahnte, — dann vergiß nicht, daß ich von Anbeginn dieser Bekanntschaft Isidor's warme Lobrednerin war, daß ich mir keinen besseren Schwiegersohn gewünscht hätte, daß ich auch heute nicht geringer von ihm denke, all' seinen Diatriben gegen das Handküssen zum Trotze! Was er Dir darüber geäußert, was Du mir wiederholt und bei Deiner gegenwärtigen Stimmung doch gewiß nicht embellirt hast, klingt gar nicht so übel und hat, wie Alles, was er spricht, Bedeutung. Vielleicht denkst Du nach einigen Wochen ruhiger über den gestrigen Abend. Vielleicht — — Niemals, liebe Mutter, niemals! rief Leonore mit leidenschaftlicher Lebhaftigkeit aus; und wenn Du mir nicht wehe thun willst, so berühre diese Saite nicht mehr, nenne seinen Namen nicht, gestatte mir desgleichen zu thun! Und ohne abzuwarten, was die Mutter etwa noch zu sagen hätte, entschlüpfte sie.

Nicht an demselben Morgen, wohl aber im Laufe der nächsten Tage, begab sich ein Auftritt im Arbeitszimmer des Kaiserlichen Hof-, eigentlich Reichsrathes Baron Armoni, der viel Aehnlichkeit hatte mit dem so eben Geschilderten. Isidor stellte sich ein, seinem Vater Bericht abzustatten über eine Privat-Audienz, welche der Monarch ihm gegönnt, und zugleich des väterlichen Freundes Beirath und Unterstützung in Anspruch zu nehmen.

Sie wissen, theurer Vater, daß unser edler Herrscher kränkelt, daß seine sonst so kühne Zuversicht schwankend wird, daß er oft den Mißmuth nicht unterdrücken kann, den manche fehlgeschlagene Hoffnung, manch' übelwollendes Verkennen seiner besten, großartigsten, freilich oft zu übereilten Reformen in ihm erzeugt. Der aufrichtigste Freund der Menschen hat sich gerade durch das, was er für sie thun wollte, unzählige Feinde gemacht, die im Dunkeln wühlen. Er weiß das, und aus Mißmuth ist nach und nach Mißtrauen entstanden. Rasche, resolute Thatkraft ist in bedenkliches Prüfen umgeschlagen. Sein hoher Geist verfolgt zwar noch immer das herrlichste Ziel, aber leugnen läßt sich nicht, daß die sechs Jahre, die seit dem Tode seiner erhabenen Mutter verflossen sind, wie sie die gewaltigste Revolution, die jemals von einem Throne ausging, herbeiführten, auch den Staat in seinen Fugen erschüttert, und daß diese Erschütterungen auf den Körper des Mannes zurückgewirkt haben, der die Krone so herrlich trug. Was in seinem Busen milde Menschenliebe war und diese männliche Brust zum Altar der Freiheit und des Rechtes machte, das ist im Widerstreite verjährter Vorurtheile, im unvermeidlichen Kampfe des Ideales mit der Realität zur herben Strenge, mitunter zur Härte geworden, so daß man den erbitterten Gegner jeder Unterdrückung bisweilen einen Tyrannen nennen hört. Auch das ist ihm nicht unbekannt und bleibt nicht ohne Einfluß auf seine Entschließungen, die nicht mehr so entschieden eintreten, wie sonst. Diese kurze Andeutung glaubte ich voranschicken zu müssen, um einzuleiten, was ich Ihnen zu erzählen habe. Seit der noch kurz vor Maria Theresia's Tode angetretenen Reise nach Rußland, die eben nicht die geträumten Erfolge hatte, mögen jene Verbindungen und Pläne eine Zeit lang beseitigt worden sein. Neuerdings leben sie wieder auf. Es ist abermals von einer solchen weisen Fahrt zu politischen Weltzwecken die Rede, doch auch hier zeigt sich statt energischen Entschlusses unsicheres Schwanken. Vielleicht vertraut man denjenigen nicht unbedingt, welche an Ort und Stelle über diese wichtige Sache verhandeln sollen. Vielleicht wünscht man, daß ein zuverlässiger, dennoch unbekannter und im diplomatischen Verkehre völlig unbedeutender Mensch sich persönlich dort umthue und Nachrichten heimbringe, die, aus eigener Anschauung hervorgegangen, in ihrer naiven Unbefangenheit mehr sagen, als bogenlange amtliche Relationen. Kurz und gut — es ist mir ein nicht direkter Befehl, ein nicht ausgesprochener Auftrag, wohl aber ein verständlicher Vorschlag zu Theil geworden, mir den Hof der „nordischen Semiramis" ein Bischen anzusehen. Von einer Sendung darf natürlich die Rede nicht sein. Ich muß aus eigenem Antriebe die Lust, die unbezähmbare Leidenschaft kund geben, ein mir fremdes Stück Erdboden kennen zu lernen, muß umständlich und normalmäßig um einen Reiseurlaub einkommen und folglich auch die Kosten tragen, wie Einer, der seine Lust zu büßen hat. Und da Ihr Sohn, auf den eine so ehrenvolle Wahl aus Hunderten heraus doch lediglich um seines hochgeachteten und beim Monarchen beliebten Vaters willen gefallen ist, Ihnen keine Schande machen, sondern nur splendid reisen darf, so entsteht die Frage, ob Ihre Kasse kein veto einlegt?

Die Erwiederung auf diese Mittheilung erfolgte nicht sogleich. Es hatte fast den Anschein, als wäre der Angeredete, der dem Eingange gespannte Aufmerksamkeit, dem Verfolge freudige Ueberraschung widmete, durch die den Schluß so plötzlich bildende Frage unangenehm erschreckt worden. Doch er wußte sich gleich zu fassen und gewann die ihm eigenthümliche phlegmatische Wohlhäbigkeit wieder, ehe noch Isidor das Geringste bemerken konnte. War dieser ja doch so fest von des Vaters geregelten Vermögensumständen, wie von dessen stets bereitwilliger Freigebigkeit überzeugt, daß er jene Schlußfrage blos gestellt, um der Form zu genügen. Auch ging Baron Armoni für's Erste gar nicht darauf ein, sondern entgegnete: Es sollte mich wundern, mein Sohn, wenn sich nicht ein veto gegen diese etwas abenteuerliche Reise aus dir selbst erhöbe. Wie verträgt sich eine mehrmonatliche Trennung von hier mit Deinen Herzensangelegenheiten? Ist es klug, sich zu entfernen, bevor man des Sieges über gefährliche Mitbewerber sicher sein darf? Ein altes Sprüchwort behauptet: Aus den Augen, aus dem Sinn! Oder seid Ihr schon im Reinen? Ist die Reise nur ein Umweg zum Ziele, um vielleicht mit einem Orden decorirt vor die Braut zu treten!

Wir sind völlig im Reinen, Vater. Ich habe Leonore aufgegeben, sie mich. Die Bewerber um ihre Hand haben für mich aufgehört, „Mitbewerber" zu sein, denn ich bin nicht mehr ihres Gleichen. Ich räume willig das Feld, und damit kein Zweifel obwalte über meinen unwiderruflichen Entschluß, ist es mir sehr willkommen, auf längere Zeit abwesend zu bleiben. Ich entgehe dadurch auch der Möglichkeit, einen Gewissen zu züchtigen, wozu ich mich, verweilte ich hier, doch vielleicht verleiten ließe. Lassen Sie mich ziehen! — Und wäre diese Ungeduld, diese Hast, andere Lüfte zu athmen, nicht etwa gar ein unwillkürliches Eingeständniß, daß Du doch nicht so ganz abgeschlossen mit Deinen Neigungen, Deinen Wünschen? Fliehest Du nicht etwa die Gefahr, die Befürchtung, der Anblick Leonorens werde mächtiger sein, als Dein Wille ihr zu entsagen? — Nehmen Sie doch jetzt auf einmal einen Antheil an dem Bruche zwischen mir und Mademoiselle Enoch, Vater, den Sie den ersten Regungen einer möglichen Verbindung nie gezeigt haben. Wie soll ich das deuten? Hat sich irgend Etwas, Leonorens Vater und Sie betreffend, zugetragen, was—?

Nicht das Geringste, unterbrach ihn der Reichsrath schnell, nicht das Geringste! Enoch weiß, daß es mir lieb gewesen wäre, seine Tochter meines Sohnes Gemahlin werden zu sehen, und ich weiß, daß er auch Nichts dagegen gehabt hätte. Doch das ist Eure Angelegenheit, — Ihr seid frei, das versteht sich von selbst. Sprechen wir nicht weiter davon. Du willst reisen; Du erwartest Ehre und Dank, wenn Dir gelingt, ein allerhöchstes Vertrauen zu rechtfertigen. Dagegen läßt sich Nichts einwenden. Triff Deine Anstalten. Reise!—Du brauchst Geld, viel Geld, das seh' ich ein; ich werde die meinigen treffen. Durch mich darf kein Aufenthalt verursacht werden. Wir haben unsere Vorbereitungen zu beschleunigen, damit kein Anderer sich dazwischen dränge. Nach solchen Gelegenheiten, sich brauchbar und nützlich zu erweisen, hascht Alles, was in der Nähe eines Hofes athmet. Nimm diese wahr!

Isidor verließ seinen Vater, fest entschlossen, keine Stunde länger zu verweilen als nöthig, und ebenso fest überzeugt, es werde dem freigebigen Herrn sehr leicht fallen, ihn reichlich auszustatten, um so leichter, weil es am Ende doch der väterlichen Eitelkeit schmeichle, den einzigen Sohn bevorzugt zu sehen. Diese mir gegönnte ehrenvolle Auszeichnung, meinte er, wird den Papa trösten über den Fehlschlag seiner Absichten auf meine Verheirathung, so wie die Reise mit ihren Zerstreuungen mich — hoffentlich! — vergessen lehren wird, was jetzt leider noch unvergeßlich scheint! —

So täuschte sich der Sohn über sich selbst und über seinen Vater. Denn dieser blieb, nachdem Isidor ihn verlassen, rath- und trostlos allein. Der Leichtsinn, welcher ihm, einem doch schon bejahrten und sonst ernsten Geschäftsmanne, bisher stets zur Seite gestanden, wo es auf strenge Prüfung seiner zerrütteten Finanzen ankam, deren traurigen Verfall er geschickt zu verbergen gewußt, — dieser Leichtsinn wollte heute zum ersten Male von ihm weichen. Sehr begreiflich! Bei all' seinen unzählig

oft wiederholten Versicherungen: man müsse die jungen
Leute sich selbst und ihren Gefühlen überlassen! war ihm
doch nie der leiseste Zweifel aufgestiegen, daß sein Sohn
eine der reichsten Erbinnen heimführen, und daß diese
Verbindung ihm aus allen Verlegenheiten helfen werde.
Isidor's Erklärung hatte die letzte Hoffnung geraubt.
Er kannte des jungen Mannes festen Willen genugsam.
Wankelmuth, unentschlossene Schwäche, Unterwerfung,
Aufgeben beleidigten Stolzes — das waren Dinge, die
nicht in des Hauptmanns Wörterbuche standen. Dem
Vater blieben nur zwei Auswege: Jenem einzugestehen,
daß die Mittel fehlten, und so das Reiseprojekt zu zer-
stören, — oder schnell und ohne Aufsehen die fehlenden
Mittel herbeizuschaffen. Wie der seelensgute Rath immer
grübelte und sich abquälte — ein einziger Name leuchtete
Hilfe verheißend in die Nacht seines Kummers, und das
war der Name des Freundes, an den er sich jetzt gerade
nicht mehr wenden durfte, da es zwischen dessen Tochter
und seinem Sohne zum entschiedenen Bruche gekommen.
Drohten doch die bereits gegen Enoch eingegangenen
Verbindlichkeiten ohnedies jetzt, nach unvermeidlicher
Trennung der beiden Häuser, einen feindseligen Charakter anzunehmen. Denn wer konnte so genau berechnen, ob des Großhändlers bisher bewiesenes Zartgefühl
nicht aus rücksichtsvoller Schonung für den Vater des
wahrscheinlichen Eidams mehr als aus Respekt für den
Beisitzer kaiserlichen Reichshofrathes hervorgegangen sei?
Je tiefer Baron Armoni in die Verworrenheit seiner

Lage blickte, desto trostloser kam sie ihm vor, desto dringender fühlte er sich aber auch angeregt, sie dem Sohne zu verbergen. Isidor mußte, ohne Ahnung von der Wahrheit, abreisen können, reichlich ausgestattet, fest überzeugt, dieser Aufwand koste den alten Herrn kein Opfer. Das verlangten Vaterliebe — und Vaterstolz! Um jeden Preis! Um jeden! wiederholte er, heftig im Zimmer auf- und abschreitend.

Um jeden Preis! ist ein inhaltschwerer Ausruf, wenn er aus voller bedrängter Seele quillt. Er kann das Erhabenste bedeuten, kann die leuchtende Inschrift des Banners werden, welches hohen, ehrenhaften Thaten vorauszieht. Er kann auch das Aushängeschild dunkler Pforten sein, in welche der Pfad zum Unglück, zur Schande, zum Verbrechen führt. Wer ihn ausstößt, weil er Geld herbeischaffen will, der denke bei Zeiten daran, die gefährliche Richtung zu vermeiden.

War es Zufall, war es schlaue Berechnung, daß Ritter von Liebfromm sich eben jetzt beim Hofrath anmelden ließ? Jedenfalls wußte der listige Spürer von des Sohnes Rücktritt bei Leonoren, sowie von dessen Reiseplänen genug, um letzteren, die ihn ja von dem einzigen gefährlichen Nebenbuhler erlöseten, förderlich werden zu wollen. Wahrscheinlich besaß er auch Kenntniß von des Hofrathes vor der ganzen übrigen Welt so vorsichtig verhehlten Geldnöthen, was durch seinen vertraulichen Verkehr mit Vater Enoch erklärlich wird. Kurz, er schlich sich ein, gewandt, geschmeidig, glatt — und kalt, dem leidenschaftlich Erhitzten folglich auf jede Weise überlegen und befähiget, aus zufälligen Wahrnehmungen Vortheil für seine eigennützigen Absichten zu ziehen.

Ein gewöhnlicher Intriguant hätte lauernd geschwiegen über den Hauptzweck des Besuches, hätte wenigstens eine geschäftliche Ursache vorangestellt und gewartet, bis geeignete Wendungen des Gespräches ihm den Uebergang erleichterten. Constantin verfuhr anders. Scheinbar treuherzig platzte er heraus, machte kein Geheimniß aus seiner Freude über Leonorens und Isidor's endlich deklarirte Trennung, die, setzte er hinzu, ihren völligen und unwiderruflichen Abschluß erhalte durch des Hauptmanns Vorsatz, eine große, langwierige Reise in entfernte, selten betretene Gegenden zu unternehmen.

Ihnen, hochverehrter Herr Baron, sagte er, den ich betrachte wie einen zweiten Vater, darf ich jetzt eingestehen, was ich unterdrücken mußte, so lange eine imponirende Persönlichkeit, wie die Ihres Herrn Sohnes, mich im Schach hielt. Er hat gefunden, daß Demoiselle Enoch für ihn keine passende Partie sei! Der Unbesiegbare hat aus eigenem Antriebe sich zurückgezogen; — ich bekenne, daß ich nun anfange, einige Hoffnung für mich zu schöpfen. Wem dürft' ich das freudiger anvertrauen als Ihnen, meinem großmüthigen Gönner? Sie wissen ja am besten, wie es mit einem „ordentlichen Agenten bei hochpreislichem Reichshofrathe" bestellt ist! Unsere Amtsinstruktion enthält zwar nicht, gleich jener der beim Reichskammergericht beschäftigten Advokaten, ein ausdrückliches Verbot, uns von unsern Domestiken oder anderen Personen den Titul „Excellenz" geben zu lassen; solches Verbot ist aber auch bei uns sehr unnöthig, denn unsere Einnahmen sind nicht darnach angethan, dergleichen Ueberhebung zu provociren. Das Register der „Geschäfte und Pflichten der ordentlichen Agenten" führt in zwei Abtheilungen, jegliche aus sechszehn Paragraphen bestehend, in Summa deren zweiunddreißig auf, während die „Rechte und Einkünfte selbiger" mit vier Punkten abgefertiget werden. Dieser schlagende Kontrast soll, denke ich, Denjenigen entschuldigen, welcher unter den Töchtern des Landes Eine zu erringen sich bemüht, die Schönheit und Reichthum vereiniget. Ich spreche zu Ihnen wie, ich wiederhole es, zu meinem Vater. Sie können mir sehr nützlich werden durch gelegentliche Hinweisung auf die Möglichkeit, daß Ihre Fürsprache und des Monarchen Gnade mich bei eintretender Vakanz mit einem Plätzchen in der Gelehrtenbank des Reichshofrathes beglücke. Durch ein glücklich angebrachtes Fürwort, welches aus Ihrem Munde doppelt wirken muß, eben weil Sie der Vater Desjenigen sind, der fast schon für Leonorens Bräutigam galt, der sich jetzt aber angetrieben fühlt, die Grenzen Asiens zu überschreiten. Ihre bereits anerkannte Großmuth wird noch heller in's Licht treten, wenn Sie Ihre Protektion auch in dieser wichtigen Lebensrichtung mir gönnen, obgleich Ihr Herr Sohn mein Widersacher war und ist.

Hätte Baron Armoni in Constantin und dessen ritterlichem Uebergewicht die Ursache von Isidor's gewaltsamen Entschlüssen suchen zu müssen geglaubt, er würde seine schon sprüchwörtlich gewordene Bonhommie wohl bei Seite gesetzt und den Herrn Reichshofraths-Agenten trotz der vorangegangenen langgesponnenen Rede kurz abgefertiget haben. Weil er sich aber fest überzeugt hielt, daß sein Sohn keinem Nebenbuhler weiche, sondern nur von inneren Antrieben geleitet mit Leonoren breche; weil er ferner Liebfromm für geeignet hielt, ihm heimlicher Weise irgendwo Kredit zu verschaffen, so ging er auf dessen unterwürfige und versöhnliche Anerbietungen willig ein, versprach Fürworte und Protektionen nach allen Seiten und gab dabei zu verstehen, daß er für den Hauptmann ganz andere Heirathspläne hege, daß ihm die Auflösung dieses Verhältnisses deßhalb willkommen sei; daß sie ihn nur in diesem Moment genire, wo Isidor Geld, viel Geld haben müsse, wo er selbst zufällig keinen baaren Vorrath besitze und den Papa Enoch, den er immer ein Bischen wie seinen Bankier behandelt habe, doch ohne Verletzung des Zartgefühls nicht in Anspruch nehmen dürfe. Deutlicher konnte der Mann in seiner Stellung nicht mit Liebfromm reden. Es war auch nicht nöthig, denn dieser verstand und begriff hinreichend, was bestätiget zu hören der Zweck seines Eindringens gewesen. Vielleicht, erwiederte der listige junge Mann, sei es ihm erlaubt, der momentanen Verlegenheit abzuhelfen, und wenn der gnädige Herr Reichshofrath ihn nicht zudringlich schelten wollten, so würde er versuchen — es käme nur darauf an, den Betrag der Summe zu wissen —?—

Armont reichte dem Agenten die Hand: Sie würden mich recht verpflichten, Liebfromm. Wo möglich zweitausend Stück Dukaten, wenigstens eintausend. Ich gebe Wechsel oder, wenn es gewünscht wird, hypothekarische Sicherheit auf Isidor's — auf unsere Herrschaft. — Liebfromm verbeugte sich. Es ist keine Zeit zu verlieren, sprach er, der Herr Hauptmann hat Eile, und ich — Sie begreifen es, theurer Herr Baron, ich werde auch freier Athem holen, wenn er auf dem Wege nach Asten rollt. Somit empfehl' ich mich zu Gnaden!

Er ging. An der Thüre kehrte er wieder um, wie wenn ihm zufällig in den Sinn käme, was ihn eigentlich hergeführt. Ich wollte mir die Freiheit nehmen, den Herrn Reichshofrath dienstergebenst zu erinnern an jene beiden Gnadensachen, deren Betreibung mir zwar anvertraut ist, für welche ich aber leider Nichts, oder weniger als Nichts thun kann, sintemalen sie entschieden kaiserliche Reservate sind, welche zwar, nothwendig vorausgehender Cognition halber, durch hochpreislichen Reichshofrath zu laufen, endgültige Entscheidung aber doch nur aus allerhöchster Willensmeinung zu erwarten haben. Beide wurden Ihrer Huld, Herr Baron, gehorsamst empfohlen, und Sie ließen sich herab zu versprechen —

Höchst überrascht rief Armont aus: Weiß Gott, daran hab' ich gar nicht mehr gedacht. Ja, ja, es sind bringende Bittgesuche an mich ergangen aus dem Reiche, und ich bekenne, sie nur rasch überflogen, dann unter andere Papiere vergraben und gar nicht mehr vorgenommen zu haben. Was sind es doch gleich für Fälle, bei denen mein bescheidener Einfluß im Reichshofrath vorarbeiten und im Kabinette nachhelfen sollte? Betraf es nicht die Legitimation eines unehelichen Sohnes, dem seine Mutter den Adel hinterlassen möchte, obwohl er fünf Jahre nach ihres Gemahls, des Grafen, Tode zur Welt gelangte?

Ja, Herr Hofrath, das wäre der eine Fall. Der zweite gilt dem sehnlichsten Wunsche veniam aetatis für den neunzehnjährigen Erben eines großen Fideikommisses zu erlangen, weil sonst —. — Besinne mich schon, besinne mich! Leider beides bedenkliche, scabiöse Sachen! Ich zweifle, daß meine Bemühungen durchgreifen werden. — Auf den Herrn Hofrath haben ich und meine Parteien unsere Haupthoffnungen gesetzt. An Dankbarkeit würde es nicht mangeln, und an Mitteln, sich dankbar zu erweisen, fehlt es meinen Parteien auch nicht. Wenn der Herr Baron sich die Mühe nehmen wollten, jene beiden Bittschreiben noch einmal aufmerksam zu betrachten, so würden Hochdieselben sich überzeugen —. — Gut, gut! Eine Hand wäscht die andere. Betreiben Sie meine Sache hier am Platze, beschleunigen Sie das Resultat. Ich werde Alles aufbieten, Ihren Parteien förderlich zu sein — und auch Ihnen. Adieu, Liebfromm, Adieu! Vertrauen für Vertrauen — und Diskretion!

Als Constantin Ritter von Liebfromm im Freien war, lachte er höhnisch: Es thut mir leid, hochfahrender, aufgeblasener Vater eines übermüthigen, insolenten Sohnes, daß ich nicht die Ehre haben kann, deinen Geldmäkler zu machen! Bin eines hochpreislichen Reichshofraths Agent, nicht der deinige! Jetzt in aller Hast einen Spaziergang bei kühlem Märzwetter den Kanal entlang, damit wir ein mäßiges rheumatisches Erkältungsfieberchen erwischen, zu Bette kriechen müssen und eine solide Bescheinigung unserer Krankheit vom Arzte verlangen dürfen. Wer krank ist, kann keine Geschäfte betreiben und ist genügend entschuldiget. Unterdessen wird der Reisewüthige drängen — und wofern mich nicht Alles täuscht, werden gewisse Leute dann in ihrer Noth nach gewissen Beilagen greifen, die sie bis jetzt noch nicht in jenen Briefen entdeckt zu haben scheinen. Va bene! Va bene! Der Sohn muß mit dem Vater gedemüthig werden, sonst bin ich nicht sicher vor ihm. Rußland ist zwar weit, doch es ist nicht aus der Welt; man kann plötzlich von dort zurückkehren. Wir wollen Sorge tragen, daß es für Herrn Isidor zu spät sei, mag er noch so früh wieder heimkommen!

―――

Die Versicherung des Hofraths, daß er nähere Einsicht in jene ihm zugegangenen Briefe „aus dem Reiche" nicht nur nicht genommen, sondern dieselben, seitdem sie unter dicke Convolute von Akten gerathen waren, völlig vergessen habe, darf als keine Unwahrheit betrachtet werden. Erst Liebfromm's Andeutung rief ihm diese Gegenstände wieder in's Gedächtniß, und des schlauen Agenten Hinweisungen auf „Dankbarkeit der Bittsteller" hatten seine Neugier erweckt, die begreiflicher Weise in seiner jetzigen Lage auf Alles gerichtet war, was unerwartete Zuschüsse darbieten mochte. Kaum befand er sich allein, so wühlte er aus verschiedenen Papierbergen die besprochenen Schriftstücke hervor und ging an deren Inhalt. Beide Briefe glichen sich auffallend in drei Punkten. Erstens zeigte ihre verständig abgefaßte Auseinandersetzung dessen, was die Absender zu erlangen wünschten, nicht nur eine gründliche Kenntniß der für und wider sie sprechenden Gesetze, Vorschriften und Herkömmlichkeiten, sondern eine ebenso genaue Bekanntschaft mit allen Zuständen und Persönlichkeiten des Reichshofraths. Zweitens war in beiden zwischen den Zeilen zu lesen, was nicht in den Zeilen geschrieben stand: daß man des einflußreichen Vermittlers Thätigkeit nicht umsonst in Anspruch nehme. — Drittens war jedem derselben eine auf ein großes Bankierhaus in Frankfurt am Main gestellte, von diesem bereits acceptirte und auf Baron Armoni girirte Anweisung von 1200 und resp. 1000 Stück Dukaten beigefügt, für, wie ausdrücklich bemerkt stand: „Vorauslagen, Douceurs, etwaige Taxen und unvorhergesehene Bedürfnisse."

Diese verhängnißvollen Blätter hatte der Hofrath bei erstmaliger, eiliger Ueberblickung der Episteln gar nicht mit aus den Couverten gezogen. Sie fielen ihm jetzt desto bedeutsamer in's Auge. Er verglich die darin prangenden Ziffern und Lettern mit den unbestimmten, vieldeutigen Ausdrücken: „Douceurs, unvorhergesehene Bedürfnisse," murmelte dann: wie gut, daß Liebfromm für mich thätig sein wird, daß ich nicht der Verlockung nachgeben darf, welche aus diesen Blättern spricht! Hierauf schob er Anweisungen und Briefe in ihre Hüllen zurück und verschloß sie in jenem Schube seines Sekre=

tärs, in welchem er alle Privatsachen aufzubewahren pflegte, fest entschlossen, beiden Parteien seine Mitwirkung, insofern selbige außer den bestimmt ausgesprochenen Funktionen eines Reichshofraths liege, zu versagen und ihnen nächster Tage mit dieser Erklärung ihre Anweisungen zurückzustellen. Dann ging er an seine Amtsgeschäfte.

Mittlerweile gewannen Isidor's Reisevorbereitungen einen rapiden Fortgang. Seine Vorgesetzten ließen ihn, da er mit seinem Anliegen sich meldete, gar nicht zu Worte kommen; Jeder schien bereits unterrichtet zu sein, daß „der junge Mann wegen einer Herzensangelegenheit Zerstreuung außer Landes suche," und schickte ihn gleich zu einer oberen Instanz, wo man ihn abermals schon erwartete. Der Corpschef sagte blos: Alles in Ordnung; glückliche Reise; Sie können Ihre Jahresgage als Vorschuß erheben. — Das war nicht viel. Wahrscheinlich, meinte er, soll die Gratifikation erst von meinen Leistungen abhängig gemacht werden. Nun, was thut's! Hab' ich doch den Vater und brauche keine Schulden einzugehen, die ich verabscheue. Nur fort, nur fort aus dieser Stadt, daß ich nicht länger eine Luft athme — mit ihr!

Nach Verlauf einiger Tage konnte er demgemäß in seines Vaters Zimmer treten, mit Allem, was zur Abreise nothwendig ist, hinreichend ausgerüstet — nur nicht mit Geld. Er fand den Hofrath niedergeschlagen, verstört, kaum fähig, ihm Rede zu stehen. Als Veranlassung dieser nicht zu verbergenden Erschütterung wurde ihm ein im Collegio erlebter, heftiger Verdruß vorgespiegelt, doch in so zurückhaltender Weise, daß er für unpassend hielt, weiter zu forschen.

Du brauchst Geld, sagte der alte Herr, indem er sich gewaltsam aufraffte; Du hast es zu fordern. Legte ich Dir doch, seitdem Du volljährig bist, noch keine Rechnung ab über die Verwaltung Deines mütterlichen Vermögens, gab Dir immer nur kleine Beträge. Du bist ja so sparsam! Sei mir nur nicht böse, lieber Sohn, daß ich Dich noch um einen Tag verzögere. Erstens glaubte ich wirklich nicht, daß Du so geschwind flott würdest, und dann hab' ich den Kopf so voll gehabt von Amtsärgernissen! — Morgen, morgen zuverläßig! Auf zweitausend Dukaten darfst Du rechnen. Mache Dich bereit, bestelle Pferde; morgen Nachmittag kannst Du reisen. Jetzt hab' ich nothwendig zu thun. Morgen, morgen; auf Wiedersehn! —

Der Hauptmann hatte schon längst das Haus verlassen, da saß der Hofrath noch immer mit gesenktem Kopfe rathlos, schwerseufzend, unschlüssig an seinem Arbeitstische. Vor ihm lagen einige Blätter dünnen Papiers, die er, so lange der Sohn anwesend, mit andern Schriften bedeckt gehalten und jetzt wieder frei machte. Das eine war ein mit Bleistift gekritzeltes Billetchen, „Constantin Liebfromm" unterzeichnet, welches in unterwürfigsten Ausdrücken bejammerte, dem Glücke einer ihm huldreich übertragenen vertraulichen Hilfsleistung entsagen zu müssen, weil Schreiber laut angebogenem ärztlichem Zeugnisse für längere Dauer fest an's Bett gebunden sei. Das andere waren die bewußten Frankfurter Anweisungen. Daneben auf einem kleinen Aktentische waren allerlei ältere und neuere Fascikel aufgeschichtet, in denen der Hofrath ab und zu blätterte, wahrscheinlich ohne viel Tröstliches zu finden; denn er versank immer wieder in sein vorheriges Brüten und Sinnen.

Ich mag die Sachen beleuchten, wie ich will, nirgends finde ich begründete Aussicht, weder die übereilte Majoritäts-Erklärung, noch jene unstatthafte Legitimation glücklich durchzufechten. Meine Ueberzeugung verpflichtet mich, streng genommen, den betreffenden Müttern zu erklären, daß ich und weshalb ich keine Möglichkeit günstigen Erfolges sehe. Ich handle also unrechtlich, wenn ich über Summen disponire, die nur diesem Zwecke gewidmet sind. Selbst wenn ich mich tief genug erniedrige, mich bestechen lassen zu wollen, darf ich es hier nicht, weil ich im voraus übersehe, daß es mir sogar an Scheingründen mangeln wird für die Parteien, die mich erkauften, sei es in öffentlicher Sitzung, sei es in Privat-Audienzen. Und dennoch bleibt kein anderer Ausweg. Isidor darf nicht ahnen, wie es mit meinem, mit seinem Vermögen steht! Er muß diese Reise unternehmen können. Es ist eine Gnade Gottes, der ihm solche unerwartete Gelegenheit darbietet, sich zu heben, zu fördern, in Gunst zu setzen. Nur das kann uns retten; nur aus seiner glänzenden Zukunft kann mir die Hilfe kommen. Er darf jetzt nicht zeigen, daß er ohne baares Geld, daß sein Vater nicht mehr im Stande ist, ihn auszurüsten; es würde ein falsches Licht auch auf ihn werfen. Er muß reisen, er muß bei Kasse sein — um jeden Preis! Mit den Aussstellerinnen der Anweisungen werde ich mich späterhin ausgleichen, werde ihnen schreiben — lassen, durch Liebfromm vielleicht, — daß ich im ersten Elfer, ihnen dienstwillig zu sein, das Geld erhoben, auf zweckdienliche Ausgaben zur captatio benevolentiae hier und dort verzettelt, späterhin erst entdeckt habe, wie wenig auf Erfolg zu rechnen sei; daß ich sie terminweise entschädigen, daß ich günstigere Umstände abwarten will. — Ja, ich werde sie nach und nach bezahlen, werde ihnen zurückerstatten, was ich jetzt gezwungen von der Noth des Augenblicks wie eine erzwungene Anleihe erhebe! Es muß sein — um jeden Preis!

Bevor zwei Stunden verflossen, befanden sich beide Anweisungen im Portefeuille eines Bankiers, — Enoch war es natürlich nicht — und Armoni's Kasse barg zweitausend jener kleinen, verschiedenartig geprägter, rundgemünzter Stückchen Gold, um derentwillen schon so viel Unheil über die Menschheit gekommen ist, weil in ihrem Besitze so viele Menschen ihr Heil suchen.

Am nächsten Tage nahm der Hauptmann bei seinem Vater das Frühstück, welches zugleich ein Diner ersetzte; und Beide zeigten sich heiterer, als ihrer innern Stimmung angemessen war; Beide legten sich den Zwang auf, Einer den Andern zu täuschen, und Beiden gelang es. Gott sei Dank! rief Isidor, als er im Reisewagen saß, mein guter Vater wähnt, ich zöge mit leichtem, freiem Herzen in die Welt; ich hätte Leonore nicht nur aufgegeben, hätte sie auch schon vergessen! — Gott sei

Dank! rief der Hofrath, sobald er sich ohne Zeugen sah, mein guter Isidor hegt nicht den geringsten Argwohn! Möge er seine Mission glücklich vollbringen, Zufriedenheit mit seinen Diensten, Anerkennung einernten — und es kann Alles noch gut werden!

Mit diesem unzählig oft wiederholten Stoßseufzer suchte der bekümmerte Mann sich die folgenden Wochen hindurch aufzurichten und wurde dabei auch noch durch Nachrichten Isidor's unterstützt, die, guten Muthes abgefaßt, aus rasch durchflogenen Städten einliefen. Künstlich ersonnene, freilich sehr auf Schrauben gestellte Sendschreiben erwarteten nur Liebfromm's Genesung, um nach verschiedenen durch diesen ertheilten Auskünften an seine vornehmen Clienten abzugehen und sie einstweilen zu vertrösten. Der Hofrath hielt sich von des Agenten Anhänglichkeit so fest überzeugt, daß er beinahe entschlossen war, ihm unter dem Siegel strengster Verschwiegenheit anzuvertrauen, was seit ihrem letzten Zwiegespräch geschehen sei. Ach, wie fern lag dem unglücklichen Manne der Gedanke, jede seiner leichtsinnigen Handlungen könne in dem boshaften Vertrauten einen aufmerksamen Späher gehabt und dieser vom fingirten Krankenlager aus bereits Anstalten getroffen haben, den Vater seines gefürchteten Feindes zu verderben!

Eine Denunciation ohne Namensunterschrift ist gewiß nicht geeignet, Vertrauen einzuflößen, am allerwenigsten wird sie von einem edlen, hochherzigen Herrscher anders als mit Verachtung aufgenommen werden. Wenn sie aber so präcise Nachweisungen enthält, wie

jene, die über des Hofraths unredliches Verfahren in
allerhöchste Hände gespielt wurde, so muß man ihr nothwendig Aufmerksamkeit gönnen, und sie muß rasche, das
heißt den Verdächtigten überraschende Untersuchung veranlassen, damit Letzterem keine Zeit bleibe, schriftliche
Zeugnisse seiner Schuld zu vernichten. Mitten in der
Nacht stellten sich Kriminalbeamte ein, welche des Hofraths Papiere in Beschlag zu nehmen sich durch Special-
befehle bevollmächtigt erwiesen. Die Gesuche jener beiden Damen aus dem Reiche, sammt den umständlich
ausgearbeiteten Entwürfen zu deren Beantwortung fielen ihnen sogleich in die Hände und galten ihnen auf
den ersten Blick für so unwiderlegliche Beweise der
Schuld, daß ohne weiteres zur Verhaftung geschritten
wurde. Die zweite Hälfte dieser fürchterlichen Nacht ver-
lebte Isidor's Vater bereits im Kerker, — und welch' ein
Morgen war es, der dem Bedauernswürdigen dort aufging!

Die unerbittliche Strenge, mit welcher im Allgemeinen gegen Personen höherer Stellung bei solchen Gelegenheiten vorgegangen wurde, und welche eben, aus
einer die geringeren Stände mit väterlicher Huld und
Milde umfassenden Gerechtigkeitsliebe hervorbrechend,
eine heilsame Abschreckungstheorie im Sinne hatte,
mußte natürlich, wie jede Theorie, wo sie Praxis werden
soll, in ihrer Konsequenz bisweilen zur grausamsten
Härte umschlagen. Und das erfuhr der Gefangene an
sich. Er hatte nicht allein seine Vergehungen zu büßen.
Ihm ward auch noch zugerechnet, daß es sein Sohn sei,

dem um des Vaters willen eine ehrenvolle Auszeichnung zu Theil geworden, dessen Namen er durch den Seinigen nun schände, dessen vielverheißende Laufbahn er mehr oder weniger zerstöre. Wie nur die ersten Steine aus dem bis dahin mühsam gestützten, innerlich morschen Gebäude von Wohlstand, Anerkennung, Wirksamkeit, Einfluß herausgebrochen waren, stürzte augenblicklich Alles in Trümmer, und der in wenigen Wochen zum Greise gewordene Ehrenmann saß auf den Ruinen seines von vielen beneideten Glückes als überwiesener Betrüger, als gemeiner Verbrecher.

Er wurde zu dreijährigem Schiffsziehen verurtheilt. Dieses Urtheil wurde, da die Aerzte ihn für körperlich unfähig erklärten, solche furchtbare Anstrengung zu ertragen, aus besonderem Erbarmen umgeändert, und er zum Gassenkehren begnadigt. Als man ihm dies bekannt machte, schluchzte er jammervoll: O diese Gnade ist Grausamkeit! Das Schiffsziehen hätte mich bald von solchem Dasein erlöset; beim Gassenkehren kann ich die Schmach vielleicht ein Jahr hindurch tragen, kann noch am Leben sein, wenn mein Sohn heimkehrt!

Alle, die das hörten, weinten mit dem Elenden. Doch Keiner sah eine Möglichkeit vor sich, die unbeugsame zornige Strenge eines in seinem huldvollsten Vertrauen schmählich getäuschten Herrschers zu besiegen. Des Verurtheilten Gläubiger konnten aus der Konkursmasse nur unvollkommen befriedigt werden, obgleich Isidor's Ansprüche mit hineingeworfen und aufgeopfert wurden, was gesetzlich unmöglich gewesen wäre, hätte nicht die verstorbene Mutter versäumt, durch Befolgung vorgeschriebener Formen ihren letzten Willen vor den Eingriffen des Wittwers sicher zu stellen.

Unter den Verwünschungen des Publikums trat der „muthwillige Bankerottierer," der „vornehme Betrüger" die furchtbare Strafe an, und seine ehemaligen Kollegen eilten hastig vorüber, wenn sie zufällig Gruppen in der Gasse sich näherten, aus denen sein geschmähter Name erklang. Gott sei Dank, hörte man in allen geringeren Gasthäusern zwischen Wein und Bier ausrufen, daß es jetzt bei uns nicht mehr heißt: „die kleinen Diebe hängt man, und die großen läßt man laufen!"

———

Die allgemein ausgesprochene, von vielen Neidern mit sichtbarer Schadenfreude ausgebreitete Vermuthung, daß Großhändler Enoch die so lange zwischen ihm und Baron Armoni bestandene Intimität durch schwere Verluste büßen werde, zeigte sich sehr bald unbegründet. Jene schon erwähnte Unvollständigkeit des von Isidor's Mutter hinterlassenen, doch weder amtlich beglaubigten, noch irgendwo publicirten Testamentes hatte dem Vater möglich gemacht, die seinem Sohne ausschließlich zugedachte Herrschaft als Gemeingut zu behandeln und mit Schulden zu belasten. Enoch's Darlehen waren größtentheils auf dies werthvolle Besitzthum eingetragen, und der vorsichtige Kaufmann durch sichere Grundverschreibungen vollkommen gedeckt. Die geringeren Summen, die er in letzterer Zeit dem stets um baares Geld Verlegenen, wie er es nannte, „auf die Hand" gegeben, kamen weiter nicht in Betracht; sie waren durch hundert „kleine Gefälligkeiten" schon vorher ausgeglichen. Wenn von allen Seiten die Frage erklang: Wo um Gotteswillen hat der Verschwender sein und anderer Leute Geld hingethan? Er hat ja doch im Ganzen keinen übertriebenen Aufwand gemacht, sein Sohn noch weniger! Stand doch in schönem Gehalte, zog tüchtige Nebeneinnahmen, besaß eigenes Vermögen von der Frau her! Wo ist's geblieben? — Dann entgegnete Enoch: In Gertrautenhof! Das Landgut hat's verschlungen!

Und wurde dann weiter gefragt: dann ist die Wirthschaft also dort im vortrefflichsten Stande? so entgegnete der Großhändler abermals: Im erbärmlichsten! Weder auf den Zustand der Gebäude, die, das hübsche Schloß ausgenommen, durch die Bank nicht viel werth sind; noch auf Ackerkultur und Viehstand hat er geachtet. Das ging seinen Schlendrian unter einem bequemen Verwalter. Was die Herrschaft trug, und vielleicht noch einmal so viel darüber, das hat er wohl wieder hineingesteckt, aber dennoch vergeudet — in Zwiebeln. — In Zwiebeln? riefen die Hörer ungläubig lachend. — Ja, in Zwiebeln, deren eine Einzige oft so theuer gekauft werden mußte, daß ihrer zwölf die Ernte des Jahres verschlangen. Mein armer Freund war mit einem Wort ein Tulpennarr, ein Hyacinthen-Eroberer, ein Zwiebel-Anbeter, so närrisch, so toll, so wahnsinnig wie nur jemals Einer in Holland, woher er bekanntlich durch die Mutter stammte. Es war ihm eingeboren. Schon als jüngerer Mann kannte er keine größere Freude. Unser vor fünfzehn Jahren verstorbener van Swieten nannte ihn einen „verzwiebelten Maniacus." Wenn ich bedenke, daß in seinem jetzigen Zustande eine ganz ordinäre Zwiebel, drei Stück um einen Kreuzer, ihm vielleicht köstlicher Leckerbissen auf das schwarze Kerkerbrod dünken wird, so ist mir wahrhaftig, als hätte ich selbst an Zwiebeln gerochen, und die Thränen schießen mir in's Auge. Und wenn ich an den Sohn denke —." Kam Papa Enoch in seinen Erörterungen so weit, dann mußte er das Gespräch jedes Mal abbrechen, denn Thränen erstickten ihm wirklich die Stimme.

Noch tiefer, noch ausdauernder zeigte sich die Theilnahme seiner Gattin. Diese hatte ja niemals aufgehört, in Isidor den Geliebten ihrer Leonore zu erblicken, mochte Letztere noch so oft und entschieden versichern, daß sich kein wärmeres Gefühl mehr in ihrem Herzen rege für den hochmüthigen, unnachgiebigen jungen Mann. Eine verständige, zärtliche Mutter sieht scharf, sie läßt sich durch Worte nicht irre leiten. Leonorens Mutter bemerkte mit Schreck und Gram, daß die Schmach, welche gewissermaßen den Namen des Hauptmanns getroffen, von ihrer Tochter fast triumphirend begrüßt wurde, weil — äußerte die sonst so menschenfreundlich gesinnte, wohlthätige Jungfrau — der unerträgliche Stolz eines von seinen Verdiensten aufgeblasenen Herzlosen nun verdientermaßen gedemüthiget werden dürfte. Wie glühend, so klagte die trauernde Mutter, wie glühend muß ihre Leidenschaft für Isidor noch brennen,

wie feſt verwachſen muß er mit ihrem innerſten Leben
ſein, wenn ſie im Stande iſt, ſich zu Empfindungen der
Rache zu erniedrigen, ſie, deren großmüthige Seele von
Kindheit auf nur die edelſten Regungen kund gab!

Beſtärkt wurde Madame Enoch in dieſer Ueber-
zeugung durch ein Ereigniß, welches von minder
Einſichtigen, auch vom Vater, ganz entgegengeſetzte
Deutungen erfuhr. Leonore beſtand nämlich darauf,
das der Subhaſtation unterzogene Landgut der Armoni's
ſolle auf ihren Namen angekauft und zu ſolchem Ankauf
nöthigenfalls das ganze ihr von ihrer verſtorbenen
Großmutter zugefallene Erbtheil verwendet werden.
Der Vater wehrte ſich mit Händen und Füßen gegen die
Erfüllung dieſes Wunſches, den er einen „verrückten
Einfall ſeines geliebten Lorel's" nannte; die Mutter
jedoch, weil ſie eine Hoffnung, wenn gleich eine noch ſehr
ferne, dunkle darin ahnete, ſchlug ſich diesmal auf der
Tochter Seite, was den Sieg natürlich beſchleunigte.
Sämmtliche Mitbewerber wurden überboten, und Ger-
trautenhof gehörte Leonoren Enoch.

Gott ſoll mein Kind vor der Zwiebel-Krankheit
ſchützen! lautete nun des Großhändlers tägliches Gebet,
ſo lange bis er ſich überzeugt hatte, daß Glashäuſer und
Blumenbeete nicht den geringſten Einfluß auf dieſen Ankauf gehabt haben könnten, weil weder ſeine Tochter, noch
deren mütterliche Bundesgenoſſin mehr als oberflächliche
Neugierde für den Katalog der überſchwänglich theuer
bezahlten Tulpen und Hyacinthen zeigten. —

Wenn's ihr nicht um dieſes bunte Spielwerk zu thun

war, äußerte er beruhigt, so kann's nur darauf hinzielen, daß sie ein ungestörtes Plätzchen für die Flitterwochen suchte. Gieb Achtung, Frau; unser Lorel nimmt den Liebfromm zum Gemahle! — Ich fürchte, sie zwingt sich zu solch' gewaltsamem Entschlusse, pflegte die Mutter betrübt zu erwiedern; ich fürchte, sie geht in ihr Unglück! — Dummheiten, Dummheiten, Alte. Ihr Unglück mit Ritter von Liebfromm, einem gelehrten, geschickten Juristen, allbeliebt, allgeachtet, feiner Mann, jung, angenehm, von Oben protegirt, einer großen Carriere gewiß! Wo sitzt das Unglück? Sie liebten sich lange schon. Nur der Hauptmann stand dazwischen mit dem Sarras! Hätte sie den vorgezogen, das wär' jetzt ein Unglück, ein fürchterliches! Mit Liebfromm geht sie in ihr Glück! —

Es schien beinahe so. Constantin hatte sich allgemach zum „Hahn im Korbe" bei Enoch's aufgeschwungen. Vom Vater ausgezeichnet, von der Mutter still geduldet, mit der Tochter im traulichsten Verkehr, galt er überall für den Erwählten, und es fiel keinem Bewerber weiter ein, sich fürder um Leonore zu bemühen. Auch herrschte in unterrichteten Kreisen kein Zweifel, der bisherige Agent beim Reichshofrathe werde sehr bald zu einer nicht unbedeutenden Stelle in kaiserlichen Diensten berufen werden, die ihm als Belohnung gebühre. — Als Belohnung? Wofür? Darüber waren die Meinungen getheilt. Verschiedene Stimmen bezeichneten verschiedene Ursachen. Einige flüsterten heimlich, er habe sich von einem sehr hohen Gegner Armoni's, welchem dieser unbequem gewesen, gebrauchen laſſen, deſſelben Sturz herbeizuführen, und dafür ſei ihm glorreiche Beförderung verheißen. An Gerüchten, mögen ſie noch ſo falſch, noch ſo tückiſch erfunden ſein, iſt immer Etwas wahr. Dies beſtätigte ſich auch hier. Und ebenſo beſtätigte ſich auch jene alte, niederſchlagende Erfahrung, daß dieſelben Menſchen, die dergleichen Gerüchte verbreiten, ſich heuchleriſch verbeugen, wenn ſie demjenigen in's Geſicht ſchauen, hinter deſſen Rücken ſie das Schlimmſte ſagten, — wofern dieſer mächtige Gönner zählt. Liebfromm war niemals zuvorkommender behandelt worden, als ſeitdem man ihn für einen heimlichen Denuncianten hielt.

Bis in's Enoch'ſche Haus drangen ſolche Verdächtigungen nicht. Dort blieb Conſtantin, der um ſeines „väterlichen Freundes" herzzerreißendes Unglück tief trauernde, gemüthvolle, beſcheidene, demüthig hoffende Anbeter, deſſen Schmerz über Armont's Schickſal nur durch die Freude über Iſidor's Abweſenheit gemildert wurde. Gelegentlich ließ er dann einfließen, wie der Hauptmann, wahrſcheinlich ſchon in Vorausſicht einer drohenden Kataſtrophe, ſich noch zu rechter Zeit entfernt habe. Später gab er zu verſtehen, man raune in gewiſſen Regionen ſich in's Ohr, der jüngere Armont ſei bereits bittend eingekommen, daß man ihm geſtatten möge, einen andern Namen zu führen und einen Vater zu verleugnen, den er verachten müſſe. Dieſe hingeworfenen Andeutungen erregten auf's Neue Leonorens Zorn gegen Iſidor. Da zeigt ſich, rief ſie heftig aus, des Menſchen kaltes, ſelbſtſüchtiges Weſen. Seinen Vater verleugnen! Einen wenn auch schwachen, dennoch so zärtlichen Vater, der für ihn in's Verderben ging! Wenn er ein kindliches Herz in der Brust trüge, — aber das ist es eben, er hat gar kein Herz!

Dann legte Liebfromm die Hand auf das seinige, zum Zeichen, daß dort eins schlage, und mit den Augen sagte er, für wen. Und Leonore lächelte ihm zu: an Ihnen hab' ich nie gezweifelt! Dennoch aber ging's nicht weiter mit Beiden. Des Vaters Fragen, bis wann die Verlobung sei, überhörte sie. Die Mutter fragte nicht, grämte sich und schwieg; ihr blieb Constantin ein Gegenstand des Argwohns und Isidor der Sohn ihrer Wahl, unerachtet aller Schande, die sich an die Familie geheftet. Was mag dieser edle, tüchtige Mensch dulden? Wird er es überleben? — Das war der Gedanke, der die gute Frau nicht mehr verließ.

Heut zu Tage, wo die Verbindungen zwischen großen fernen Reichen so leicht geworden, klingt es unglaublich, dennoch ist es vollkommen wahr, und dem damaligen Zustande gegenseitiger Beförderungsmittel entsprechend, — Isidor wußte noch nicht das Geringste vom Unglück in der Heimath, als der Prozeß seines Vaters längst abgemacht und dieser bereits der grausam auferlegten Buße verfallen war. Briefe nach Rußland und aus Rußland abgesendet, wenn sie auf den Kursen der Post von Wien durch Galizien und umgekehrt von Petersburg nach Oesterreich gehen, sind immer noch tausend unberechenbaren Zufällen preisgegeben. Nun erst damals, wo das Postwesen, auch in Deutschland noch so weit zurück, seines

Erlösers, des unvergeßlichen, lange noch nicht genug gewürdigten Nagler harrte!

Daß Hofrath Armoni eben so wenig die Gefälligkeit abgehender Kabinetskuriere hatte in Anspruch nehmen dürfen, als sein Sohn sich an die Gesandtschaft mit ähnlicher Bitte wenden konnte, lag in der unbestimmten, mehr auf halbverständliche Andeutungen als auf ausgesprochene Befehle erfolgten Sendung Isidor's. Sollte er nicht sehen und hören, ohne sich viel sehen und hören zu lassen? Sein Bestreben mußte dahin gerichtet sein, sich möglichst fern zu halten von jeder näheren Berührung, Alles zu vermeiden, was Aufmerksamkeit erregen könnte, sich in der großen Masse zu verlaufen und zu verlieren. Wie wenig ein solches „sich Absondern" geeignet sei, Geheimnisse, Intriguen, Kabalen aus obern Regionen zu erlauschen und etwas Brauchbares für einstige mündliche Rapporte zu erhaschen, das hatten weder die ihn entsendet, noch er selbst vorher genugsam erwogen. Jetzt sah er es ein und befand sich deshalb in niedergeschlagener Stimmung, welche noch vermehrt wurde durch das gänzliche Ausbleiben von Erwiederungen auf seine vielen, sehr behutsam abgefaßten Briefe an den Vater.

Eine Reise des Hofes nach Moskau und in südliche Distrikte des Riesenreiches brachte einige Erheiterung. Ein glücklicher Zufall hatte ihn davon erfahren lassen, ehe noch der allerhöchste Wille der absolutesten Herrscherin allgemein bekannt geworden, und er benützte das, schon vor dem Hofhalte aufzubrechen, voll Erwartung, ob es ihm gelingen werde, durch heimlich angeknüpfte

Bekanntschaften mit etwelchen Günstlingen niedrigeren Schlages dort in mancherlei heimlich gesponnene Verwickelungen einzubringen, deren Gewebe ihm für seine Zwecke wichtig schien. Je tiefer in's Land hinein, desto weniger wagte er auf Nachrichten aus der Heimat zu rechnen, und er lernte sich endlich in Geduld fassen. Ja, er trieb die Resignation so weit, im Ausbleiben jeglicher Kunde für sein liebekrankes Gemüth Tröstung zu finden.

Was würde, sagte er sich, mir wohl zuvörderst gemeldet werden? Die Vermählung eines armseligen, verächtlichen Kriechers mit Leonoren, welche ich ja doch nie vergessen kann, welche mir ewig theuer bleiben wird mit all' ihren Fehlern. Ist es nicht besser, ich befinde mich in der Ungewißheit, die so viel Qualen, die dabei nicht minder ihre Reize hat? Ist es nicht besser, ich werde fortdauernd in Spannung erhalten durch den vielleicht albernen, darum doch süßen Traum, die Entfernung könne mir gewähren, was die Nähe versagte? Die Trennung könne mich ihr in hellerem Lichte zeigen und eine Sehnsucht erwecken, welche den eitlen Hochmuth schmilzt, der das herrliche Mädchen irre geleitet? Derlei täuschenden Bildern gab er sich hin, als er im kleinen Schlitten die unübersehbaren Schneegefilde durchflog.

Seine Erwartungen in Betreff politischer Durchstechereien wurden übrigens nicht getäuscht, und es gelang ihm hinter verschiedene Schliche zu kommen, deren Kenntniß von Bedeutung war. Ja, er fand unerwartet einen Vertrauten unter denjenigen, welche zu beobachten sein geheimnißvoller Auftrag gewesen. Beide handelten jetzt im Einverständniß, und die Ausbeute ihrer gemeinsamen Forschungen wuchs zusehens, so daß Isidor zu glauben begann, er werde seiner Mission Ehre machen und einflußreiche, dem Vaterlande nützliche Resultate heim bringen, ein Glaube, der ihn über das Zweideutige, das für einen offenen, freisinnigen Charakter in derlei Rollen liegt, siegreich erhob. Auch sah er sich nicht gezwungen zu lügen oder zu betrügen, — er beobachtete nur, ließ kein Wörtchen zur Erde fallen, bewahrte Aeußerungen wie Begebenheiten in seinem Tagebuch und kombinirte, was um ihn her sich zutrug, mit einem Geschick, welches natürlich in der Uebung täglich wuchs. Dies Gelingen ließ ihn die Sehnsucht nach der Heimath oft vergessen, machte ihn heiterer, ja beglückte ihn gewissermaßen, als sich nun der Zeitpunkt herannahte, wo er nach erfüllter Pflicht an die Heimkehr denken zu dürfen meinte. Ich trete nicht mit leeren Händen auf, sprach er; ich bringe ein ziemlich klares Bild hiesiger Zustände mit, kann manche versteckte Absicht enthüllen, weiß auch zu würdigen, wo man es wahrhaft ehrlich mit uns meint; meine Berichte werden Gewichte sein, die entscheidend in die Wagschale fallen. Ich bin nicht vergeblich hier gewesen, alles Uebrige wird sich finden!

Von solchen kräftigen Gedanken neu gestählt, begab er sich zu seinem jüngst gewonnenen Freunde und Landsmann, mit diesem noch Einiges zu berathen, fand aber einen befremdend abgemessenen Empfang, der die Mitte hielt zwischen absichtlicher Einsilbigkeit und verlegener Theilnahme. Im ersten Augenblicke wähnte er, diese

Zurückhaltung beziehe sich auf Geschäfte, und es sei Etwas geschehen, wodurch sein Vertrauter amtlich kompromittirt zu werden fürchte. Doch bald zeigte sich, daß nicht Jenem, daß ihm selbst dies plötzlich veränderte Betragen gelte. Haben Sie Nachrichten, die mich betreffen? fragte er; ist meinem Vater ein Unglück zugestoßen? — Das größte, welches Ehrenmännern widerfahren kann; er ist des Betruges angeklagt, überwiesen, verurtheilt, seiner Würden und Aemter entsetzt —

Isidor hörte nicht weiter. Schon stürzte er fort, Pferde zu bestellen. Seine Anstalten waren bereits getroffen gewesen, der Postpaß gelöset. — Gegen Abend flog er, von drei flüchtigen Rennern gezogen, die Landstraße entlang, in die Nacht hinein. Ach und in welche Nacht!

Ein frühzeitiger, voreiliger Frühling war mit den ersten Märztagen über's Land gedrungen, saugte die letzten Schneestreifen von Feld und Wiese und lockte im jüngst angelegten Augarten tausend Veilchen aus jungem Grün. Herr Ritter von Liebfromm ließ sich angelegen sein, jedweden Vormittag ein duftig Sträußlein Leonoren zu bringen, welche bereits für seine Braut galt, nicht allein in der Meinung der ganzen Bekanntschaft, sondern auch in der Ueberzeugung des Herrn Enoch. Denn dieser umsichtige Mann, der als Großhändler en gros, als Neuigkeitskrämer jedoch sehr en detail handelte, wußte zuversichtlich, daß Constantin sehr bald die, wenn auch gewinnreiche, keinesweges zu besonderen

Ansprüchen berechtigende Existenz eines Reichshofraths-Agenten mit einem höheren Range vertauschen und seiner Auserwählten einen ehrenvollen Titel zur Morgengabe schenken dürfte. Der junge Mann, sagte er, weiß sich zu benehmen, weiß sich zu fügen, nöthigenfalls zu schmiegen; der junge Mann kann's weit bringen mit Gottes Hilfe — und wenn der Schwiegervater ein Bischen nachhilft mit Geld und guten Worten, wird's auch nicht schädlich sein!

Leonore verrieth eben keine entschiedene Neigung für Herrn von Liebfromm, aber sie that auch Nichts, ihn abzuschrecken; sie ließ die Dinge gehen, wie sie gingen, und schien bereit, auch über sich ergehen zu lassen, was kommen würde. Ihr Vater meinte: ganz umgewandelt hat die Liebe mein Kind; keine Spur mehr von ihrer sonstigen Sucht zu befehlen, zu herrschen, ihren Willen durchzusetzen; sie ist die Nachgiebigkeit selbst! — Die Mutter sah in dieser Nachgiebigkeit nichts Anderes als Geringschätzung alles dessen, was um ihre Tochter her geschah; sie leitete des sonst so spröden Mädchens auffällige Güte für Constantin nicht wie der Vater aus zärtlicheren und erwiedernden Gefühlen, sondern lediglich aus jener Apathie her, welche sich nach dem übereilten Bruche mit Isidor der stolzen Jungfrau bemächtiget hatte, und es jetzt gleichgültig fand, wodurch die unausfüllbare Leere ihres Innern scheinbar verdeckt und übertüncht werden wollte. Die arme Frau befand sich in peinlicher Lage. Ihre Ueberzeugung, daß Leonore nur mit ihrem Leben aufhören könne, Isidor zu lieben, stand unveränderlich fest, und dennoch durfte sie weder warnen, rathen, noch trösten, denn seit Armoni's entsetzlichem Sturz sah sie kein Mittel mehr, gut zu machen, was der jungen Leute stolzer, unbeugsamer Eigensinn, was des alten, leichtsinnigen Hofraths schwere Schmach rettungslos verdorben hatte. Ihr edler Sinn, ihre reine Seele ahnten, Liebfromm sei Leonorens unwürdig; doch es fehlten ihr Beweise, und die Erinnerung an den Abwesenden, welche die sicherste Bundesgenossin wider ihres Gatten Verblendung, wider ihrer Tochter unbegreifliche Gleichgültigkeit gewesen wäre, durfte sie unter den vorwaltenden Verhältnissen nicht wach rufen, weil sie fürchten mußte, Leonorens Stolz neu zu erregen und die bittere Frage zu hören: Soll ich eines Gassenkehrers Schwiegertochter werden?

Auf diese Weise faßte der konsequente Bewerber mit jedem Tage festeren Fuß, und Leonore hatte sich, darüber war kein Zweifel mehr möglich, allgemach an den Gedanken gewöhnt, Frau von Liebfromm zu heißen, wenn auch zwischen ihr und Jenem, der diesen Namen ihr zu geben trachtete, noch immer kein eigentlich bindendes Wort gewechselt war.

Heute muß ich ihr Ja empfangen! rief Constantin, da er an einem sonnenhellen Tage früher als gewöhnlich, den vollsten frischesten Veilchenstrauß in der Hand, Enoch's Haus betrat und Leonore, die im offenen Fenster lag, freudig begrüßte. Sie steckte die Veilchen vor die Brust, was sie noch nie gethan, das belebte seine Zuversicht. Er nahm den Platz neben ihr. Beide Arme auf das schwellende Kissen gestützt, lehnte er sich ihr so nahe wie möglich hin, sein Arm berührte den ihrigen. Zum ersten Male trat die berechnende Schlauheit, welche jeden seiner Schritte bisher geleitet, sorglos in den Hintergrund, verdrängt von jugendlich-feurigen Wünschen, die ihn überwältigten. Die Natur verlangte endlich ihr Recht bei diesem der Unnatur des Eigennutzes, des Ehrgeizes, der Verstellung fröhnenden Heuchler. Er vergaß die Rolle des Tugendhelden, des strengen Anklägers menschlicher Sündhaftigkeit. Der überschwengliche Anbeter verwandelte sich in einen lüsternen Liebhaber und trug es offen zur Schau, insoweit seiner Nachbarin vornehme, Achtung gebietende Persönlichkeit dies gestatten wollte.

Die Umwandlung mißfiel Leonoren nicht. Was von jedem Andern, der sich ihr vorher schon als ehrliches Weltkind verrathen, ihr unverzeihliche Keckheit gedünkt hätte, reizte sie an Constantin, weil es eine unwiderstehliche Gewalt ihrer eigenen Reize bewies, welche den kalten schönen Ritter plötzlich so warm durchglühte, daß er sich gar an's ausgesprochene Beneiden der Seligkeit wagte, die seine Veilchen an ihrem Busen genössen! Und abermals waren es Hochmuth und Eitelkeit, von denen sie sich betrügen ließ. Constantin gefiel ihr wohl in diesem Augenblicke; sie überredete sich, sie könne ihn lieb haben, einzig und allein um der Zaubermacht willen, die von ihr ausging, die sogar die stahlgepanzerte Rüstung undurchbringlicher Vorsicht und Behutsamkeit weich und den bemüthigsten, bescheidensten, nur in ätherischen Anbetungen schmachtenden Bewerber kühn machte, neben ihr zu verrathen, daß er ein junger Mann sei, daß er bereits gewisse Rechte zu haben vermeine! Ihrer kräftigen Persönlichkeit hatte ein sich fügender, gehorsamer Freund, wie bequem er immer sein mochte, doch niemals näher treten können. Wenn sie ihn geduldet, wenn sie die Möglichkeit nicht abgewiesen, ihm ihre Hand am Altare zu reichen, unterlag sie dem thörichten Wahne, sich dadurch an Isidor, dem Verhaßten, bitter zu rächen. Heute zum ersten Male trat ihr ein Bild vor die Seele, als könne Liebfromm, wenn er die Maske einmal abgelegt, die er täuschend wie ein wirkliches, lebendiges Antlitz getragen, männlichen Willen entwickeln, Selbstständigkeit zeigen, vielleicht aus dem submissen Diener ein entschiedener Herr werden. Denn das ist der ewige Widerspruch solcher weiblichen gebieterischen Naturen, daß sie befehlen und herrschen, siegreich walten wollen, während doch im Innersten ihres Herzens die heiße Sehnsucht brennt nach einem Gebieter, der sie besiegt, um ihnen zu befehlen, um sie zu beherrschen. Und finden sie diesen nicht, oder giebt er, eh' er ihren Stolz gebrochen, den Kampf voreilig auf, so sind sie verloren, und wer sich ihnen dann auf gutes Glück unterwarf, ist es mit ihnen. Wäre Moreto's classisches Lustspiel damals schon auf den deutschen Bühnen heimisch gewesen, — wir sind außer Stande zu sagen, ob die alte italienische Umwandlung desselben in eine „Dona filosofa" übertragen und aufgeführt worden — ich stehe nicht dafür, daß Leonore an Liebfromm's Seite sich die Partie der unerbittlichen Prinzessin zugetheilt und in Constantin einen zweiten Don Cesar erwartet haben dürfte.

So hoch aber vermochte Ritter von Liebfromm sich nicht zu schwingen. Edle Menschen von feinerem Stoffe, mögen sie aus eigennützigen Absichten irgend welchen Zwang sich auferlegt und eine ihrer unwürdige Hülle umgenommen haben, sie werden, wenn Gefühl und Leidenschaft die Bande durchbricht, also gleich mit ihrem besseren Ich vortreten, und ein edler Sinn wird sie erkennen. Wo aber gemeine Selbstsucht, niedrige Gesinnung sich gleißnerisch in sanftes tugendsames Gewand kleidete, da kann aus den Falten, die sich bei momentaner Nachlässigkeit verschieben, immer nur niedrige Gemeinheit schielen.

Solche Nachlässigkeit ließ Constantin sich zu Schulden kommen, verführt von Leonorens ihm völlig neuer, noch nie erlebter Koketterie, die ihrerseits wieder aus jener Täuschung entsprang, Isidor's Nebenbuhler und Nachfolger sei einiges Aufwandes von kleinen Kriegslisten vielleicht doch nicht unwerth, und es werde schon die Mühe lohnen, ihn aus seinem Verhau sorgfältig ausgewählter Floskeln und Sentenzen zu aufrichtigem Gespräche herauszulocken. Er ließ sich gehen und redete — dem volksthümlichen Ausdrucke gemäß — von der Leber weg. Da kam denn mancherlei zu Tage, was besser in der Nacht verborgen geblieben wäre, die es gezeugt. Er triumphirte, durch Leonorens Ermunterungen sicher gemacht, daß ihm durch Umsicht, Beharrlichkeit, Geduld nun endlich doch zu Theil werden solle, wonach er seit zwei Jahren getrachtet; und nicht zufrieden mit diesem Selbstlobe, gab er auch zu verstehen, er habe nicht immer so geduldig und müßig, wie es wohl den Anschein gehabt, den Ereignissen um ihn her zugesehen. Er habe sich nicht in devoter Resignation damit begnügt abzuwarten, welchen Verlauf die Geschicke gewisser Personen, die ihm lästig waren, aus eigenem Antriebe nehmen wollten. Er habe sich erlaubt, ein wenig nachzuhelfen, und hier und da einen kleinen coup de main gegeben, wenn es zu langsam ging. Er habe darin nicht blos für sich gehandelt, sondern auch für das Beste seiner geliebten Leonore, die ihm zu ewigem Danke verpflichtet sei, daß er sie aus den Klauen eines schroffen, hochstehenden Tyrannen gerettet, sie für immerdar von Jenem befreit und endlich durch die letzte Katastrophe dahin gewirkt habe, daß jeder Versuch des Nebenbuhlers, etwa wieder anzubinden, von nun an schlechthin unmöglich sei.

In diesem Tone sprach Constantin, der sonst jegliche Silbe sorgfältig abzuwiegen gewohnt, viel und lange, nicht anders als im Rausche! Und es war auch ein Rausch, der ihm die Zunge lösete, ein Rausch, der mit den Dünsten aufgeregter Sinnlichkeit, eitler Bewunderung eigener Vorzüge, befriedigter Habsucht und gemeiner Schadenfreude den im ruhigen Zustande klaren Verstand umnebelte.

Leonore hörte aufmerksam zu. Ihr war, als ginge jetzt eine dumpfe Ahnung in Wirklichkeit über, eine Ahnung, die ihr seit Armoni's Sturz Herz und Seele zusammengeschnürt, die sie aber nicht zu deuten gewußt.

Ein kalter Schauer durchrieselte sie, wie Constantin's Hand verstohlen die ihrige zu drücken wagte. Doch so heftig waltete ihr Wille vor, tiefer in seine Geheimnisse einzudringen, daß sie den Druck leise zu erwiedern vermochte, daß sie ihn fragend anblickte und den in ihr auflodernden Abscheu, die in ihrer Brust gährende Verzweiflung hinter ein Lächeln verbarg, dessen furchtbare Bedeutung der schlaue Beobachter nicht auffaßte. Sein von glühender Leidenschaft und niedriger Gesinnung getrübtes Auge las Beifall auf den zuckenden Lippen. Ja, flüsterte er, Du mußtest mein werden, und um Deinen Besitz hätte ich einen Mord nicht gescheut. Doch so schwer machten sie mir's nicht. Sie gingen willig in die Falle. Mit einem anonymen Briefchen, auf die richtige Stelle gelegt, war's abgemacht. Man hat seine Gönner in Vorzimmern, und über die Hintertreppe führt auch ein Weg zum Ziele.

Leonorens Hand zitterte heftig, fester drückte sie die seinige. Dann that sie einen langen tiefen Athemzug, als wolle sie erst Luft schöpfen für das, was sie zu sagen habe, und schon öffnete sie den Mund, da klirrten Ketten unter dem Fenster — einem Büttel, der sie leitete, folgten zehn bis zwölf gefesselte Sträflinge verschiedenen Alters, Kehrbesen tragend; ein zweiter Büttel wies sie mit erhobenem Stocke an, den Unrath auf der Straße in kleine Haufen zusammenzufegen. Jedem wurde sein Platz bezeichnet. Unmittelbar dem jungen schönen Paare gegenüber war ein alter gebeugter Mann beschäftigt, der die auferlegte Arbeit gehorsam, ohne Trotz, mit rührender

Würde vollzog, und so emsig und genau, als ob er sein Lebenlang den Besen geführt. Nur einmal wendete er den Blick vom Staube und Koth der Gasse nach dem Fenster empor. Dann senkte er das Haupt noch tiefer, fegte wo möglich noch eifriger.

Leonore stand starr mit offenem Munde. Constantin, der ihre Hand noch immer hielt, glaubte Eis anzufühlen, so kalt war sie. Er bemühte sich, sie durch heiße Küsse zu erwärmen. Leonore ließ das geschehen. Sie verwendete kein Auge vom Gassenkehrer, der seine Aufgabe rasch förderte. Nun, mein Herr Baron, höhnte Liebfromm murmelnd hinab, wie gefällt es Ihnen, sich für mich bemühen zu müssen, damit ich meinen Weg mit reinen Schuhen gehe, Ihnen, der Sie unter der Maske herablassender Protektion mich so gern wie Ihren Schuhputzer behandelten und mich mit leutseligen Mienen bei jeder Gelegenheit empfinden ließen, welch' ein Abstand von Ihnen zu einem armen Agenten sei? Ich stehe jetzt hoch über Ihnen, sehe vom Fenster meiner Braut verächtlich auf Sie nieder, und sollte Ihr Herr Sohn jemals wieder kommen, so würde er, denk' ich, Ihnen aus dem Wege gehen, wie uns. Ha, ha, ha!

Leonore hatte sich von ihrem Nachbar losgemacht. Hoch aufgerichtet stand sie neben ihm. Als er sich nach ihr umsah, bebte er zurück. Sie erhob die geballte Hand. Niederträchtiger! flüsterte sie kaum hörbar und holte aus zu einem Schlage in sein Angesicht. Sein Rausch verflog bei diesem Worte, beim Anblick dieser Geberde. Er wankte zurück. Doch ehe die verdiente schmachvolle Züch-

tigung seine bleich gewordenen Wangen getroffen, hielt
der geschwungene Arm inne, die Finger lösten sich aus
der krampfhaften Biegung und deuteten vielsagend die
Gasse entlang, die ihrem Hause gegenüber in die Quer-
gasse mündet, welche sie bewohnte. Es war in diesem
Augenblicke, als ob Leonore, der Gegenwart entrückt,
nicht mehr wisse, was neben, was vor ihr geschehen.
Dort — dort —! lispelte sie und schaute unverwandt
einem fest Einherschreitenden entgegen. Constantin, der
den vernichtenden Schlag schon empfangen zu haben
wähnte, der durch diese unerwartete Wendung seines
Schicksals aus dem Taumel leidenschaftlicher Unvorsich-
tigkeit zauberhaft rasch zur Besonnenheit des scharfsichti-
gen Ränkemachers übergegangen war, erkannte in ihren
Zügen, daß sie seinen Feind erkannt habe, daß es Isidor
sei, der herannahe, sich und seinen Vater zu rächen.

In anderer Stimmung würden Furcht und böses Gewissen den ursprünglich Feigen wahrscheinlich in die
Flucht getrieben haben, jetzt hielt ihn wüthender Zorn
aufrecht, verlieh ihm einige Festigkeit, und zugleich
stachelte ihn boshafte Erwartung, welche demüthigende
Wirkung es auf den stolzen Herrn Baron machen werde,
seinem Vater hier und so zu begegnen. Ich freue mich
auf diese Scene, rief er grinsend; der Logenplatz, den ich
inne habe, ist mir nicht feil um Herrn Enoch's ganzen
Reichthum! Seine Erwartung, Leonore dadurch zu
kränken, schlug fehl. Sie hatte nicht auf ihn gehört. Er
war für sie gar nicht mehr auf Erden. Sie sah nur,
was sich auf der Straße begeben werde.

Isidor schritt erhobenen Hauptes, die Augen fest nach ihr hinauf gerichtet, die Gasse daher. Er trug Parade-Uniform; ohne Zweifel kam er von seinen Oberen, vielleicht gar von einer höchsten Audienz. So stattlich sah er aus, so männlich sicher hielt er sich, daß unwillkürlich alle Leute, an denen er vorüberging, stehen blieben und sich nach ihm umwendeten. Er bemerkte Niemand, er bemerkte auch Herrn von Liebfromm nicht, der noch immer neben Leonoren weilte; er schien nur diese zu sehen, und von ihren Augen, die ebenso fest auf ihn gerichtet blieben, gleichsam angezogen, schlug er die gerade Richtung nach ihrem Hause ein. Kaum noch zehn Schritte bis an die Thür hatte er zu thun, da setzten die Sträflinge, von ihren Bütteln angetrieben, sich in Bewegung. Die Ketten klirrten.

Isidor schrak zusammen. Dieser schreckliche Klang riß ihn aus dem Banne, den Leonorens Anblick über ihn verhängte. Er sah die Gassenkehrer — er sah in ihrer Mitte den guten schwachen Mann, der vor Ablauf einer Jahresfrist zum erbarmungswerthen Greise verwelkt war, den er doch erkannte, und mit einem furchtbaren Schrei: Vater, armer Vater! stürzte er auf ihn zu, umschlang ihn mit beiden Armen, badete die abgehärmten Wangen mit erquickenden Thränen, warf sich ihm zu Füßen und schluchzte heftig. Der alte Mann hob die von Eisen belasteten Arme zum Himmel auf und wiederholte laut: O Gott, o Gott, wie barmherzig bist Du! Meinen Sohn lässest Du mich wiedersehen, und mein

Sohn verleugnet mich nicht! O Gott, wie gnädig bist Du! —

Ein Kreis von Gaffern hatte sich um sie her gesammelt. Bald weinten alle Umstehenden, die andern Sträflinge weinten mit, die Büttel wagten nicht das Paar zu trennen, sie weinten auch. —

Der Vater legte beide Hände auf des Sohnes Scheitel und flehte innig: Segne ihn, Gott, segne den treuen Sohn! Nimm Du die Schande von ihm, die ich über ihn gebracht! Laß ihn glücklich leben und ehrenvoll! — Und der Sohn richtete sich auf vom Boden und lehnte sein Angesicht zärtlich an das des Vaters, und der Vater streichelte ihm die Wangen und bat wie ein Kind: Verzeihung, Isidor, Verzeihung! Der Sohn aber beugte sich auf die vom Staube der Gasse schmutzige Hand und küßte sie ehrfurchtsvoll. Da brach sich eine herrliche Jungfrau, in Fülle blühender Schönheit prangend, durch's Gedränge Bahn und trat nahe hin zu den Beiden.

Isidor, sagte sie vernehmlich, wir trennten uns, weil meiner Eitelkeit ein Handkuß verweigert wurde. Ein Handkuß möge uns wieder verbinden. Mir, die ich schweres Unrecht abzubüßen habe, gebührt er nicht. Des Sohnes ist er würdig, der seinen Stolz behauptete vor der Geliebten, der ihn hinwarf vor dem unglücklichen Vater! — Und ehe er es verhindern konnte, hatte sie seine Hand ergriffen und, was sie gesprochen, mit ihren Lippen besiegelt.

Leonore? rief Isidor aus tiefster Brust, und aus dieser in ein einziges Wort gelegten Frage sprach zugleich ein beredtes Geständniß der unauslöschlichen Liebe, die er ihr im fernen Rußland bewahrt. — Auch ich! Auch ich! erwiederte sie. Denn sie hatte die Bedeutung seines Ausrufes verstanden. Und unbekümmert um die Schaar der Zeugen, die sie umgab, fielen sich die Liebenden in die Arme.

Segne sie, Gott! flehte abermals der Alte. Doch oben am Fenster, aus welchem noch kurz vorher Constantin hinabgeschielt, standen jetzt Leonorens Eltern. Was beginnt das Mädchen! seufzte Herr Enoch; sie macht sich zum Stadtgespräch; sie bringt uns in der Leute Mäuler! Die Mutter dagegen stimmte ein in des Gassenkehrers Flehen: Segne sie, Gott!

Schon war die Rührung der Zuschauer in neugieriges Staunen und Flüstern übergegangen, schon wurden schlechte Späße gemacht über die Verlobung in geschlossener Gesellschaft; schon ließen die Büttel ihr: „vorwärts, daß wir einmal weiter kommen!" vernehmen, — da brach Isidor's Vater, der Schmach, Elend und Ketten standhaft ertragen, zusammen unter der Last der Wonne, die seines Sohnes treue Liebe ihm bereitet. Dieser und Leonore trugen den Ohnmächtigen in's Haus. Die Büttel ließen sie gewähren, denn, meinten sie: der läuft uns nicht mehr davon!

Er wurde sterbend hinauf gebracht. Dort lag er auf Leonorens Bette. So hatte sie's gewollt. Sie und die Mutter labten ihn mit Weine. Enoch's redliches Gemuth erweichte sich beim Anblick des ehemaligen Gönners, er sprach ihm freundlich zu und begrüßte den Heimgekehrten mit Wärme. — Fassen Sie Muth, mein Vater, sagte Isidor, es wird Alles gut. Ich habe geredet, man hat mich huldreich gehört; Ihre Begnadigung ist gewiß. — Gewiß! Gewiß! stammelte der Alte. —

Enoch hatte nach Aerzten gesendet. Ein Herzkrampf, äußerten diese; sobald er zum dritten Male eintritt, löscht das schwache Flämmchen aus. — Gönnt mir den Tod, — weiter sprach er Nichts mehr. Und nach einer Stunde ging er zur Ruhe ein.

———

Eine Stunde gewaltigster Aufregung, in welcher Wohl und Wehe sich entscheiden soll, vermag wohl, und vorzüglich in so besonderen Verwickelungen und Familienverhältnissen, außerordentliche Schritte herbeizuführen. Schritte, welche ihre Entschuldigung nur im Gefühl finden, vor dem ruhigen Verstande aber kaum gerechtfertigt werden mögen, weil sie alle geselligen Formen umwerfen. Leonore sah zeitig genug ein, daß ihr Vater richtig geäußert: sie werden sich zum Gespräche der Stadt machen. Denn was kann einer großen Stadt, in der es ja stets von müßigen Schwätzern wimmelt, willkommener sein, als einen neuen Gegenstand zu haben, auf den sich hübsch mit Fingern zeigen und hinter ihm her klatschen — und lügen läßt! Gar erst, wenn besagter Gegenstand Nichts unterlassen, keine Gelegenhat versäumt hat, dem „süßen Pöbel" der eleganten Welt so viel Geringschätzung darzuthun, als sich mit der herkömmlichen Artigkeit nur immer vertrug.

Siehst Du, Väterchen, schmeichelte sie, siehst Du, wie weise ich gethan, als ich Dich quälte, Gertrautenhof für mich zu erstehen! Wo sollte ich jetzt bleiben vor den lästigen Blicken, Fragen, Glückwünschen, Beileidsbezeigungen, Besuchen und allem Unheil, wenn ich nicht mein stilles, abgelegenes Zufluchtsörtchen besäße? Wenn wir nicht dem theuern Isidor sein rechtmäßiges Erbtheil gerettet hätten? Dort will ich mit meiner lieben Mutter wohnen, dort die letzten Reste modischer Thorheit, eitler Ansprüche abstreifen, dort zur schlichten Hausfrau mich vorbereiten. Und dort wirst Du uns besuchen, so oft es Dein Comptoir Dir gestattet, wirst den Besitzer von Gertrautenhof mitbringen, daß er nachsehe, wie die Mutter und ich wirthschaften. Unterdessen bereitet er seinen Rücktritt in's Privatleben gehörig vor, und ist das Trauerjahr verflossen — willst Du, lieber Vater? — Muß ich nicht wollen, was Du willst?

Wir haben Nichts weiter zu erzählen. Lange bewohnte den Gertrautenhof, zurückgezogen in ländlichhäusliches Dasein, auf den Verkehr mit Büchern, Blumen, wenigen Freunden beschränkt, ein Ehepaar, dessen einzige überlebende Tochter vorstehende Begebenheit in vertraulichem Kreise mittheilte. Sie ist auch schon begraben.

Ueber Herrn von Stebfromm konnten wir Näheres nicht erfahren. Nur im Allgemeinen hieß es, er habe auf seine Weise prosperirt, sei zu Geld, Ansehen und Ehren gelangt. Warum nicht? —

II.

Das hölzerne Haus.

I.

In Altroba bewohnte nicht die Gutsherrschaft allein ein hölzernes Haus. Ringsherum in der ganzen Nachbarschaft, auf mehrere Meilen in die Runde, vertraten Holz und Lehm die Stelle steinerner Mauern oder im Feuer gehärteter Ziegelstücke. Und wie Gewohnheit immer und überall das Beste thut, so war es den Bewohnern dieser Baulichkeiten eben so wenig in den Sinn gekommen, jemals ihren Vorfahren darüber zu grollen, als es den Insassen des Dorfes jemals in den Sinn kam, dem hölzernen Hause seinen stolzen Titel „Schloß" vorzuenthalten. Für sie war und blieb die „Herrschaft auf dem Schlosse" so sicher und gewiß, was dieselbe ihren Ureltern gewesen, wie die uralten Föhrenbalken in Winterstürmen knakkend dennoch fest hielten und, im Sommer von der heißen Mittagssonne gebraten, immer noch unerschöpflich ihr wohlduftiges Baumharz ausschwitzten.

Das Wohnhaus zu Altroba zeichnete sich obenein vor den meisten Schlössern der Nachbarschaft noch dadurch aus, daß es von einem kleinen Erdwall und einem wasſerreichen, fließenden Graben umgeben war, über welchen eine hochgewölbte, ein wenig ſchwankende Brücke in den Wirthſchaftshof führte.

Ländliche Schmeichler — denn an Schmeichlern fehlt es leider auch auf dem Dorfe nicht — nannten es Burg; beſonders in ſchwachen Stunden, wo Einer und der Andere mit irgend einem Anliegen zum geſtrengen Herrn kam und für eine paſſende Anrede, in welche er ſein Geſuch kleiden wollte, allerhand ſchönſte Worte zuſammenſuchend auf der Brücke weilte, in's Waſſer blickte und die ſtummen Fiſche beneidete, die da unten ſo ſorglos hin und her ſchwammen, ohne auf unterthänige Bitten ſtudiren zu müſſen; bis dann endlich ein Ruf des Major Hans zu ihm herüber drang: Was hat der Himmelkreuzſackermenter auf meiner Brücke zu ſtehen wie ein Laternenpfahl? Kann der Schwerenothshallunke nicht vom Flecke kommen und ſich zu mir in den Garten ſcheeren?

Denn der Garten, der das hölzerne Haus wie ein buntes Band umſchlang, zog ſich kaum zwanzig Ellen breit hinter dem Wallgraben herum, und aus ſeinem ſchattigen Grün erdröhnte die Stimme des Majors, der die Gewohnheit zu fluchen noch aus ſeinen Kriegszeiten beibehalten, obgleich er es nicht ſo ſchlimm damit meinte.

Er war zur Zeit, wo unſere kleine Erzählung beginnt, Beſitzer von Altroda. Und wir müſſen, bevor wir den Faden der Handlung aufnehmen, um einige Jahre zurückgehen, damit wir erfahren, wie er dies geworden.

Altroda gehörte urſprünglich der Familie von Buchau,

die es von Vater auf Sohn vererbte, die aber gegen Ende des verflossenen Jahrhunderts im Begriff stand auszusterben, da der letzte Herr dieses Geschlechtes nur eine kränkelnde, geistesschwache, halb wahnsinnige Tochter hatte. Mathilde, das einzige Kind, war ihrer Eltern Abgott gewesen und um so mehr verzogen worden, je hilfloser ihr trauriger Zustand sie erscheinen ließ. Verkrüppelt, häßlich, eigensinnig, wurde sie zur Tyrannin der Ihrigen so wie aller Umgebungen. Im Hause angebetet, von den Dienstboten gefürchtet, außer dem Hause gemieden, als wandelnde Vogelscheuche betrachtet, wo es sich unbemerkt wagen ließ auch wohl verhöhnt, wuchs sie zu einer Art von Scheusal auf, welches jeden Freier zurückscheuchte, endlich sogar die Eltern vom geselligen Verkehr mit ihren Nachbarn abtrennte und Aller Augen mit Abneigung erfüllte — nur die Augen der Vater- und Mutterliebe nicht; denn diese sahen stets in ihr die geliebte, liebenswerthe Tochter, brachten ihr gern jedes Opfer und lebten nur in ihr, mit ihr, für sie. Vielleicht würden die in ihr schlummernden geistigen Kräfte durch den milden Ernst einer besonnenen Erziehung wenigstens in so weit geweckt worden sein, daß sie, mit der Fähigkeit sich selbst zu beschäftigen, sich dem thierischen Leben, wie sie führte, einigermaßen entrückt und sich zu einer sanften, stillen, theilnehmendes Mitleid einflößenden Dulderin entwickelt hätte. Weil aber gar Nichts dafür geschah, ihren kindischen Neigungen und Lüsternheiten entgegenzutreten, so blieb sie ein widerspenstiges, trotziges, ja boshaftes Kind bis in ihr vierundzwanzigstes Jahr hinein.

Als solches fand sie der Dragoner-Rittmeister Hans von Daling, als er mit seiner Escadron in Altroba einrückte, bei Herrn von Buchau einquartiert wurde und sich in Folge des anbefohlenen Herbstmanövers dort einige Wochen hindurch aufhielt.

Hans, der jüngere von zwei Söhnen eines längst verstorbenen Officiers, mochte vierzig Jahre zählen. Er besaß Nichts als sein Rittmeister-Patent und die mäßigen Einkünfte der Escadron, die für ihn noch mäßiger wurden, weil er sie mit manchem Gläubiger aus früheren Zeiten theilen mußte. Und darin lag kein richtiges Verhältniß. Lieutenant war er mit vierzehn Jahren geworden, war es bis zum sieben und dreißigsten geblieben. Folglich kamen auf drei und zwanzig Jahre des Schuldenmachens nur drei Jahre des Schuldenbezahlens. Und ich behaupte, daß dies ungerecht ist und hart für einen Mann, der lieber gar nicht bezahlen würde, wenn das hier und da verpfändete Ehrenwort nicht unglücklicherweise schwarz auf weiß in den schmutzigen Fäusten ungeduldiger Darleiher kleben geblieben wäre; ein Umstand, der die Kameraden bedenklich machte. Hans zeigte sich um so unwilliger über die stets erneuerten Ansprüche dieser „blutsaugerischen Wucherer," je mehr er seinen Bruder Rudolph beneidete, der schon vor mehreren Jahren eine gute Partie, wie man es nennt, gemacht, sich in's warme Nest der Schwiegereltern gesetzt und dabei doch keine Miene gezeigt hatte, ihm brüderlich thätig unter die Arme zu greifen; freilich mit der begründeten Entschuldigung, daß er, Rudolph, selbst tief genug darin stecke und an seinen eigenen Jugendsünden vollauf zu tragen habe.

Ich kann dem verfl..... Kerl eigentlich nicht Unrecht geben, pflegte Hans zu äußern; an seiner Stelle thät ich auch Nichts für meinen Schlingel von jüngerem Bruder; aber Kreuz-Mohren-Türken-Donnerwetter, warum soll ich nicht ebenso gut wie jener Duckmäuser ein warmes Nest finden, ebenfalls mit Heckethalern ausgefüttert, und eine kleine dumme Gans von hübscher Erbtochter darin, die mir Platz macht, daß ich neben ihr hocken kann auf meine alten Tage?

Lag es nun an seinem Mißgeschick oder an seinem Ungeschick, oder daß er zu viel fluchte, oder daß er zu wild darein sah und sämmtliche Erbtöchter zurückschreckte, oder daß deren Eltern nicht viel Rühmliches von seiner Vergangenheit hörten? — Ich kann es nicht so genau sagen, und vielleicht war von Allem Etwas dabei. Kurz, es wollte dem armen Hans nicht gelingen, irgendwo Hahn im Korbe zu werden, wie oft auch das Regiment die Cantonnirungen wechselte. Aus jedem Korbe nahm er ein Körbchen mit.

So soll mich doch der Teufel siebenmalhunderttausend siebenhundert sieben und siebenzig Klaftern tief in den Erdboden hinein stampfen, sagte er zum Wachtmeister Schnurb, seinem Vertrauten, als sie die rauchenden Schornsteine des hölzernen Hauses von Altroda aus dem Thale herauf erblickten, wenn ich nicht in der alten Baracke da drunten Bräutigam werde, ehe wir wieder ausrücken! Der Buchau soll reich sein. Dessen Tochter will ich heirathen. Meint er nicht auch, Schnurb, daß es endlich einmal an der Zeit ist, reinen Tisch zu machen?

Herr Rittmeister haben vollkommen Recht, erwiederte Schnurb, an der Zeit wäre es nachgerade, und habe ich Nichts nicht einzuwenden gegen hochdero tapferen Entschluß. Nur einen einzigen Fall nehm' ich aus, wo sogar dem Teufel sein Stampfen umsonst sein thäte: wenn nämlich vielleicht der gewisse Buchau gar keine Tochter nicht hätte?

Wo wird er denn keine Tochter haben? Schnurb, er ist ein Rindvieh, und es fehlen ihm blos die Hörner. Wie kann er sich unterstehen, mir mit solchen Dummheiten in die Parade zu fahren? Ihn sollen ja die hundertsechsundsechszig Schock kurländischer Donnerwetter frikassiren, wenn er noch einmal sich so Etwas herausnimmt. Buchau muß eine Tochter haben. Versteht er, Schnurb?

Zu Befehl, Herr Rittmeister! Buchau hat eine Tochter. Natürlich hat Buchau eine Tochter, sobald mein Herr Rittmeister befehlen. Aber noch ein anderer Fall.

Reiten ihn denn heute neunzig Millionen Teufel aus der alleruntersten Hölle, Schnurb? Was nun noch? Was will er noch einwenden? Zweifelt er etwa, daß ich mit der Blitzkröte in's Reine komme? Was für ein anderer Fall?

Wenn selbige Buchau'sche durch göttliche Schickung verflucht häßlich wäre? Das wollt' ich unterthänigst zu bedenken geben.

Häßlich? verflucht häßlich? hm! — —

Der Rittmeister schüttelte sich einige Male und verstummte sodann. Er ritt schweigend, sinnend neben seinem Wachtmeister fort, ließ die Zügel des Pferdes den Fingern entgleiten und bewegte letztere wie ein Mann, dem das Kopfrechnen nicht leicht wird, und der deshalb mit den Händen nachzuhelfen sucht. Wahrscheinlich zählt er diejenigen seiner Schuldenreste zusammen, die nothwendig zu bezahlen waren — des leidigen „Ehrenpunktes" halber.

Unterdessen hatten sie das Gehöfte erreicht. Die Escadron marschirte draußen auf, die Dorfgasse entlang, wo ein Fourier sie empfing und der Mannschaft ihre Quartierzettel einhändigte. Der Rittmeister schien erst aus eifrigen Berechnungen zu sich selbst zu kommen, als er in's Hofthor eintritt.

Ich nehme sie doch! flüsterte er, vom Pferde steigend, dem Wachtmeister in's Ohr, und hierauf begab er sich sporenklirrend über die Brücke nach dem hölzernen Hause, an dessen Thür Vater Buchau ihn gastlich empfing und freundlich willkommen hieß, mit der Versicherung, die Suppe stehe auf dem Tische, und Frau wie Tochter harrten ihrer lieben Einquartierung.

Bei dem Worte „Tochter" wandte sich Rittmeister Hans nach seinem vertrauten Schnurb zurück und warf ihm einen bedeutungsvollen Blick mit leisem Kopfnicken vereint über den Schloßgraben hinüber.

Schnurb verstand diese Zeichen.

Eine Tochter wäre folglich fürhanden, murmelte er. Nu, wir werden ja sehen, wie sich's mit allem Uebrigen verhalten thut, und bin ich kurios.

Darauf verließ Schnurb, indem er ein damals noch beliebtes Soldatenliedchen anstimmte:

> „Ach hätt' ich hunderttausend Gulden,
> So kauft' ich mir ein Bataillon,
> Bezahlte die verfluchten Schulden
> Und ging als Oberster davon!"

das Gehöfte, um sich nach seiner eigenen Unterkunft umzuthun und beim wohlhabenden Ackerbauer, dem er als Gast zugetheilt war, des wachtmeisterlichen Leibes zu pflegen. In diesem Bestreben blieb er überhaupt niemals hinter seinem Rittmeister zurück. Er führte ein Sprichwort im Munde, welches viel Beifall und Nachahmung fand, und dieses lautete:

Erst komm' ich, dann komm' ich noch einmal, dann sollte eigentlich mein Nächster kommen; weil ich mir aber selbst der Nächste bin, komme ich alle drei Mal.

Dieses „alle drei Mal" machte Rittmeister Hans bei seinem Einzug in's hölzerne Haus wie einen dreifachen Wahlspruch geltend, indem er, statt zu Dreien, ganz allein Besitz von den für die Einquartierung bereiteten Bequemlichkeiten nahm. Der Eine seiner Officiere war ihm gestern plötzlich abgefordert worden, um aushilfsweise Adjutantendienste bei einem General zu thun; und der Andere, Lieutenant von Seekatz, hatte sich glücklicherweise zwei Tage vorher auf nächtlicher Wanderung zum Stallboden durch einen Sturz von gebrechlicher Leiter so bedeutend verletzt, daß er als krank auf den Rapport gestellt werden und im vorletzten Nachtquartier zurückbleiben mußte. Unter den Dragonern lief ein unverbürgtes Gerücht, jene Leiter sei an und für sich keinesweges noch so gebrechlich gewesen, daß sie nicht den schlanken Seekatz hätte tragen sollen; nur habe der Stalljunge, der über Susannens treulosen Leichtsinn sich empört fühlte, einige Sprossen angesägt, bevor noch der Lieutenant Zeit gefunden, sich in den Kuhstall zu schleichen.

Dem sei nun, wie ihm wolle, Seekatz lag schwer darnieder, und Rittmeister Hans entbehrte ihn von Herzen gern, weil ihm dieser Zeuge seiner fruchtlosen früheren Bewerbungen durch spöttelnde Rückblicke hinderlich zu sein pflegte.

Bis der verwünschte Witzmacher wieder auf seine dürren Beine kommt, steckt mir der Verlobungsring schon am kleinen Finger, sprach er, und der Teufel soll mich mit brennenden Granaten neunundneunzig Mal todt werfen, wenn mein kleiner Finger nicht gerade so dick ist, wie des Windhundes seine tausendsackermentischen Stecken von Beinen, auf denen ich mir nicht für einen Kreuzer Syrup zu holen getraue.

Ich bin nicht im Stande, genau anzugeben, welchen Eindruck Mathilde von Buchau durch ihre allerdings abschreckende Häßlichkeit auf den heirathslustigen Freier eigentlich gemacht haben mag. Ich weiß nur, daß sie lange bei Tafel saßen; daß Vater Buchau seine schlimmlichsten Mutterfläschchen aus dem Keller heraufbringen ließ; daß Hans, nachdem er einige derselben hatte leeren helfen, Mathilden wie durch einen Schleier, in welchem die Züge des bedauernswürdigen Fräuleins sich gleichsam abschliffen und milderten, vor sich erblickte; daß er mehrere leicht verständliche Andeutungen nicht sparte; daß Mathilde, obwohl sie die Musik so süßer Worte zum ersten Male vernahm, den Rhythmus derselben sehr wohl begriff und tactmäßig zu erwiedern suchte; daß Vater und Mutter Buchau sich triumphirend ansahen, als wollte Eines dem Anderen sagen: sie kommt vielleicht unter die Haube! Daß Rittmeister Hans die übeltönendsten seiner Leibflüche mit dem Inhalt der verschimmelten Mutterfläschchen theils unausgesprochen hinunterspülte, theils den Rest möglichst abkürzte: daß er endlich, als der Wachtmeister Schnurb sich zum Rapport einfand, diesem leise zurief: Verflucht häßlich — aber dennoch!

Worauf Schnurb eben so leise erwiederte: Meinem gnädigen Herrn Rittmeister unterthänig zu gratuliren.

Ehe noch eine Woche vergangen, war Mathilde von Buchau des Rittmeisters Hans von Daling verlobte Braut.

Ehe ein Vierteljahr verging, hatte dieser seinen Abschied als Major in der Tasche und das Kreuz auf dem Halse, — wie er selbst sich auszudrücken beliebte.

Noch aber war nicht ein Jahr um, als Vater und Mutter Buchau bei ihren Vätern lagen, und Major Hans, das Gut Altroda unumschränkt als Eigenthum verwaltend, Herr im hölzernen Hause hieß und Gebieter alles Dessen, was um ihn lebte.

So viel zur Einleitung.

II.

Der letzte Tag des scheidenden Jahrhunderts hatte Mathildens und Hansens erstes Kind, ein kümmerlich kleines, seiner Mutter allzu ähnliches Mädchen, in jenen Todesschlummer gewiegt, aus dem, wie wir zu glauben lieben, schuldlose Kinder als Engel des Himmels wieder aufwachen. Der Major verhielt sich ziemlich gleichgültig bei diesem Verluste. Er hatte für das hilflose Wesen nicht die kleinste Spur von Vaterliebe gezeigt. Vielmehr äußerte er sich gegen seinen Vertrauten Philipp vollkommen einverstanden mit der himmlischen Fügung, weil sie ihn glücklicherweise von einer Tochter befreit habe, welche höchstens und im besten Falle ein Ebenbild ihrer Mutter geworden wäre, folglich: „verflucht häßlich!" Wozu Philipp, der im Garten beschäftigt war, grünen Kohl unter dem frischgefallenen Schnee hervorzuscharren, beistimmend nickte und einige Male seufzend bestätigte: Leider Gottes, Herr Obrist-Wachtmeister, es war wie ein regulärer Ableger von der gnädigen Frau, das Wurm; Gott hab' es selig!

Der Leser wird in Philipp, dem Gärtner, als welcher nebenbei auch Kammerdiener, Leibjäger, Koch und Allerlei vorstellte, unseren Bekannten aus der Einleitung, den stattlichen Schnurrb leicht wiedererkennen.

Der ehemalige Rittmeister meinte es ebenso wenig ohne seinen Schnurb auszuhalten, als dieser ohne den jetzigen Major; und da Letzterer beschlossen hatte, in seiner neuen Stellung möglichst zu knausern und zu knickern — ein Entschluß, der bei Verschwendern, sobald sie zu einigem Vermögen gelangen, häufiger vorkommt, als man denken sollte — so war Schnurb's Anerbieten, gleichfalls den Abschied zu nehmen und durch vielseitige Dienste dem Gebieter ein größeres Hausgesinde zu ersparen, sehr willkommen gewesen.

Philipp Schnurb, von Geburt Küchenjunge und während einiger Jahre als solcher in der Potsdamer Hofküche angestellt, war überhaupt nur deshalb unter die Reiter gesteckt worden, weil er in jugendlicher Aufwallung einen Mundkoch statt irgend eines Rehkalbes an den Bratspieß bohren zu wollen sich vermessen hatte. Doch seinen Talenten hatten die Küchenmeister stets Gerechtigkeit widerfahren lassen. Auch Major Hans kannte diese Talente aus Erfahrung, denn Philipp pflegte sie auf dem Marsche zu entwickeln, wo er sich als würdiger Eleve culinarischer Hofschule bewährte zum Nutz und Frommen hungriger Officiere.

Philipp war im Allgemeinen ein Tausendkünstler; was seine Hände angriffen, das gerieth; was seine Augen sahen, verstand er nachzubilden. Kurz, Philipp paßte für Major Hans, und Major Hans paßte für Philipp; und der verstorbenen Frau von Buchau Kammerjungfer Elisabeth Gallin paßte für ihn, und er für sie; und Elisabeth wurde Frau Schnurb und hieß von Stund' an im Dorfe die „Frau Philippen," und sie regierte mit ihm und mit Major Hans in Gemeinschaft das ganze Wesen, Inneres wie Aeußeres. Wobei Alles vortrefflich ging, und von der Gemahlin des Herrn, von der Buchau'schen Erbtochter, nicht weiter die Rede war; als ob die arme, blödsinnige Mathilde die ärmsten Bettelleute im Kirchspiel ihre Eltern genannt hätte.

Wähne nur Niemand, daß diese sich unglücklich gefühlt habe, daß sie diese Zurücksetzung empfunden. Sie verlangte es nicht besser! Sie machte auf Nichts Ansprüche, als auf die Erlaubniß, ihren Gemahl und Eheherrn unverwandten Blickes ansehen, an seinen Augen hangen, auf seine Winke lauschen zu dürfen.

Sie wollte für nichts Anderes gelten, als für den letzten seiner Dienstboten; ja sogar diese Würde dünkte ihr noch zu hoch, denn sie nannte sich selbst in fast rührender Unterwürfigkeit: den treuen Hund des Majors. Besser als ein solcher wurde sie denn auch fürwahr nicht behandelt; theilweise wohl schlechter, nur daß sie gerade keine Schläge empfing. Von freundlichen Worten, von dankbarer Anerkennung ihrer demüthigen Ergebenheit war bei ihrem Gatten niemals die Rede.

Philipp und Elisabeth nannten sie kurzweg „die Frau." So hieß sie denn auch bald auf dem Hofe wie im Dorfe, wo man sie selten oder gar nicht sah.

Merkwürdigerweise hatte die Geburt ihres ersten Kindes nicht den mindesten Eindruck auf sie gemacht. Keine Regung mütterlicher Freude, keine Aeußerung der

Zärtlichkeit verrieth sich an ihr. Gleichgültig überließ sie der Amme den Säugling, und ohne sich weiter darum zu bekümmern, setzte sie nur ihre stumme Anbetung dem Major gegenüber fort. Nachdem dieser nun erst zu erkennen gegeben, daß er sich einen Sohn wünsche, und daß ein so armseliges Geschöpf wie dies Töchterlein dafür der schlechteste Ersatz sei, war es nicht anders, als ob Mathilde nicht selbst geboren, als ob man ihr Kind an der Heerstraße aufgelesen habe. Sie zeigte sich nicht besorgt, da die Amme weinend klagte, es werde sterben. Sie gab keine Betrübniß kund, nachdem es wirklich gestorben war. Sie lauschte nur, was der Major sagen würde. Und weil dieser kein Aufhebens davon machte, weil er nicht einmal den leisesten Fluch hören ließ, so entschlüpfte auch ihren Lippen nicht eine Silbe über den Tod ihrer Tochter. Dagegen hörte man sie häufig laut beten, und der Inhalt ihrer verworrenen Bitten lief immer darauf hinaus: das Kind, welches sie jetzt zu erwarten habe, möge doch ein Knabe sein, damit es "ihrem Herrn gefalle und so schön sei wie er, nicht so häßlich wie sie. Kein kleiner Hund (betete sie), nein, lieber Gott, ein kleiner Major!"

Die Arme, Sinnverwirrte!

Am letzten Tage des abgeschiedenen Jahrhunderts, wie schon erwähnt, war ihr erstes Kind gestorben.

Im zweiten Monat des neuen Säculums brachte sie ihr zweites zur Welt. Und ach, das war wieder ein Mädchen!

Als Major Hans hinauf gerufen wurde aus seinem

Wohnzimmer in die Wochenstube, wohin er, wie der ihn rufende Philipp meinte, „als Vater, Schande halber, doch auf einen Augenblick gehen müsse," schickte er seine allerfurchtbarsten Flüche voraus und stellte sich bei der Nachricht, „der liebe Himmel habe ihm abermals ein liebes Töchterlein bescheert!" so ungeberdig an, daß die weise Frau Herrn Philipp und Frau Philippen flehentlich bat, sich schützend vor die Wiege zu drängen, damit jene laut ausgesprochene Drohung: der „infamen Kröte dreh' ich die Gurgel um, wie dem ersten besten Krammetsvogel!" doch nur ja nicht erfüllt werden möge.

Aber schon beim ersten Blick auf die Neugeborne verstummten alle Flüche, verschwand jede Furcht der Anwesenden, Thränen im Auge beugte sich der Vater über das Kind — er sah — oder glaubte zu sehen — das Abbild einer früh verstorbenen Schwester, die er als Knabe geliebt, die ihm während seines wilden Soldatenlebens oft in sanften Träumen erschienen war, und deren Angedenken noch jetzt, wenn es ihm lebendig wurde, wohlthätige Wehmuth aus der Kinderzeit in seine Seele senkte.

Es ist kein Junge, sprach er, freilich, es ist kein Junge; aber sieh' nur, Philipp, es ist ein himmlischer Balg und hat die Augen meiner seligen Henriette; so muß auch die Kleine heißen. Ja, Henriette wird das Mädel getauft, oder das heilige Kreuzdonnerwetter soll uns Alle zusammenschlagen, wie altes Eisen!

Die weise Frau zitterte an allen Gliedern, flüsternd, daß zur Strafe solch' lästerlicher Flüche und Verschwörungen augenblicklich ein Blitzstrahl aus den Schneewolken herabflammen und auch sie wie altes Eisen behandeln könne; weshalb sie dem Redefluß des Majors eine minder gefahrvolle Richtung zu geben trachtete. Sie machte ihn aufmerksam, der heutige Tag (der vierundzwanzigste Februar) gelte für einen Unglückstag. — Warum? wird sie wahrscheinlich ebenso wenig mit genügenden Gründen zu belegen vermocht haben, als es späterhin weiland Rudolph Zacharias Werner vermochte. — Als Unglückstag habe er sich denn auch vor sechs Jahren im Hause des Herrn Pastors eingestellt, wo die Frau Pastorin zur selbigen Stunde, als Ihre Gnaden dies Mädchen, einen muntern Knaben geboren, in der Geburt jedoch ihr Leben eingebüßt habe, während hingegen gegenwärtige hochwohlgeborne Wöchnerin trotz ihrer sonstigen Krankhaftigkeit sich den Umständen angemessen so wohl befinden thue, wie die Fische im Schloßgraben, als wofür dem höchsten Himmel demüthiglichst Dank und Preis zu bringen, keineswegs jedoch mit Kreuz- oder anderweitigen Donnerwettern um sich zu werfen sei!

Diese Anrede, deren letzte Worte die weise Frau wohlweislich so leise lispelte, daß sie die Gehörwerkzeuge des Majors unmöglich erreichen konnten, lenkte denn doch seine Aufmerksamkeit nach Mathilden, nach welcher bis jetzt nicht gefragt worden war, die er jedoch in stille Freude versenkt über seine stürmische Freude zu finden dachte.

Dem war nicht so.

Die Gattin, die bei der Geburt ihrer erften Tochter fich augenblicklich von dem Kinde abgewendet, nachdem fie gefehen, daß ihr Gatte ihm lieblos und unväterlich den Rücken gekehrt — diefelbe Gattin theilte heut nicht fein Entzücken, wie fie damals feine gleichgiltige Kälte getheilt. Sie fchien vielmehr entfetzt, erfchreckt darüber. Sie betrachtete das Kind, welches der Major in feinem Unvermögen, fich poetifch auszudrücken, einen „himmli= fchen Balg" genannt, mit eiferfüchtigem Neide; als ob in die Nacht ihres geiftigen Dafeins fo Etwas von fchaudervoller Vorahnung bringe, daß diefes Kindes Schönheit fich neben ihr glänzend entfalten werde, nur um ihre eigene Mißgeftalt und Widerwärtigkeit defto greller zu beleuchten; fie gänzlich von dem angebeteten Gatten zu verdrängen; fie völlig aus der Gemeinfchaft anderer Menfchen in einfame Verzweiflung zurückzu= ftoßen. So furchtbar wüthete diefe Ahnung in ihr, daß die Blödfinnige ihm gegenüber zu fprechen wagte, daß fie, ihre fchüchterne Verzagtheit vergeffend, folch' wirren Gedanken Worte zu leihen verfuchte. Es ift kein kleiner Major, es ift eine Tochter, meine Tochter; wie kann fie fich unterftehen, fchön zu fein? Ein Knabe dürfte ihm gefallen, denn er würde ihm gleichen. Ein Mädchen darf ihm nicht beffer gefallen, als ich. Ein Mädchen foll feiner Mutter ähneln; es foll häßlich fein wie ich. Einen Sohn will ich haben! Schafft mir das garftige Mädel fort! Es kann nicht gerade gewachfen fein; es muß krumm werden; es muß fchiefe, graue Augen haben; es muß blödfinnig fein; es ift meine Tochter!

Einen Sohn brauch' ich! Einen Sohn! Einen kleinen Major! Den will ich lieben, wie ihn. Er ist mein Gott! Ich bin sein Hund! Fort mit dem jungen Hunde von Mädchen; im Erdboden ist Platz genug für todte junge Hunde!

Major Hans wollte ausbrechen. Das Philipp'sche Ehepaar hielt ihn bittend zurück.

Man entfernte das Kind und richtete für dessen schon anwesende Amme ein anderes Gemach ein.

Dadurch beruhigten sie die Halbrasende, die vielleicht wähnte, ihre grauenhafte Forderung sei erfüllt worden.

Und so vergingen die ersten Wochen nach der Entbindung ganz leidlich.

Die kleine Henriette ward an einem milden Tage in der Dorfkirche getauft, ohne daß ihre Mutter davon erfuhr.

Der hölzerne Engel, welcher an einem dicken Stricke baumelnd das Taufbecken hielt, zeigte zwar unverändert sein freundlich lächelndes Gesicht, wie er es seit länger als einem halben Jahrhundert gezeigt, aber es kam an Freundlichkeit nicht auf gegen das Gesicht des hinter ihm aus einem Kirchstuhle hervorschauenden Knaben Mathias, des Pastors einzigen Sohnes. Dieser Junge hielt seine großen Augen so weitgeöffnet auf den Täufling und freute sich so sichtbar über Henriettens geduldige Sanftmuth, als die jugendliche Christin dem Wasser kirchlicher Weihe entgegenschmunzelte, daß es sogar dem Major auffiel, und daß dieser zu Philipp sagte: Wenn der sackermentische Pastorbengel nicht auf mein Mädel guckt, als wär' er schon verliebt in sie, so soll mich doch gleich der Gottseibeiuns in die Hölle peitschen, daß ich nicht weiß, wie ich hineinkomme, Philipp! Aber sie ist auch zu schön, und solch' ein Kind hat's noch nicht gegeben, der Teufel soll mich holen!

Als nach vollbrachter Ceremonie der kleine Zug sich aus der Kirche zum hölzernen Hause zurückbegab, folgte Mathias in ehrfurchtsvoller Entfernung bis an die Brücke nach. Dort blieb er stehen und starrte in die geöffnete Hausthür hinein. Der Major sah ihn und winkte ihm zu, er möge herüberkommen. Doch der Knabe blieb, einem wilden, menschenscheuen Füllen ähnlich, wo er stand; in ihm kämpfte kindische Sehnsucht nach dem zarten Wesen, welches er taufen gesehen, mit Furcht vor dem Major und dessen Flüchen, die er häufig aus der Ferne vernommen, und über welche er seinen Vater, den Pastor, oftmals seufzen gehört: Unser Herr wäre schon gut, wenn er die arme Frau nachsichtiger behandeln, und wenn er nicht so gräßlich fluchen wollte!

Ihn selbst, den kleinen Mathias, hatten jene mannichfaltigen Donnerwetter, die unbekümmert um jegliche Jahreszeit des Majors Lippen entrollten, verbunden mit unzähligen Anrufungen des Höllenfürsten, sammt anderweitigen unaussprechlichen Aufforderungen zu unbeschreiblichen Dingen, zu denen der Fluchende gern herausforderte, immer nur aus der Ferne erreicht. In die Nähe des Schlosses hatte Mathias sich nie gewagt, und er würde sich auch heute nicht in die Kirche gewagt haben, wär' ihm in den Sinn gekommen, daß der Gefürchtete der Taufhandlung beiwohnen könne. Auch der

Pastor hatte daran nicht gedacht; um so weniger, weil Major Hans sogar das Begräbniß der ersten jüngstverstorbenen Tochter seiner Gegenwart nicht gewürdigt. Daß er sich für seine zweite Tochter so väterlich zeigte, erregte allgemeines Erstaunen und lenkte zuerst des Knaben neugierige Aufmerksamkeit auf Henrietten, deren süßes, engelreines Lächeln sein weiches Herz gewann. Mathias bildete, seitdem er laufen konnte, bei jeder Taufe, die sein Vater, der Pastor, vollzog, einen Bestandtheil des um den Taufstein versammelten Zuschauerkreises, hatte folglich schon manches Dorfkind zum Christen oder zur Christin machen sehen, aber noch keines, welches mit Henrietten zu vergleichen gewesen wäre. Er wollte auch nicht daran glauben, daß sie die Schwester der Erstgeborenen, Verstorbenen, Begrabenen, daß sie die Tochter des fluchenden Herrn, der häßlichen, verrückten Frau sei. Darüber sprach er sich schon in der Kirche unverhohlen gegen Küsters Jungen aus und entwickelte deutlich genug folgende Ansicht: der Klapperstorch sei diesmal zu hoch geflogen und habe aus Versehen statt eines Menschenkindes ein kleines Mitglied der himmlischen Heerschaaren erwischt. Auch gab er den andern Jungen zu verstehen, die Engelsflügel steckten nur in den Windeln, nächster Tage würden sie zum Vorschein kommen, und der Major würde dann schon sehen, was geschähe, wenn er etwa wieder so lästerlich fluchte. Mit solchen Gedanken stand der arme kleine Kerl vor der Brücke, da Major Hans ihm winkte.

An jedem andern Tage würde der Wink nicht wiederholt, sondern Mathias zu allen Teufeln heimgeschickt worden sein. Heute jedoch — und so groß ist die nachwirkende Gewalt kindlicher Unschuld und Schönheit sogar auf rohe Gemüther! — heute ließ der Vater sich's nicht verdrießen, hinüberzurufen: So laß' Dich doch nicht erst lange bitten, Himmeltausendsackerments-Racker von Jungen, und schier Dich her, daß Du süßen Wein saufen und Makronen fressen kannst, und Dir mein himmlisches Mädel in der Nähe betrachten, Du kleine Canaille mit der blonden Wolle auf dem Schafskopfe!

Und die Sehnsucht, die geheimnißvolle Gebieterin und Lenkerin einer verhüllten Zukunft, siegte über des Knaben Furcht. Er betrat die Brücke, erst mit zaghaften Schritten, dann muthiger, endlich in vollem Trabe. So stürzte Mathias, als ob er das Schloß mit Sturm einnehmen wollte, zitternd, keuchend, glühend herein, ... und sein Schicksal war entschieden!

III.

Von jener Stunde zu rechnen finden wir des Pastors Mathias häufiger im Schlosse, als in seines Vaters Hause. Sobald nur die Lehrstunden vorüber sind, die der Letztere seinem Sohne ertheilt, begiebt sich dieser eiligen Schrittes über jene schmale Brücke, die er unmittelbar nach der Taufe noch kaum zu betreten gewagt. Er ist bald einheimisch geworden bei Major Hans. Dieser nennt ihn seinen fidelen Kameraden Mathes, und Mathias muß den Major „Herr Bruder" anreden. Beider Liebe für Henriette hat diese ungleiche Brüderschaft geschlossen. Sobald Bruder Mathias bei Bruder Hans sich einfindet, wird er hinaufgeschickt zur Amme, damit diese das Kind herbeibringe. Dann beginnen des Knaben Versuche, dem kleinen Geschöpf ein Lächeln abzugewinnen durch Neckereien, Liebkosungen, Gesänge, Luftsprünge, Purzelbäume und ähnliche Leistungen aller Art. Henriette, die sich vor der barschen Stimme des Majors entsetzt, äugelt gern von ihrer Pflegerin Arme nach dem beweglichen, munteren, doch sanften Mathias herab, langt mit ihren zarten Händen nach ihm, erwischt auch wohl gelegentlich ein Büschel weißgelber Haare aus der Gegend der Schläfe, hält es fest und rauft ihn so kräftig, daß der junge Herr Pastor vor Lust und Freude helle Thränen weint, welche alsbald Vater Hans mit einer Hand voll Biscuit abtrocknet. Denn seit Jettchens Taufe ist des Majors Wohnstube eine Art von Zuckerbäcker-Laden geworden, wo in allen Schränken und Schubladen dicke Packete voll bunter Süßigkeiten aufgespeichert liegen. Anfänglich schien er gewillt, sein Mädchen bei dieser weichlichen Kost groß zu ziehen, damit es zwiefach gemästet desto rascher wachse. Aber nachdem die Amme Zeter geschrien, die „Philippen" zu Hilfe gerufen, diese ihren Mann, und Alle mit einander eine dreistimmige Philippica gegen Ueberfütterung gehalten, ist diese Methode als gefahrdrohend beseitiget und Mathias Erbe der städtischen Zuckerbrode geworden, unter stillschweigend eingegangener Bedingung und Verpflichtung, das reiche Erbtheil terminweise an Ort und Stelle aufzuzehren, wozu er sich denn auch nicht bitten läßt.

Sollten seine Bestrebungen als Legatarius, wenn er selbigen allzu eifrig nachkam, bisweilen üble Folgen herbeiführen, so hilft Major Hans schleunigst mit einem Stomachale nach, mit einem Schlückchen aus irgend einer graubärtigen Flasche — (einer Schwester jener Kellerschwestern, die der selige Papa Buchau dem Herrn Rittmeister am ersten Einquartirungs-Mittage vorgestellt) — und bringt den jugendlich-elastischen Magen des blonden Vielfraßes dadurch wieder in's Gleichgewicht.

Finden sich um die Abendstunde der Herr Pastor sammt dem Herrn Verwalter (denn andern Umgang cultivirt Major Hans nicht) beim gnädigen Herrn zur dreispännigen Whistpartie ein, so zieht sich das Fräulein in ihre Gemächer zurück, und Mathias folgt ihr dahin, so lange in wonniges Anschauen der Schläferin versenkt bleibend, bis ein Machtwort der Amme oder, wenn dieses nicht wirkt, Philipp's ihn nach Hause jagt.

Und Mathilde? — ?

Vor Henriettens Geburt hatte diese bei Major Hansens Whistparthie den stummen Strohmann abgegeben und den leeren Platz am Spieltisch ausfüllen müssen; eine jener feineren Mißhandlungen, wie ihr deren alltäglich unzählige zu Theil wurden, ohne daß sie sich darüber beklagte, weil sie ja doch ihm gegenüber oder neben ihm sitzen durfte. Seitdem sie aber Abneigung und Haß gegen ihre Neugeborene an den Tag gelegt, war sie von jeglichem Verkehr mit andern Menschen völlig ausgeschlossen, in ein abgelegenes Zimmer des obersten Stockwerkes verwiesen und der Obhut einer derben Magd aus dem Dorfe überantwortet worden.

Der Major gab sich weiter keine Mühe, zu ergründen, welcher Gattung die düsteren Nebel seien, und wie sie sich erzeugt haben möchten, die den Kopf des schwachen Weibes dichter als sonst umhüllten. Er fragte nicht, was geschehen könnte, sie zu beruhigen und die Verirrung ihrer wannsinnigen Eifersucht zu mildern. Er begnügte sich zu erklären: Meine Frau hat nun entschieden übergeschnappt und muß in sicherem Gewahrsam gehalten werden, damit sie uns nicht belästige oder etwa gar mein Kind umbringe!

Daß jedoch von ihm getrennt, des Anblicks ihrer eigentlichen Lebenssonne gänzlich beraubt, die Einsame nothwendig in immer tiefere, endlich hoffnungslose Nacht versinken müsse, davon gab sich der selbstsüchtige Mann keine Rechenschaft. Brachte der Pastor etwas darauf Hindeutendes zur Sprache, wurde er sogleich durch einige Flüche gebieterisch zum Schweigen gezwungen und ihm die Wahl gestellt, ob er vielleicht zu seinem lieben Beichtkinde hinaufgehen, sich die Perrücke zerreißen, die Augen auskratzen und anderweitige Kurzweil mit seiner Person vornehmen lassen wolle?

Wozu der Brave allerdings wenig Neigung verrieth und sich seufzend zu Gute gab.

Da war es denn wohl kein Wunder, wenn mit ihrer Tochter um die Wette zugleich Mathildens Krankheit täglich wuchs und bald in offenkundigen Wahnsinn und Raserei ausartete. Schon war ihr Zimmer von Allen gemieden, als ob die Pest darin hause. Sogar Mathias wenn er sein Jettchen heimsuchte, machte einen Bogen, um nur jener verhängnißvollen Treppe, die dahin führte, nicht zu nahe zu kommen, und er hielt sich mit beiden Händen beide Ohren zu, damit das Geschrei der Wüthenden ihn nicht erreiche. Dies Angstgeschrei, oft ein herzzerreißendes Gebrüll, aus dessen wildem Jammer stets der Name Hans hervorklang, erfüllte anfänglich alle Bewohner des hölzernen Hauses — denn dieses erdröhnte davon bis in seine fest gemauerten Kellerwölbungen hinab — mit Angst und Schauder. Oft sogar jagte es mitten in der Nacht den Major von seinem Lager auf, daß er zornig hinauf rannte und mit drohenden Flüchen an die Thür donnernd Ruhe gebot, worauf jedesmal für einige Stunden Schweigen erfolgte.

Nach und nach aber gewöhnten sich Herr und Dienstleute daran. Ehe zwei Jahre vergangen, waren die Herzen verhärtet gleich den Ohren; Niemand mehr achtete des Jammers; und die kleine Henriette, wenn sie das grauenhafte Wehklagen einer ihr fremden Mutter vernahm, sagte mit kindischem Lächeln die schauerlichen Worte her, die ihre sonst gutmüthige Wärterin ihr gedankenlos beigebracht: „Mama singt."

IV.

Zwischen solchen Wiegenliedern einer wahnsinnigen Mutter und zwischen den Fluchreden und Zornergüssen des nicht übelwollenden, doch ungebildeten Vaters, der sein Kind mit der rauhen Zärtlichkeit eines brummenden

Bären liebkosete, blühte Henriettens Schönheit empor, wie eine Blume zwischen Sümpfen und rauhem Gestein.

Die reine Neigung des Knaben Mathias war der warme Frühlingshauch, der sie mild umwehte, der sie lebensreich und frisch gleichsam in's Leben herein lockte, als dürft' er ihr zuflüstern: komm nur, entfalte Dich nur! Ich bin da!

Gerade die Verschiedenheit ihres Alters verband beide Kinder so innig. Wäre Mathias um wenige Jahre jünger gewesen, dann würde er dem kleinen Jettchen nicht in allen Dingen nachgegeben, würde dem Kinde entgegen sich selbst kindisch und eigenwillig benommen haben. Weil es sich aber so glücklich traf, daß er Kind genug blieb, mit einer lebendigen Puppe zu spielen, und dabei um sechs Jahr älter als sie, schon einen gewissen männlichen Ernst an den Tag legte, so gewann er mit der zutraulichen Anhänglichkeit des kleinen Wesens auch das vollständige Vertrauen des Majors und der Philipp'chen. Wußten sie Henrietten unter seiner Obhut, dann waren sie ruhig. An seiner Hand durfte sie, wie sie nur einigermaßen festen Fuß faßte, die Brücke überschreiten, im Hofraume umhersteigen, die Ställe besuchen, bis in's Pastorhaus mit ihm gehen und dort mit seinen zahmen Kaninchen spielen. Als sie kaum ihr Viertes, er sein Zehntes angetreten hatte, ward ihm vergönnt — so sicher glaubten sich Herr und Diener auf Pastors Mathias verlassen zu können — die grüne Gondel mit ihr zu besteigen und das Kind im „Schloßgraben" herum zu rudern, was der Knabe mit einer für seine Jugend über-

raschenden Kraft und Sicherheit vollführte. Gelangten
sie bei diesen Irrfahrten unter Mathildens Gemach, so
geschah es wohl, daß die Wahnsinnige, ihre Wächterin
zurückstoßend, sich oben am rasch geöffneten Fenster hinter
fest umklammerten eisernen Gittern zeigte und unver-
ständliche Drohungen wüthend hinabrief. Dann fragte
Henriette ängstlich den kleinen Freund: Mama ist böse
auf uns? Und Mathias erwiederte verlegen: Mama ist
ist krank, wobei er sich beeilte, dieser Seite des hölzernen
Hauses zu entfliehen.

Nachdem Henriette sechs Jahre zurückgelegt, wußte
sie Alles, was Matthias bis dahin von seinem Vater,
dem Pastor, erlernt hatte. Sie war im Besitz all' seiner bescheidenen Kenntnisse und Wissenschaften, die er
ihr spielend im täglichen Umgange anvertraut, und sie
nahm sich in solchem Besitze, besonders die edle Latinität
betreffend, ebenso reizend als possierlich aus. Wenn sie
„Ausnahmen" wie am Schnürchen hersagte, und die
nämlichen Wörter, deren sich einst Cicero und Julius
Cäsar bedient, von den schelmisch gespitzten Lippen, rein
ausgesprochen, perlengleich herabrollten, da machte Major
Hans bisweilen Miene, vor seiner gelahrten Tochter ehrfurchtsvoll auf die Kniee zu fallen, und er schwur bei neun
und neunzig Millionen Kreuzdonnerwettern, so das sackermentische Mädel nicht auch capabel sei, griechisch zu lernen
über Nacht, ehe noch der Hahn krähte, dann wolle er sein
ganzes Haus in Stücke schneiden, nicht größer wie ein Zahn-
stocher, und ein Feuer davon machen, an welchem er den
Teufel zu braten versprach, als ob's das jüngste Ferkel

von der geschecken Sau wäre! Und ähnliche gewagte Unternehmungen mehr versprach er, die sämmtlich keinen andern Zweck verriethen, als seine Bewunderung darzuthun.

Der Pastor nahm wohlgefällig hin, was dabei den jüngeren Lehrer und durch diesen, der ja sein Schüler und Sohn blieb, ihn selbst, den älteren Hauptlehrer, als anerkanntes Lob berührte. Doch verschwieg er auch nicht, daß Mathias, der nun in die reiferen Knabenjahre übergehe, nothwendigerweise zur Stadt gebracht und einem gelehrten Gymnasium überantwortet werden solle. Lange Zeit wehrte sich Major Hans gegen Ausführung dieses Entschlusses mit allen Flüchen, die seiner in diesem Gebiete stets neuen Phantasie zu Gebote standen. Der Gedanke, die Kinder von einander zu trennen, machte ihm, den sonst keine Theilnahme für Anderer Leiden beschäftigte, wirklichen Gram; er zitterte bei Jettchens Thränen bei der Trennung.

An Mathias und dessen Schmerz dachte für's Erste Niemand, sogar sein Vater, der Pastor, nicht.

Die nöthigen Vorbereitungen wurden stillschweigend getroffen, und an einem schönen Frühlingsmorgen weckte der Vater den Sohn mit der Nachricht, der Wagen werde augenblicklich vorfahren, und sie würden zur Stadt reisen.

Fährt doch auch Jettchen mit? fragte Mathias, seiner Sache gewiß.

Statt einer Antwort auf diese Frage empfing er den wiederholten Befehl, sich eiligst fertig zu machen.

Er gehorchte staunend; eh' er aber noch recht zur Besinnung gelangte, befanden sie sich schon unterwegs.

Auf dem Thurme der Dorfkirche hatte es elf geschlagen. Henriette stand schon seit einer halben Stunde harrend auf der Brücke. — Mathias blieb aus. Zum ersten Male, seitdem sie denken konnte, blieb Mathias aus. Sie wurde unruhig. Sie befragte den Major, warum denn Mathias nicht komme. Sie lief zu Philipp und dessen Frau. Nirgends stand man ihr Rede, überall wich man ihr verlegen aus.

Da eilte sie, irgend ein Unglück ahnend, hinüber nach dem Pfarrhofe. Bleich wie der Tod stürzte sie zum Schlosse zurück. Auf der Brücke begegnete ihr Major Hans, der sich eben aufmachen wollte, sie zu suchen. Er schrack vor ihrem Anblick zusammen, daß er fast die Sprache verlor. Sie aber, seine Kniee umklammernd, brach in Thränen und Vorwürfe aus, daß die Väter sie von ihrem lieben Freunde, von ihrem Lehrer getrennt, daß beide Väter sie betrogen hätten. Zu meiner Mutter laßt Ihr mich nicht, rief sie, weil Ihr sagt, sie würde mich zerreißen, und ich höre sie doch immer nach mir rufen und schreien. Jetzt nehmt Ihr mir auch meinen Mathias, und wen soll ich nun lieb haben?

Bin ich nicht Dein Vater, Jettchen? schluchzte der Major, und hast Du mich gar nicht lieb?

Ja, das schon; aber Du fluchst ja so erschrecklich und bist so grob, und mein Mathias war so sanft.

Ich will auch sanft werden, einziges Kind; ich will Dir Alles zu Liebe thun; nur sei mir gut und habe Detnen Vater lieb, der Dich anbetet. Und wenn ich noch ein einziges Mal fluche, so sollen mich tausend Schock Teufel — — — nein, Kreuzsackerment, ich fluche nie mehr; ich versprech' es Dir!

Mitten in ihr jammervolles Weinen hinein lachte Henriette: Siehst Du, Vater, fluchen mußt Du, wenn Du gleich nicht willst. Aber das schadet Nichts; lieb haben werd' ich Dich darum doch; nur daß mein Mathias wiederkommt!

Wiederkommen wird er, Jettchen; viermal im Jahre: zu den Schulferien im Sommer, zu Weihnachten, zu Ostern, zu Pfingsten. Viermal, Jettchen, in jedem Jahre. Und jedes Mal soll er Dir hübsches Spielwerk mitbringen, lustig sein mit Dir, Dich im Kahne fahren, oder Stuhlschlitten — was Du willst! Nur gieb Dich zu Gute, weine nicht mehr und nimm unterdessen vorlieb mit Deinem Vater!

Es lag so viel Rührendes in dieser weichen Bitte eines sonst rauhen Mannes, daß die Kleine dadurch überrascht und besiegt wurde. Als später auch der Pastor dazu kam und ihr begreiflich machte, wie unumgänglich nothwendig es sei, daß ihr Liebling fleißig lerne und den Wissenschaften obliege, da hörte sie diesen Auseinandersetzungen mit einer gewissen Befriedigung zu. Es gefiel ihr, daß der Pastor sprach: Sehen Sie, Fräulein Jettchen, wenn mein Mathias ein erwachsener Bengel hier auf dem Dorfe würde, ohne anderen Unterricht, als ich ihm nothwendig beibringen kann, da müßten wir uns ja künftig seiner schämen; ich, der Vater, und Sie, Jettchen, die Jugendgespielin. Nein, Ehre soll er uns machen, und wenn er dann einmal für einen tüchtigen Mann gilt, und Sie sind eine vornehme gnädige Dame, da werden Sie selbst sagen: es war doch recht von unserem alten Pastor, daß er damals den Mathias nicht aufwachsen ließ gleich den andern Jungen im Dorfe neben dem lieben Vieh!

Diese und ähnliche Trostgründe beruhigten das Kind nach und nach über die Trennung von Mathias Henriette fand sich für ihr lebhaftes Naturell überraschend gut in die traurige Oede des hölzernen Hauses und dessen nächste engbegrenzte Umgebungen.

Dagegen stieg ein anderes Bedenken in ihr auf, wofür der Pastor, wenn sie sich an ihn damit wendete, Nichts weiter zur Antwort hatte, als verlegenes, stummes Achselzucken, welches ihr Vater jedoch mit barschem Tone oder mit Flüchen beseitigte, ohne Rücksicht zu nehmen auf sein an Mathias Reisetage abgelegtes Versprechen.

Dies kindliche Bedenken, wenn auch kindisch ausgedrückt, doch darum Nichts weniger durch den Vergleich mit ihrem jetzt in höheren Studien vertieften Freunde angeregt, galt ihrer eigenen geistigen Fortbildung. Der Pastor läßt meinen Mathias in der Stadt so viel lernen, fragte sie, und bei wem soll ich denn jetzt lernen? Er war ja mein Lehrmeister.

Bei wem Du lernen sollst, Jette? Bei der Philippen, erwiederte der Major, nur bei ihr. Sie wird Dich unterweisen in Allem, was ein Weibsbild wissen soll. Erst wirst Du stricken lernen, hernach nähen; bist

Du größer und stärker, hilfst Du in der Küche, beim Backen, beim Einpökeln, beim Wurstmachen, in der Wäsche. Das sind nützliche Dinge, die ein Mädel glücklich machen. Weiter brauchst Du Nichts. Die sackermentsverfluchten Büchergeschichten und Sprachnarrheiten setzen den Mädeln nur unnütze Raupen in den Kopf, verdrehen sie und führen sie zu Schwindeleien. Solche klugmäulige, abgeschmackte, gelehrte Zierpuppen von modernem Kaliber drehn und wackeln, parliren französisch oder gebrauchen, hol's der Teufel, gar lateinische Wörter, daß ein ehrlicher Kerl neben ihnen verrathen ist und verkauft.

Aber, Vater, Dir hat's ja so gefallen, daß ich mit Mathias lateinisch lernte... —

Weil Du ein drei Finger hoher Knirbs warst, dem es lustig stand, wenn er schwadronirte wie ein Magister. Das war gut für die Kinderstube. Länger hätt' ich's ohnedies nicht gelitten. Eine Gelehrte aus meinem Jettchen machen? Aus meinem himmlischen Mädel? Die Pestilenz über solch' nichtswürdiges Geschmeiß! Jede rechtschaffene Gans ist mir lieber. Die kann man doch wenigstens fressen, wenn sie erträglich gebraten ist. Aber mit den klugen Menschen ist gar Nichts anzufangen, und Du sollst Nichts weiter lernen, Jettchen. Dazu darf's nicht kommen.

Das Kind lernte bald, wenn sonst Nichts, zu diesen Ausbrüchen einer so einseitigen und geistlosen Lebensansicht — schweigen. Wer etwa aus eigener Kindheit sich noch zu erinnern vermag, mit welch' sinnigen Gedanken das entsagende oder doch geduldige Schweigen jenes frühen Lebensalters verbunden ist, der wird auch wissen, daß man dabei denken lernt, zeitiger denken lernt, als bei geschwätzigem Plaudern.

Jettchen wuchs zu einem sogenannten „stillen Kinde" heran. Je gehorsamer sie jeden Wink ihres Vaters befolgte, mochte dieser nun, wie gerade seine Launen ihn stimmten, heftig befehlen oder lieblich bitten, je weniger sie von ihren Wünschen und von ihrer Sehnsucht nach Mathias redete; desto selbstständiger trug sie Beide in ihrem Herzen; desto fester hielt sie, was darin vorging, auch darin verschlossen, bis dann die ersehnten, gesegneten Feiertage den Vertrauten ihr zurückbrachten, und sie Gelegenheit fand, allen verborgen gehaltenen Kummer vor ihm auszuschütten.

Und so vergingen Jahre.

Aus dem Knaben wurde ein bescheidener, sanfter Jüngling.

Aus dem Kinde ward eine mächtig erblühende, schöne, ernste Jungfrau.

V.

Mit zwölf Jahren war Henriette ein reifes, vollkommen ausgebildetes Mädchen. Sie erstaunte sehr, daß der achtzehnjährige Mathias ein kleiner, bäurisch aussehender Kerl blieb, und jedes Mal, wenn er nun zum Besuche nach Altroba kam, fragte sie kopfschüttelnd: Aber bist Du denn gar nicht gewachsen? Sie besann sich dabei lächelnd auf ihren kindischen Irrthum, den sie damals gehegt, eh' Mathias zur Schule abging, wo sie sechs, er zwölf Jahre zählte, und wo sie, ihre Rechnungskünste an Beider Lebens-Alter übend, herausgebracht, daß zweimal sechs zwölfe ausmache; daß er dies folglich auch sein und ihr ganzes Leben hindurch bleiben und stets ihr doppeltes Alter tragen müsse. Dieser Irrthum war nun freilich im Laufe der Zeit durch sich selbst aufgeklärt, doch nur desto weniger konnte sie sich darein finden, daß ein achtzehnjähriger Jüngling, im Begriff die gelehrte Schule mit der Universität zu vertauschen, kaum um einen Finger breit höher sein sollte, als sie, die auf dem sichersten Wege war, ihm mit ihren zwölf Jahren über den Kopf zu wachsen.

In der That bildete sie sich ausnehmend zeitig zu einem vollkommen fertigen jungen Weibe heran. Major Hans liebte dem Pastor zu sagen: Meine Jette kann jede Stunde heirathen; aber Euren Mathias lassen die sackermentsverfluchten Bücher nicht auswachsen; der Schwerenothsbengel verbuttet in seiner dummen, niederträchtigen Gelehrsamkeit. Schade um ihn!

Der Pastor wußte dagegen nicht viel einzuwenden. War er doch selbst ein kleiner, schwächlicher Mann, und obgleich nicht viel älter als der Major, dennoch früh gealtert. Sein Sohn ahmte ihm eben nach. Beide hatten eine frische, blühende Kindheit bis zum fünfzehnten Jahre auf rothen Aepfelwangen, von goldblonden Locken umspielt, zur Schau getragen, um sodann im sechszehnten — ein Naturspiel, welches leider nicht selten ist — über Nacht aus dem Frühling in den Herbst zu treten, ohne so recht eigentlich den Sommer des Lebens durchgemacht zu haben.

Gewiß, dieser Fall zeigt sich dem aufmerksamen Beobachter fremder Persönlichkeiten häufig genug. Und mir selbst, der ich hier mit dem geneigten Leser plaudere, ist er mehrfach an Jugendgespielen und auch später an Fremden sichtbar entgegen getreten. Anfänglich hielt ich den Jünglingen, die ich dadurch um ihre beste Zeit betrogen wähnte, meine mitleidige Theilnahme bereit. Später jedoch, nachdem ich schärfer zusehen und forschen lernte, fand ich mich angenehm getäuscht. Die ewig gerechte, Alles ausgleichende Schöpfungsmacht — auch da tröstend und ausgleichend, wo unsere blöden Menschenaugen ihren unerforschlichen Geheimnissen nicht weiter zu folgen vermögen — entschädigte jene Jünglinge für den früh entschwundenen Jugendtraum blühender, selbstgefälliger Erscheinung. Sie gab ihnen dafür inneren, unvergänglichen Seelenfrühling, reine Unschuld, zufriedene Heiterkeit, genügsame Bescheidenheit und einen ungetrübt fröhlichen Sinn, der aus jeglichem Uebel das Bessere herausfindet, der, für das kleinste Glück dankbar, es wie ein großes zu genießen versteht.

Ihr wähnt sie zu ihrem Nachtheil verändert, die fleißigen, zurückgezogenen, entbehrenden jungen Leute, weil Ihr in dem fast verkümmerten Aeußeren, in ihren rasch alternden Gesichtern, in ihrer dürftigen Gestalt jene prächtigen Engelsköpfe nicht wieder zu erkennen vermögt, die Euch vor wenigen Jahren aus einem Walde üppigen Haarwuchses entgegenlachten, wie wenn sie nur auf die

Periode der Mannbarkeit warteten, um schlanken Bäumen gleich empor zu schießen? Ihr wähnt sie verändert zu ihrem Nachtheil, beklagt und bedauert sie? Grämt Euch doch nicht. Sie sind glücklicher, als Ihr! Der Engelskopf hat sie noch nicht verlassen, der ganze Engel ist bei ihnen geblieben, nur daß er jetzt, Euch unsichtbar, in ihren Busen wohnt. Dort hat er sich ein stilles Nest gebaut, dicht beim Herzen, und erst mit dem letzten Schlage dieses Herzens wird er ausziehen und zurückkehren in seine Heimath, die auch die ihrige ist; schuldlos, kindlich, fromm wie sie.

Von dieser Gattung war unser Mathias.

Major Hans konnte das natürlich nicht begreifen.

Der Pastor ahnte es.

Henriette empfand es wie eine milde, tröstende Wahrheit, wie einen Glaubenstrost, der sie nach und nach für den Verlust kindischer Neigung entschädigen mußte; einer Neigung, welche sie in ihrer Unbefangenheit Liebe genannt.

Mathias war bis dahin geblieben, was er vor Jahren der Gespielin gewesen: „ihr kleiner Bräutigam." Jetzt rief sie ihn: „Freund Mathias!" ohne zu bemerken, daß er den Unterschied empfinde.

Sie dachte nicht ihm wehe zu thun.

Sie redeten sich nicht mehr mit „Du" an. Vor den Vätern sprach er: „mein gnädiges Fräulein!"

Das Paradies war schon verloren, auch ohne Schlange.

VI.

Mathias hatte seine Studienjahre noch nicht vollendet, als sein Vater, der kleine, gute Pastor, plötzlich schwer und bedenklich erkrankte. Eiligst begab er sich heim, den Berichten des Schulmeisters gemäß schon darauf gefaßt, daß er zu spät komme. Aber so gut sollt' es ihm nicht werden. Nicht in das vom Tode zur Grabesruhe eingesegnete Antlitz eines vollendeten theuern Vaters war dem weinenden Sohne zu schauen beschieden. Einen Leidenden, in bangen Schmerzen sich windend, fand der arme Student. Anstatt zurückzukehren nach überstandener Begräbnißfeier zu seinen Büchern, Collegienheften und übrigem Apparat nothwendigen künftigen Broderwerbes, wurde er an's einsame Krankenbett als Pfleger gefesselt, wo er, jedem geistigen Streben entsagend, die niedrigsten und dennoch hochheiligen Pflichten eines Spitaldieners zu verrichten hatte.

Die gewissenhafte, unverdrossene Treue, womit ihr junger Freund sich diesen Mühseligkeiten wohlgemuth und freudig unterzog, erweckte in Henriettens Herzen trübe Empfindungen, erfüllte ihren Geist mit ernsten Gedanken, welche gar bald wie unerbittliche Ankläger gegen sie selbst auftraten. Indem sie den kindlich und gern sich aufopfernden Sohn, wie er an seines Vaters Krankenbett ausharrte, mit sich und ihrem eigenen Betragen verglich, überfiel das arme Mädchen eine verzweifelnde Angst; um so heftiger zwar, je weniger sie bisher gelernt, auf ihr Verhältniß zu ihrer Mutter zu achten und darüber nachzusinnen. Dort oben, im abgeschiedenen Gemach, hinter dicken eisernen Gitterstäben, wälzte sich die wahnsinnige Mathilde nach wie vor in ihres zerrütteten Hirnes dumpfen Phantasieen, vernachläßigt, schmutzig, hart behandelt, von einer — freilich theuer bezahlten, doch darum nicht minder verdrossenen Bäuerin nothdürftig bedient, seit langen Jahren auf moderigem Stroh umher, ohne daß ein Wort mitleidiger Liebe zu ihr gedrungen wäre, ohne daß ihr Kind versucht hätte, ob denn nicht ein warmer Blick aus thränenden Augen zum Sonnenblick des Trostes werden könne, der in die Nacht des Wahnsinns leuchte.

Jetzt erst fing Henriette zu erwägen an, wie grausam ihr Vater gegen eine Unglückliche gewesen, die ihr das Leben gab, in welch' sträflicher Selbstsucht er sich so lange fern von Derjenigen gehalten, die doch ein unleugbares Anrecht auf theilnehmende Sorgfalt besaß; — um so entschiedener, als sie ihn, noch bei hellerem Verstande, zum Besitzer ihres ganzen Erbes gemacht, ihn gesetzlich in diesem Besitz bestätiget hatte. Und welchen Lohn empfing die ärmste Frau für diese Großmuth der Liebe? Das fragte sich Henriette. Wie wenn eine jetzt erst in ihr vernehmbare Stimme sie ernstlich ermahne, daß sie dem Lebensalter nahe stehe, in welchem die Jungfrau zur Gattin, zur Mutter werden kann, athmete sie bang und schwer unter dem Doppelgewichte väterlicher und eigener Schuld. Eine unnennbare Sehnsucht erhob sich in ihrer Seele, die Pflichten frommer Töchter zu erfüllen, das Beispiel des getreuen Mathias zu befolgen und endlich nachzuholen, was sie bis jetzt versäumt. Sie erbat vom Vater die Vergünstigung, sich der Mutter nähern zu dürfen.

Doch war die erste Erwiederung auf solch' rührende Bitte eine gänzlich abweisende, begleitet von schrecklichen Flüchen und von der Drohung, daß sie sich fruchtlos gefährlichen Mißhandlungen jenes tollen Weibes aussetzen werde, welche ja erst durch Eifersucht und Haß wider die eigene Tochter gar so tief aus der Reihe menschlicher Geschöpfe herabgesunken sei.

Henriette ließ sich dadurch in ihren nun einmal lebendig gewordenen kindlichen Gesinnungen nicht irre machen. Sie nahm die Beihilfe des Philipp'schen Ehepaares in Anspruch und wußte bald die weibliche Hälfte desselben als Bundesgenossin ihrer heldenmüthigen Absichten zu gewinnen. Dadurch errang sie wenigstens stillschweigende Erlaubniß, daß sie in Begleitung der „Philippen" einen Versuch wagen dürfe, wie ihr Erscheinen am Orte des Grauens aufgenommen, und welchen Eindruck es auf die Wahnsinnige hervorbringen werde.

Der Erfolg belohnte diesen edlen Eifer. Mathilde schien das kleine Kind, welches sie einst um des Vaters Gunst beneidete, gänzlich vergessen zu haben. In der ihr fremd gebliebenen Henriette erkannte sie ihre Tochter nicht. Wohl aber zeigte sich eine günstige Wirkung der Alles besiegenden Schönheit gleich beim ersten Eintritt. Nicht mit starren Blicken voll gedankenloser Kälte, nicht mit fieberwilder Gluth verzehrender Aufregung, nicht mit den Verzerrungen rasender Tobsucht ward die zitternde Jungfrau von ihrer elenden Mutter begrüßt. Ein wehmüthig sanftes Lächeln zuckte über das von vieljährigen Qualen entstellte Antlitz; bebend bewegten sich die bleichen Lippen, denen sonst nur Lästerungen als schauerliches Echo zu des Majors Flüchen entströmten; — bebend bewegten sie sich, wie wenn sie mühsam vergeblich nach einem sanfteren Gruße suchten, und brachten endlich mit sichtbarer Anstrengung des willenlosen Geistes die zerrissenen, doch darum desto erschütternderen Silben hervor: Engel Gottes — Er — lösung!

Und ein Engel des Herrn schwebte hernieder aus ewigen Höhen und breitete segnend sein strahlend reines Gefieder über die Qualen eines erbarmenswerthen Geschöpfes; Mathildens Raserei löste sich in friedliche Schwäche, ihr trotziger Widerstand in demüthige, dankbare Hingebung auf. Mit dieser Stunde war der böse Geist von ihr gewichen. Ihr scheußliches Lager, dem unflätigen Schlupfwinkel eines wilden Thieres ähnlich, verwandelte sich unter Henriettens Händen zum sauber gehaltenen, reinlichen Krankenbette einer gehorsamen, freundlich ergebenen Dulderin.

Mit einer für so junge Jahre erstaunlichen Kraft und Ausdauer übernahm die Tochter das Amt der unverdrossenen Pflegerin; kein anderes Wesen mehr durfte der Mutter nahen, kein anderer Mensch ihr Labung reichen, als sie allein.

Der Major wollte anfänglich noch Einspruch dagegen thun. Vergebens befahl er Henrietten, ihm Gesell=

schaft zu leisten. Keine Gewalt der Erde hätte sie dem Berufe mehr zu entreißen vermocht, den sie übernommen, durch dessen pünktliche Befolgung sie sich beglückt fühlte.

Und da der Herr von Altroda jetzt auch den Pastor, seinen fast ausschließlichen Umgang, entbehren mußte, so blieb ihm endlich Nichts übrig — wollte er sich anders am Anblick der Tochter laben und erfreuen — als auch hinaufzusteigen in die Räume, die er so lange ängstlich gemieden.

Seine Nähe brachte neuen Segen mit, befestigte den Frieden, die freundliche Geduld Mathildens. Stunden, halbe Tage lang saß er da, ein stummer Zeuge weiblichen Waltens, in tiefe Bewunderung versenkt für diese Tochter! Seine Flüche verstummten, seine ungestüme Hast schien sich fügen zu lernen, er selbst auf seine alten Tage ein anderer Mensch werden zu wollen. Nicht selten, wenn Henriette, von schlaflosen Nächten ermattet, ihr Haupt zu flüchtigem Schlummer senkte, schlich er leise zum Bett Mathildens, legte ihr seine Hand auf die Stirn und fragte mitleidig: Wir geht's Dir, armer Hund?

Diese Frage, abstoßend und roh, wenn ein anderer Mann sie gesprochen, wie er sie that, gewann für die Leidende Engelsklang und himmlische Bedeutung. Wenn dann das jammernde Weib mit kaum vernehmbarem Hauche lispelte: selig — göttlich! da fiel wohl eine Thräne aus des rauhen Reiters Augen auf ihre entstellten Züge, — — und das hölzerne Haus war voll vom Frieden Gottes.

VII.

Mathias und Henriette sahen sich wenig oder gar nicht, seitdem er beim kranken Vater, sie bei der kranken Mutter getreulichst ihre Liebesdienste vollzogen. Nur in den Abenddämmerungstunden stahl sich der pflichtergebene Sohn bisweilen auf einige Minuten davon, um frische Luft einzuathmen, und verlor sich dann, von unbewußter Sehnsucht getrieben, in die inneren Räume des Herrenhofes, wo er sinnend der Brücke zuschritt und über das Geländer gelehnt in's trübe Wasser des Teichleins hinabstarrte, wie wenn er die letzten Freuden seiner Kinderzeit da hinein versenkt hätte.

Traf es sich nun gerade so glücklich, daß auch Mathilde in festeren Schlummer gehüllt eine ruhige Stunde versprach, so bat Henriette wohl den Major, ein Weilchen bei der Schlafenden Wache zu halten, und schlich zu ihrem jungen Freunde hinab.

Dann neben ihm stehend, mit ihm zugleich über das Brückengeländer gebeugt, sah sie in Mathias nicht den kleinen, zwischen den Achseln stecken gebliebenen, anmuthlosen Burschen mit dickem Kopf, verkümmertem Gesicht, blaugefrorenen Händen — sie sah immer noch oder wähnte noch zu sehen den holden, fröhlichen, liebreichen, hübschen Gespielen, den sie dereinst ihren Bräutigam genannt, und dem sie nun am liebsten gezürnt hätte, daß er die Vertraulichkeit früherer Jahre an ihrer Seite nicht wiederzufinden wagte.

Sobald er sie lobte und pries wegen ihrer Aufopferung und Hingebung für die Mutter, gab sie ihm solche Lobpreisungen begeistert zurück, mit der Versicherung, daß nur sein Vorbild und Beispiel allein sie auf den Weg des Guten geleitet, und daß sie's lediglich ihm zu verdanken habe, wenn sie nicht die herzlose, fluchwürdige Tochter geblieben sei, die sie leider so lange gewesen. Manchmal schlang sie bei diesen Ergüssen der Dankbarkeit ihren Arm um seinen Nacken, preßte weinend ihr Haupt an das seinige und flüsterte ihm: Du braver Mathias! in's Ohr, wobei ihre Lippen seine Haare berührten und eine unbeschreibliche Gluth ihn zitternd mit elektrischen Funken durchströmte.

Dann riß er sich eilig los, stürzte ohne Lebewohl davon, bis in's dumpfe Krankengemach, und verträumte auf altem, braunledernem Armstuhl neben des Vaters Bett eine unendliche Nachtwache.

Der Pastor kämpfte lange und schwer mit dem Tode. Vom Arzte aufgegeben, wehrte sich des derben Mannes zähe Natur gegen die letzte Stunde mit einer Hartnäckigkeit, mit einer üblen Laune, die oft in bittere Ungeduld ausarteten und dem armen Mathias troß aller Liebe und Nachgiebigkeit den Aufenthalt im Vaterhause zur Hölle machten. Mit jedem Tage verschlimmerte sich dieser Zustand, jeder Schritt näher in's Grab vermehrte die rücksichtslose Reizbarkeit des Leidenden. Das Pastorhaus war ein Haus der Qual.

Im hölzernen Hause dagegen, — wir bleiben bei dieser Benennung, weil wir sie einmal erwählt, wollen aber keineswegs dadurch andeuten, daß die Amtswohnung des Predigers eine andere verdient habe — im hölzernen Hause wurde die Kranke, wie sie sich baldiger Auflösung näherte, stündlich sanfter, duldsamer, heiterer; ja, mit dem Erlöschen körperlicher Kräfte schien ein Erwachen des so lange in nächtliche Dunkelheit verhüllten geistigen Lebens Hand in Hand zu gehen. Je schwächer sie wurde, desto fähiger wurde sie auch, zusammenhängend wieder zu denken und bisweilen ein verständiges Wort zu wechseln.

Wer da nicht gläubig wird, sagte die „Philippen" mit besonderer Anzüglichkeit auf ihren oft freigeisterischen Philipp und nicht ohne kühne Hinweisung auf den stets zweifelnden Major, wer da nicht gläubig wird, daß Seele und Leib zweierlei Dinger (!) sind, und daß die arme Seele bei dieser elendiglichen gnädigen Frau hat müssen wie in einem schlechten Hause logiren, wo es ihr nur blos zu enge war und miserabel... und daß selbige Seele ausfahren wird und emporsteigen... und überhaupt!... der muß ja schon ein völliger Heide sein, Gott verzeih' mir die Sünde, und schlimmer wie jeder Hering, denn der Hering hat eine Seele, sonst könnt' man nicht sprechen: Du Heringsseele!

Philipp nahm aus solchen auferbaulichen Reden ohne weitere Untersuchung des inneren Zusammenhanges ganz einfach heraus, was für ihn bestimmt war: die Anklage der Ungläubigkeit, gegen welche er sich denn vertheidigte, so gut und so schlecht er's vermochte: Ich bin gar nicht, wie Du denkst, Philippen, sagte er, — denn auch er hatte sich schon gewöhnt, seine und der Hofmägde Tyrannin zu tituliren, wie Haus und Hof es that — ich bin nicht, wie Du denkst. Ich glaube Allerlei; besonders wenn es mich im linken Schulterblatt und in der Hüfte so furchtsam — (furchtbar meint er wahrscheinlich) — reißen thut. Da mag der Teufel nicht ..."

Er führte den Satz nicht weiter aus, seine Frau aber war beruhigt.

Major Hans dagegen wurde immer nachdenklicher, je näher Mathildens letzte Stunde rückte. Halbe Tage lang saß er mit Henrietten vor dem Sterbelager, lauschte den seltsamen, dennoch manchmal lieblichen Phantaseen der Schlummernden, ließ keinen Fluch vernehmen und sprach wenig. Nur bisweilen drückte er sein Bedenken aus über die Veränderungen, die in der Kranken Verstande vorgegangen, und deutete fast ängstlich darauf hin, ob nicht vielleicht dieser wohlthätige Wechsel bei freundlicher Behandlung schon früher hätte eintreten können.

Darüber suchte Henriette ihn zu beruhigen, indem sie alle Schuld auf sich schob, was er zwar gern hörte, doch aber auch wieder nicht zugeben wollte, da nur des Gatten Beispiel verderblich auf die Tochter gewirkt habe.

Doch das jedesmalige Ende dieser gutgemeinten Streitigkeiten blieb immer eine Betrachtung, die er kopfschüttelnd aufstellte über das Verhältniß des Geistes zum Körper, und wie wohl der Wahnsinn entstehe. Ob er eine Verwirrung der Geisteskräfte, ob er eine Krankheit des Leibes? Und wie es denn möglich, daß die Sache vor dem Ende noch einmal in's Gleichgewicht komme, was doch hier ganz entschieden der Fall sei. Nach vielem Grübeln blieb er gewöhnlich bei einem Vergleiche stehen, der freilich nach allem Anderen mehr als nach philosophischen Systemen schmeckte, der aber doch in seiner Art nicht durchaus verwerflich schien.

Ich stelle mir vor, sagte er, eine Seele, die in einem kranken Gehirnkasten steckt, ist nicht viel besser daran, wie ein Schuß Pulver, den man in eine ungeputzte, rostige Pistole pfropft; wenn er auch zur Noth wirklich losgeht, sicher treffen kann kein Schütze damit, und kriegt auch noch einen garstigen Ruck obenein, wenn das Pulver noch sonst so fein wäre!

Henriette, die trotz ihrer Jugend und Kindlichkeit den Vater weit übersah, hätte wohl Einiges gegen dieses Gleichniß einzuwenden gehabt; doch zog sie vor, nachgiebig beizustimmen und sich stillschweigend zu erfreuen an diesen Vorzeichen einer möglichen Umwandlung.

Vor ihrer letzten Stunde erwachte Mathilde noch zu völliger Klarheit. Sie erbat flehentlich der Tochter Verzeihung für die Ungerechtigkeit, die sie an ihr begangen durch unmütterlichen Haß; sie klagte sich an wegen ihrer eifersüchtigen Launen, ihrer wahnsinnigen Anmaßungen; sie nahm alle Schuld vergangener Jahre auf sich, schien vergessen zu haben oder vergessen zu wollen, wie hart man sie behandelt, welch' schweres Unrecht man gegen sie verübt — und starb, Henrietten segnend, den Major preisend, den Dienstleuten dankend, mit Freudigkeit.

Einige Tage zuvor hatte seines Vaters Tod auch den armen Matthias erlöset und frei gemacht aus jenem

Kerker, in welchen strenge Erfüllung der Sohnespflicht ihn so lange gebannt. Er folgte Mathildens Leiche und weinte mit Henrietten.

VIII.

Major Hans wollte nicht gestatten, daß Mathias auf die hohe Schule zurückkehre, wie dringend dieser auch darauf bestand, so viel Versäumtes möglich fleißig und rasch nachzuholen. Was soll Dir das helfen, Junge? fragte er in seinem sanften Tone, das heißt in milden Flüchen, von denen Philipp behauptete, man könne gar nichts Zärtlicheres hören! — was soll Dir das helfen? fragte Henriettens Vater. Bis Du alle Examina durchlaufen, ist die Pastorstelle hier in Altroba längst besetzt. Auf Dich können die Bauern nicht warten, und ich auch nicht, Mathias! Denn weiß das heilige... u. s. w. — (Anklänge aus früheren Gewohnheiten!) — was über mich gerathen ist, seitdem ich an Mathildens Bette gesessen! Aber der Teufel soll mich... u. s. w., wenn ich nicht mitunter Sehnsucht verspüre nach Gottes Wort. Nun siehst Du, Junge, da brauch' ich einen Pastor, vor dem ich Respect haben kann; der älter ist als ich, oder wenigstens in einem Alter mit mir; der mich bei passenden Vorfällen ein Weniges abkanzeln darf. Mit Dir, und wenn sie Dich noch so geschwind beförderten, mit Dir wäre mir nicht gedient. Dich hab ich als... näsigen Bengel gekannt, wo käme da der Respect her? Und ich wünsche auch, daß Du gar nicht mehr auf Universitäten gehst. Bei mir sollst Du bleiben bis an mein Ende. Ich will Dich um mich haben. Dich und Henrietten. In der Einsamkeit halt' ich's nicht mehr aus — und Henriette auch nicht.

Aber was soll denn endlich aus mir werden, Herr Major? entgegnete fragend Mathias. Ich muß doch einen Beruf erwählen, der mich ernährt, wenn dann ...

Wenn mich der Teu... der Tod wollt' ich sagen, geholt hat? Freilich, das läßt sich hören; einen Beruf, der Dich ernährt! Nun, davon reden wir später; dazu wird schon Rath werden. Für's Erste bleibst Du bei mir, und die Dorfleute sollen sich einen gehörig alten Prediger wählen. Es findet sich schon Einer, der eine schlechtere Stelle auf seine alten Tage mit unserer schlechten vertauscht. Nöthigenfalls giebt man ihm eine kleine Zulage, Du aber, Mathes, bleibst bei — bei u n s!

Major Hans hatte wiederholen wollen, wie oben: „Du bleibst bei mir." Doch indem er das „mir" schon auf der Zunge hatte, trat Henriette herzu, blickte Beide fragend an, und des Majors „mir" verwandelte sich in „uns."

Mathias bleibt bei uns? Immer bei uns, Vater? Geht er nicht mehr auf die langweilige Universität? Ach, das ist herrlich! Da kann er mir wieder Unterricht geben!

Siehst Du wohl, wie sie sich darüber freut? sprach der Vater, nun wirst Du Dich doch fügen. Sei kein Esel, Mathes; ich hab' es gut mit Dir im Sinne. Und Du sollst nun einmal nicht fort; ich will Dich bei uns behalten; ich lasse Dich nicht.

Ein bittender Blick Henriettens vollendete die Bezauberung. Mathias ließ alle Entschließungen, die er ernsten Willens für seine Zukunft gehegt, nachgiebig fallen. Ohne länger zu erwägen, wie seine spätere Zukunft sich gestalten dürfte, griff er nach der Gegenwart, die ihn anlächelte, die ihm behagliche Ruhe und Ueberfluß in nächster Nähe seiner geliebten Schülerin darbot für mühseligen Fleiß und Mangel eines darbenden Studenten.

Noch an demselben Abend bezog er das hölzerne Haus, wo man ihm jenes Zimmer eingerichtet, in welchem Mathilde so lange geraset hatte; in welchem sie, zu klarerem Bewußtsein erwacht, durch friedlichen Tod erlöset worden war. Für ihn, der es niemals betreten, so lange die Kranke darin litt, knüpfte sich kein trübes Bild, kein finsteres Angedenken an diesen Raum. Er gab sich nur dem einen Gedanken hin, daß hier Henriette so viele Tage und Nächte zugebracht, die heiligsten Pflichten mit edler Hingebung erfüllend. Dadurch ward ihm sein neuer Aufenthalt zum Heiligthum, und sogar das schwervergitterte Fenster störte des Bewohners fromme Freude nicht; denn ihm sprach es nie vom Wahnsinn der Verstorbenen; ihn erinnerte es nur an die Tugend der Lebendigen. Mathias fühlte sich sehr glücklich.

IX.

Je rascher Henriette sich zum reifen Weibe blühend voll entwickelte, desto schärfer trat die Abwesenheit geistiger Ausbildung, wie sie einem jungen Mädchen ihrer Stellung wünschenswerth ist, an ihr hervor. Denn die Bruchſtücke ſeines Schulwiſſens, die Mathias mit ihr getheilt, da ſie als Kinder ſpielten, nahmen ſich ſeltſam aus und konnten etwa mit Eisſchollen verglichen werden, die zur Frühlingszeit in einem ringsum grün geſchmückten Landſee ſchwimmen, freudlos an den Winter mahnend, ohne daß Jemand feſten Fuß faſſen könnte auf den unhaltbaren Blöcken.

Mathias entdeckte jetzt erſt, daß er Nichts gelernt, als was er für ſeine Prüfungen brauchte, wovon er aber wenig benützen konnte, um ſeiner jungen Gefährtin nützlich zu werden.

Du mußt umſatteln, Junge! rief Major Hans, der nun, da es alſo in ſeinen neuen Lebensplan beſſer taugte, gleichfalls plötzlich umſattelte und nicht mehr daran zu denken ſchien, wie heftig er früher gegen das „unnütze Lernen" geeifert. Umſatteln mußt Du. 'Runter in drei Teufels Namen von dem großen, ſteifen Schulgaule und wie der Wind auf einen munteren Jagdklepper geſtiegen! Ich will auch noch was profitiren von Euren Lehrſtunden, daß ich nicht wie ein gar zu dummer Kerl, der ich bin, in die Ewigkeit komme. Zum Lernen iſt kein Menſch zu alt.

Auf dem Boden unterm Dache fanden ſich unter vielen eingeſtaubten und vergeſſenen Büchern, die noch von Mathildens Eltern herrührten, vielleicht auch von den Eltern dieſer Eltern, einige vielbändige, reich ausgeſtattete Sammelwerke und Encyklopädieen; daneben die vollſtändige franzöſiſche Literatur des vorigen Jahrhunderts; Claſſiker, Romanſchreiber, Versmacher und Philosophen; Alles bunt durch einander. Wie's der Dorfhirt auf die Weide treibt! meinte Major Hans.

Was diesem Letzteren aus mütterlichen Conversations-Uebungen und dem Zwange der Cadettenzeit von Reminiscenzen der „Weltsprache" hängen geblieben war, in Verbindung gebracht mit den Ergebnissen einiger weniger durch Monsieur Gaillard im Gymnasium ertheilten Lectionen, woran Mathias Theil genommen, mußte genügen, aus Henrietten eine Leserin französischer Schriften zu machen. Der Vater hatte wohl eine Ahnung von richtiger Aussprache; Mathias, an philologische Gründlichkeit aus seinen Brodstudien gewöhnt, wurde Herr der Grammatik; an Dictionnaires herrschte Ueberfluß, — und eh' ein Jahr in's Land ging, lasen „die Kinder" abwechselnd dem alten Herrn geläufig vor, was ohne Auswahl in ihre Hände gefallen war.

Es mag da mitunter wunderlicher Kram zum Vorschein gekommen sein. Manches Buch, harmlos und unvorsichtig begonnen, mußte weggelegt werden, ehe man noch ein Drittheil gehört, und bisweilen rief der Major, der doch, wie er selbst eingestand, „einen hübschen Puff aushalten konnte," mitten in die Lectüre hinein: „Basta, das ist zu stark!"

Mathias begriff selten die Gründe solchen Interdicts. Seine Unschuld war die eines fleißigen Schülers, der sich bisher um gar Nichts bekümmert hatte, als um seine Aufgaben; unter denen es wahrlich nicht die leichteste gewesen, mit dem Zuschuß auszureichen, den ihm der verstorbene Pastor bewilliget; — auszureichen — und sich dabei zu sättigen. Ihm blieb Vieles in jenen Büchern, dem versteckten Sinne nach, völlig unverständlich.

Anders wirkten die Verbote auf Henrietten. Sie durchsuchte, sobald Mathias mit dem Vater auf's Feld hinausgezogen war, nach und nach sämmtlichen Vorrath und trug, was ihr merkwürdig erschien oder sich durch Beilagen von Kupferstichen empfahl, Band für Band auf ihr Wohnzimmer. Dort las sie, wenn alle übrigen Bewohner des hölzernen Hauses schliefen, Nächte hindurch, verschlang auch die schlimmsten, verdammungswerthesten Erzeugnisse einer ehemaligen Modeliteratur, deren Frivolität ihre rechtschaffene Großmutter gewiß nicht argwöhnte, weil sie sonst mit den längst vergessenen Zeugen von Vater Buchau's Jugendverirrungen, anstatt mit ihnen unter einem Dache zu hausen, wahrscheinlich den Backofen würde haben heizen lassen.

Welchen Einfluß auf eine Organisation wie Henriettens die Bekanntschaft mit derlei Autoren ausüben mußte, läßt sich denken. Eine gewaltige Einbildungskraft erregte ihr heißes Blut und riß die junge Leserin weit über ihre Jahre, über ihre Umgebungen, über ihre bis dahin bewahrte mädchenhafte Schüchternheit hinaus. Nur dem Umstande, daß Mathias war, wie er eben glücklicherweise war, haben wir es zuzuschreiben, wenn ihr nicht gelang, ihn zum Helden überschwänglicher Scenen heranzubilden, welche sie gern aus dem Reiche der Phantasieen in's Gebiet der Wirklichkeit gespielt hätte. Durch seine liebende Einfalt, die, nichts Böses ahnend, in ihr und ihrer Schönheit das Abbild einer Himmlischen sah, sehen wollte, wurde sie erkältet.

Doch nur erkältet gegen ihn; nur von außen, während das innere Feuer desto verzehrender fortglühte.

Sie fand ihn langweilig — häßlich — unbequem, — ja sie begann fast ihn zu hassen, während er in seiner getreuen Seele die reinste Liebe für sie trug und nährte. Sie fing endlich an, sich ihrer bösen Gedanken vor ihm zu schämen, — und das machte sie zur Heuchlerin.

Ein zwanzigjähriger Jüngling, ein vierzehnjähriges Mädchen, die sich so zur Seite stehen; — man sollte meinen, es sei unmöglich. Unmöglich, daß ein Vater sorglos daneben hinleben könne. Wer mit Aufmerksamkeit in manches Hauses, mancher Familie innere Geheimnisse einzubringen versuchen wollte, würde zu seinem Erstaunen gewahr werden, daß ähnliche Verhältnisse nicht nur möglich, daß sie weniger selten sind, als der Schein vermuthen läßt.

Zwei Jahre sind erst vergangen, seitdem Henriette ihrer Mutter die Augen zudrückte, ein engelreines Kind.

Sie ist es nicht mehr.

X.

Es war am Todestage Mathildens. Sie saßen in Major Hansens Wohnzimmer um die Dunkelstunde. Der Alte dämmerte seinen gewöhnlichen Abendschlummer. Mathias hielt Henriettens Hand in der seinen, schweigend — und selig.

Sie jedoch grollte wie immer, freilich auch schweigend, daß seine Seligkeit sich damit begnügte.

Wer, einem höhern Wesen auf Augenblicke ähnlich, die Fähigkeit besessen hätte, sie zu durchschauen, den Sturm wilder Gefühle und Regungen, der da wüthete, zu vergleichen mit der äußeren Haltung, scheinbaren Kälte und Gleichgiltigkeit, der würde vielleicht ein Gleichniß nicht unpassend gefunden haben, an jenen durch chemische Künstelei in heftige Gährung versetzten Wein erinnernd, der, in enge Flaschen dicht verschlossen, trotz seines Feuers die kühle Hülle nicht sprengt. Die Masse, aus der man solche Flaschen bläst, muß stark und fest sein. Hat aber einmal eine geübte Hand die Fessel gelöset, die den Kork umschlang, hat die drängende Gewalt von innen heraus sich Luft gemacht, dann fließt sie schäumend über, und Nichts mehr vermag sie zu bändigen.

Der Augenblick war da, wo dieses flache Gleichniß in Henrietten zur lebensschweren, erschütternden Wirklichkeit werden sollte.

Und es ist nicht immer wahr, daß ein großes, finsteres Verhängniß Diejenigen, die es bedroht, durch vorangeschickte Ahnungen und Mahnungen gleichsam warnt. Nur in seltenen Fällen begeben sich diese Wunder; nur Seelen, die gerettet sein **wollen**, werden von solchem geistigen Hauche warnend berührt. Wer das Verderben sich ersehnt, wer darnach schmachtet und lechzt, dem tritt es nahe, bevor noch zitternde Blätter es rauschend verkündiget, bevor noch ächzende Dielen den Riesenschritt des schleichenden Ungeheuers verrathen haben.

So stand es hinter Henrietten und legte schon seine tückische Kralle auf des schönen Mädchens Lockenhaupt, während Mathias noch voll treuen Glaubens die Hand der lieblichsten Sittsamkeit zu halten wähnte.

Als Philipp brennende Kerzen brachte, und Major Hans den bei dieser Gelegenheit hergebrachten Sprung aus dem Dämmerungs-Nicker in's Lichtmeer des Abends durch einige bekannte Flüche angedeutet, sprach der Diener: Gnädiger Herr Major, da sind auch ein gewisser Junker eingetroffen und wollen Ihres leiblichen, verstorbenen Herr Bruders Herr Sohn sein, mit Namen Victor. Sie haben sich...

Major Hans ließ seinen Schnurb nicht ausreden, sondern unterbrach ihn mit einer solchen Fluth von Flüchen, daß Philipp, der doch sonst so ziemlich abgehärtet war, einen halben Schritt zurücktrat, Mathias Henriettens Hand freigab und Henriette mit einem Schrei des Schreckens vom Stuhle aufsprang.

Was der Zornige zusammengeflucht, wollen wir gern unterdrücken; auch war Nichts in rechtem Zusammenhange vernehmbar, als der Schluß dieser ungestümen Rede, die mit der Frage endete: Will er sich etwa den Dank holen, den mein sauberer Bruder Rudolph um mich verdient? Dann mag er sich vor der Stallpeitsche in Acht nehmen, der nichtswürdige, lüderliche Junge.

Der nichtswürdige Junge, gnädiger Herr, sieht eigentlich gar nicht aus wie ein Junge, erwiederte Philipp noch etwas eingeschüchtert, vielmehr sind sie ein lang- und schlankgewachsener, wunderschöner Officier vom russischen

Generalstabe und tragen auf dem Brust mehr Orden, wie Haare im Bart.

Orden? fragte der Major, Orden? Officier? Generalstab? Bist Du besoffen, Schnurb? Der Junge kann nicht älter sein, als neunzehn oder zwanzig Jahre.

Aber wir haben Krieg gehabt, und ... und der junge Herr Neffe warten draußen im Garten.

So laß ihn kommen, sammt seinen Orden.

Victor erschien.

Es lag in seiner Art sich einzuführen neben einer fast weibischen Anmuth und Zierlichkeit so viel kecke Zuversicht, daß der Major augenblicklich die früher gehegte Absicht aufgab, den jungen Gast durch Zurückhaltung oder gar Unfreundlichkeit entgelten zu lassen, was er gegen einen verstorbenen Bruder auf dem Herzen trug. Auch gönnte der Neffe dem Oheim kaum das Wort, schnitt ihm durch Ergüsse lebhaftester Freude und durch unaufhaltsame Mittheilungen aus dem Geschicke seines jungen, abenteuerlichen Lebens jede Möglichkeit ab, unangenehmer Familienverhältnisse weiter zu gedenken. Er bemächtigte sich des Gespräches im Allgemeinen mit so hinreißender Beredtsamkeit, daß der Abend unglaublich angenehm verging, und die Bewohner des hölzernen Hauses wider Brauch und Gewohnheit die Mitternachtsstunde vom Kirchthurme herüber klagen hörten.

Ueber den eigentlichen Zweck seines unerwarten Besuches hatte der liebenswürdige Ankömmling durchaus Nichts verlauten lassen. Obgleich von Seiten des Oheims die Frage sehr nahe lag, was ihm, der sich um seine ihm völlig entfremdeten Verwandten niemals bekümmert habe, jetzt auf einmal in den Sinn komme, in Altroba seinen Einzug zu halten gleich dem zärtlichsten Neffen und Vetter, war doch eine ähnliche Frage keineswegs gestellt, vielmehr Philipp beauftragt worden, das beste Gastzimmer bereit zu halten, wohin denn auch die wenigen Effekten des jungen Reisenden durch den Postknecht gebracht waren.

Letzterer hatte auf wiederholtes Befragen des Philipp'schen Ehepaares ausgesagt, der Herr Russe sei auf der nächsten Station, man wisse nicht woher, angelangt, habe sich dringend nach dem Major von Daling auf Altroba erkundiget und sodann dreifaches Trinkgeld geboten, um nur bald bei seinem „theuern Onkel" einzutreffen.

Das dreifache Trinkgeld in Gestalt eines Dukatens zeigte der Postillon der staunenden Philippen vor, stellte den kleinen, nach echtem Juchten duftenden Mantelsack in die Ecke des Canapee's aufrecht oben hin, nahm vor demselben wie vor einem im Winkel sitzenden Menschen ehrerbietigst die Mütze ab, dankte nochmals für den Goldfuchs — und schied.

Das war Alles, was Philipp seinem Herrn und Gebieter beim Auskleiden zu berichten wußte.

Lange noch — bis gegen ein Uhr — saß Major Hans grübelnd und sinnend vor seinem Bette. Endlich faßte er das Resultat dieser Grübeleien in die wenigen Worte zusammen: Er wird von Henriettens Schönheit gehört haben; deshalb hat er uns aufgesucht! Welche Folge der in seine Tochter vernarrte Vater an diese Aeußerung hoffend knüpfen zu dürfen meinte, läßt sich leicht errathen. Auch ging er recht zufrieden schlafen.

Mathias schlief nicht. Ihm sagte ein dunkler, noch unklarer, doch verstandener Schmerz mit bangem Vorgefühl, daß Henriettens Vetter besitze, was ihm fehle; daß sie es entdecken, empfinden, daß sie sich dem Neuangekommenen zuwenden, daß sie den Jugendfreund, den Gespielen, den Lehrer aufopfern werde. Wie sich von selbst versteht! setzte er hinzu und hüllte sich tief in die Bettdecke, die er sich bis über die Stirn zog, um abgeschieden von der Außenwelt so recht ungestört in seinem Grame schwelgen zu können.

Henriette schlief auch nicht. Aber sie barg auch nicht, wie ihr armer Freund Mathias, ein thränenfeuchtes Antlitz in durchweinten Kopfkissen; sie verhüllte nicht, wie Jener, die von eifersüchtiger Qual eines fürchterlichen Abends abgematteten Glieder. Nein, unverhüllt, glühend, umschwirrt von einer wilden Jagd verworrener Bilder und Gestalten, die Fleisch und Blut gewinnen zu wollen schienen, saß sie aufrecht, ungeduldig dem Fenster zugewendet, ob nicht bald die Vorboten der Morgenröthe sich zeigen und einen neuen Tag verkündigen würden; einen neuen Tag, der sie neuem Leben, der sie dem Schöpfer dieses neuen Lebens in die Arme führe.

Also das ist die Leidenschaft, rief sie aus, deren süße Gewalt in mir vorherrscht, seitdem jene verführerischen Bücher mich belehrten; das ist die Liebe, die ich vorahnend mit mir herumtrage, ohne zu wissen, auf wen ich sie wenden, wem ich sie gönnen soll? Das ist die Erfüllung halbkindischer Träume, die mich beinahe verleitet hätten, einem unschönen, plumpen Gefährten mein Herz entgegen zu tragen, mich ihm anzubetteln, blos weil er der Einzige gewesen, der in meine Nähe kam? Gott sei Dank, daß gerechter Stolz mich davor bewahrt, daß seine schüchterne, kalte Verzagtheit mich von ihm zurückgehalten hat, ohne voreiliges Geständniß, welches mich jetzt unglücklich, ja wahnsinnig machen würde! Wahnsinnig, wie meine Mutter es gewesen! Ihn lieben? Seine Liebkosungen erdulden? Mathias nur noch mit einem einzigen zärtlichen Blicke ansehen, wenn Victor neben ihm steht?

Dann überließ sie sich feurigen Betrachtungen über Victor's Schönheit, dergleichen sie auf Erden kaum für möglich gehalten. Dadurch aber wurde sie wieder auf die Besorgniß geleitet, daß ein solcher Halbgott, in kriegerischem Schmucke, mit Ordenszeichen prunkend, vielleicht sie, die unbedeutende Tochter des Dorfes, die Bewohnerin des hölzernen Hauses, seiner unwerth finden, gar nicht beachten werde. Er hatte von St. Petersburg geredet, wo er seine ersten Soldatenjahre, noch ein Knabe, zugebracht haben wollte; von den riesigen Palästen, den kaiserlichen Residenzen, von dem asiatischen Luxus, der sich dort entfaltet, von den mit unerschwinglichen Juwelen geschmückten vornehmen Damen... Die Erinnerung an seine Prahlereien machte Henrietten zittern. Wie sollte sie, Gespielin und Schülerin des bäurischen Mathias, einer Wahnsinnigen Kind und Krankenwärterin, eines ungebildeten, roh fluchenden Gutsbesitzers Tochter und Magd — (denn viel mehr galt sie doch nicht!) — wie sollte sie den brillanten Vetter aus der Czarenstadt, der von Paris wegwerfend gesprochen, den Günstling seines Obergenerals, vielleicht den auserwählten Liebling stolzer Weiber — wie sollte sie ihn fesseln?

Doch aus so niederschlagenden Bedenklichkeiten erhob sich wieder eitle Zuversicht auf ihre persönlichen Reize, deren fast widernatürlich frühe Entfaltung ihr instinktartig bewußt geworden, müßte man sagen, wenn nicht Major Hans in seiner rücksichtslosen Derbheit so häufig dazu beigetragen hätte, das Mädchen über äußere Vorzüge zu belehren und, eitel auf sie, zu erklären, sie könne jede Stunde heirathen, und wenn sie nicht das prachtvollste Mädel im ganzen Kreise sei, dann sollten ihn zehn Millionen Schock Donnerwetter u. s. w.

Zwischen Sehnsucht, Ungeduld, Niedergeschlagenheit, Hoffnung zogen die Stunden der Nacht dahin, und als der Tag anbrach, rief sie ihm entgegen: Es war Zeit! Noch eine solche Nacht, und ich werde wahnsinnig wie — meine Mutter!

XI.

Wir haben Mathias, den Major, dessen Tochter, Alle in ihr Schlafkämmerlein geleitet; billig, daß wir auch dem Gaste einige Aufmerksamkeit widmen und ihn mit sich selbst allein belauschen, ehe wir ihn wieder mit den Uebrigen zusammen finden.

Nachdem Victor, Philipp's dargebotene Dienstleistungen zurückweisend, diesen herrischen Diener des hölzernen

Hauses entlassen und hinter ihm den Nachtriegel vorgeschoben, nahm er ein Portefeuille aus der Brusttasche seines Uniformrockes, suchte einige Briefschaften heraus, die er in peinlicher Stimmung aufmerksam durchlas und endlich mit hastiger Vorsicht im alten großen Kachelofen verbrennen ließ. Hierauf zog er eine seidene Geldbörse hervor, warf sie auf den Tisch und sprach mit Beziehung auf die Klanglosigkeit dieses Wurfes: den letzten hat der Postillon erhalten; für neue Füllung soll der Onkel sorgen. — Und wenn der sich weigert? Bah, er muß!

Das letzte Wort wurde auf eine Weise accentuirt, die jedem Hörer, wäre ein solcher möglich gewesen, deutlich gemacht haben würde, daß hinter diesen weichen, mädchenhaften Zügen des einnehmendsten Gesichtes eine schauerliche Verdorbenheit des Herzens stecke, und daß die heroische Gestalt, wie sie an einen Antonius und einen jungen Herkules in Einem erinnerte, gar leicht ihre Kraft mißbrauchen könne durch ruchlose Entweihung.

Raschen Schrittes ging der geheimnißvolle Neffe im weiten Zimmer auf und ab, mit Plänen beschäftigt, deren baldige Ausführung seine Ungeduld herbeizuwünschen schien. Nur einzelne Wörter eines inneren Selbstgespräches stahlen sich wider Wissen und Willen über die von wilder Aufregung tückisch zusammengekniffenen Lippen: Er muß!... keine Zeit zu verlieren!... durch die Tochter!... sie ist hübsch... lüstern... kein Auge von mir verwandt!... nur drei Tage Luft!... so viel Vorsprung hab' ich!

Abermals brachte er Papiere hervor, von denen

einige wie kaufmännische Anweisungen, andere wie Reisepässe und ähnliche Documente aussahen; an deren Echtheit wir uns zu zweifeln erlauben, weil er einige Striche mit der feinen Klinge eines Federmessers daraus fortzukratzen bemüht war. Als er diese Beschäftigung zu seiner Zufriedenheit beendet meinte, prüfte er zwei winzig kleine Doppel-Terzerole und deren Ladungen, ferner die Spitze eines in lederner Scheide verborgenen Dolches; endlich aber nahm er ein zollanges Krystallfläschchen aus der Westentasche und sagte laut gähnend, indem er sich auf dem bequemen Sopha ausstreckte: Das ist für einen schlimmsten Fall; doch so weit sind wir noch nicht. Erst, Herr Onkel, werd' ich um etwas Geld bitten; um etwas Viel! Und der bereitwilligen Cousine soll die Thüre auch nicht geschlossen bleiben. Zum Sterben ist immer noch Zeit, sobald es kein Vergnügen mehr gewährt, zu leben.

Noch einmal gähnte er so recht aus vollem Halse, wie ein ermüdeter Tagelöhner, der mit dem besten Gewissen versehen ist, nur immer gähnen kann, ehe der Schlaf ihn völlig übermannt. Doch erhob er sich wieder: Den Riegel wollen wir zurück schieben, wenn die Kleine etwa heute schon ... versperren darf man ihr den Weg nicht. Und sie sah mir gerade aus wie der Vogel, den die Schlange lockt.

Eine Minute später schlief der junge Verbrecher den Schlaf der Frommen.

XII.

Es ist unglaublich, — aber wer nur irgend Gelegenheit zu ähnlichen Beobachtungen fand, wird mir beipflichten — welchen Einfluß auf eine ländlich abgesonderte, vom großen Lebensverkehr getrennte Familie die Erscheinung eines Menschen macht, der aus dem Geräusche der Welt mit einigermaßen modischen Manieren und selbstbewußter Zuversicht in solche Abgeschiedenheit tritt. Wie leicht es dort auch dem Unbedeutenden wird, durch nur erträgliche Formen für bedeutend zu gelten und sich eine gewisse Herrschaft über Personen anzumaßen, die sonst im gewöhnlichen Kreislaufe ihres alltäglichen Daseins wahrlich nicht geneigt sind, die Herrschaft an Andere abzutreten — dies müßten denn alte Diener sein, wie Philipp und dessen Ehehälfte.

Wenn schon der oberflächlichste Gesellschafter, der seichteste Schwätzer solch' ein Uebergewicht mitbringt, um wie viel gefährlicher wird die Gegenwart eines schlauen, gewandten, mit allen körperlichen Vorzügen geschmückten, mit geistigen Gaben reich ausgestatteten Abenteurers wirken, der kalten Blutes längst ausgesonnene Pläne schlau verfolgt!

Victor bedurfte nicht einer dreitägigen Frist, die er sich zur Erreichung seines Hauptzweckes gönnen wollte. Schon vierundzwanzig Stunden nach seiner Ankunft nannte Major Hans ihn Sohn, nannte Henriette ihn Geliebter.

Ein Freudetaumel schien sich des hölzernen Hauses, vielmehr der Bewohner desselben bemächtiget zu haben.

Der ehemalige Wachtmeister Philipp Schnurb war nicht der Letzte einzustimmen in den Jubel über einen Schwiegersohn, dessen Brust mit Orden behangen strahlte von allen möglichen Farben und Gestalten, und die „klimperten wie das Kummet eines Fuhrmannspferdes aus dem Gebirge."

Major Hans würde sich vielleicht dagegen zu stellen gewagt oder an seine Einwilligung wenigstens die Bedingung geknüpft haben, daß Victor ihm die Tochter, das einzige Kind, nicht nach Rußland entführe, sondern den Abschied nehme und sich mit ihr in Altroba festsetze, — wenn nicht für die Trennung von Henriette ein Trost in der Aussicht gelegen hätte, ihm bleibe doch sein Mathias. Auf diesen hatte der alte Dragoner einen großen Theil jener Zärtlichkeit, deren sein Gemüth fähig war, übertragen, seitdem sie mit einander lebten. Diese Zärtlichkeit war väterlich genug geworden, den sonst bisweilen hochmüthig aufgeblasenen Herrn von Dalling lächeln zu machen, wenn er bemerkte, wie liebevoll der „himmelsackermentische Pastorbengel" am Fräulein hing! Ja, noch mehr; der Major hatte manchmal vor sich hingebrummt: Ich glaube, der unverschämte, verdorbene Student wäre capabel, Henriettens Hand und mit ihr Altroba anzunehmen, wenn ich ein Esel sein wollte, ihm Beides zu geben; und hatte dann abermals lächelnd hinzugesetzt: Wäre gar nicht so dumm von dem dummen Jungen.

So weit ging Major Hansens Zärtlichkeit für Mathias. Aber doch so weit nicht, abzuleugnen, daß der „verbuttete Dorfschlingel" keinen Vergleich aushalten könne mit Victor.

Dem Vater schien es unzweifelhaft, daß seine Tochter nichts Besseres zu thun habe, als einem solchen unwiderstehlichen Günstling des Glückes sich ohne Umstände an den Hals zu werfen; wobei ihm die Versicherung des Neffen: um Geld handelt sich's nicht, und ich kann Henrietten ohne Aussteuer nehmen, weil die Huld des Hofes mich mit Gold überschüttet! eben auch nicht übel klang.

Henriette glänzend vermählt, und ich nicht allein, mein Mathes bleibt bei mir! Also lautete des Majors egoistischer Abendsegen am zweiten Tage nach Victor's Ankunft.

Aber unser guter Mathias?

Dem blieb wohl Nichts übrig, als dankbar ergeben den ihm gemachten Antrag, er solle ferner beim Vater bleiben und gleichsam Tochterstelle vertreten, zu ergreifen. Was auch sollte er nun weiter beginnen? Seine Studien waren unterbrochen, zerstört, der eigentliche eifrige Antrieb dazu war erloschen. Student wollte er nicht wieder werden, — so blieb er, was er war, was er seit zwei Jahren gewesen. Doch unter welch' anderen, für ihn traurigen Umständen! Das hölzerne Haus, in seinem Sinne bisher der schönste Aufenthalt auf der ganzen Erde, — so weit solche entdeckt ist — weil Henriette darin weilte, waltete; dieses sank nun, wo sie scheiden sollte, zum öden, baufälligen Stall, zur wüsten Scheune herab. Mathias zitterte vor der Stunde, da der hochfahrende, übermüthige, auf ihn stolz herabsehende Ordensmann mit seiner Beute abziehen würde. Und dennoch sehnte er auch diese gefürchtete Stunde wieder herbei, um nicht länger mit ansehen zu dürfen, was jetzt zwischen den beiden Liebenden vorging, öffentlich — und heimlich. Denn mochte Henriette noch so vorsichtig ihrem Vater und den Dienstleuten des Hauses zu verbergen gewußt haben, wie weit sie binnen unglaublich kurzer Frist mit ihrer Hingebung gegen Victor gegangen: für Mathias konnte Nichts Geheimniß bleiben, was sie betraf; kein Blick, kein Zeichen, kein Wink, keine Verabredung. Er wußte, wie er nun wieder von tieferem Grame durchbohrt in seinem Bette lag, daß zu derselben Zeit sich erfüllen dürfe, was Henriettens prophetische Verkündigungen dem schönen Steger verheißen; wußte, daß jenes liebliche, reine Kind, welches er, seitdem er es unter den vergoldeten Fittigen des hölzernen Tauf-Engels zum ersten Male gesehen, selbst für einen Engel hielt, jetzt Vater, Freund, gute Lehre und sich selbst vergessend, Alles hinopferte einem zweideutigen Abenteurer. Denn für einen solchen erkannte ihn Mathias. Mathias allein. Dem schlichten, unerfahrenen Sohne des Dorfes gab davon ein hehres, heiliges Gefühl sichere, wenn auch dunkle, nur halbverstandene Kunde. Die erste, reine Liebe blickt scharf, sobald sie ahnet, daß ihr Gefahr droht. Ebenso, wie sie sorglos, kindisch vertrauend von quälender Eifersucht Nichts weiß, noch wissen will, — ebenso richtig empfindet sie, wenn sie verrathen, verschmäht, verhöhnt, mit Füßen getreten wird. Dann durchschaut sie jede Lüge, ohne Auskunft geben zu können, woher solche Fähigkeit und Wissenschaft ihr komme; es ist nur, als habe ein Traumgesicht ihr die Wahrheit gezeigt.

In einem solchen erblickte nun auch Mathias den beglückten Nebenbuhler, bleich, blutig, grauenhaft, wie Henriette von ihm an den Haaren fortgeschleppt wurde ... Und der Traum entschwand wieder, und der Erwachende barg das weinende Antlitz und schluchzte in herzdurchwühlendem Kummer.

XIII.

Ehe noch der Major Hans recht dazu gelangen konnte, sich am Brautstande seiner Tochter und am Anblicke des „wundervollen und pompösen" Eidams behaglich zu weiden, erklärte dieser, daß er aufbrechen müsse, und bat um Pferde und Wagen bis zur nächsten Poststation. Vergebens blieb Henriettens Flehen und des Vaters Widerrede. Ich muß, versicherte er, ohne Aufschub eilen, meine Excellenz in Kenntniß zu setzen von Allem, was hier mit mir vorgegangen, von all' meinen neuen Lebensplänen, und muß dieses mächtigen Gönners mündliche Verwendung bei unserm allerhöchsten Gebieter, dessen Günstling er ist, wie ich der seine, aufbieten. Da ist keine Stunde zu versäumen, denn nur morgen noch treff' ich ihn im Hauptquartier zu K., und übermorgen bricht er auf.

Bis dahin aber, wendete Major Hans ihm ein, gelangst Du mit meinen Braunen bequem in fünf Stunden. Warum willst Du heute fort? Und warum in drei Teufels Namen über die Poststation einen unnützen Umweg machen?

Nur noch diese Nacht! bat flüsternd Henriette, ohne auf Mathias und die Gluth seiner Wangen Rücksicht zu nehmen.

Die Sache ist sehr einfach, entgegnete Victor. Ich führe keinen Kreuzer baares Geld in der Tasche, und ohne Geld darf ich im Hauptquartier nicht eintreffen, weil ich nicht sicher bin, ob ich nicht gar mit dem Feldherrn fort muß. Er entbehrt mich sehr ungern. Auch ist es wahrscheinlich, daß er mich zu möglichst rascher Beförderung unserer Wünsche selbst persönlich vorstellen will, um einen günstigen Augenblick zu benützen. Wir reisen dann ohne Aufenthalt; ich zwar auf meines Protectors Kosten, aber doch giebt es hundert kleine Vorfälle, wo man schicklicher Weise in die eigene Börse greifen und eine Handvoll Geld nicht schonen soll. Gerade weil mir unumschränkter Credit zu Gebote steht, will ich jetzt kein Darlehn entnehmen. Und das müßte ich wahrlich, wenn ich nicht, bevor ich nach K. fahre, in die Hauptstadt eilte und dort einen der Wechsel umsetzte, die ich als Birnen für den Durst in meiner Brieftasche trage. Wo sonst als dort find' ich einen Abnehmer? Sagen Sie selbst, Onkelchen!

Und deshalb willst Du heute schon aufbrechen? fragte ängstlich dringend Henriette. Kann das überhaupt ein Grund sein? Geld, ein Grund sich früher zu trennen? Giebt Dir nicht mein Vater, was Du nur brauchst und verlangst?

Major Hans beantwortete diese halb an ihn gerichtete Frage für's Erste durch bedenkliches Schweigen, in welchem er sich wahrscheinlich auf eine feine Wendung des Vorschlages vorzubereiten suchte.

Doch Victor ließ ihm keine Zeit, sich lange zu besinnen. Was fällt Dir ein, Henriette, rief er mit fast empfindlichem Tone. Ich soll hier, wo ich als Gast erschien, wo ich als Sohn des Hauses scheide, hier bei Euch soll ich Schulden machen? Nimmermehr! Das wäre ja Entweihung der zartesten Bande. Nein, laßt mich heute noch fort. Da sind die kleinen Papiere — (und hier zog er wie mit unwillkürlicher Bewegung die Brieftasche heraus) — die seltsam genug für große Summen gelten, obgleich sie werthlose Abschnitzel scheinen. Eines davon genügt, mein momentanes Bedürfniß zu befriedigen.

Major Hans warf einen prüfenden Blick auf die verschiedenen Wechsel und ergriff einen derselben. Tausend Schock Donnerwetter, schrie er auf, das ist ja, soll mich der Teufel neunundneunzig Mal holen, die Firma des Handlungshauses, welches Jahr aus Jahr ein meine Wolle nimmt! Weißt Du was, Victor, den Wechsel mußt Du mir ablassen, den kauf' ich. Zahlbar vier Wochen nach Sicht? Gut. Du sollst nicht viel verlieren. Ich hab' da ein Beutelchen voll Dukaten, die ich gern los werde, weil sie nicht alle ganz koscher sind. Dir macht das Nichts, Du bringst sie leicht an, mögen sie auch ein Bischen zu leicht sein. Cedire mir den Wechsel, hier ist Feder und Dinte. Ich hole die Dukaten, Du bleibst bis morgen, Henriette heult nicht, und es ist uns Allen geholfen.

Wenn ich Ihnen dadurch eine Gefälligkeit erweise, lieber Onkel? —

Eine radicale! Wer zum Henker will sonst Dukaten haben, ohne Goldwage in der Pfote, als ein junger, flotter Mann, der sie doch nur zum Fenster hinauswirft? Ich mußte sie annehmen von dem Schockschwerenothskerl, dem Getreide-Juden, der Bankerott machen wollte, und wo ich Nichts erwischte, wenn ich nicht vor Thores Zuschluß zum guten Glück die beschnittenen Füchse erwischt hätte! Das trifft sich prächtig! Schreib' nur: Sechszehnhundert Thaler macht fünfhundert Stück Dukaten. Mehr als hundert Thaler Agio darf ich Dir doch wohl nicht abrechnen, denn es sind, Gott straf mich, vierund dreieckige darunter, so höllisch hat der verfluchte Racker sie zugerichtet.

Der Alte ging in sein Schlafkämmerchen, welches an's Wohnzimmer stieß, und wo er in einem alten Kasten manches Sümmchen verborgen hielt.

Victor girirte den Wechsel mit fester Hand.

Henriette jubelte über die neu gewonnene Frist.

Mathias schlich hinaus. Er wagte nicht auszusprechen, was er befürchtete, und wollte doch auch nicht Zeuge bleiben eines Betrugs, an dem er gar nicht mehr zweifelte.

XIV.

Vergebens blieben am nächsten Morgen Henriettens flehentliche Bitten, Victor möge ihnen noch die Hälfte des dritten Tages schenken. Vergebens bestätigte Major Hans wiederholt, in fünf Stunden könne K. ohne Anstrengung erreicht werden. Der Reisende ließ sich durch Nichts zurückhalten und verrieth sogar ungeduldige, fast ängstliche Eile, die Henrietten betrübte, den Major befremdete, Mathias in seinem Argwohn befestigte. Unter gegenseitigen Gelübden, Versicherungen, Zusagen baldigsten Wiedersehens schied er.

Henriette weinte, der Major fluchte ihm nach. Mathias nach Tröstung suchend fand in seiner traurigen Seele nur die eine, daß der Betrüger nicht wiederkehren werde, weil er schleunige Entdeckung zu fürchten habe. Freilich verschwand auch diese nothdürftige Tröstung vor dem schauerlichen Gedanken, daß er Henriettens Liebe, Glück, Unschuld mitnehme; daß er den Vater nicht nur um schnödes Geld, daß er die Tochter um ihre Ehre gebracht habe.

Henriette, wie wenn sie wüßte, was in Mathias vorging, richtete kein Wort an ihn. Sie wich ihm aus, wie auch ihrem Vater, und suchte die Einsamkeit.

Major Hans und Mathias saßen beisammen. Lange schwiegen Beide. Endlich hob der Alte an: Kam Dir's nicht auch vor, Mathes, wie wenn sie rechts abgebogen wären, als sie durch's Hofthor hinausfuhren? Nach K. geht's doch links. Und der Kasper soll doch Bescheid wissen? Was kann dahinter stecken?

Mathias holte tief Athem.

Wie gefällt Dir mein Schwiegersohn? Ist's nicht ein Mordkerl?

Mathias schlug die Augen nieder und stammelte kaum vernehmbar: Ja wohl, Herr Major.

Der wird noch seinen Weg machen; in zehn Jahren ist unsere Henriette Frau Generalin — wer's noch erlebt!

Unsere Henriette, flüsterte Mathias.

Laß Dir's nicht zu Gemüthe gehn, Junge; nimm zum Kreuzdonnerwetter Raison an. Hätte doch Nichts werden können mit ihr und Dir; das mußt Du selber einsehen. Und so ist's besser, sie kommt Dir aus dem Gesicht, und Du vergißt unterdessen die Dummheiten und sie auch, und wird Frau Generalin. Ich weiß auch nicht, wo ich hingedacht habe, daß ich Euch habe lassen so mitsammen Euer kindisches Wesen treiben. Und seid doch keine Kinder mehr. Das Mädel schon gar nicht.

Nein, sagte Mathias, das gebeugte Haupt bis auf die Brust senkend, nein, Fräulein Henriette ist kein Kind mehr.

Na, wenn Du das zugiebst, wirst Du Dich auch bald darein finden. Also sei wieder gutes Muthes, zum Donnerwetter! Schneide nicht so sackermentstraurige Gesichter wie ein geschundener Kater. Verdirb dem Mädel nicht sein Glück mit Deinem Gepinsel und mir nicht die Freude mit Deinem Gewinsel. Aber wissen möcht' ich zum Schwerenoth, warum der Kasper rechts einbog? Nach K. geht's doch links, und rechts geht's nach der Poststraße.

Vielleicht ist der — junge Herr doch nach der Stadt gefahren.

Sei kein Schafskopf, Esel! Er kann's ja nicht erwarten, zu seiner Excellenz zu kommen! In der Stadt — was sollt' er in der Stadt? Hab' ich nicht den Wechsel ihm abgenommen? Hat er nicht die Dukaten im Sack?

Vielleicht will er die übrigen ihm gehörigen Wechsel auch noch anbringen, ehe er ... ehe er weiter reiset.

Die letzteren Worte betonte Mathias so eigenthümlich, daß dies dem Major auffiel und ihn stutzig machte. Er wollte heftig erwiedern und wetterte zum Eingang dieser Erwiederung mit einigen barbarischen Flüchen heraus. Als er aber des jungen Hausgenossen Blick suchte, und dieser fest und ernst, doch dabei mit unverkennbarer Wehmuth dem seinigen begegnete, da verstummte er. Einige Male setzte er zu einer Frage an, was mit jenen langen Pausen, mit jenem gedehnten „vielleicht" gemeint sei; doch immer wieder brach er ab, wie Einer, der sich fürchtet, mehr zu hören, als er vertragen kann.

Es giebt Menschen, die bei ähnlichen Gelegenheiten nicht ruhen noch rasten, bis sie ergründet haben, wo denn der Keim jener Besorgniß versteckt liegen möge, welcher sie sich unterworfen fühlen. Sie fragen und forschen so lange, bis sie, was ihnen aus der Dunkelheit drohte, gleichsam mit den Händen greifen und prüfen können. Andere wieder suchen sich selbst zu täuschen, indem sie mit leichtsinniger Gedankenlosigkeit hinweggleiten über Alles, was unangenehm berührt. „Wer wird sich vorher schon unnützen Kummer machen?" heißt ihre Devise.

Zu der letzteren Gattung gehörte trotz seines schon vorgerückten Alters unser Major Hans, der eben auch immer nur den körperlichen, niemals den moralischen Muth besessen und ausgebildet. Er durchschaute Mathias und dessen Argwohn. Aber derselbe Mann, der jeder feindlichen Batterie noch so tapfer entgegen gesprengt wäre, zog sich feig zurück, um nicht aus dem jungen Menschen deutlichere Bezeichnungen einer noch verhüllten Gefahr hervorzulocken.

Ein Spaziergang in's Freie erlösete Beide von der Qual, sich Aug' in Auge gegenseitig länger vor einander zu verbergen.

Als sie zurückkamen, trat ihnen Henriette mit der unbegreiflichen Nachricht entgegen, daß Kasper schon wieder heim sei und seine Pferde längst in den Stall gezogen habe. Victor, sagte er aus, hätte ihm befohlen, nicht den Seitenweg nach K. zum russischen General, vielmehr die Hauptstraße nach der nächsten, nur anderthalb Meilen entfernten Poststation einzuschlagen; und dort angelangt, hätten der gnädige Herr Courierpferde bestellt, „mit denen sind Sie abgefahren, wie wenn Sie gestohlen hätten!"

Wo nicht gestohlen, doch ganz gewiß betrogen — auch wohl schlimmer als das! murmelte Mathias und verbarg sich in seinem Zimmer.

Henrietten entging weder die auffällige Art dieser Entfernung, noch ihres Vaters peinliche Verlegenheit. Doch zeigte sie Nichts, was zweifelnder Besorgniß einer liebenden, getäuschten Seele ähnlich gewesen wäre. Beleidigt schien sie. Aber keineswegs durch ihres Geliebten offenkundige Lügen, sondern vielmehr durch die Bedeutung, welche Major Hans wie Mathias diesen Lügen durch ihr bedenkliches Schweigen beilegten. Trotzig schwieg auch sie, ohne eine Silbe der Erklärung zu begehren oder zu geben. Trotzig, erzürnt, herausfordernd, als dächte sie: wag' es nur Einer, gegen Victor zu sprechen! Bei mir kommt er nicht an!

Das hölzerne Haus hatte schon lange keinen so finsteren Tag erlebt, als diesen. Er sollte noch finsterer werden, eh' er zu Ende ging.

Gegen Abend meldete Philipp zwei fremde Herren, die mit „bewaffneter Begleitung" in den Hof gefahren wären und den Herrn Major zu sprechen wünschten — aber allein.

Mathias war auf seinem Zimmer geblieben unter dem Vorwande, den Monatsschluß der Wirthschaftsrechnung durchzugehen. Henriette, mit ihrer Arbeit beim Vater sitzend, entfernte sich augenblicklich; doch gelang es ihr, während er sich erhob, den Angemeldeten entgegen zu gehen, daß sie unbemerkt in sein Schlafgemach entschlüpfen konnte, dessen Thür, wie wir schon wissen, unmittelbar in's Wohnzimmer führte, und wo man folglich leicht vernehmen konnte, was daneben gesprochen wurde.

Die Fremden gaben sich als Gerichtsbeamtete zu erkennen. Ihr Erscheinen galt dem Neffen des Majors, nach welchem sie dringend fragten und sich fast ungläubig zeigten bei der Versicherung, daß der junge Mann heute früh schon abgereist sei. Sie gingen, sich selbst zu überzeugen. Der Hausherr folgte ihnen, und als er nun entdeckte, daß Zu- wie Ausgänge des hölzernen Hauses besetzt waren, äußerte er sich unwillig über solchen Eingriff in sein Dominialrecht; worauf der ältere jener

Männer ihn bedeutete, dieses Recht höre auf, wo es sich um die Habhaftwerdung eines gefährlichen Verbrechers handle.

Diese zwei Worte schlugen den Major dermaßen nieder, daß er von jetzt an ohne Widerstand geschehen ließ, was für nöthig erachtet ward.

Nachdem das ganze Haus durchsucht war, begab man sich in's Wohnzimmer zurück, ließ den Kutscher Kaspar vorfordern, vernahm diesen zu den Acten und verhörte gleichmäßig die übrige Dienerschaft. Mathias, ebenfalls zu sprechen aufgefordert, versuchte zwar sich und seinen Schmerz möglichst zu beherrschen, war aber doch nicht fähig, was in ihm vorging, so gänzlich zu verleugnen, daß der Bote der Gerechtigkeit nicht sein Verhältniß zu der Tochter des Hausherrn errathen haben sollte. Natürlich konnte dabei auch nicht verschwiegen bleiben, welches Bündniß Henriette mit Victor geknüpft, und daß es sich hier um des Majors künftigen Schwiegersohn handle. Diese Wahrnehmung veranlaßte den in traurigen Familienverhältnissen heimisch gewordenen bejahrten Justizmann, menschliche Schonung vorwalten zu lassen, und er stellte sich an, als vergäße er nach der Braut zu fragen, was doch auch in seiner Berufspflicht lag.

Wie er und sein Begleiter mit Major Hans wieder allein waren, gab er dem Niedergebeugten folgenden kurzen Bericht des Sachverhaltes.

Victor, schon als Knabe ein Taugenichts, der seine vielseitigen reichen Talente nur zu schlechten Streichen

benützte und zugleich wegen seiner körperlichen Kraft und
Geschicklichkeit als grausamer Unterjocher sämmtlicher
Jugendgenossen gefürchtet, dabei aber, wie dies leider
gewöhnlich vorkommt, bevorzugter Liebling der Weiber-
welt war, machte seinem Vater, dem Bruder des Major
Hans, so schweren Kummer und verwickelte ihn in so
schlimme Händel der bedenklichsten Gattung, daß
Rudolph v. O., um seinen Namen nicht gänzlich mit
Schande bedeckt zu sehen, vorzog, diesen ungerathenen
Sohn lebendig zu begraben, das heißt, ihn außer den
Bereich seiner Umgebungen zu bringen und sich für
immer von ihm zu trennen. Durch allerlei vermittelnde
Verbindungen gelang es, den unbändigen Burschen
nach Rußland zu schaffen, wo er bei einem an fernsten
Grenzen weilenden Regimente von unten auf dienen und
im Joche strengster Disciplin lernen sollte, sich fügen,
gehorchen, vielleicht einmal ein braver Officier werden.
Mit diesem schwachen Schimmer von Hoffnung starb
Rudolph v. O. Die zurückbleibenden Geschwister Victor's vernahmen Nichts von Diesem; wähnten ihn todt
oder tief im Innern des unermeßlichen Reiches seinen
ernsten Pflichten gehorsam subordinirt. Mittlerweile
war der große Heereszug des französischen Kaisers nach
Moskau gedrungen, hatte den Rückzug antreten müssen,
Rußland hatte all' seine Völker aufgeboten zum Kreuz-
zuge, und mit den unzähligen Schaaren buntgemischter
Streiter und Reiter war auch Victor in's Vaterland gezogen worden. Kaum auf deutschem Grund und Boden
sich heimisch fühlend, wachten in seiner Brust die Teufel

wieder auf, die unterdessen der Stock seiner Vorgesetzten unterdrückt gehalten; er streifte wild jene Fesseln ab, die eiserner Zwang ihm scheinbar angelegt, und stürzte sich in die Welt wie ein ausgebrochener Tiger. Seine Fahne verlassend fand er Mittel, durch unglaubliche Schwindeleien, deren Erfindung seiner Einbildungskraft, deren Durchführung seiner kecken Schlauheit Ehre machten, Jeden, mit dem er in Berührung kam, zu täuschen. Er gab sich für den Adjutanten eines hohen Generals aus, reisete wie in dessen besonderen Aufträgen, mit Orden übersäet, neben der Armee hin und her, deren Deserteur er war, durch Freundes wie Feindes Land, erhob unter köstlich ersonnenen Vorwänden bedeutende Summen, errang sich überall die beste Aufnahme, betrog Männer und Frauen, Greise und Mädchen, entging jeder Gefahr, sei's durch List, sei's durch Muth, und war, nachdem er dies unerhörte Gaukelspiel zwei Jahre hindurch*) mit fabelhaftem Glücke getrieben, endlich erst so nahe bei seiner Heimath dermaßen in's Gedränge gerathen, daß er nun ernstlich daran dachte, sich zu salviren, weil er berechnen konnte, bis wann seine Rolle ausgespielt sein würde. Wie genau und richtig auch diese Berechnung gewesen, und mit welcher Umsicht er bis zum letzten Augenblicke gehandelt, beweiset sein Besuch bei Onkel

---

*) Der Verfasser bittet den gütigen Leser zu glauben, daß nicht allein sämmtliche anderen Figuren dieser kleinen Erzählung, sondern auch Victor mit eingeschlossen Schattenrisse aus der Wirklichkeit, so wie alle sich hier aneinander reihenden Begebenheiten Erinnerungen an selbst beobachtete Erlebnisse sind.   H.

Hans sammt allen von uns geschilderten Ereignissen, welche damit in Verbindung stehen.

Sie werden keinen Zweifel darein setzen, Herr Major, fuhr der Erzähler fort, daß ich Ihnen nur sage, was ich aus den Akten weiß, die von Ort zu Ort gesendet, durch immer neue Beläge wachsend, sich bei uns zu einer schreckenerregenden Menge angesammelt haben. Ebenso werden Sie begreifen, daß der von Ihnen acceptirte Wechsel, gleich jedem aus des fingerfertigen Betrügers hervorgehenden Schriftstücke, ein falscher ist, der nur noch für die Fortführung der Untersuchung Werth haben kann, und den ich mir sogleich erbitten muß. Uebrigens haben wir Eile. Denn ist auch keine Aussicht vorhanden, des pfiffigen Verbrechers für jetzt habhaft zu werden, so darf ich darum immer Nichts versäumen, zweckdienliche Anstalten zu treffen. Deßhalb empfehl' ich mich Ihnen. Aber ich gebe Ihnen auch noch ernstlich zu bedenken: Ihr Fräulein Tochter wollte ich schonen. Ich kann den gerechten Schmerz nachempfinden, der das Herz des so früh verrathenen Mädchens quält. Dennoch dürfen wir nicht vergessen, daß auch sie dem Gesetz Ehrfurcht schuldet, und daß die Stimme der Pflicht ernster mahnt, als jene der Liebe. Deshalb fordere ich von Ihnen im Namen des Gerichtes, und Sie werden diese Forderung mit aller Gewalt eines Vaters auf Ihre Tochter zu übertragen haben, daß hier am Orte Nichts verabsäumt werde, jede Kunde, die der Entwichene Ihnen oder ihr vielleicht auf heimlichen Wegen, und zu welchem Zwecke es sei, zufertigen sollte, an mich augenblicklich gelangen zu lassen. Darauf haben Sie mir Dero Ehrenwort zu geben, und ich mache Sie verantwortlich für alle Folgen, die aus einer Unterlassung solcher Mittheilung hervorgehen könnten. Nun tröste Sie der Himmel, ich vermag es nicht.

Major Hans gab das verlangte Ehrenwort und geleitete die Herren bis an ihre Kutsche.

Wie sein Wohnzimmer leer war, verließ Henriette ihr Versteck.

Was mädchenhaft, zart, jungfräulich an ihr gewesen, ist verschwunden. Die wenigen jetzt durchkämpften Minuten haben sie um Jahre älter gemacht. Zornige Wuth spricht aus ihren Mienen, spöttisches Lächeln entstellt den schönen Mund, ihr Auge sprüht glühendes Feuer, unbändige Begierden athmet die bebende Brust.

Ihn verrathen? ruft sie mit heiserem Hohngelächter aus; ihn? Eher Dich und Deine Gesetze und dieses Land; ja meinen eigenen Vater — als ihn! Ihn, den ich liebe; den Schönen, Herrlichen, Gewaltigen! Jetzt versteh' ich, was ich nicht fassen konnte, da ich mich heute vor Tagesanbruch aus seinen Armen wand; jetzt begreif' ich, was er meinte, als er mich fragte: wir müssen uns trennen, wirst Du Muth haben, mich wieder zu sehen? ... Ja, Victor, ich habe diesen Muth! Habe Muth, Dich aufzusuchen, Dir nachzufolgen, und sollt' ich Dich im Kerker finden; — oder auf dem Schaffot! Sei's, wo es wolle. Winke Du nur; ich folge Dir!

XV.

Einige Wochen lang war im hölzernen Hause weiter nicht von dem Vorgefallenen die Rede. Alle hüteten sich, Jedes aus anderen, ihm eigenen Ursachen, den Namen Victor auszusprechen. Dieser Zwang der Verstellung, den sie sich auferlegen zu müssen glaubten, lastete am schwersten auf Major Hans, weil dieser am wenigsten daran gewöhnt war, seine aufbrausenden Wallungen in sich zu verschließen. Oftmals schwoll er von innerlichem Grimm und Zorn an, daß man meinte, er werde zerplatzen; doch beherrschte er sich immer wieder bei dem ihn beschämenden Gedanken: er habe sich prellen lassen!

Mathias zeigte sich seiner schwierigen Aufgabe schon besser gewachsen. Er hatte ja längst erlernt, freundlich zu dulden. Wenn sich auch jetzt einige bittere Tropfen in diese Freundlichkeit mischten, sie wurden wieder aufgewogen durch das Mitleid für die betrogene Henriette.

Dieser gelang es aber am besten, sich zu verstellen. Sie nahm die Miene an, als halte sie unter ihrer Würde, eines Unwürdigen ferner zu gedenken. Sie sprach von früh erlebten Täuschungen, von lehrreichen Erfahrungen, welche nützlich nachwirkten für's künftige Leben. Dadurch führte sie irre und beruhigte vollkommen den leichtgläubigen Vater, der es nicht besser verlangte, als sich täuschen zu lassen, und sie „ein tapferes Mädel, ein tüchtiges Weibsstück, eine echte Dragonertochter" nannte. Er ahnte freilich nicht, wie weit ihre Vertraulichkeit mit Victor gegangen.

Mathias schwieg natürlich auch über diesen Punkt und begrub all' seine traurigen Wahrnehmungen tief in der Brust sammt den übrigen Schmerzen, die er in reichlichem Vorrath besaß. —

Es mochte ein Monat verstrichen sein seit Victor's Flucht, — ein betrübter, trübseliger Monat — als eines Abends jenseits der Brücke sich ein Hausirer zeigte mit einem Pack von Kramwaaren auf dem Rücken. Dieser Mann machte Miene, herüber schleichen zu wollen. Doch vorher legte er seine Last von sich, öffnete verschiedene Bündel, zeigte deren Inhalt, versammelte durch diese Lockung Mägde und Knechte um sich her; und während er den neugierigen Blicken der Kauflustigen all' die bunten Herrlichkeiten sorglos preisgab, richtete er forschende und auffordernde Blicke nach dem Gärtchen, wo Henriette in ihrer Laube las. Mathias, nicht weit davon mit einer Baumsäge am Spalier beschäftiget, fing allerlei wunderliche Zeichen auf, die der wandernde Kaufmann versuchte, und die seinen lebhafteren Geberden zufolge wahrscheinlich erwiedert wurden, was man jedoch auf dem diesseitigen Ufer nicht sehen konnte, weil Henriette von der Laubenwand gedeckt saß. Bald zeigte sich, daß dies keine Täuschung gewesen, denn sie erhob sich und ging raschen Schrittes über die Brücke. Mathias folgte ihr unbemerkt. Als er nahe genug kam, um beobachten zu können, sah er, wie der Handelsmann unter einem weit ausgebreiteten Stücke Zeug ein Briefchen verbarg, welches Henrietten zugesteckt werden sollte. Ehe sie es noch erhaschen konnte, befand sich das verdächtige Papier in Mathias' Händen, der es so schnell weggehascht, daß außer dem Ueberbringer und Derjenigen, für die es bestimmt war, Keiner der Umstehenden Etwas davon bemerkte. Dann befahl er dem Hausirer augenblicklich das Dorf zu verlassen, widrigenfalls er ihn festnehmen und dem Dorfgerichte zur Prüfung seines Passes überantworten werde. Eine Drohung, deren Erfolg der vorsichtige Merkur zu fürchten schien, denn er leistete sogleich Gehorsam. Die Landleute zerstreuten sich. Mathias blieb mit Henrietten allein, und sie wechselten wenige Fragen und Antworten:

Wem willst Du das Briefchen übergeben?

Dem Vater.

Es ist von Victor.

Eben deshalb.

Von meinem Bräutigam.

Eben deshalb.

Von meinem Geliebten!

Diese letzten drei Worte sprach sie mit einem Ausdruck, welcher deutlich die Absicht kundgab, des Hörers Stolz zu erwecken, damit Mathias den Argwohn auf sich zu laden fürchte, als wolle er sich an einem vorgezogenen Nebenbuhler durch Verrath rächen. Es lag eine vollständige Geschichte ihres beiderseitigen Verhältnisses in diesen kurzen Silben, wie Henriette sie betonte, mit fragenden Blicken, mit zweifelndem Lächeln begleitete. Es konnte bedeuten: willst Du wirklich als mein Ankläger auftreten und mir im Unglück den einzigen Trost rauben? Es konnte aber auch heißen: was Du gegen ihn unternehmen magst, bleibt fruchtlos; ich laſſe doch nicht von ihm.

Mathias, zwiſchen beiden Deutungen ſchwankend, deshalb von jeder gleich beſchämt und verletzt, gab ihr mit abgewendetem Geſicht das in der Taſche des unſauberen Zwiſchenträgers zuſammengekniffene, befleckte Papier.

Wenn ich Unrecht thue, ſagte er, ſo komm' es über — mich! Ich kann nicht anders.

Eiligſt verließ er ſie und ſchlich davon wie Einer, der etwas Böſes verübte.

XVI.

Die wohlwollende Rückſicht, welche der mild und menſchenfreundlich geſinnte Juſtizbeamte, den wir im hölzernen Hauſe kennen lernten, auf Henriettens Gefühle nahm, ſprach ſich auch dadurch aus, daß er es möglich machte, dies junge Mädchen mit einer gerichtlichen Vorladung zu verſchonen, welcher Major Hans und Mathias nachzukommen aufgefordert wurden.

Beide begaben ſich ſchon am nächſten Tage nach Ankunft der verheimlichten Zuſchrift auf den Weg. Der Major mit unzählbaren Flüchen und Verwünſchungen wider die unverſchämten Federfuchſer, die ſich erkühnten, ihn aus ſeiner Bequemlichkeit zu ſtören; Mathias mit unbeſtimmten, darum vielleicht deſto bangeren Vorahnungen, welche ſeinem Gönner und Hausherrn kundzugeben er ſich ſorgfältig hüten mußte, weshalb denn die kurze Fahrt an den Ort ihrer Bestimmung zu einer wahren Höllenpein für ihn wurde. Er vermochte sich nicht loszumachen von der Besorgniß, Victor halte sich, während man ihn mit Steckbriefen Gott weiß wohin verfolge, in der Nähe versteckt; sein Briefchen habe dies gemeldet; er werde sich, durch den spionirenden Hausirer unterrichtet, ihre Abwesenheit benützend, bei Nacht einschleichen, vielleicht gar einen Einbruch in des Majors Kasse unternehmen. Dergleichen schwarze Bilder quälten den guten Mathias. Sie zu verscheuchen fand er kein Mittel, wußte weder Rath noch Hilfe dagegen. Er hatte sich begnügen müssen, Philipp Schnurb, soweit es die Achtung für des Majors Tochter gestattete, wenn auch nicht gerade einzuweihen, doch vor Möglichkeiten zu warnen, vorsichtige Sorgfalt anzuempfehlen und dann in Gottes Namen Platz zu nehmen neben dem übelgelaunten fluchenden Begleiter, der zu Nichts weniger aufgelegt war, als ruhig mit sich reden zu lassen.

Henriettens kalte Gleichgültigkeit beim Lebewohl, auch gegen ihren Vater, beschwichtigte ein Weniges die Bangigkeit des armen Mathias und ließ ihn halb getröstet seufzen: vielleicht sind's doch nur leere Träume, die mich martern. Sie weiß von Nichts, sonst wäre sie nicht so unbefangen.

Wir lassen Jene reisen und folgen Henrietten auf ihr Zimmer.

Da sitzt sie am Tische, das lockige Haupt auf beide Arme gestützt, über ein unscheinbares Blatt gebeugt, dessen kurzen Inhalt sie längst auswendig weiß, doch immer noch mit trunkenen Augen gierig an den verwilderten, kräftigen Schriftzügen hängend:

„War es kein Irrthum, daß von allen Weibern, die ich mein nannte, Du die Einzige, Erste bist, die bereit sein wird, für mich, mit mir zu leben und zu sterben? Bist Du im Stande, Allem, was Dich an meiner Seite erwartet, Trotz entgegen zu stellen, jedem andern Glück zu entsagen für das eine, mir zu gehören? Willst Du die Heimath verlassen, und was sie Tugend, Recht, Sitte nennen, um einem Ausgestoßenen, mit Bluthunden Gehetzten, durch Noth, Gefahr, Elend, Schmach und Tod zu folgen? — Dann harre meiner im Hohlwege, der zum Erlenbruch führt, während der nächsten Mitternachtsstunde, wo Dein Vater nicht zu Hause schläft. Hegst Du aber Furcht, so bleibe daheim und küsse den sittsamen Mathias. Ich kann zur Hölle finden ohne Dich. Ich bedarf Deiner nicht. Ich will Dich nur haben, wenn Du nichts Anderes haben willst, als mich."

Nichts Anderes als Dich! flüsterte sie unzählige Male.

Dann erhob sie sich voll Ungeduld und zählte Minuten und Sekunden bis zur Mitternacht.

Sie besuchte noch einmal das Gemach, in welchem ihre Mutter gelitten und geendet, welches jetzt Mathias bewohnte. Dort ergriff sie ein Blatt Papier, worauf sie mit flüchtigen Worten ihren Entschluß aussprach, nie mehr wiederzukehren.

Mathias (schrieb sie) solle den Vater darauf vorbereiten und dann Sohnesstelle bei ihm vertreten. Auch möchten sie sich keine Mühe geben, sie ausfindig zu machen. Sie sei todt für diese Welt.

Halb wahnsinnig wendete sie sich an die Wahnsinnige, deren verstörter Geist, wie sie meinte, in dieses Gemaches engen Räumen sie umschwebe.

Es ist mein Erbtheil, Mutter, mein Erbtheil von Dir, dies verzehrende Feuer, das mir die Adern durchglüht, mir das Herz sprengen will. Es treibt mich zu ihm, — gehorchen muß ich! Keine Rettung! Ob ich mich hier zerstöre und hinter diesen Gitterstäben langsam verschmachte in toller Sehnsucht nach Victor? Ob ich draußen durch Nacht und Gefahren ihm folge, die verachtete Genossin eines verachteten, dennoch gefürchteten Flüchtlings? — Wahnsinn, dort wie hier! Keine Rettung! Es ist Dein Vermächtniß, Mutter Mathilde, Habe Dank!

Was sie irgend Werthvolles besaß, was von des Vaters Gold und Silber ihr zugänglich, raffte sie im Laufe des Tages zusammen. Das ist mein Erbtheil vom Vater, sprach sie. Ich stehle nicht auf diesem meinem Raubzuge aus einem Gemach in's andere. Ich nehme nur, worauf ich Ansprüche habe als einzige Tochter. Geld vom Vater, Wahnsinn von der Mutter! Beides bring' ich i h m; er kann Beides brauchen.

Abends neun Uhr schloß Philipp die Thüren des hölzernen Hauses, schon schlaftrunken und faul. Der große Hausthorschlüssel blieb wie gewöhnlich innen stecken.

Um zehn Uhr pfiff der Wächter die Stunde auf dem Hofe aus. Die Leute waren längst zur Ruhe gegangen.

Bald nachher ging Henriette, ein Bündel unterm Arme, über die Brücke. Ueber den Bretterzaun hinter dem Gesindehause kletternd, erreichte sie die Dorfgasse. Von klaffenden Hunden verfolgt gewann sie das Freie.

Als am andern Morgen Philipp die Riegel zurückschieben und den Schlüssel in der vordern Hausthüre umdrehen wollte, wunderte er sich gar sehr, Nichts verschlossen zu finden.

Du bist wieder einmal im halben Schlafe gewesen gestern Abend, schalt seine Frau; wenn ich auch nicht nach Allem selbst sehe! ...

XVII.

Sie erwarteten den Herrn erst Nachmittag. Er aber, von dem hastigen Wunsche gepeinigt, sein hölzernes Haus sobald als möglich wieder zu sehen, trieb gleich nach geschlossenen Verhören zur Heimkehr, womit Mathias, wie leicht zu denken, sich völlig einverstanden zeigte. Eben während die „Philippen" ihren Gatten wegen Verschlafenheit und Nachlässigkeit auszankte, fuhr der Wagen vor, und ohne Zögern schritten Major Hans und Mathias von nächtlicher Fahrt aufgeregt über die Brücke dem Hause zu.

Ist gestern Jemand hier gewesen? fragte Mathias angelegentlich, sowie er mit Philipp allein war.

Keine Seele nicht, Mosje Mathes!

Nicht vielleicht ein Bote an Fräulein Henriette?

Nicht die Spur!

Auch nicht etwa ein Hausirer? oder ...

Nicht die Probe von einem Christenmenschen, nicht einmal ein Jude, und gar Nichts. Wir haben gelebt wie auf einer wüsten Insel, und das Fräulein hat den ganzen geschlagenen Tag im Hause 'rum geschäftert aus purer Langeweile, bald oben, bald unten ... aber Philippen trägt das Kaffeegeschirr hinein, der gnädige Herr Major werden mit dem Frühstück auf Ihnen warten, Mosje Mathes!

Mathias athmete leichter auf und begab sich, wohin Philipp ihn gehen hieß.

Henriette ist noch nicht auf? sagte Major Hans.

Sie hat ihre Stube noch nicht verlassen, erwiederte Mathias.

Nun, laß sie schlafen, mein Junge; es ist noch früh! Sind wir doch die ganze Nacht gefahren ohne Aufenthalt. Ich konnte nicht schnell genug wegkommen aus dem verdammten Loche, wo solche Himmelsackermenter von Rechtsverdrehern sich unterstehen, einen alten gedienten Militair ordentlich zu examiniren, als hätte er gestohlen. Kreuz-Mohren-Bataillon, das hätte sich sonst so'n Himmelhund herausnehmen sollen! Der hätte, Gott straf' mich, Fuchtel gekriegt — ... ja so, ich will ja nicht mehr d'ran denken. Will mich nicht mehr daran erinnern! Hörst Du, Mathes, erinnere mich daran, wenn ich's vergessen sollte, daß ich mich nicht mehr daran erinnern will. Wir wollen von der ganzen stinkigen Affaire nicht mehr sprechen, gar nicht mehr d'rin rühren. Begraben, vergessen! Auch gegen Henrietten. Meine Dukaten sollen verschmerzt werden, und sie mag den

Schuft vergessen. Auch sein Name muß nicht mehr unter uns kommen. Als ob der Schubiak gar nicht mein Neffe wäre! Als ob er gar nicht gelebt hätte! Er mag sich hängen lassen, wo ihm beliebt! Hanf zu Stricken wächst überall.

Mathias wußte gegen dieses Vorhaben keine gegründete Einwendung zu machen. Sie kamen überein, den Namen Victor aus ihrem Kalender zu streichen.

Nach beendigtem Frühmahl that der Major den Vorschlag, sich in's Feld zu begeben und nach der Wirthschaft zu sehen, weil die frische, freie Luft das sicherste Mittel sei, die nächtliche Ermüdung aus „den verfluchten alten, morschen Knochen herauszuziehen."

Mathias begleitete ihn pflichtschuldigst.

Sie trieben sich an allen Ecken und Enden der weitläufigen Besitzung herum, wobei sie fast die Speisestunde versäumten, so daß Philipp sie ausschalt: Die Suppe raucht auf dem Tische und wird kalt; aber das Fräulein ist nicht zu finden.

Wo hat sie denn das heilige Donnerwetter? Geh', such' sie, Mathes! rief Major Hans und setzte sich zu Tisch.

Mathias, ohne sich weiter nach ihr umzuthun, eilte geraden Weges auf sein Zimmer. Traf seine Ahnung ein, dann würde er, davon war er überzeugt, dort eine Bestätigung des neuen Unheils finden. —

Mit dem Blatte, worauf die Scheidende ihre letzten Worte gestellt, trat er zitternd vor den verlassenen Vater, der nicht erst zu lesen brauchte, was wir wissen; denn es stand in des Jünglings Antlitz mit furchtbarer Schrift deutlich geschrieben.

Mathias erwartete nun den schrecklichsten Ausbruch väterlicher Verzweiflung, ungebändigten Zornes.

Doch der Major sagte nur: So ziehe sie hin und sei verflucht! Mathias, Du bist mein Sohn und Erbe; ich habe keine Tochter mehr.

XVIII.

Obgleich Major Hans nicht für nöthig hielt, an die Behörden einen Bericht gelangen zu lassen über seiner Tochter Entweichung, so konnte doch unmöglich verschwiegen bleiben, was ein ganzes Dorf erfuhr, und was als Gerücht, folglich mit unausbleiblichen entstellenden Uebertreibungen bis dahin gelangte, wo man sich amtlich bemüssiget sah, den wahren Sachverhalt zu erforschen. Um so dringender, weil die Spuren des von Henrietten eingeschlagenen Pfades nothwendig auch auf die Spur des Verbrechers hätte führen dürfen, sobald man nur im Stande gewesen wäre, die ersteren zu entdecken.

Doch es ward Nichts entdeckt.

Vergeblich alle Nachforschungen und Zeugenverhöre. Dieser und Jener gab freilich oberflächliche Andeutungen; da und dort wollten Manche Personen gesehen haben, die entweder die Gesuchten selbst sein, oder mit diesen in Verbindung stehen, ihnen Vorschub geleistet haben konnten. Immer wenn ein Faden sich darzubieten schien, der weiter führen würde; so entschlüpfte er den

Händen der Suchenden gerade da, wo er er an einen anderen angeknüpft werden sollte. Und nicht lange währte es, bis allgemein die Ueberzeugung fest stand: Victor wie Henriette seien unangefochten entkommen und befänden sich außerhalb ihres Vaterlandes.

Major Hans, dessen Selbstsucht über alle andern Empfindungen seiner Seele zuletzt immer den Sieg davon trug, zeigte sich mit diesem Ausgange zufrieden.

Je weiter fort, desto besser für mich. Untergehn muß sie, helfen kann ich ihr doch nicht. Lieb haben kann ich sie weiter auch nicht mehr; denn ein Kind, was seines Vaters Haus verläßt um einen solchen Höllenbraten, ist kein Kind seines Vaters und verdient keine Liebe. Folglich: Je weiter fort, desto besser für mich, und auch für Dich, Mathes!

Dieser war ganz anderer Meinung. Von allen Gefühlen und Gedanken, die in ihm auf und ab wogten, die sein Herz mit wehmüthigen Grame füllten, mit ohnmächtigem Zorne bestürmten, blieb der Gedanke an sein eigenes Ich gewiß immer der letzte. Wenn Major Hans ihn dadurch zu trösten suchte, daß doch „der Scandal nun wenigstens über der Grenze sei," dann verwarf Mathias diesen Trost mit dem Ausruf: Wollte Gott, sie wäre recht nah', und unser Einer vermöchte Etwas zu thun, um sie dem Elend aus den Krallen zu reißen, dem sie entgegenläuft.

So verschieden dachten, empfanden Major Hans und dessen Adoptivsohn Mathias.

Denn ihn als solchen anerkannt zu wissen, darauf

ging von nun an des kinderlosen Vaters aufrichtige Bemühung. Gesetzlich stand einem solchen Act die wenn auch verlaufene, wenn auch enterbte, darum doch ihrer Ansprüche auf das Pflichttheil nicht verlustige Tochter entgegen, deren Tod, selbst wenn er mittlerweile vielleicht erfolgte, aus weiter, unbekannter Ferne unmöglich zu constatiren war; die folglich erst als eine Verschollene betrachtet, in gegebenen Zeiträumen aufgerufen werden mußte, ehe man gegen sie und ihre angeborenen Rechte verfahren durfte, als ob sie nicht mehr vorhanden sei.

Bis das entschieden ist auf dem gewöhnlichen hergebrachten Schneckengange, meinte der ungeduldige Dragoner, kann Mathes selber begraben liegen, und mich hat der Teufel unterdessen zehnmal geholt. Der gerade Weg ist der beste, und ich gehe gleich vor die rechte Schmiede.

Die unerhörten Gaukeleien, mit denen Victor's Frechheit rings um sich her Vornehme wie Niedere verblendet; die betrügerischen Wagstücke, die er vielseitig durchgeführt; die unzweideutigen Beweise seltener Körperkraft, verbunden mit persönlicher Bravour und jenem unwiderstehlichen Zauber, welchen er auf das weibliche Geschlecht ausübte — dies Alles im Vereine hatte den berüchtigten Menschen zu einem fast berühmten, deshalb auch sein Sturz, seine Flucht ein Aufsehen gemacht, wodurch sogar die höchsten Gesellschaftskreise berührt wurden. Natürlich ging daraus staunendes Entsetzen hervor über eine unnatürliche Tochter, die auf so unweibliche Art den alternden Vater aufgeben mochte, um sich an die zerrissenen Ketten eines flüchtigen Verbrechers zu klammern. Die Theilnahme für „einen unbekannten Major auf Altroda" war allgemein, und wo man nur von seinem Schicksal redete, zollte man ihm bedauerndes Mitleid. Dadurch schon wurde allerhöchsten Ortes eine seinen Wünschen und Absichten günstige Stimmung hervorgerufen. Als nun aber gar nach Verlauf eines Jahres dumpfe Kunde über die Grenzen drang von gefährlichen Räuberbanden, an deren Spitze Victor stehen und durch seine Umsicht, Kraft, todesverachtenden Muth alle wider ihn geltend gemachten Maßregeln vereiteln solle; — als man diesem modernen Karl Moor eine schöne, wilde Begleiterin gab, die — wie das Gerücht fabelte — aus fürstlichem Geblüte stamme, in der jedoch (obgleich die Beschreibung der Person auch nicht im Entferntesten zutraf) die öffentliche Meinung des Majors Tochter zu entdecken wähnte; — da geschah es, daß durch einen außerordentlichen Erlaß dem „kinderlosen Besitzer von Altroda" auf dem Wege der Gnade gestattet wurde, einen sichern Mathias an Sohnes Statt anzunehmen und selbigen als Universalerben einzusetzen.

Das einzige Zugeständniß, welches bei diesem Kabinetsbefehle dem Obervormundschaftsgerichte vorbehalten blieb, bestand in Aufstellung eines Curators der Abwesenden, der ihre Rechte für den Fall einer möglichen Rückkehr wahrzunehmen und Sorge zu tragen habe, daß der enterbten Tochter ihr Pflichttheil hypothekarisch auf Altroda eingetragen und sichergemacht werde. Eine Vorsichtsmaßregel, die in Mathias' Meinung unnütz, ja lächerlich erschien. Denn, sagte er zu sich selbst, wenn Unglück und Reue die Aermste wieder herführten — gescheh' dies, wann es wolle — wem Anders als ihr gehörte denn Alles mit einander? Und wär' ich nicht ihr Verwalter gewesen?

Daß nur Niemand wähne, des Major Hans Adoptivsohn, der nunmehrige Erbe von Altroda, habe solche Aeußerungen mit einem Hinblick auf selbstsüchtige Zwecke gethan; er habe niedrig genug gedacht und empfunden, um an die mögliche Heimkehr einer so tief erniedrigten Geliebten die Möglichkeit einer künftigen Verbindung zu reihen; von einem, wenn auch verspäteten, dennoch erreichbaren Besitze des weiblichen Wesens zu träumen, welches Jugendträume ihm als unerreichbares Ideal vorgezaubert. Dazu war des armen, bisher unterdrückten Jünglings Herz zu weich, seine Seele zu rein, sein Glaube an sich selbst zu mächtig.

Und in diesem Sinne hörte er nicht auf, sich als seines Pflegevaters Diener zu betrachten; als den Verwalter einer Erbschaft, die ihm nicht gebühre, die er nur sorgfältig schützen und bewahren werde für ihre rechtmäßige Besitzerin. Für Henriette, welche er einst geliebt — welche er noch liebe! — von welcher jedoch, was irdische Liebe betrifft, er für dieses Leben getrennt sei! Welche ihm fern stehe, wie eine Fremde! Welche ihm noch ferner stehen werde, wenn das Schicksal ihm vergönnen sollte, noch einmal in ihrer Nähe zu leben, brüderlich zu sorgen!

Von all' diesen Vorgängen in seinem Innern durfte der Major Nichts wissen. Diesem durfte kein Bedenken den Appetit, kein Skrupel die Verdauung stören. Als ob er niemals eine Tochter besessen, als ob er seine „himmlische Henriette" niemals geliebt hätte, so gleichgiltig wußte dieser Mann sie jetzt zu entbehren; so wenig gedachte er ihrer, wollte er ihrer gedacht wissen. Der Name schon war verpönt im hölzernen Hause. Nannten ihn etwa Mathias und die „Philippen" im flüchtigen Zwiegespräch mit leiser Klage, so lauschten sie dabei auch ängstlich nach allen Seiten hin, um Augenblicks zu verstummen und sich zu trennen, wenn sie vielleicht den schleppenden Tritt des Majors vernahmen, der mit sechszig Jahren ein unbehilflicher Greis geworden, bisweilen doch die faule Bequemlichkeit des Schlafsessels aufgab, um sich, weil Langeweile ihn plagte, zu einem mühseligen Spaziergange durch Haus und Gärtchen zu ermannen.

O du altes hölzernes Haus, wie still wird es jetzt in deinen öden Räumen! Welche gespenstige Heimlichkeit brütet auf dem weiten Boden unter spitzigem hohem Giebeldach, durch dessen dünne Schindeln die Sommersonne zweifelhafte Streiflichter über das Estrich wirft oder prasselnder Herbstregen, vom Winde gepeitscht, eindringt und trübe Lachen in den Vertiefungen des Lehmes bildet!

Da saß Mathias manche Nachmittagsstunde, während Major Hans Schlaf hielt; saß auf einem riesigen Querbalken, jener glückseligen Tage der Kindheit gedenkend, wo er mit Henriette Versteck gespielt — oder Pferd und Kutscher; denn er mußte ihr Pferd sein, und sie hieb ihn wacker — oder Räuber; denn sie war die junge Königstochter und reisete durch den Wald (den bildeten die Sparren) und hatte ihr Gefolge verloren, und der Räuber Mathias brach hinter der Feuermauer hervor, setzte ihr den Dolch (sein Taschenmesser) auf die Brust, schreiend: la bourse ou la vie! Aber die junge Königin blickte den wüthenden Räuber bittend an, lösete sich mit einem Kusse; da sank er zu ihren Füßen, gab sich seinerseits als ein Prinz von Geblüte zu erkennen, und sie führte ihn zu ihrer Majestät der „Philippen," die auf der anderen Seite des Dachbodens Wäsche von der Schnur nahm, flehete um ihren Segen, und die Philippen segnete mit wahrer Majestät, unter der einzigen Bedingung, daß Seine Hoheit Prinz Mathias ihr helfe den Wäschkorb tragen.

Wie war seitdem Alles so anders geworden draußen! Wie so anders drinnen im hölzernen Hause!

Nur unter dem alten Dache herrschte noch immer die alte geheimnißvolle Ruhe, stahl sich mit sanfter Wehmuth in des Träumers Brust und brachte ihm lindernd das Labsal kindlicher Thränen.

XIX.

Für die Verwaltung der Landwirthschaft in Altroda war es als ein Glück zu betrachten, daß der Major sich gänzlich seiner Gemächlichkeit überließ, sich um Nichts mehr bekümmerte, und Mathias schon jetzt als unumschränkter Gebieter eintreten durfte. Denn wir müssen uns diesen rüstigen, thätigen, jungen Mann nicht wie einen weichlichen Schwärmer vorstellen, der da immerwährend weinend auf den Querbalken unter dem Dache herumreitet. Das sind nur seltene Opferstunden, die er seinen Pflichten abstiehlt, um sie süßer Vergangenheit zu widmen, die ihn aber nie verhindern, der Gegenwart ihr volles Recht zu thun.

Da sitzt er nicht auf einem hölzernen Querbalken. Da reitet er ein munteres Pferd und zeigt sich aller Orten, wo Aufsicht von Nöthen; lobt oder tadelt seine Arbeiter, giebt Rath und Lehre, hört Jeden freundlich an, ist überall willkommen und wird von Allen ebenso geliebt und geachtet, wie sein fluchender Vorgänger gefürchtet und verhöhnt wurde, beides zugleich. Die alten Weiber nennen ihn noch immer den Pastor-Mathes, die Mägde den kleinen Herrn, die Knechte rufen ihn Ober-Verwalter, ältere Männer sagen: der junge Herr Obristwachtmeister. Aber jeder Mund lächelt freundlich, indem er ihm einen dieser Titel beilegt.

So verblüht ein Frühling um den andern, reift eine Ernte nach der andern, begräbt Winter auf Winter die Fluren in's blendende, weiche Grab, der Auferstehung Fest wieder vorbereitend ... Und das hölzerne Haus steht von Sonnengluth geschwärzt, von weißem Schnee bedeckt, immer gleichmüthig fest in seinen Fugen, vom Wechsel des Lebens noch ungebeugt, wie es stand, da Mathilde ihren wahnsinnigen Jammer darin verheulte, da Henriettens Unschuld darin waltete, da Mathias ein Knabe war.

Oftmals, wenn er aus der Wirthschaft „zum Vater" rückkehrend auf der Brücke weilt, empfindet er wie einen Schauer. Und er fragt sich: wäre mir nicht besser, ich hätte damals das Kind vom Taufsteine nicht bis hierher geleitet? Hätte nimmer diese Brücke betreten? Diesen

Graben niemals überschritten? Deine Wände hätten mich niemals beherbergt, du hölzernes Haus?

Dann aber schüttelt er diesen Schauer von sich, besiegt sein Grauen und folgt heiteren Angesichtes dem Rufe des Majors, der ihn mit all' seinen zärtlichsten Flüchen herbeiwünscht.

Bis zum sechszigsten Jahre hatte dieser bei einer im Ganzen leidlich ausdauernden Gesundheit mannichfachen körperlichen Leiden Widerstand geleistet. Vielleicht auch würde er sich noch länger behauptet haben, wenn er enthaltsamer gewesen wäre. Doch sich versagen, wozu ein Gelüsten des Gaumens ihn reizte, war seine Sache nie; am wenigsten jetzt, wo er fortwährend über Mangel an Beschäftigung, an Unterhaltung klagte und bei jeder leckeren Schüssel, bei jeder entkorkten Flasche als Rechtfertigung seiner Schwäche wiederholte: ein Vergnügen muß der Mensch doch haben auf seine alten Tage. Dabei wurde er täglich unleidlicher. Die Zahlen des Fluchregisters summirten sich zu unerschwinglichen Milliarden, und Philipp äußerte häufigst kopfschüttelnd bange Besorgniß über des Herrn Obristwachtmeisters zunehmende Gottlosigkeit. Ich habe Nichts dagegen, meinte dieser Sittenrichter mit der ihm eigenthümlichen Logik, ich habe Nichts dagegen, daß Einer flucht und sakramentirt, so lange Einer noch flink auf den Beinen ist. Aber wenn's schon so deutlich auf die Neige geht, wär's doch klüger, sich zu menagiren, denn die Gicht kann in den Magen treten, ehe man die Hand umdreht. Und hernach fragt der Pastor: wie waren des Verstorbenen letzte Tage und

Stunden? Da wird ihm nachher ein schlechter Abschied geschrieben, und wenn er den oben vorweiset, so setzt's was. Nein, „Philippen," so bin ich doch schon einmal nicht. Seitdem ich spüre, daß ich auf dieser Welt nicht ewig bleiben kann, weil die Kräfte nachlassen mit der Zeit, seitdem denk' ich auch unterweilen an die andere Welt und lasse mir von Dir vorbeten. So gehört sich's.

Sind es nun Philipp's Ermahnungen, sind es wachsende Schmerzen gewesen, die den Major anmahnten, des Dieners Beispiel nachzuahmen? Gleichviel! Der Erfolg bleibt derselbe. Die „Philippen" wurde bisweilen berufen, auch ihm „vorzubeten!" In solchen Stunden überraschte dann Mathias seinen Pflegevater tief in Kissen vergraben, die den Lehnstuhl ausfüllten; ihm gegenüber saß die Verkündigerin himmlischer Freuden hinter einem Berge von schwarzeingebundenen Erbauungsbüchern, und Beide, die Sprecherin wie der Hörer, verdrehten um die Wette ihre Augen. Sie aus Andacht und Mitgefühl; er, weil es „in den alten Knochen bohrte wie die tausend Schock Schwere... Gott verzeih' mir die Sünde."

Kaum aber hatten einige Tage erzwungener Mäßigkeit oder ein von Schmerzenspein erpreßter Angstschweiß die heftigsten Schmerzen einigermaßen gelindert, so wurde die „Philippen" ihres ehrenvollen Amtes entsetzt und ihr der manchmal in noch weniger schmeichelhaften Ausdrücken abgefaßte Befehl ertheilt: die dumme Kuh solle sich mit ihrem Unsinn zu allen Teufeln packen und einem lebenslustigen Herrn nicht länger von Tod und Grab vorplärren.

Endlich als jene Anfälle häufiger, heftiger eintraten, als die wohlgemeinten Bemühungen der Vorbeterin auch nicht mehr anschlugen, da sah sich Mathias veranlaßt, in's Mittel zu treten. Er überwand die sehr natürliche Scheu, den Respect zu verletzen, wenn er, der Jüngere, der Sohn, hier belehren wolle. Er sagte dem Vater geradezu, daß gedankenlos geplapperte wie gedankenlos gehörte Formeln keinen bleibenden Trost gewähren, daß dieser nur von innen heraus erweckt wirken könne.

Leicht war die Aufgabe nicht, die unseres Freundes Dankbarkeit sich gestellt. Ein Anderer auch hätte sie schwerlich gelöset. Denn welcher junge Mann sonst, als ein Mathias, wäre im Stande gewesen, dem in starrem Egoismus verknöcherten Herzen jenen einzigen Punkt abzugewinnen, wo ihm noch beizukommen blieb: die niemals gänzlich abgestorbene Liebe zu Henrietten, die eben, weil sie noch nicht erloschen, sich absichtlich hinter übertriebenen Haß verbergen wollte.

Diese wußte Mathias zu erwecken, wußte heftig verdammende Anklagen in Geständnisse eigener Schuld wegen verkehrter Erziehung, wußte rachsüchtigen unväterlichen Groll in Mitleid und Reue, wußte unmenschlichen Fluch in zerknirschte Segenswünsche umzuwandeln. Es gelang ihm, den Major zu überzeugen, daß den Vater die Buße getroffen für Alles, was der Gatte verschuldet; daß Henriette, die er mit sträflicher Sorglosigkeit im hölzernen Hause, dem Umgang edler Frauen fern, sich selbst überließ, ein Werkzeug der Rache an ihm geworden für die barbarisch behandelte Mathilde; daß, weil er immer nur an sich gedacht, seine Tochter frühzeitig verlernt habe, an ihn zu denken; daß mit einem Worte noch Keiner hienieden andere Früchte geerntet, als welche er ausgesäet.

Und aus diesen dunklen Regionen düsterer Vergangenheit wies Mathias dem Major Hans einen Weg zu lichteren Räumen, zeigte ihm in ernsten, dennoch heiteren Bildern das himmelblaue Reich der Versöhnung.

Sie wird einst heimkehren, sprach er, die Unselige, Betrogene! Solches ist mein fester Glaube. Henriette kann ja nicht sterben, ohne sich vorher noch einmal zu erinnern, daß sie ein holdes, reines Kind gewesen ist. Der schauderhafte Bann, der sie uns entrissen, wird weichen vor der mächtigen Stimme jener heiligen Erinnerungen. Ja, sie wird heimkehren, wird die Erde wieder aufsuchen, aus der ihre ersten Veilchen blühten. Und dann wird sie wieder sein, was sie war, da mein seliger Vater sie taufte. Die finstere Zwischenzeit wird versinken wie ein böser Traum. Sie wird ihres Vaters Haus wiederfinden und mich, den armen Knaben Mathias, als dessen Hüter, und ich werde sie betrachten wie unsere Herrin, sie bewachen, bewahren vor jedem feindseligen Worte, vor jedem giftigen Zweifel.

Und ich, schrie der Major, ihn schmerzvoll unterbrechend, ich werde sie nicht mehr sehen, denn ich werde im Grabe liegen, von Würmern zernagt und gefressen! —

Aber sie wird auf diesem Grabe beten, und ich werde ihr verkündigen: Henriette, Dein Vater schied versöhnt; er hat den Fluch zurückgenommen, und sein letztes Wort war Segen über Dich!

So sei es, Mathias, ja so sei es! Und Gott erbarme sich meiner. —

XX.

Eben erst sein dreißigstes Jahr hatte Mathias zurückgelegt, da er alleiniger Herr von Altroda wurde. Und über Nacht so zu sagen hatten sich die verschiedentlichen Benennungen, welche ihm des Dorfes Einwohner nach ihren verschiedenen Begriffen und Ansichten, wie oben schon erwähnt, beizulegen gepflegt, in eine einzige, feststehende umgewandelt, ohne daß Jemand im Stande gewesen wäre, anzugeben, durch wen dieses neue — Liebkosungswort möcht' ich es heißen — eigentlich erfunden worden sei. Wahrscheinlich doch zuerst durch ein Kind auf dem Hofe.

Sie riefen ihn, Jung wie Alt: Vater Mathias! Nur einige uralte Greise gestatteten sich eine Ausnahme und sagten bisweilen: Herr Vater! was gerade aus ihrem Munde fast lächerlich geklungen, hätte nicht des Menschen ganzes Wesen schon etwas Väterliches an sich getragen. Wie sich das durch Haltung, Stimme, Bewegung und Ruhe zeigte, that es sich auch durch väterliche Handlungen dar. Vater Mathias wurde, nachdem er schon längst des halben Dorfes Vertrauter gewesen, nach und nach des ganzen Dorfes Freund und Helfer, sein hölzernes Haus der Zufluchtsort für jede

Klage, jede Bitte. Er selbst gab sich, wenn er wieder eine Reihe von Fragen oder Wünschen freundlich abgefertigt hatte, den Dankenden als Henriettens Bevollmächtigter kund, in deren Namen er ja gar nicht wohlwollend genug verfahren könne, um ihr eine liebevolle Aufnahme vorbereitend zu sichern — wenn sie wiederkäme! Darum auch versäumte er nie, sie den Empfängern als Geberin zu nennen, wo er eine Wohlthat verübte.

Fräule Jette muß doch noch am Leben sein, und der Vater Mathias muß wissen, wo sie etwa steckt, hieß es dann im Dorfe.

Philipp Schnurb und die „Philippen" trieben ihr Wesen nach wie vor. Den Wald, die Jagd, den Garten hatte Herr Schnurb gänzlich aufgeben müssen „von wegen das Reißen in Schulterblatt und Hüfte." Die Küche ließ er sich nicht nehmen, so wenig wie seine Frau sich die dicken, schwarzen Gebetbücher nehmen ließ. Er durfte ihr kochen, er mußte ihr beten helfen.

Auch sie nannten Major Hansens Nachfolger: Vater Mathias.

Die übrigen Dienstboten waren entfernt, umquartiert jenseits der Brücke. Das hölzerne Haus wurde nur von diesen drei Menschen bewohnt.

Von der wunderbaren Stille, die für gewöhnlich darin herrschte — denn Allen, die von außerhalb darin zu thun, Etwas zu bestellen, zu suchen, zu holen hatten, waren an gewissen Tagen gewisse Stunden bestimmt, und wurden solche heilig gehalten, weil „Vater Mathias" sie gegeben — von der wunderbaren Stille, von dem geheimnißvollen Gesange, der durch die weiten Räume zog, mehr Duft als Ton, von dem leisen Taktschlag zahlloser unsichtbarer Bohrkäfer und Todtenuhren — von dem unbeschreiblichen Zauber, der für Mathias in ungestörter, einsamer Abgeschiedenheit lag, und der sich, namentlich an hellen, langen Sonntagen, wo er ganz allein blieb, weil sogar die Philipp'schen einen Gang in's Dorf unternahmen, bis zur Seligkeit steigerte: … von all' diesen und ähnlichen Seltsamkeiten hat wohl Niemand einen Begriff, der, anderen Menschenkindern gleich, mit Vielen seines Gleichen in Häusern, Gassen, Städten verkehrt und dem Geräusch und Gebränge irdischen Treibens nicht zu entfliehen vermag, dies auch als Kind nicht vermochte.

Es giebt Zustände, deren man sich aus eigener Vergangenheit ein wenig erinnern können muß, soll man sie lebendig und wahr finden, wo man sie beschrieben liefet. Deshalb will ich den Leser mit ausführlicheren Schilderungen des Stilllebens im hölzernen Hause nicht weiter langweilen. Was aber schon aus diesen kurzen Andeutungen genügend hervorgeht, wird die in Altroda umhergeflüsterte Meinung sein, daß es auf dem Schlosse spucke.

Für diese Meinung hatte sich seit der alten Buchau'schen Tode allzu reichlicher Stoff angesammelt, um ihn unbenützt zu lassen. Auch war Philipp Schnurb zu lange der Nachahmer seines ungläubigen Majors gewesen, um nicht jetzt, gänzlich in der Gattin Gewalt, ein blinder Nachbeter ihres Aberglaubens zu werden. Er und sie hörten Mancherlei, worüber es gerathen schien das Maul zu halten, und er äußerte nicht selten: Warum soll's bei uns nicht umgehen, Philippen? Eine schönere Gelegenheit finden Geister und Gespenster nicht im ganzen Lande. Niemand thut sie stören: auf dem Boden absonderlich! Und vor der verstorbenen Frau ihrem Käfig! Wie? Warum sollten sie nicht? Wenn ich ein Gespenst wär', ich ging selbsten um, so schön ist's bei uns für ihres Gleichen eingerichtet. Und wer weiß, was ich thue, wenn ich todt bin, wo Du nicht bald aufhörst mit Brummen.

Auf Mathias machten die mysteriösen Winke, die das alte Ehepaar abwechselnd ihm darüber gab, natürlich keinen Eindruck. Wollte Gott, sprach er, die guten Leute wären nicht so albern, wie sie sind, und ihre Befürchtungen hätten Grund, könnten Grund haben! Ich wollte mich nicht fürchten. Vor keiner Geistererscheinung oder Mahnung aus einer anderen Welt würde ich zurückschrecken. Aber wer sollte mir als Bote einer unerforschten und unerforschlichen Fortdauer kommen? Mein Vater? Mein Pflegevater? Beiden war ich treu und dankbar, hätte sie nicht zu scheuen. Und Henriette? Du lieber Himmel, was hätte diese mir zu melden, als daß sie ein Erdenleben voll Wahn und Schmerz und Nacht vertauscht habe mit einem überirdischen, geistigen Dasein der Läuterung, Erhebung, Klarheit! Das würd' ich gern hören, würd' es als das größte Glück betrachten. Doch dieses Glück steht mir nicht bevor. Kommen wird sie, aber nicht als Geist. Als lebendiges Gespenst mit Fleisch

und Bein, als krankes, verzweifelndes Weib wird sie
kommen, im Hause ihrer Großeltern den Ort zu suchen,
an welchem sie das müde Haupt niederlege. Wo sollte sie
sterben wollen, sterben können, als im hölzernen Hause?

Diese Voraussetzung bildete sich bei Mathias zur
firen Idee aus. Er dachte sich so tief in die Gewißheit
hinein, daß er endlich ganz und gar darin aufging.
Jedes Mal, wenn er aus dem Walde oder aus der Acker-
wirthschaft in den Hof eintrit, beeilte er sich nur die uner-
läßlichen Gänge durch Stallungen, Scheunen, Getreide-
böden abzuthun, um so rasch wie möglich auf die Brücke
zu gelangen, von der sein Blick sich nach der ehemals
grünen, nun grauen und vermorschten Gondel richtete,
ob diese unberührt an der Kette in ihrer kleinen Bucht
liege. Und jedes Mal seufzte er: Noch immer nicht!

Bildete er sich doch ein, Henriette müsse endlich einmal dort unten sitzen, sich schaukelnd im Kahn, und mit
zitternder Stimme jenes alte Lied singen, welches sie als
Kinder mit einander gesungen, wenn er das Ruder führte:

"Das waren mir selige Tage!
Bewimpeltes Schifflein, o trage
Noch einmal mein Liebchen und mich!"

Damals hatte das Kind ihr rothseidenes Umschlage-
tüchlein an eine Bohnenstange gebunden, daß es fröhlich
im Winde flattere, mit ihren langen Locken zugleich.

Noch immer nicht! wiederholte er, trat in sein Haus,
wiederholte darum doch auch noch die tausend Mal gestellte Frage: Ist sie gekommen?

Philipp und dessen Frau bedurften mehrere Jahre, bis sie sich erkühnten, in der Ansicht einig zu werden, daß es mit ihrem Herrn doch am Ende nicht recht richtig sei.

Das erbt, versicherte die Philippen, des Schäfers Großmutter hat mir's erklärt; es steckt im hölzernen Hause, seitdem es steht. Der Förster, der vor hundert Jahren die Bäume schlagen ließ, woraus sie's auferbaut haben, der hat einen Mord begangen an seiner Tochter ihrem Liebsten. Und die Tochter ist toll geworden darüber, und seitdem haftet die Tollheit am Hause. Eines aus der Familie muß immer d'ran glauben, und ist kein Frauenzimmer da, so trifft's den Herrn. Unser Herr hat die Tollheit jetzt übernommen, bis er wieder abgelöset wird. Aber weil er sonst ein braver Mann ist, so wehrt er sich dagegen, und's kann ihm so gar viel nicht anhaben.

Das wäre! rief der Philipp, ei, das wäre, Philippen! Ich an seiner Stelle thäte heirathen und sähe zu, ob ich nicht vielleicht eine Tochter kriegte. Gescheiter wär's immer, es erbte auf die; denn warum, bei einem Weibsbilde hat es nicht so viel zu bedeuten, wenn sie närrisch ist.

Wir wissen nicht zu sagen, wie Madame Schnurb diesen Ausfall gegen ihr Geschlecht aufgenommen.

Doch daß es mit Vater Mathias' Verstande wirklich nicht in der Ordnung sei, darüber einigten sich Mann und Frau.

XXI.

Monat Februar nahm Abschied mit wildem Wetter und Schneegestöber. Er heulte in den Rauchfängen des hölzernen Hauses, daß es wie Klagetöne eines Menschen klang.

Mathias klappte seine Odyssee, worin er gerade wieder einmal den elften Gesang beendiget, langsam zu und verweilte dann, den Kopf auf den Arm, den Arm auf das Buch gestützt. Wie das tobt! Freilich, meinem Helden hier ist's auch eben nicht gut ergangen. Sitz' ich doch im Trocknen. Aber mein Geburtstag meldet sich nicht freundlich. Das sieben und dreißigste Lebensjahr soll heute Nachts vollends zurückgelegt werden. Die Meisten gelten für junge Menschen in diesem Alter. Männer, die wild und toll in die Welt hineingewirthschaftet haben, ohne Schonung für sich und Andere, die gelten für jung mit sieben und dreißig Jahren. Und ich ... je nun, dafür bin ich Vater Mathias. Was ist da viel zu klagen, viel zu wundern? Bin der Holzwurm, der im hölzernen Hause wohnt und an dürren, alten Erinnerungen zehrt und nascht, die ja auch einmal jung waren, auch einmal blühten. Will auch nicht klagen. Will meinem himmlischen Vater danken, der mich hier wohnen läßt, und meinem seligen Vater danken, der mir die griechischen Vocabeln einbläute, daß ich nun meine alten sieben und dreißigjährigen Tage die Abenteuer und Reisen des schlauen Odysseus aus dem Urquell genießen kann, im weichen Stuhle hockend, am warmen Ofen unter Dach und Fach, während draußen … Gott erbarm' sich, welch ein Wetter! Weh' Allen, die in dieser Nacht durch Wind und frost'ge Näße wandeln müssen, vielleicht ärmlich und dünne bekleidet, hungrig oder gar krank. Ach ihr armen Unglücklichen, ohne Obdach! Ein fürchterlich Wetter! —

Vater Mathias stand auf, um durch's Fenster in den Garten zu schauen, dessen Beete und dürre Bäume sich während weniger Stunden, wo er gelesen, in dicke weiße Gewänder gehüllt hatten. Nun, sagte er, sie haben ihr Federbettlein aufgeschüttelt und sich darunter schlafen gelegt. Ich will hingehen und desgleichen thun.

Als er sich wendete, meinte er zu bemerken, daß durch seine Stubenthür unten an der Schwelle Schneestaub eindringe. Er öffnete und erstaunte nicht wenig, im Flure Alles weiß zu sehen. Der eine Hausthorflügel schloß nicht. Man sah, daß sich Jemand vergeblich bemüht hatte, ihn zu bewegen, daß aber der ellenhoch angestürmte Schnee sich widersetzte. Ist er wieder einmal verschlafen gewesen, der alte Philipp, murmelte Mathias, eigentlich zur Strafe müßte man ihn … Gott behüte, er soll ungestört bleiben, von morgen an übernehme ich selbst das Thorwärteramt. Dann suchte er in seiner schonungsvollen Gutmüthigkeit Schaufel und Besen aus dem Plunderwinkel und dem Vorbau der Kellertreppe hervor, räumte rüstig und geschickt die Schneemassen fort, drückte den Thorflügel zu, schloß ab, schob die Riegel vor, schüttelte sich wie ein Schlittenpferd, legte die gebrauchten Geräthschaften wieder an ihren Platz, machte in seinem Wohnzimmer den letzten Fensterladen zu und sprach dann, als er sein Schlafkämmerlein betrat und sich auszukleiden begann, vor sich hin: Solch' ein Hundewetter ist auch gewesen heute vor sieben und dreißig Jahren, wie meine arme Mutter sterben mußte, damit ich leben sollte! Mein Vater hat mir's häufig erzählt während seiner langen Krankheit. Du liebe Mutter, die ich nicht kenne, ob wir denn wohl auch einmal zusammentreffen werden? Und ob Du wirst böse sein auf mich? Ach nein! ... Sechs Jahre später hatte Henriette das Licht erblickt. Da hatten wir zeitigen Frühling; da war der Februar lau wie ein Mai und jede Wiese grün. Ja, ja, so war's: sie der Mai, ich der Winter! Darum bin ich auch der Vater Mat.... nu, was giebt's denn draußen in der Wohnstube? Philipp, seid Ihr's?

Leider Gottes bin ich's und die Philippen desgleichen. Wir halten's nicht länger aus drüben im Küchenzimmer: die selige Frau jammert, daß man's deutlich hören kann. Sie geht um.

Mathias zog den halbabgestreiften Rock wieder an und kam heraus.

Der Wind, wollt Ihr sagen, Philipp Schnurb, der Wind jammert. Ich hör' ihn auch. Ihr werdet Euch doch nicht entsetzen, alter Soldat, vor etwas so Gewöhnlichem?

Wie der Wind heult, und wie der Spuk jammert, das ist zweierlei, Herr Vater Mathias. Den Wind hören wir durch den Schornstein, und das kenn' ich schon. Die selige Frau klagt und stöhnt über die Treppen herab, wie sie bei Lebzeiten that, ehe sich der Obristwachtmeister mit ihr aussöhnten. Das müssen wir ebenso gut kennen wie den Wind, denn wir haben's lange genug vernommen. Und will der Herr Vater mit uns hinaustreten, nur bis an den ersten Treppenabsatz, dann wird er's auch erkennen, daß es nichts Anderes nicht sein kann, als wie die selige Frau Mathilde. Nicht wahr, Philippen?

Alle guten Geister loben Gott den Herrn, erwiederte die bebende Frau.

Mathias ergriff einen Leuchter und ging aus dem Wohnzimmer über den Hausflur bis an die Stiege. Das Philipp'sche Ehepaar blieb an der Stubenthür zurück und wagte sich nicht weiter vorwärts, denn gerade in diesem Augenblicke ertönte eine jener Jammerweisen, von denen einst die Tochter der wahnsinnigen Mathilde den kindischen Ausdruck zu gebrauchen pflegte: „Mama singt!"

Mathias stutzte und lauschte.

Jetzt hört Er's auch, flüsterte die Philippen ihrem Manne in's Ohr und drängte sich fester an seine Seite.

Doch Mathias zauberte nicht. Nachdem nur erst die winselnde Menschenstimme, vom Geheul des Sturmwindes gesondert, deutlich an sein Ohr geschlagen, wendete er sich nach den furchtsamen Leuten um: Das ist kein Spuk; sie ist es, sie selbst. Endlich ist sie heimgekehrt. Ich mußt es ja, daß sie nicht ausbleiben konnte!

Und damit stieg er gefaßt und sicheren Fußes die Stufen hinauf, wie ein Mensch, der einer längst erwarteten, schweren Prüfung entgegen geht, voll ernsten, freudigen Vertrauens auf Gott.

XXII.

Heimgekehrt war Henriette, doch in einem Zustande, der es unmöglich machte, über ihre Schicksale nähere Auskunft durch sie selbst zu erhalten. Daß sie sich, von Victor gemißhandelt, sehr bald nach ihrer Vereinigung mit ihm getrennt haben müsse, das ging aus mancherlei wenn auch noch so verworrenen Andeutungen hervor, die ihr beim richterlichen Verhöre abgerungen wurden. Denn Mathias hatte für seine Pflicht gehalten, amtliche Anzeige zu erstatten von der Rückkehr einer seit siebzehn Jahren verschollenen, enterbten Erbtochter, die ja doch mehr oder weniger verflochten gewesen in die Unternehmungen eines gemeinen Verbrechers. Der alte, uns bekannte Justizbeamte war längst hinübergegangen, wo es wahrscheinlich kein Strafrecht in unserem Sinne und keine anderen Akten giebt, als diejenigen, die der Mensch in seinem eigenen Gewissen deponirte, damit eine höhere Macht sie registrire. Sein Nachfolger, den längst vergessenen Ereignissen fremd, ließ sich durch Mathias unterrichten und kam mit diesem sehr bald in der Ansicht überein, daß Major Hansens Tochter, von ihrem Entführer grausam behandelt, verlassen, hilflos, irgendwo in bitterem Elend zurückgeblieben, an seinen späteren Unthaten, von denen seltsame Gerüchte vor Zeiten mancherlei fabelten, keinen Theil und keine Wissenschaft erlangt habe.

Mag die Geistesstörung, der sie verfiel, wirklich ein nachträgliches Vermächtniß ihrer Mutter Mathilde, oder mag sie eine Folge ihrer so hart bestraften Verirrungen gewesen sein? Wahrscheinlich doch verdankte die Unglückliche nur diesem ihrem Irrsinne den Zufluchtsort, den Mitleid und gefühlvolles Erbarmen ihr in der Ferne geöffnet, der sie durch eine Reihe von Jahren beherbergt, und wo man sie mild und gütig behandelt zu haben scheint.

Warum sie dennoch von dort entwichen, erklärte sie selbst in ihrer stumpfen, träumerischen Einsilbigkeit durch die unzählige Male wiederholten Worte: Altroda — hölzernes Haus — Mathias — Mama singt!

Daß es ihr aber, und wie es ihr gelungen, durch Winter und Wetter, in schlechten Kleidern, ohne Schutz, ohne Geldmittel, sich aus fernen Landen bis an's Ziel zu schleichen, das blieb den Forschenden ein Räthsel, und fanden Beide keine andere Erklärung, als daß die heilige Scheu, die gewöhnlich auch rohe Menschen vor wahnsinnigen Bettlern hegen, ihr zu Statten kam: daß fromme Barmherzigkeit sie genährt und erwärmt, daß jene übersinnliche Macht, welche den Flug wandernder Vögel über Berge und Meere lenkt, auch sie geleitet habe. Wie denn bisweilen mit der Verwirrung geistiger Kräfte ein Vorwalten thierischen Lebens und eine Schärfe der äußern Organe verbunden ist, welche zu Dingen befähigen, die der helle Verstand nicht ausführen könnte.

Das Ergebniß der richterlichen Untersuchung konnte kein zweifelhaftes sein. Henrietten hatte keinen freien Willen, — folglich auch keine Schuld, wenn sie jemals dergleichen vor dem Gesetze gehabt. Mathias wünschte Nichts, als ihr sorgsame Aufsicht und Pflege angedeihen zu lassen. Diesen Wunsch ihm zu versagen, hielten die Behörden für unnütz und unmenschlich. Unter diesen Verhältnissen war das hölzerne Haus nicht besser als ein Irrenhaus oder ein Kerker; aber auch nicht schlechter.

Die Wahnsinnige blieb der Obhut des Vater Mathias anvertraut.

Des Hauses Tochter bewohnte das Gemach, in welchem ihre Mutter Mathilde gestorben war. Auf das Dasein im hölzernen Hause übte ihre Anwesenheit keinen bemerkbaren Einfluß. Alles ging seinen alten, stillen Gang ruhig darin fort. Ja, noch ruhiger als bisher, weil das Philipp'sche Ehepaar in Henrietten die Trägerin jenes Fluches erblickte, der ihrer Meinung nach an dem Gebäude hafte, und weil sie jetzt ihren Vater Mathias für gerettet erklären durften.

Dieser dankte Gott für das Glück, dessen er theilhaftig geworden. Wie groß ist Deine Barmherzigkeit, sprach er bei jedem Morgen- und Abendgebet, Du lieber himmlischer Vater. Du konntest sie mir schicken als eine Verzweifelnde, Rasende, die sich anklagte in lästerlichen Vorwürfen; sich — und ihn! Die von schauderhaften Erinnerungen gemartert, stündlich noch einmal durchleben müßte, was sie um ihrer heißen Leidenschaft willen erduldet! Die das Jammerleben an seiner Seite auch hier fortleben müßte ohne ihn, dennoch nicht getrennt von dem Schändlichen, Undankbaren, der sie mit Füßen trat. Das konntest Du, guter Gott; so konntest Du mir sie wiederbringen, und ich hätte nicht murren dürfen. Aber nein, Du warst gnädig und barmherzig. Du löschtest die lodernden Flammen, daß sie nicht länger wühlen und brennen in des elenden Weibes keuchender Brust; Du decktest väterlich den grauen Schleier der Nacht darüber hin, daß sie ersticken sollten. Und nur das eine kleine flimmernde Lämpchen ließest Du weiter glimmen, welches der Kindheit reine Bilder schwach beleuchtet mit mattem Dämmerscheine, wie vor Sonnenuntergang bei lauem Sommerlüftchen. — —

Henriette war wirklich wieder ein Kind geworden. Sie selbst hielt sich dafür. Von Allem, was sie durchgelebt, redete sie wie von den Schicksalen einer anderen Person. Daß sie es gewesen, die Altroba verlassen, um Victor nachzufolgen, wußte sie eben so wenig, als sie sich Rechenschaft geben konnte, wann und wie sie sich von ihm getrennt; sie erinnerte sich nur der Zeit, wo Mathias ihr Gespiele, ihr kleiner Lehrer, ihr Freund, ihr Bräutigam geheißen. Sie erblickte auch nur jenen Mathias in ihm. Daß ihr Vater begraben liege, gab sie nicht zu. Er ist auf dem Felde, sprach sie, und wir dürfen spielen, wie wir wollen, Mathias. Dann bat sie diesen, die Sanfte, Verwirrte, daß er ihr folge auf den Dachboden. Und da spielte er mit ihr der Knabenzeit kindische Spiele: Vater Mathias, der Gutsherr von Altroba, der kleine, frühzeitig gealterte Kahlkopf, stellte da oben unter hohem Schindeldache einen blondlockigen Jungen vor — Henriettens Ritter — oder ihr Pferd — oder den vermummten Räuber; — welches Spiel sie nun begehrte.

Doch seine Gespielin war nicht mehr die liebliche, holdselige Henriette, jene Blüthe anmuthiger Unschuld — es war ein abgezehrtes, bleiches Weib, über dessen vermagerten Wangen graue Haare herabhingen, dessen stierer Blick ohne Seele umherschweifte. Nicht wie sonst kindlichen Geistes voll; nein, geistlos kindisch.

Dennoch gelang es ihm, harmlos zu scheinen vor ihr und fröhlich. Dennoch fand er bisweilen den Ton unbefangener Heiterkeit, der ihn verjüngte, der sie beglückte.

Auch die Gondel war hergestellt, erneuert worden. Er führte bei dunklem Abende, sobald kein Zeuge aus dem Hofraum mehr zu fürchten war, das schweigende Jammerbild bei Sternenschein im Schloßgraben umher. Gelangten sie dann unter Mathildens — jetzt Henriettens — Fenster, da lächelte diese mit zuckenden Lippen hinauf: „Mama singt!" Und dann begann sie wohl in zerrissenen Klängen das alte Lied:

„Das waren mir selige Tage!
Bewimpeltes Schifflein..."

und schüttelte ihre langen grauen Haare, die bis in's Wasser hinab hingen. —

„o trage
Noch einmal mein Liebchen und mich!"

ergänzte Mathias, die feuchten Augen hinauf zu den Sternen gerichtet.

XXIII.

Schrieb' ich ein dickes Buch, dann würde ich hier mit der an mir so häufig getadelten Breite auszuführen suchen, wie Mathias nur Henrietten, das heißt: der Erinnerung seiner Jugendliebe mit all' ihren Wonnen und Täuschungen sich widmend, eben deshalb einzig und allein für die Gegenwart, für die Pflege und Erheiterung der Geistes= und Gemüthskranken lebte. Es ließe sich ein ganzes Bändchen füllen mit Schilderung dieser kleinen, an sich albernen, in ihrer Gesammtwirkung rührend erhebenden Auftritte, in denen neben unseres Freundes edelmüthiger Aufopferung und Hingebung die in Stumpfsinn Versunkene sich bisweilen aus ihrer Gedankenlosigkeit emporgerafft, um anzudeuten — wenn auch nur durch vorübergehende Lichtblicke — daß sie wisse oder empfinde, was er für sie thut.

In solchen Momenten leuchtet ein Schimmer jugendfarbigen Frohsinns über Mathias' runzlichte Wangen, der den kleinen häßlichen Herrn Vater von Altroda verklärt und das hölzerne Haus mit Licht und Sonnenschein erfüllt.

Unser Raum ist gemessen. Wir haben ihn, fürcht' ich, schon überschritten. Denn wir wollten eine gedrungene, kurze Erzählung liefern, wo sich Begebenheit an Begebenheit schließt, die Handlung rasch fortschreitet, durch des Autors Geschwätz nicht unterbrochen. Wir eilen, uns dem Schlusse zu nähern.

Was hätten wir auch noch viel zu erzählen, wenn

wir nicht das Alltäglichste, das Unbedeutendste schildern und ausmalen dürften? Wie prosaisch würden diese Schilderungen klingen, je tiefer sie sich in einzelne Armseligkeiten verlören, die eben nur als Ganzes, als Resultat zusammengestellt groß und herrlich werden. Da bleibt dem Erzähler Nichts übrig, als des Lesers guter Glaube. Auf diesen muß er rechnen, wenn er sagt: So war es!

Und so war es denn. Jahre zogen wieder dahin über unser altes, hölzernes Haus! Jahre, die gar so lang scheinen, wenn ihr erster Tag heraufsteigt am frostrothen Morgenhimmel; die gar so kurz gewesen sind, wenn des letzten Abends schneeumwölkte Dämmerung sie zu Grabe trägt, eines nach dem andern.

Und die unsichtbaren Mächte der Ewigkeit, denen kein Thron zu hoch steht, keine Hütte zu niedrig, drangen mit ihrem göttlichen Walten auch in das gleichförmige Leben der Menschenkinder, von denen ich Euch berichte. Jegliche unscheinbare Stunde schlang einen nothwendigen Faden in das große Gewebe der Zeit.

Der greise Philipp, auch dessen Frau, sogar Mathias selbst vergaßen endlich, was vorgefallen. Sie ahmten darin Henrietten nach. Wie diese Mathildens Platz eingenommen, so meinten Jene in ihr die verstorbene Mutter zu sehen, zu hören. Allmählich hatte die Gewohnheit jedes Erstaunen, jede Aeußerung des Bedauerns eingeschläfert. Was wir täglich haben, wir glauben zuletzt es gar nicht mehr anders haben zu können; Freude wie Leid. Ja, endlich bringen Leiden eben auch ihre stillen Freuden, und genau betrachtet liegt die Schwere jedes Unglücks, die Größe jedes Glückes in den Begriffen, die wir davon hegen, in den Ansprüchen, die wir mitbrachten. Es gehört zu meinen unerschütterlichsten Glaubensartikeln, die ich mir in der Schule des Lebens erwarb, daß jeder Schmerz seinen eigenen Balsam erzeugt. Nur wer viel und lange geduldet, körperlich oder geistig, verschuldet oder unschuldig, nur der lernt auch der Verzweiflung jenen himmlischen Trost abgewinnen. Er war nie zu theuer bezahlt, denn er dauert aus. Er beschwichtiget nicht allein unsern eigenen Gram, er lindert auch das allzu bittere Mitgefühl beim Anblick fremder Leiden. Er ist und bleibt das unwiderlegliche Zeugniß einer uns eingeborenen Zuversicht auf ewige Gerechtigkeit!

Und was wären wir ohne diese? Den Guten stärkt sie zu muthiger Ausdauer. Den Schwachen aber, der sich's beschämt und willig eingesteht, daß er gesündiget, belehrt sie, wie Strafe, würdig und demüthig ertragen, schon für Buße gilt, wie sie reinigt und veredelt. Ist diese Lehre etwas Anderes, als der Balsam, von dem ich sagte, daß jeder Schmerz ihn aus sich selbst erzeugt, wenn der Leidende nur Neigung fühlt, ihn zu gewinnen?

Doch das ist eine Abschweifung, die wenig hierher gehört. Mathias ist einer von den seltenen Menschen, welche wir als Ausnahmen zu betrachten haben. Für seines Lebens Leid bedurfte er keines Trostes. Er hielt sich ja für hochbeglückt. Sein Leiden war zugleich sein Stolz. Denn treue, uneigennützige Liebe ist das Einzige, worauf der bescheidene Mann ein Recht hat stolz zu sein.

Nicht deshalb, weil er sie hegt, — er kann ja nicht anders — nur deshalb, weil Gott ihn würdigte, das göttlichste Gefühl, welches die Erde kennt, ihm in die Brust zu pflanzen. Darauf darf sich der Staubgeborene Etwas einbilden; es muß ein guter Grund und Boden sein, dem so köstlicher Same anvertraut worden. Reine entsagende, aufopfernde und ausdauernde Liebe aber, die von der Wiege bis zum Grabe jeden Schritt der Geliebten durch Frühling und Winter, durch Morgenroth und Schauernächte treu geleitet, ist — was sonst, als eine himmlische Gabe?! Wem sie zu Theil ward, mit vollen Händen streut er sie aus, und je freigebiger, desto unerschöpflicher bleibt sein Vorrath. Sie ist der wahre Vogel Phönix, den des Himmels Sonnengluth wohl entzündet, — doch nicht, damit er, verbrannt, in Asche verwehe. Nein, damit er aus dem Feuer stets wieder jung auflebe, herrlicher noch als zuvor! Darum auch ist sie so selten. Wäre sie gewöhnlich auf Erden, dann wäre die Erde ja nicht mehr die Erde, dann wären Menschen nicht Menschen, dann wäre diese Welt schon das himmlische Reich. Wüßt' ich doch auch nicht, worin die verheißene Seligkeit jenes gelobten Landes sonst bestehen könnte, als darin, daß dessen Bewohner alle andere Wesen mehr lieben, als sich selbst.

Mathias hatte dem hölzernen Hause allerdings so Etwas vom Vorschmack dieses verheißenen himmlischen Reiches eingehaucht. Dafür genoß er den besten Lohn im Frieden mit sich selbst. Wenn man nur erst zu der Ueberzeugung gelangt ist, daß kein Mensch hienieden

Ansprüche auf Erdenglück (wie solches die Menschen im Allgemeinen verstehen) zu machen habe — wie ich zum Beispiel! Hernach kann man wirklich recht glücklich sein.

Dieser sein täglicher Ausspruch wird, ich weiß es vorher, manchem Leser abgeschmackt, lächerlich erscheinen. Und diese abgeschmackte Lächerlichkeit wird sich auf den Erzähler übertragen. Das ist Letzterem nichts Neues. Er hat schon manchen spöttischen Tadel hinnehmen müssen für ähnliche Schilderungen. Was ihn aber nicht abschrecken darf, seine schriftstellerische Thätigkeit, so lange eine solche noch vergönnt bleibt, immer und immer demselben Zweck zu widmen; der Hinweisung nämlich auf Menschen, die in beschränkten Lebensweisen verstanden haben, bescheiden, demüthig, zufrieden zu sein, in ihrer Seele ein inneres Glück zu verschaffen, welches äußere Schicksale ihnen versagten.

Diese Absicht ist auch das Aushängeschild unseres hölzernen Hauses. Mathias dessen Held. Und ich vertausche ihn nicht gegen viele andere Helden, die den Anforderungen der Lesewelt glänzender entsprechen.

Mögen talentvolle Dichter mit großen Erfindungen prangen, — ich bleib' in meinen engen Grenzen. Wenn auch nur ein Unzufriedener, der mich las, durch mich veranlaßt wird, über den Wahlspruch des Vater Mathias nachzusinnen, und wenn nur ein Herz ruhiger schlägt, weil es Trost darin fand ... was will ich mehr?

XXIV.

Zum dritten Male sehen wir das Gericht einschreiten im hölzernen Hause. Diesmal bei einer blutigen That.

Es war im Spätherbst des Jahres achtzehnhundert vier und vierzig.

Der müde Philipp Schnurb lag auf der Bahre, um nächsten Morgen zu seinem Herrn Major auf den Friedhof gebracht zu werden, und die verwittwete, niedergebeugte „Philippen" hatte ihre Küchenstube dem neu angestellten Dienerpaare noch nicht geräumt, weil sie schicklich fand, erst nach dem Begräbniß ihr Wittwenhäuschen im Dorfe zu beziehen. Es herrschte folglich eine Art von Interregnum, während dessen Henriette kaum ihre Suppe — sie genoß unglaublich wenig — Mathias aber nur Brod und Butter zu speisen empfing, ohne zu klagen über diese Vernachläßigung, weil er die trauernde Greisin schonen wollte.

Henriette hatte an diesem Abende, seit Jahren zum ersten Male, wieder bange Aufregung gezeigt, die dem beschwichtigenden Einfluß ihres treuen Freundes fast schon gewichen war. Er suchte die Ursache davon in Philipp's Tode, welcher die Blödsinnige offenbar erschütterte, theils auch in dem heftigen Sturme, der mit Eintritt der Nacht immer heftiger wurde. Deshalb und weil das hölzerne Haus knackte und bebte in allen Fugen, erbot er sich, bei ihr sitzen zu bleiben und ihr vorzuschwatzen, damit sie das Geheul aus den Schornsteinen überhöre. Sie jedoch lehnte das entschieden ab. Ja, sie stellte sich, was sie sonst ihrem „guten Mathias" gegenüber nie wagte, fast eigensinnig dagegen. Mit angstvollem, dennoch gebieterischem Tone trieb sie ihn nach seinem Wohnzimmer, mit Worten, die genau zusammenhingen und bestimmter klangen, als das Meiste, was sie lange Zeit über geredet. Er gehorchte ihr, ohne selbst recht zu wissen, warum.

Mathias bewohnte, wie, glaub' ich, bereits erwähnt wurde, die Räume, welche Major Hans inne gehabt. Das nämliche Wohnzimmer, das nämliche daran stoßende Schlafgemach, in beiden die nämlichen Schränke, Kasten, Tische, Sessel, die, von Großeltern auf Enkel fortgeerbt, in ihrer alterthümlichen Solidität bestimmt schienen, noch viele nachfolgende Geschlechter zu überdauern. Alle Fenster des Erdgeschosses waren durch dicke eichene Läden von innen gut verwahrt; eine Fürsorge, die manchmal unbenützt blieb, so wie früher das Schließen des Hausthores bisweilen versäumt worden war, bis der Herr selbst es übernahm.

Auch heute versah er alle diese einem Diener obliegenden kleinen Geschäfte; denn wie kann die arme Wittwe daran denken, sprach er, wo Philipp noch nicht unter der Erde ist.

Dann ging er an seinen Homer, ohne welchen er keinen Tag zu Ende bringen mochte. Als ihn die Augen schmerzten von den kleinen griechischen Typen, begab er sich aus dem Heidenthume in christliche Gegenwart, schloß das Buch, öffnete das Herz dem Gefühl der Hingebung an einen einigen Gott, der ein Geist ist, und den

man nur im Geiste anbeten dürfe, erhob den Geist zu
ihm . . . und ging in die Schlafkammer.

Diese besitzt nur ein schmales Fensterlein, und zwar
ohne hölzernen Laden oder Vorschieber. Der selige
Buchau, der auch dort schlief und als fleißiger Landwirth
die Begrüßung durch der Morgensonne erste Strahlen
liebte, hatte sein Bett so stellen lassen, daß er dies Fensterlein zu Füßen behielt. Damals blieb es ganz unver-
wahrt. Buchau fürchtete keinen Ueberfall; wer hätte
durch Wallgraben und Garten bei ihm eindringen können und sollen? Auf dem Hofe, im Dorfe gab es auf-
merksame Wächter. An Räuber dachte Niemand.

Major Hans zeigte sich schon mehr zum Mißtrauen
geneigt. Als vor Mathildens Fenster im oberen Stock-
werk eiserne Stäbe gelegt worden waren, hatte er zugleich
auch sein Schlafstübchen vergittern lassen, und wie! Es
geht unter Einem, und besser bewahrt, als beklagt. Wer
weiß, welchen verfluchten Hallunken einmal der Teufel
reitet!

Das Gitter ist geblieben, und Mathias — spotte darüber, wer kann — freute sich dessen, weil sie auch ein
Gitter vor ihrem Fenster habe! Jeden Morgen, wenn
der Tag ihn weckte, jeden Abend, wenn er schlafen ging,
richtete er die Augen nach den engen eisernen Vierecken,
und dabei empfand er ein schmerzliches Wohlbehagen,
wie er es nannte. Ich kann mir einbilden, sagte er ohne
Bitterkeit, die eisernen Stangen von oben stünden mit
denen hier unten in Verbindung; Henriette und Mathias
säßen beisammen in einem Käfig, als Kinder, als reine,

liebe Kinder, und liebten sich. Es ist auch so, völlig so. Das Schicksal hat uns zusammengesperrt, das hölzerne Haus ist unser Käfig; nur daß wir keine Kinder sind, aber ich liebe sie. Deshalb auch lieb' ich das enge Gitter an meinem kleinen Fenster.

Auch an dem Abend, von dem wir sprechen, näherte sich Mathias dem Gegenstande seiner seltsamen Vorliebe. Draußen flogen schwarze Wolkentrümmer vom Sturme gejagt an einem fieberblassen Mond vorüber. Die Wände des hölzernen Hauses stöhnten, als wären sie's müde, solch' wüthenden Angriffen länger noch Widerstand zu leisten. Jeder einzelne Balken seufzte: wie ganz anders war's doch im Walde, da ich eine Krone trug von seinen spitzen Nadeln und mein Haupt neigte vor dem gewaltigen Sturm, rechts und links ihn begrüßend, ein freier Baum!

Und der Sturm steckte seine tausend Zungen in der Wände Spalten und rief hinein: löset Euch, gebt nach, reißt auseinander, Ihr Knechte!

Aber die Balken ächzten: wir können nicht, sind gefesselt, ohne Macht und Kraft, entwurzelte Bäume, Stämme ohne Kopfschmuck; wir mußten uns fügen, müssen gehorchen.

Da erboßte sich der Sturm auf's Neue, schüttelte sie, daß Alles zitterte, warf sich schnaubend in die Wolkennacht, stiebte diese auseinander, und der Mond hing bleich und matt sonder Hülle da.

Mathias verfolgte dies unheimliche Schauspiel mit Ohr und Auge, so weit das enge Eisengitter ihm Aussicht gestatten mochte. Eine Lücke im Gitter, die er des Morgens noch nicht wahrgenommen, lenkte seine Aufmerksamkeit vom Monde auf die Erde.

Er öffnet dem Sturme zum Trotze das Fenster und entdeckt beim ersten Griff nach der schabhaften Stelle, daß hier eine scharfe Feile gearbeitet haben muß. Die eisernen Stäbe hingen nur noch wie an dünnen Fäden zusammen.

Ohne stärker daran zu rütteln, wirbelt er den Fensterflügel wieder zu. —

Hm, sprach er, da ist mir, dünkt mich, ein Besuch zugedacht, der weniger meiner Person, als Großvater Buchau's altem Geldkasten gilt. Schade nur, daß der nicht mehr so voll ist, wie er unter den Händen meiner verstorbenen Vorgänger gewesen sein mag. Oder auch nicht Schade! Was ich Nothleidenden gab, kein Räuber mehr kann mir's nehmen. — Doch wer den Eintritt durch's Gitterfensterlein sucht, der darf's mir nicht verübeln, wenn ich ihn empfange, wie's Brauch ist. Wäre Philipp noch auf den alten Soldatenbeinen, den würd' ich herbeirufen; meine Weiber nützen mir Nichts. Den Wächter könnt' ich holen, die Knechte wecken, mit diesen eine Streifjagd machen durch den Garten, durch die Gebüsche am Wallgraben! Aber wenn wir Nichts fänden? Wer kann wissen, wie lange schon die eisernen Stäbe durchsägt sind, ohne daß ich darauf geachtet! Der Thäter kann damals verscheucht worden sein. Und wenn wir heute vergeblich nach ihm fahndeten, würden meine Leute nicht denken: Unser Vater Mathes ist ein alter Hasenfuß, der alle Welt aus dem Schlafe trommelt, sogar den Wächter, blos weil er sich ein Bischen fürchtet. Nichts da! Mann gegen Mann! Und wären ihrer flugs mehrere, mehr wie Einer auf einmal kann durch die kleine Oeffnung nicht eindringen; den Einen aber will ich so begrüßen, daß seinen Gefährten die Lust vergehen soll, ihm nachzufolgen. Doch damit der Uebelthäter Zeit gewinne, sich's noch zu überlegen — falls wirklich Einer vorhanden wäre — muß ich ihn warnen. Das gebietet Menschenpflicht.

Hierauf zündete er zwei Kerzen an, die, aus selbst gewonnenem Wachs eigener Bienenstöcke gegossen, goldgelb und schlank in blanken Messingleuchtern unbenützt auf einem Glasschrank standen, durch deren Flammen jetzt das kleine Gemach überall beleuchtet war.

Dann lud er seine Doppelflinte mit derbem Schrot und setzte sich geduldig harrend zu des Bettes Häupten, wo er in tiefsinniges Nachdenken versank.

Wer mag es sein, und welche bösen Mächte mögen ihn antreiben, dessen Hand hier ein Werk der Finsterniß vorbereitete? Unseliger, vernimmst Du nicht eine warnende Stimme, die Dir in's Gewissen dringt, die Dir zuschreit, daß dem Raube, auf den Du auszogst, so leicht nothgedrungen der Mord folgt; daß Du vielleicht tödten wirst, um nicht getödtet zu werden? Bebst Du nicht zurück vor dem Monde da droben, der wie ein Auge herabsieht, ein Auge Gottes, dem der Sturm den Wolkenschleier lüftete, damit es Deine That schaue? Für etwas Geld, für einige schmutzige Münzen, an denen

Schweiß und Erdenmüh' kleben, willst Du Deine ganze Zukunft auf's Spiel setzen? Thor, der Du wärest! Wende um, noch ist es Zeit. Lasse die Mondnacht Deine Retterin sein!... Wie doch einem Räuber zu Muthe ist vor der That? Wild, habgierig, verblendet rückt er aus. — Und wie nach der That? Matt, niedergedrückt, zitternd schleicht er davon. — Nein, ich habe Nichts mehr zu besorgen. Der Himmel ist zu rein. Es ist ja jetzt so hell wie am Tage. Und der Sturm legt sich auch; bis nach Mitternacht wird er völlig schweigen... Wohl hörte der Sturm zu rasen auf. Doch der scharfe Wind drang noch immer durch's Wohnzimmer von dem Hausflur herein, wo Philipp's Leiche lag.

Die Flammen der Wachskerzen flackerten im feinen Luftzuge, beugten sich zur Seite, leckten und verzehrten, was ihnen Nahrung gab, vor der Zeit, dem Verschwender ähnlich, der Hab und Gut unnütz vergeudet. Zu dicken, heißen Klumpen geschmolzen rann ihres kurzen Lebens Mark herab.

Aber Mathias bemerkte das nicht. Ihn hatte der Zugluft winselnde Klage, die da durch zitternde Thüren den Weg zum kleinen Fenster hinaus suchte, eingeschläfert auf seinem Sessel zu Häupten des Bettes.

Und als es drei Uhr des Morgens schlug, ging der Mond auch davon, der bis dahin Wache gehalten. Und der Wächter machte es wie jener, denn er dachte: es wird bald Zeit zum Aufstehen für die Leute im Hofe, da ist's wohl Zeit zum Schlafengehen für die Wächter.

Die alte Philippen wachte. Sie hatte kein Auge

geschlossen, seit Philipp Schnurb im Tode die seinigen zugemacht, und dies war die dritte Nacht.

Die Blödsinnige wachte auch. Sie wartete auf Etwas. Worauf? würde man sie vergeblich gefragt haben. Sie wußte nur, daß Mathias in seinem Schlafzimmer sein solle, und daß „die Stunde da sei!" Wer hatte ihr dies verkündiget?

Die Kirchthurmuhr that den letzten Schlag.

Eine Minute darauf krachte ein Schuß, der im hölzernen Hause wiederhallte.

XXV.

Als sie Philipp Schnurb zur Erde bestattet, lag auf derselben Stelle der weiten Hausflur, wo die Bahre des verstorbenen Dieners gestanden, die Leiche eines gänzlich unbekannten Menschen, um welche, unter Zuziehung des Kreisarztes und Chirurgen, das Kriminalgericht sich versammelt. Der Tod des Fremden war unbezweifelt herbeigeführt durch den Schuß aus einer Flinte, deren Mündung dicht vor der Brust des Getödteten sich entladen haben mußte, denn die Schrotkörner hatten weder Zeit noch Raum gehabt, sich zu trennen; sie waren wie eine kompakte Masse eingedrungen, und nur im Rücken fand der Wundarzt einige derselben, während die Mehrzahl, einer einzigen Kugel gleich, sich einen Ausweg neben der linken Schulter gebahnt hatte.

Mathias gab erklärende und genügende Auskunft. Er theilte dem Gerichte mit, was wir aus vorigem Abschnitt wissen, und fügte hinzu, aus dem Schlummer, in welchen er unwillkürlich versank, sei er durch polterndes Geräusch aufgeschreckt worden und habe zugleich den Krach eines gewaltsam erbrochenen Schlosses vernommen. In diesem Augenblicke habe er, ohne seinen Sitz zu verlassen, den Hahn am rechten Laufe seiner Doppelflinte gespannt und „Wer da?" gerufen, sehr erstaunt, sich im Dunkel zu finden, da er doch zwei lange Wachskerzen angezündet. Die Antwort auf sein „Wer da?" lautete: Stirb, Erbschleicher! und über ihm blitzte durch die Finsterniß eine schimmernde Klinge. Er drückte ab, — die nächtliche Gestalt, deren Umrisse er kaum entnehmen konnte, stürzte mit einem gellenden Schrei zu Boden. Er selbst machte Licht, und während er noch beschäftigt war, des Räubers Wunde zu untersuchen, stellten beide Mitbewohnerinnen des Hauses sich schon ein. Bald nachher kamen die Hofleute, später sämmtliche Dorfbewohner mit Schulz und Gerichten. Er aber entsendete den reitenden Boten nach der Kriminal-Kommission.

Die Beamten fanden keinen Grund, des allgemein geachteten Mannes Aussage nur im Entferntesten zu bezweifeln. Ueberall zeigten sich Beweise, daß er die Wahrheit gesprochen. Auch das spitze, dolchartige Messer war gefunden worden; nicht minder die Brechstange, womit das Schloß am Geldkasten aufgesprengt war; Feilen von verschiedener Größe barg des Räubers Tasche.

Diesen, im Alter von etwa fünfzig Jahren, wollte Niemand kennen. Sein verzerrtes Gesicht sah keinem Lebenden gleich — und einem todten M e n s ch e n eben so wenig. Es glich einer phantastischen Larve, durch welche ein Maler den Teufel grimmigster Wuth hätte darstellen wollen. Er trug Nichts an und bei sich, was irgend ein Merkmal seiner Herkunft hätte werden können. Die Kleidung war weniger dürftig und schlecht, als seltsam und unpassend zusammengestoppelt. Einige Gold- und Silbermünzen führte er bei sich. Außer der frischen Wunde, die seinen Tod so schleunig verursacht, war er bedeckt mit Spuren früherer, zum Theil gefährlicher Verletzungen. Auch die Knöchel der Hände und Füße hatten tiefe Narben, offenbar vom Druck eiserner Ringe, an welchen er schwere Ketten geschleppt. Der Rücken dieser auffallend kräftigen Gestalt war zerfleischt von unzähligen Hieben, die fingertiefe Gruben zurückgelassen. Niemand bezweifelte, daß dieses der Leichnam eines gefährlichen, schon oft bestraften, immer wieder entsprungenen Missethäters, eines in frechen Unternehmungen grau gewordenen Räubers, vielleicht Mörders sei. Doch von wannen er und wie er nach Altroda gekommen, darüber schwieg jede Vermuthung.

Die Commission nahm den Thatbestand zu Protokoll, und der Justizrath ertheilte dem Herrn des Hauses die Versicherung, daß der Prozeß, welcher dem Gesetze gemäß gegen ihn eingeleitet werden müsse, unmöglich üble Folgen für ihn haben könne, da ein solcher Fall äußerster Nothwehr keiner schlimmen Deutung fähig, auch zum Ueberfluß seine wahrhaft menschliche Gesinnung durch die getroffenen Abschreckungsmaßregeln erwiesen sei.

Dem Begräbniß des Fremden stellte sich für's Erste

noch die Nothwendigkeit entgegen, seinen Leichnam von möglichst vielen Personen sehen und prüfen zu lassen und ihn gleichsam zur öffentlichen Schau auszustellen, damit Nichts unversucht bleibe, dessen Herkunft zu erforschen.

Daß Mathias während der Dauer der Untersuchung auf freiem Fuße bleibe, verstehe sich bei der eigenthümlichen Lage der Dinge von selbst.

Die Commission reisete ab, und die Leiche ward auf der Tenne einer Scheuer, die bei der heurigen mageren Ernte unbenützt geblieben, aufgebahrt. Die Gemeinde hatte je zwei Männer zu stellen, welche sich ablöseten und bei offenem Scheunthore allen Neugierigen Zutritt gestatteten — wie leicht vorauszusehen, ohne Erfolg für die Entdeckung.

Henriette hatte sich, so lange Fremde anwesend, nicht gezeigt. Während der Leichenschau hatte Mathias ihren Kopf hinter dem Treppengeländer einige Male zu erblicken geglaubt; doch jedes Mal war sie verschwunden, wenn sie sich bemerkt sah.

Jetzt, nachdem sich alle Gaffer verlaufen, richtete sie, die seit der Heimkehr das hölzerne Haus nicht verlassen, ihre Schritte über die Brücke durch den Hofraum nach der offenen Scheune.

Mathias folgte ihr staunend.

Bei der Leiche angelangt, hob sie das Tuch, womit jene bedeckt worden, streifte den Hemdkragen vom Halse, wies mit dem Finger nach einigen kaum sichtbaren Narben, die vom Bisse kleiner Zähne herzurühren schienen, nickte mehrmals mit dem Kopfe, reichte dem hinter ihr eingetretenen Mathias die Hand und sagte mit einer Klarheit, die an ihr befremden mußte: Er ist's! Ich danke Dir, daß Du auch dies für mich gethan. Nun komm'!

Wo hatt' ich denn meine fünf Sinne, rief Mathias, da sie auf der Brücke standen, daß ich ihn nicht erkannte? O Du gnädiger Gott, welche Last nimmst Du von meiner Seele. Er ist's! Ich bin kein Mörder, kein Todtschläger. Ich bin das Werkzeug Deines Willens gewesen.

––––––

Das hölzerne Haus steht noch heute.

Wenn Du, mein Leser, die freundliche Stadt … verlässest und gegen Abend hin dem Laufe des schmalen blauen Flüßchen folgst, das sich durch blühende Wiesen zieht, gelangst Du nach einer Wanderung von etlichen Meilen an eine heitere, baumbewachsene Hügelreihe. Diese überschreitest Du auf einem guten Wege, zu beiden Seiten von alten, grünen Kastanienbäumen beschattet. Dann näherst Du dich dem Landstädtchen … Mitten auf dem Marktplatz lacht Dir das Zeichen der Post entgegen. Dort frage um den Weg nach Altroda. Sie werden Dich hinausweisen über die Felder um's Städtchen, quer über Raine und auf Fußsteigen bis an den Saum eines breiten Waldes, wo ein einzelnes Försterhäuschen steht. Vor diesem spielen muntere Kinder. Die zeigen Dir schon den „Finkenweg." Dieser bringt Dich nach anderthalb Stunden auf die Anhöhe, von der einst Rittmeister Hans und Philipp Vater Buchau's

Schornsteine rauchen sahen. Wandre nur lustig fort. In einem Stündchen erreichst Du das Gehöfte. Begegnet Dir ein Landmann, so frage nach Vater Mathias. Das ist er ihnen geblieben, auch während der trüben Jahre. In Altroba gab es keinen Aufruhr. — Schreite dreist über die Brücke, tritt in den offenen Hausflur, poche an Vater Mathias' Stubenthüre. Es ist gegen Abend. Er sitzt im Wohnzimmer und lieset in seinem Homer. Er wird Dich gastlich empfangen. Bring' ihm meine Grüße! Obwohl im sechszigsten Jahre, ist er gesprächig und empfänglich.

Und mit den letzten Schlägen der Abendglocke erscheint die Nachfolgerin unserer verstorbenen "Philippen," stellt eine dampfende Schüssel auf den Tisch, Vater Mathias holt ein funkelndes Fläschchen aus dem neuvergitterten Schlafzimmer, und ehe er noch die Hände faltet zum Tischgebete, öffnet sich die Thüre, und ein ernstes blasses Weib, das alte Angesicht von zwei langen, weißen Haarlocken umhangen, tritt schweigend ein, verneigt sich stumm, betet mit, und Ihr nehmt an der Tafel Platz.

Meine gute Schwester Henriette! sagt Mathias, indem er Dich ihr vorstellt.

Da schwebt ein mild-wehmüthiges Lächeln über dieses Weibes Antlitz …

Das hölzerne Haus steht noch immer. Es seufzt noch immer im Sturme. Aber der Fluch ist gelöset; der Wahnsinn ist gewichen, weil Vater Mathias darin wohnt.

Druck von Robert Nischkowsky in Breslau.

www.ingramcontent.com/pod-product-compliance
Lightning Source LLC
Chambersburg PA
CBHW020534300426
44111CB00008B/659